国家林业和草原局普通高等教育“十四五”规划教材

微型金融学

宋 坤 主编

中国林業出版社

内 容 简 介

微型金融是专门向弱势群体和小微企业提供的小额金融服务。微型金融发展既是一项民生工程，又是一项政治工程，其蓬勃发展对于完善中国金融体系、助力地方经济高质量发展、促进农民农村共同富裕具有重要意义。《微型金融学》体现中国特色的哲学社会科学理论体系、学术体系和话语体系，既服务于一流课程、一流专业建设，又服务于本科教育教学的知识传授、价值塑造和能力培养的三大基本功能的发挥。本教材在具备一定理论性的情况下，应用性较强、价值引领和挑战性较强、实践性和业务性较强、时代性较强。

图书在版编目(CIP)数据

微型金融学 / 宋坤主编. — 北京：中国林业出版社，2023. 12
国家林业和草原局普通高等教育“十四五”规划教材
ISBN 978-7-5219-2605-7

Ⅰ. ①微… Ⅱ. ①宋… Ⅲ. ①金融学-高等学校-教材 Ⅳ. ①F830

中国版本图书馆 CIP 数据核字(2024)第 026732 号

策划编辑：丰 帆
责任编辑：丰 帆
责任校对：苏 梅
封面设计：时代澄宇

出版发行：中国林业出版社
(100009，北京市西城区刘海胡同 7 号，电话 010-83143500)
电子邮箱：cfphzbs@163.com
网址：www.forestry.gov.cn/lycb.html
印刷：北京中科印刷有限公司
版次：2024 年 2 月第 1 版
印次：2024 年 2 月第 1 次
开本：787mm×1092mm 1/16
印张：18
字数：413 千字
定价：54.00 元

编写人员名单

主　　编：宋　坤

副 主 编：段　胜　徐慧丹　臧敦刚

编写人员：（以姓氏拼音排序）

陈风波　华南农业大学

丁　昭　四川农业大学

董青马　西南财经大学

段　胜　四川农商联合银行

郭　华　四川农业大学

何思妤　四川农业大学

刘西川　华中农业大学

宋　坤　四川农业大学

徐慧丹　四川农业大学

臧敦刚　四川农业大学

钟　莹　四川农业大学

前　言

微型金融是专门向弱势群体和小微企业提供的小额金融服务，这需要一套符合国情的理论体系和制度安排。当前是中国经济迅猛崛起的重要历史时期，农业农村发生着历史性巨变，包括农村金融体系在内的中国金融体系和制度正处在改革和重塑过程中。微型金融业务模式、定价方法、风险管理、社会绩效、监管制度等正发生快速变革。微型金融发展既是民生工程、又是政治工程，其蓬勃发展对于完善中国金融体系、助力地方经济高质量发展、促进农民共同富裕具有重要意义。在此背景下，微型金融学在教学和实践中越发受到重视。

“新时代高教四十条”对一流教材提出明确要求，指出要创新教材呈现方式和话语体系，实现理论体系向教材体系转化、教材体系向教学体系转化、教学体系向学生知识体系和价值体系转化，使教材更加体现科学性、前沿性，增强教材的针对性和实效性。这意味着新文科建设背景下新财经教材既要服务于一流课程、一流专业建设，又要服务于中国特色的哲学社会科学理论体系、学术体系和话语体系，更要服务于本科教育教学的知识传授、价值塑造和能力培养的三大基本功能的发挥。因此，编写一本应用性较强、价值引领和挑战性较强、具有一定理论性、实践性和业务性较强、突出时代性的教材非常必要。

本教材以思政为魂、研究为核、知识为基，既有对微型金融的常识性介绍，又有对微型金融发展的深层次思考，还有对微型金融领域前沿学术研究的探讨，更有对中国微型金融实践中无法回避的关键问题的讨论，是一本体例完整且具系统性的教材，共分 13 章。第 1 章介绍微型金融的产生和发展，系统回顾微型金融发展脉络，1.1 节和 1.2 节由钟莹编写、1.3 节由何思好编写。第 2 章介绍微型金融概述，界定微型金融的概念、职能和种类，2.1 节由段胜编写、2.2 节由钟莹编写。第 3 章介绍微型金融的理论基础，剖析其运行机理和核心机制，3.1 节和 3.3 节由臧敦刚编写、3.2 节由董青马编写。第 4 章介绍微型金融的需求主体，介绍微型金融需求主体的类型、特点，4.1 节至 4.3 节由徐慧丹编写、4.4 节由郭华编写。第 5 章介绍微型金融机构，分析微型金融服务机构的组织结构与治理机制，5.1 节和 5.2 节由徐慧丹编写、5.3 节由臧敦刚编写。第 6 章介绍微型金融的业务模式，对比微型金融典型业务模式，6.1 节至 6.4 节由徐慧丹编写、6.5 节由刘西川编写。第 7 章介绍小微贷款定价，明确小微贷款的定价机制、定价原则与定价方法，由宋坤编写。第 8 章介绍微型金融机构财务分析，基于财务报表评价微型金融机构绩效，由宋坤编写。第 9 章介绍微型金融的风险管理，明晰微型金融的风险管理，9.1 节由臧敦刚编写、

9.2 节至 9.4 节由丁昭编写。第 10 章介绍微型金融机构的绩效管理，正视微型金融机构财务绩效与社会绩效间的冲突与兼容，10.1 节至 10.3 节由宋坤编写、10.4 节由段胜编写。第 11 章介绍微型金融的监管，介绍微型金融的监管现状，11.1 节由陈风波编写、11.2 节至 11.4 节由丁昭编写。第 12 章介绍农村微型金融的发展，明晰乡村振兴战略给农村微型金融带来的机遇与挑战，由徐慧丹编写。第 13 章介绍微型金融的数字化转型，分析微型金融数字化转型的现状与趋势，13.1 节至 13.2 节由宋坤编写、13.3 节由段胜编写。

本教材以“新时代高教四十条”和“新文科、新农科、新商科”教育理念为指引，以马克思主义政治经济学理论为指导，以西方经济学的金融发展和农村金融理论为基础，以中国国情与农情为背景，以微型金融业务模式、定价机制、风控技术、社会绩效、监管与政策、改革创新等为重点内容。教材逻辑严密、概念清晰、立足中国和国际视野、注重创新和突出应用，既适合高校应用经济学类和农林经济管理类专业的老师和学生研究学习，也适合微型金融的研究者和实践者参考使用。具体特色如下：

(1)传承经典理论，保持与时俱进

对微型金融进行全景式研究，既注重基本理论、基础知识、基本方法的准确阐释，又注重对学界前沿学术研究成果和业界最新微型金融实践的解析，努力将基础性与前沿性、理论性与实践性统一起来。理论方面，不仅涵盖传统教材中经典的农村金融理论，还着重介绍信息不对称理论、管理成本理论、长期互动假说理论、关系型贷款理论等微型金融理论。实践方面，发挥编委会在农村金融领域的研究优势，把从田野调查和访谈中得到的数据和案例穿插在相关章节，并结合数字科技在微型金融服务模式、产品与风控技术的创新研究成果应用实践，增强教材的生命力。

(2)探寻中国道路，讲好中国故事

始终坚持以马克思主义政治经济理论、习近平新时代中国特色社会主义思想为统帅，打破“原有理论解释中国问题”和“原有体系辅以中国案例”的编写形式，在汲取中华优秀传统经济思想精华并吸收借鉴现代西方经济学有益成果的同时，立足新时代微型金融飞速发展的现实，系统总结改革开放 40 多年来中国微型金融发展实践和独创性贡献，提炼具有原创性、解释力、标识性的新观点、新理论、新模式和新经验。按照不忘本来、吸收外来、面向未来的要求，在体系、理论和内容上与时俱进，用中国理论解读中国微型金融的实践，用中国话语阐述中国微型金融的发展，并把中国的成功经验在“一带一路”来华留学生中推介，增强教材的解释力。

(3)聚焦立德树人，突出价值引领

以贯彻培养具有社会主义核心价值观的新型金融人才为理念，以基本社会道德规范为价值取向，把科学的世界观、人生观和价值观等多维度的价值标准融入各个章节及拓展阅读中，培根铸魂、启智润心，增强学生爱国情怀、强农兴农使命感、创新精神、实践能力，为高质量培养德智体美劳全面发展的社会主义事业建设者和接班人提供更为有力的支撑。

（4）建设新形态教材，实现交互式教学

利用信息技术建设多种介质综合运用、表现力丰富的新形态教材。构建纸质教材、数字资源、线下课堂、行业技能四位一体的教材教学体系。在纸质载体的基础上，整合教学资源，通过微课、音频等方式把微型金融学中重要知识点、典型案例、分析思考、拓展阅读呈现出来。

本教材最后由宋坤进行全面审校。由于水平与时间所限，如有不当和错漏之处，敬请广大读者谅解并予以批评指正，以便我们对本教材的进一步修改和完善。

编 者

2023 年 7 月

目　录

1　微型金融的产生和发展

学习目的

➢ 掌握微型金融的概念；了解国际微型金融发展的过程；熟悉微型金融产生和发展的社会经济背景。

➢ 熟悉中国微型金融产生的历史背景，明确中国共产党致力于促进社会公平正义的执政追求。

1.1　国际微型金融发展阶段

1.1.1　微型金融的含义

微型金融一词最早由世界银行在全球推广，其发起成立的世界银行扶贫协商小组(CGAP)是国际上颇具权威的微型金融研究和推广机构。关于微型金融的定义，目前理论界并没有统一的界定，主要是因为讨论问题的对象不同和存在时间差异。顾名思义，“微”是指小、精或少，就是主体小、对象精和方式少。所以关于微型金融的传统理解往往局限在金融机构自身规模小(早期主要是指小额信贷、村镇银行等)，金融业务规模小(每笔业务的规模较小)，金融服务对象小而弱(被正规金融体系排除在外的自然人或小企业)，金融服务种类少(主要提供小额贷款服务)等。根据世界银行的定义，微型金融(Microfinance)是指对贫困人群家庭提供贷款、储蓄、保险及货币支付等一系列金融服务，其核心是小额信贷(Microcredit)，即对没有收入来源的借款者提供无抵押贷款，但是微型金融不仅仅是小额信贷，还包括存款、保险及汇兑等金融服务。微型金融和小额信贷的内涵和所反映的理念都有很大差别。小额信贷只强调为贫困人群提供贷款服务，其隐含的假设是，贷款是贫困人群最缺乏也是最需要的金融服务；而微型金融是一个内涵更广的概念，既包括贷款服务，也包括储蓄、汇款、转账、保险等一系列金融服务，其隐含的假设是贫困人群需要的是全方位的金融服务。

随着世界经济的发展、金融业务技术手段的进步以及各国对消灭贫困问题的重视，微型金融的内涵和外延都有较大发展，一幅从小额信贷到微型金融再到普惠金融的微型金融发展路线图已十分清晰，微型金融已成为所有金融机构所提供业务的必要组成部分。微型金融已经发展为一个非常宽泛的概念，只要是以贫困人群为目标的各种类型的金融服务，无论其性质、规模和发起人如何，都应该算作微型金融业务。

1.1.2　“福利主义”和“制度主义”之争

随着微型金融的不断发展，微型金融的可持续发展问题逐渐引起关注与讨论。根据微型金融所追求的运营目标，主要可以将其分成福利主义微型金融和制度主义微型金融。

(1)福利主义微型金融

福利主义微型金融强调微型金融对于贫困人群和弱势群体的福利提升功能。福利主义学派认为微型金融是为帮助贫困人群和弱势群体摆脱困境而开展的特殊的金融服务，因此应该以提升贫困人群福利为首要目标，而不是以营利为首要目标。早期的微型金融发展广泛依赖捐赠、政府资金和低息或者无息贷款，资金运用缺乏明确的再生能力，微型金融更像是一种制度安排，主要针对于难以享受到平等的金融服务的社会贫困阶层而展开。因此福利主义观点认为微型金融自身不必考虑可持续的问题，只需要完成以牺牲自身利益来帮助金融服务贫困群体的历史使命。福利主义观点在公益类微型金融机构中有普遍的影响，他们关注贫困人群福利的改善，因此在微型金融的产品设计、定价以及金融服务各方面照顾贫困人群的利益。但事实上，以福利主义为核心的微型金融体系不能称之为真正的金融体系，更应该称之为一种福利体系或慈善体系，因为它不符合金融活动二重支付与二重归流的基本原则与运行规律。中国从 20 世纪 90 年代中期开始试点小额信贷，虽然至 2010 年各地政府发放的小额贷款总额已达 90 多亿元，但大多成为“有去无回”的资金单向投放，这也从实践层面证实福利主义指导下的小额信贷不具有可持续性。然而，福利主义的意义在于这种微型金融的实践树立一种金融伦理道德的典范，拓展传统金融活动的边界，是微型金融发展的基础动力。

(2)制度主义微型金融

制度主义微型金融强调微型金融机构的财务可持续性。制度主义学派认为只有实现微型金融机构自身的可持续发展，才能为贫困人群和弱势群体提供更好的金融服务。如果微型金融机构本身不能实现财务上的可持续，就很难持续为贫困人群提供金融服务并改善其福利状况。在制度主义观点的体系中，微型金融发展是社会发展所必需的，那么微型金融与市场机制相结合服务于全社会，将会为微型金融机构增加盈利，实现微型金融的可持续发展，更好地为贫困群体服务。因此，制度主义认为微型金融机构在成立初期可能需要接受补贴，经过一段时间的经营后完全可以成为商业化的盈利机构。然而随着微型金融机构商业化的发展，不能忽视的是，制度主义对微型金融机构商业利益的过分强调很可能导致微型金融机构出现“使命漂移现象”，即微型金融机构为确保自身的持续性和经济利益，通过促使资金安排追逐中高收入阶层，以及追逐过高的利率水平以求得高额回报，这就偏离微型金融应该通过服务贫困人群来造福社会的最初宗旨。

在现实中，一些以福利主义为主的微型金融机构只考虑扶贫问题，而不管机构自身的财务可持续性，结果这些微型金融机构在实施一段时间的金融扶贫后，便因严重的财务问题而不得不停止服务；而另一些以制度主义为主的微型金融机构只考虑机构的可持续发展，强调盈利，忽视微型金融扶贫的道德属性，以利润最大化为第一目标，逐步偏离微型金融的服务对象，丧失微型金融本身存在的意义。

因此，极端的福利主义或是制度主义都不是微型金融发展的最优解。随着监管机构和政府对金融机构社会效益重视程度的加强，以及信贷技术和金融产品的发展，“福利主义”

和“制度主义”两大学派呈现出“融合”趋势，形成混合主义微型金融发展模式。具体来说，混合主义以福利主义为宗旨、以制度主义为手段，旨在实现微型金融机构的良性发展，持续帮助贫困人群和弱势群体脱离贫困，追求经济效益和社会效益的“双赢”。

1.1.3 国际微型金融发展的典型阶段

从国际上看，微型金融源于20世纪70年代为贫困人口提供以贷款为主的金融服务和非金融企业咨询服务的试验，微型金融引起世界性的关注源于穷人银行家、经济学家、孟加拉国乡村银行创始人穆罕默德·尤努斯(Muhammad Yunus)于2006年获得诺贝尔和平奖。实际上此时各国为贫困人口提供的这种小型金融服务已经取得非常引人注目的成绩，为表彰他们从社会底层推动经济和社会发展的努力，诺贝尔委员会把2006年和平奖授予穆罕默德·尤努斯与他创立的孟加拉国乡村银行。联合国在宣传“2005年国际小额信贷年”时提出建立“普惠金融体系”的理念，确立社会个体享受金融服务的基本平等权利，强调金融体系要有效、全方位地为社会所有阶层和群体提供服务。这也标志着国际微型金融事业从此迈向新的历史阶段。到目前为止，可以把微型金融的产生与发展划分为4个阶段，即小额信贷阶段、微型金融初创阶段、微型金融发展阶段和普惠金融阶段。

1.1.3.1 小额信贷阶段(20世纪70年代以前)

世界各国在20世纪70年代以前多有支持农村和农民的小额贷款，18世纪爱尔兰信贷体系就给没有抵押担保的贫困农民提供小额贷款，19世纪欧洲出现更加规模化和正规化的储蓄信贷机构，20世纪早期拉丁美洲的部分地区出现小额信贷模式的信贷系统，20世纪50年代至70年代各种国有农村金融组织如农村信用合作社以及国际援助组织为农村贫困人口提供小额信贷项目(焦瑾璞，2013)。这一阶段的小额信贷活动具有以下明显特点：①早期的小额信贷活动更多带有高利贷资金追逐高额利润的属性。②经营目标的摇摆性，成为用金融手段支持贫困者的一种有益尝试。

1.1.3.2 微型金融初创阶段(20世纪70年代至90年代中期)

1976年，尤努斯教授在孟加拉国成立世界上第一个专门为贫困人群提供贷款的组织。后来这个组织发展壮大为一个全国性银行，也就是后来的孟加拉国乡村银行(Grameen Bank)。孟加拉国乡村银行是世界上运作最成功的微型金融机构之一，在很多国家设有分支机构，其小组贷款模式也被许多国家先后效仿和借鉴。受孟加拉国乡村银行取得成功的影响，20世纪80年代，微型金融开始在发展中国家甚至发达国家兴起，90年代以后更是发展迅速，成为许多发展中国家传统正规金融体系的一个有益的补充，也成为各国普遍认同的解决贫困问题的新型工具。这一发展阶段的主要特征表现为：①小微金融组织的资金来源越来越多元化。早期基金会的资金主要来源于捐赠，目前已经发展到包括捐赠、国家拨款以及吸收贷款者创造的收入存款等。②注重权衡自身经营目标和社会目标，机构发展的可持续性越来越强。

1.1.3.3 微型金融发展阶段(20世纪90年代后期至2005年)

经过20世纪80年代的发展，小额信贷和微型金融组织在许多发展中国家和地区发展迅猛，微型金融这种在乡村支持贫困农民的有效发展方式被越来越多的国家和个人所接受，甚至被国际社会誉为削减贫困、促进经济和社会转型的突破性微型金融或小额信贷革命。根据2005年“微型金融高峰会议运动”的数据，微型金融的行业规模从1997年开始，以40%的速度迅猛发展，从1997年有618家机构、1300多万客户到2004年年底全球已有30 000家机构在为8000万名客户提供金融服务。到2005年微型金融机构又增加到3133家，服务对象增长到1.13亿人，其中有8200万人在取得第一笔贷款的时候属于赤贫人口，赤贫客户的84.2%即6900万人是妇女(Daley-Harris，2006；张伟，2011)。这一阶段的主要特点表现为：①国际社会重视程度与日俱增，微型金融从重视实践上升为重视实践。②小额信贷的自身可持续发展与小额信贷的反贫困潜能并举成为这一时期微型金融发展的“双赢战略目标”(焦瑾璞，2013)。③注重运用风险管理技术来平衡社会目标与经营目标之间的关系。

1.1.3.4 普惠金融阶段(2005年以后)

联合国和世界银行在2005年提出以微型金融为核心，构建能有效地、全方位地为社会所有阶层和群体(特别是中低收入人口和微型企业)提供服务的普惠金融体系，其宗旨是为全社会各阶层人士和企业提供服务。普惠金融概念的提出充分说明国际社会越来越重视运用金融手段改善世界贫困人口状况，也充分肯定微型金融“双赢战略目标”发展道路的价值。2013年9月，在俄罗斯圣彼得堡举办的G20高峰论坛上更是专门设立“金融包容、金融教育、消费者权益保护”专题，又把“普惠金融”提升到“包容性金融”的概念范畴。2016年在中国杭州举办的G20峰会上，数字普惠金融话题成为热点，在会上通过的《G20数字普惠金融高级原则》便成为数字普惠金融领域首个国际纲领。这一阶段的典型特征为：①强调普惠，更加注重发展的可持续性和可获得性，也更加体现其社会目标。②大数据和移动互联网技术的支持，进一步降低微型金融部门风险防范的成本，使普惠金融兼顾经济目标和社会目标成为可能。③更加体现人类与贫困作斗争的集体意志。

孟加拉国乡村银行

孟加拉国乡村银行(GrameenBank，缩写为GB，又称格莱珉银行)在小额信贷、金融扶贫和普惠金融领域享有很高的国际知名度。孟加拉国乡村银行创办于1983年，目前一直处于赢利的状态，其较为明显的优点是其还款率高达98.89%，同时也创造信贷资金的回收率100%的奇迹。从普惠金融视角分析，孟加拉国乡村银行不能仅仅当作一种简单的扶贫或脱贫的手段，它更是一种用于解决贫困的金融创新，其模式实现金融服务的商业可持续性和金融公益性的完美结合。

孟加拉国乡村银行成功经验主要表现在以下5个方面：①孟加拉国乡村银行的成功理念是相信贫困人群，关爱贫困人群。它打破人们以往认为“贫困人群没有信用，不能为其提供贷款”的传统理念。②坚持无抵押模式、贷款定价市场化。孟加拉国乡村银行坚持市场定价原则，避免非市场化的套利。针对贫困妇女的孟加拉国乡村银行能够减少贫困，同时在经济和社会的其他领域产生溢出效应。③独特“五人小组”制(借款前五名贫困人群组成贷款小组，进行贷款前的培训)、信用额度动态激励机制。孟加拉国乡村银行对借款人行为的管理、实行五人小组的信用责任共同承担的模式，采取“五人小组+多个中心+多个银行工作人员”的管理结构，其模式是采取不用抵押、无需担保的信贷。④项目严格考察，清晰定位确保资金的合理使用。孟加拉国乡村银行定位准确、信贷机制灵活，银行贷款之前，会根据借贷者自身的实际情况提供适宜的生产活动的建议，确保贷款资金安全。⑤经营理念不断推陈出新，较好的适应经济发展的需求和市场进步的需求。从第一代的“相信贫困人群”发展为“关爱客户”。孟加拉国乡村银行以服务贫困人群为主体，坚持利率市场定价和五人小组为原则，对于项目进行严格把控以及市场发展的理念使得孟加拉国乡村模式得以全球推广。

孟加拉国乡村模式有利于地方经济发展、能够有效地提升收入和就业水平，还能够有效地防控风险，并有积极的社会溢出效用，提升贫困人群的幸福指数。孟加拉国乡村银行是普惠金融实践的一个优秀的案例，中国在金融助力脱贫攻坚、乡村振兴战略的实践过程中，也把其引入到部分地区，如云南大理太邑乡“富滇—格莱珉项目”、陕西安康“建设银行岚皋女性创业与乡村正向扶助计划”等。

1.2 微型金融产生和发展的社会经济背景

微型金融的产生与发展是个人意愿、社会进步与经济规律三大力量共同作用的结果。随着社会的发展，每一个社会成员都有强烈摆脱贫困的愿望，这就带来大量的、小额的金融需求，由于这些金融需求与传统金融追求利润和防范风险的要求不完全匹配，这种需求的满足更需要市场规律、科技进步和人类文明等众多条件的共同作用，因此，几十年来基于商业性、公益性的小贷机构共同发展，扶持不同类型的微型企业和农户。与此同时，基于大数据的高科技发展，也为金融企业提供海量的数据支撑，更好地解决风险控制问题，共同推动微型金融的全面发展和可持续发展。

1.2.1 人们对平等权利的追求

第二次世界大战后，世界各国表现出的状况是物价飞涨、货币贬值、失业严重，绝大多数平民穷困潦倒，经历多年战争苦痛的各国人民渴望和平发展，民族富裕的愿望日益强烈，在经济理论上1936年凯恩斯的代表作《就业、利息和货币通论》(The General Theory of Employment, Interest and Money)的出版为满目疮痍的世界经济带来振兴发展的金钥匙。在政治上，世界人民争取自由平等的诉求也日益高涨，为顺应时代发展，1948年12月10日，联合国大会通过第217A(I)号决议并颁布《世界人权宣言》。作为第一个关于人权问题的国际文件，《世界人权宣言》为国际人权领域的实践奠定基础，对后来世界人民争取、维护、改善和发展自己的人权产生深远影响。正是在上述社会政治经济背景下，世界经济经历第二次世界大战以后三十年黄金发展期，这三十年发达国家与发展中国家之间以及发达国家与发展中国家各自内部的发展出现一定程度的不平衡，贫富差别开始扩大，财富逐步向少数人集中，贫困人群逐年扩大，与此相适应，金融领域服务于弱势群体的小额信贷规模也逐年扩大，并逐渐向规模越来越大、形式越来越多的微型金融发展。

1.2.2 国际反贫困思潮的推动

1987年10月17日，10万多人聚集在《世界人权宣言》的签署地巴黎特罗卡德罗广场，他们宣称贫困是对人权的侵犯，并承诺将携手保护贫困人群的人权。自1987年，每年10月17日，人们都举行相关活动，表达他们对贫困人群的关注和声援。1992年12月22日，第47届联合国大会决定将每年10月17日确定为国际消除贫困日，以引起人们对贫困问题的重视，推动全球消除贫困工作。1995年3月，联合国将1996年定为“国际消除贫困年”。同年12月，联合国大会又将1997—2006年定为第一个“国际消除贫困十年”。2000年9月，联合国千年首脑会议把“到2015年将世界极端贫困人口和饥饿人口减半”，作为联合国千年发展目标之一。2008年12月，联合国大会再次确定2008年至2017年为第二个“国际消除贫困十年”。

在国际反贫困思潮中，中国力量令世界瞩目，世界贫困人口的快速下降主要贡献来源于中国的快速发展。由于国家高度重视扶贫帮困工作，中国已经基本实现党的十八大提出的到2020年中国现行标准下农村贫困人口实现脱贫、贫困县全部摘帽、解决区域性整体贫困的目标任务。贫困人口从2012年年底的9899万减少到2019年年底的551万，贫困发生率由10.2%降至0.6%，连续7年每年减贫1000万以上。到2020年2月底，中国832个贫困县中已有601个宣布摘帽，179个正在进行退出检查，未摘帽县还有52个，区域性整体贫困基本得到解决。

1.2.3 传统正规金融的缺失与扶贫信贷的不足

在微型金融活动发展起来之前，贫困人群难以获得平等的金融服务。以微型金融的核心小额信贷为例，贫困人群的信贷需求通常具有额度小、缺乏抵押担保、收贷难、效率低、成本高的特征，这也导致传统正规金融机构不愿为贫困人群提供服务，进一步制约其摆脱贫困的处境。许多发展中国家注意到贫困人群难以获得传统正规金融服务的困境，试图以贴息贷款扶贫的方式满足其信贷需求。贴息贷款扶贫项目以国有政策性金融机构为信贷投放主体，以低于市场水平的补贴性利率(或附有其他优惠条款)发放贷款，但是这些项目对于应对贫困的效果并不理想。基于政府贴息贷款项目失败的教训，从20世纪70年代开始，一些发展中国家开始寻求通过专业的微型金融机构来解决低收入群体的信贷需求问题，并把小额信贷当作一种全新的制度安排来发展。直到1976年，尤努斯教授在孟加拉国成立世界上第一个专门为贫困人群提供贷款的微型金融组织并在后来发展为孟加拉国乡村银行，标志着微型金融的正式发展。20世纪80年代，微型金融开始在发展中国家甚至发达国家兴起，90年代以后更是发展迅速，成为许多发展中国家传统正规金融体系的一个有益的补充，也成为各国普遍认同的解决贫困问题的新型工具。

1.2.4 完善的金融公共基础设施支撑

金融基础设施是指金融运行的硬件设施和制度安排，主要包括支付体系、法律环境、公司治理、会计准则、信用环境、反洗钱以及由金融监管、中央银行最后贷款人职能、投资者保护制度组成的金融安全网等。通常金融基础设施由法律基础设施、会计基础设施和监管基础设施3个要素构成。1997年，巴塞尔委员会在中国香港通过的《有效银行监管的核心原则》明确完善的金融公共基础设施的内容包括以下5个方面：有助于公平解决争议的长期实施的商业法律体系，其中包括《公司法》《破产法》《合同法》《消费者权益保护法》和《私有财产法》；国际普遍接受的综合、明确的会计准则和规定；对规模较大的公司进行独立审计的体系，以确保财务报表的使用者(包括银行)相信各类账目能真实公允地反映公司的财务状况，各类账户应是按照既定的准则制定的，并且审计师对其工作负责；有效独立的司法部门和接受监管的会计、审计和律师行业；具备针对其他金融市场以及在适当情况下针对这些市场参与者的明确规章制度和充分监督；安全、有效地支付和清算系统，确保金融交易的清算，并且控制交易对手风险。

1.2.5 金融科技快速发展

早在1980年，阿尔文·托夫勒(Alvin Tofler, 2018)在《第三次浪潮》一书中就预言大数据将成"第三次浪潮"。美国奥巴马政府将大数据定义为"未来的新石油"。凯文·凯利(Kevin Kelly, 2014)认为所有的生意都是数据生意。2013年互联网金融将"大数据"推向新的高度。金融的核心是风险控制，将风控与大数据结合、不断完善和优化风控制度和体系，对于互联网金融企业和传统金融企业而言都同等重要。在应用层面，金融行业利用大数据进行风控已经取得一定的成效。使用大数据进行风控已成为美国等发达国家互联网金融企业的标准配置。金融科技的高速发展已经使新技术贯穿于整个金融产业链，不仅带来全新的金融运作模式，而且直接创新金融运用层面，如产品、组织、渠道、客户和风险控制等技术，优化金融应用场景，全面提升金融运行效率和经营管理模式，为微型金融服务实体经济，提供普惠金融服务扫清技术障碍。

1.3 中国微型金融的发展历程

1.3.1 中国小额信贷的发展阶段

探讨微型金融产生的历史背景必须先从小额信贷说起，因为微型金融是从小额信贷的基础上逐渐发展起来的。中国小额信贷的发展经历以下4个阶段：

1.3.1.1 初期试点阶段(1993年末至1996年10月)

小额信贷作为一种扶贫理念和独特的信贷技术逐渐传入中国，并主要在国际资金(附有优惠条款的软贷款或捐赠资金)和技术援助下，由国内的非(半)政府组织操作，以非政府组织开始运行。这些非政府组织小额信贷在技术上绝大多数借鉴孟加拉国乡村银行传统模式下的小组贷款(Group Lending)形式。

1993年，中国社会科学院农村发展研究所首先将孟加拉国乡村银行模式的小额信贷引入中国，成立“扶贫经济合作社”，首先在河北省的易县、河南省的虞城县和南召县以及陕西的丹凤县建立小额信贷扶贫社。从1995年开始，联合国开发计划署和中国国际技术交流中心在中国17个省的48个县(市)推行以扶贫为目标的小额信贷项目。随后，还有澳大利亚开发计划署(AusAID)援助的青海海东中国农业银行小额信贷项目，以及由中国扶贫基金会承办的陕西安康和四川阆中的世界银行项目等。这些小额信贷项目都采用国际上成功的小额信贷所采用的贷款方式，如小组担保、分期还款、贷给妇女、动态激励等。从项目覆盖的县数和资金投入总量来看，在国际多边和双边捐赠机构中，国际农业发展基金会、联合国开发计划署、联合国儿童基金会、联合国人口基金组织和澳大利亚开发计划署是最重要的捐赠机构。

这一时期的小额信贷资金基本上完全依赖国内外捐赠，以国际捐赠为主，贷款本金、运作费用、技术支持费用基本靠捐赠和部分地方政府投入。这就使小额信贷机构和项目的管理、运行和模式均受到捐赠机构和当地政府的影响。当时，捐赠机构的捐赠目标主要是扶贫和社会发展，没有将小额信贷机构的可持续发展作为项目的重点。由于大多数项目没有后续资金安排，在不可持续的情况下，只能争取进一步的投资。

1.3.1.2 项目扩展阶段(1996年11月至2000年)

为实现千年扶贫攻坚计划和新世纪扶贫任务，在借鉴非政府组织小额信贷技术和经验的基础上，中国政府机构和金融机构主要指(中国农业银行和中国农业发展银行)主导的政策性小额信贷扶贫项目开始在山西、四川、云南、河北、广西、贵州等地区迅速发展起来。政策性小额信贷扶贫项目以国家财政资金和扶贫贴息贷款为资金来源，国务院扶贫办系统、民政部门、社会保障部门、残疾人联合会、妇联和工会等先后参与其中。这些政策性小额信贷项目大多数分布在农村地区，占中国扶贫资金大部分的扶贫信贷资金，由中国农业银行管理并直接以扶贫贴息贷款的形式发放到户，这也是中国政策性小额信贷的重要组成部分。

1.3.1.3 农村正规金融机构全面介入和各类项目进入制度化建设阶段(2000年至2005年6月)

在促进“农业、农村、农民”三农发展的战略背景下，为解决“农户贷款难”问题，中国人民银行相继颁布《农村信用社小额信用贷款管理暂行办法》和《农村信用社农户联保贷款管理指导意见》，增加信用户评定内容，要求农村信用社在农户信用评级制度基础之上，在中国大范围开办农户小额信用贷款。这一阶段的明显特征是农村信用社借助中央银行再贷款的支持，在加强信用户、信用村镇建设的基础上开展“农户小额信用贷款”和“农户联保贷款”。这标志着中国正规金融机构开始大规模介入小额信贷领域，而小额信贷的目标，也从“扶贫”领域扩展到“为一般农户及微型企业服务”的广阔空间。

1.3.1.4 商业性小额贷款组织试点阶段(2005年6月以后)

在农村金融总体改革框架之下，为适应农村金融市场开放的政策取向，由私人资本投资的商业性小额信贷机构开始在试点地区出现，其标志为2005年年底7家小额贷款试点公司的成立。这一阶段小额信贷发展的突出特点是：①由国家金融管理部门(中国人民银行或中国银行业监督管理委员会)推动；②由商业性资金或者正规商业银行投入和经营；③试图使中国小额信贷在政策性目标和商业性资本之间走新路，最终在业务覆盖面和机构可持续两方面同时获得进展。

1.3.2　中国微型金融的发展阶段

1.3.2.1　以农村信用合作社形式探索发展阶段(1949—1978年)

1951年召开全国农村金融工作会议，决定大力发展农村信用合作社，随后中国人民银行颁发《农村信用合作社章程准则草案》，重点试办农村信用合作社。农村信用合作社的宗旨是“农民在资金上互帮互助”，即农民组成信用合作社，社员出钱组成资本金，社员用钱可以贷款。至此产生由农民自愿入股组成，由入股社员民主管理，主要为入股社员服务的，具有一级法人资格的合作金融机构即农村信用合作社。因其组织上的群众性、管理上的民主性、经营上的灵活性，且不以营利为最大目的，属于社会主义劳动群众集体所有制，市场定位是服务农业和农民。1951—1957年，农村信用合作社资本由农民入股，干部由社员选举，信贷为社员提供，合作制性质明显。到1957年，中国共建立农村信用合作社10.3万家，是扶持农业生产的重要金融力量。1958—1978年，农村信用合作社先后下放给人民公社、生产大队管理，后来交给“贫下中农”操作，合作金融事业遭到严重破坏。因此，这一阶段农村信用合作社的发展特点可以概括为：一是服务对象主要是农村集体经济，由于当时限制私营个体经济发展，农民个人很难获得贷款支持；二是政策性与金融性的矛盾难以调和，集体经济贷款的质量很差，多数贷款无法收回，如果没有国家支持，实际上农村信用合作社发展的可持续性存在严重挑战，国家也不得不多数减免贷款。

1.3.2.2　改革开放后城乡小微金融共同发展阶段(1979—2004年)

1978年党的十一届三中全会吹响中国农村和城市改革的号角，私营个体经济成社会主义国营经济和集体经济的重要补充，金融作为国民经济的核心和“晴雨表”，成为支持国家改革发展战略实施的重要力量。

(1)农村信用合作社成为服务农村经济发展的主要金融力量

1980—1996年，农村信用合作社由农业银行管理，合作制“三性”(群众性、民主性、灵活性)基本恢复，其间设立县级联社，但实际上成为国家银行的基层机构。1996年年底，农村信用合作社与农行脱钩，由人民银行监管。根据《国务院关于农村金融体制改革的决定》的要求，农村信用合作社管理体制的改革是农村金融体制改革的重点。改革的核心是把农村信用合作社逐步改为由农民入股、由社员民主管理、主要为入股社员服务的合作金融组织。此后，1997年10月人民银行发布《农村信用社改进和加强支农服务十条意见》，放宽小额信贷政策；1999年7月中国人民银行发布《农村信用社农户小额信用贷款管理暂行办法》；2000年1月中国人民银行发布《农村信用合作社农户联保贷款管理指导意见》，确定农户联保贷款“多户联保、按期存款、分期还款”的基本原则；2001年12月中国人民银行发布《农村信用合作社农户小额信用贷款管理指导意见》；2002年5月发布《中国人民银行关于进一步做好农户小额信用贷款发放和改进支农服务工作的通知》，除要求农村信用合作社规范和大力发展小额信贷外，还要求人民银行分支行加强督促指导，改进再贷款管理，确保农户贷款资金及时到位。2003年国务院下发《深化农村信用社农村改革试点方案》，要求按照“明晰产权关系、强化约束机制、增强服务功能、国家适当支持、地方政府负责”的总体要求，“加快农村信用社管理体制和产权制度改革，把农村信用社逐步办成由农民、农村工商户和各类经济组织入股，为农民、农业和农村经济发展服务的社区性地方金融机构，充分发挥农村信用合作社农村金融主力军和联系农民的金融纽带作用，更好地支持农村经济结构调整，促进城乡经济协调发展”。明确中央银行提供专项票据资金解决农村信用合作社到2002年年底实际资不抵债额的50%，财政补贴保值储蓄贴补息、免征或减半征收所得税、实行优惠营业税税率等扶持政策，以化解历史包袱，农村信用合作社改革进入新阶段，信用社支农能力大大提高。这样农村信用合作社建立之初确定的合作金融属性逐步退化，商业性金融机构的属性日益明显。

(2)城市信用社和城市商业银行支持城镇县域经济和中小企业发展

1982年，党的十二大首次提出鼓励劳动者个体经济在国家规定的范围内和工商行政管理下“适当发展”，作为公有制经济的“必要的、有益的补充”。随着号角的吹响，中国城镇私营经济开始迅速复苏，一些中小商业、加工业和手工企业需要得到金融的支持，为此城市信用社应运而生，城市信用社正是适应中国经济和金融体制改革的必然产物。中国第一个城市信用社于1979年在河南驻马店成立，它作为城市金融改革的一种过渡形式，虽然与严格意义的合作信用组织还有一定的距离，但揭开了中国城市信用合作社发展的新篇章。

经过1986—1988年和1992—1994年两次大发展，1995年年末中国共有城市信用社5279家，存贷款余额分别为3357亿元和1929亿元，分别占中国金融机构的7.0%和4.0%。1996年后，由于组建城市商业银行，城市信用社数量趋于减少，1998年年末仅为3290家。1998年冬，为化解城市信用社的金融风险，开始“大整顿”，数量急剧下降。2002年年末，仍处于营业状态的城市信用社仅存449家(其中有相当数量的信用社是等待处置的高风险社)。城市信用社从1979年开始组建，到2012年全部改制完成，存在时间最长也就30年，随着金融改革的深入，城市信用社逐步改制成城市商业银行(赵冬青，王康康，2009)。2012年3月29日，中国最后一家城市信用社宁波象山县绿叶城市信用社改制为城市商业银行，即宁波东海银行股份有限公司(简称宁波东海银行)，城市信用社正式退出历史舞台。江苏省辖城市的城市信用社陆续组建城市商业银行，县域城市信用社更名为农村信用社，其他省份也陆续以省辖市为单位组建商业银行，成为县域经济中支持中小企业的中坚力量。

(3)探索发展农村合作基金会

农村合作基金会是人民公社解体后，农村基层重建和完善农业积累制度的一种组织基础，它是社区合作经济组织内部各成员在资金上互通有无、有偿使用、独立核算、自负盈亏、民主管理、自愿互利、共担风险的一种专业性合作经济组织。据有关部门统计，1990—1996年，中国农村合作基金会累计投放于种养业生产的资金达到1515亿元。1996 年投放于农业生产的资金占当年投入总额的比重达 43.3%。据四川省 1999 年的统计资料表明，全省合作基金会资金投放总额 214.6 亿元，其中，农业借款 78.8 亿元，占 36.7%，非农产业借款 135.9 亿元，占 63.3%。逾期、呆滞和呆账资金总数为 108.4 亿元，其中农户(一般以农业为主)34.8 亿元，占 321%；企业和其他贷款(一般以非农业为主)达 73.6 亿元，比重为 67.9%。1997 年，农村合作基金会开始清理整顿、关闭合并，部分资产和负债并入农村信用社，部分资产和负债由当地政府组织清理。

1.3.2.3 微型金融快速发展阶段(2005—2015 年)

随着农村信用合作社体制改革的逐步深入，法人治理结构逐步合理，经营管理效率逐步提高。与此同时，城市商业银行建立与改革也逐步完成，城乡微型金融的基本力量已经形成。国家为进一步满足城乡中小微企业发展过程中的资金需求瓶颈，批准建立一批新型微型金融组织，推动中国微型金融快速发展。

(1)城乡小额贷款公司顺应潮流发展迅猛

2005 年中央一号文件明确提出“有条件的地方，可以探索建立更加贴近农民和农村需要，由自然人或企业发起的小额信贷组织”，在此政策推动下，部分地区开始探索“只贷不存”的小额信贷组织，即小额贷款公司。2005 年山西平遥打响发展商业性小额信贷“第一炮”，率先成立“日升隆”和“晋源泰”两家完全由民间资本投资组建的小额信贷公司，此种发展模式无疑是中国小微金融发展的一次尝试。2005 年 5 月中国人民银行在山西、陕西、四川、贵州、内蒙古 5 个省进行商业性小新信贷试点。2007 年年底，中国人民银行明确在省级政府承担风险处置责任的基础上，由各省决定小额贷款试点工作。江苏、浙江率先启动试点，出台专门办法。自 2008 年 5 月中国人民银行和银监会联合共同发布《关于小额贷款公司试点的指导意见》以来，小额贷款公司已经成长为中国金融体系中重要生力军。小额贷款行业呈现出爆发式增长，2008 年年底小额贷款行业的资产规模不到百亿元，数目不到数百家，但根据人民银行 2019 年 10 月 25 日发布的《2019 年三季度小额贷款公司统计数据报告》，截至 2019 年 9 月末，中国共有小额贷款公司 7680 家，贷款余额 9288 亿元。其中，江苏省小额贷款公司机构数量达到 565 家，贷款余额 794.49 亿元，机构总数中国第一。

(2)村镇银行等新型农村金融机构的建立与发展

2006 年 12 月，银监会发布《中国银行业监督管理委员会关于调整放宽农村地区银行业金融机构准入政策更好支持社会主义新农村建设的若干意见》，依照“低门槛，严监管，先试点，再推开”的原则，来引导各类资本到农村投资建设村镇银行、农村资金互助社、贷款公司等新型农村金融机构，鼓励银行业金融机构到农村地区设立分支机构。境内外银行资本、产业资本、民间资本都可以到农村地区投资、收购、新设银行业金融机构；同时调低注册资本，取消营运资金限制，明确在县(市)设立的村镇银行，其注册资本不得低于人民币 300 万元；在乡(镇)设立的村镇银行，其注册资本不得低于人民币 100 万元，并要求其金融服务必须能够覆盖机构所在地辖内的乡(镇)或行政村。2007 年 3 月首批村镇银行在国内 6 个试点省诞生，2007 年 10 月经国务院同意，银监会宣布试点从 6 个省份扩大到 31 个省(自治区、直辖市)，新型农村金融机构在中国农村地区的数量和规模实现快速的增长。截至2021年年末，中国村镇银行数量为1651家，占全国银行业金融机构总数的36%左右。除村镇银行有明显增加外，贷款公司和农村资金互助社机构处于稳中有降状态。

1.3.2.4 大力发展普惠金融阶段(2015年以后)

经过微型金融实践和快速发展，以及理论界对普惠金融的认识与讨论，特别是党的十八大提出"两个一百年"奋斗目标的需要，2013年11月党的十八届三中全会上通过的《中共中央关于全面深化改革若干重大问题的决定》中明确提出，"允许具备条件的民间资本依法发起设立中小型银行等金融机构"，"发展普惠金融"。至此，普惠金融的发展被提升到国家战略层面。紧接着，2014年3月国务院《政府工作报告》中提出更加明确的意见：稳步推进由民间资本发起设立中小型银行等金融机构，引导民间资本参股、投资金融机构及融资中介服务机构。发展普惠金融，促进互联网金融健康发展，完善金融监管协调机制，守住不发生系统性和区域性金融风险的底线。2014年4月20日《国务院办公厅关于金融服务"三农"发展的若干意见》第二条明确提出要大力发展农村普惠金融，具体内容包括：一是优化县域金融机构网点布局。稳定大中型商业银行县域网点，增强网点服务功能。按照强化支农、总量控制原则，对农业发展银行分支机构布局进行调整，重点向中西部及经济落后地区倾斜。加快在农业大县、小微企业集中地区设立村镇银行，支持其在乡镇布设网点。二是推动农村基础金融服务全覆盖。在完善财政补贴政策、合理补偿成本风险的基础上，继续推动偏远乡镇基础金融服务全覆盖工作。在具备条件的行政村，开展金融服务"村村通"工程，采取定时定点服务、自助服务终端，以及深化助农取款、汇款、转账服务和手机支付等多种形式，提供简易便民金融服务。三是加大金融扶贫力度。进一步发挥政策性金融、商业性金融和合作性金融的互补优势，切实改进对农民工、农村妇女、少数民族等弱势群体的金融服务。完善扶贫贴息贷款政策，引导金融机构全面做好支持农村贫困地区扶贫攻坚的金融服务工作。

中国普惠金融创新呈现出4个新特征：一是产品和服务日益丰富。普惠金融不仅包括信贷，还包括储蓄、投资理财、保险、支付、汇兑、租赁、养老金等全功能、多层次的金融服务，甚至可能会增加管理咨询、财务顾问等其他服务内容。二是参与主体更加多元化。普惠金融的参与主体已逐步发展为囊括商业银行、政策性金融、非银行金融以及金融科技企业等在内的多层次、多元化普惠金融机构体系，如消费金融公司，网络小额信贷，P2P网络贷款，互联网财富管理、保险、股权众筹，农业保险与小额保险，第三方支付等依赖金融科技的新型金融企业和服务方式正成为普惠金融的重要力量。三是数字普惠金融发展迅速，并成为未来发展的主流。四是普惠金融商业模式不断创新，可持续性得到极大改善。一些新的普惠金融模式开始形成，普惠金融开始成为许多机构竞相进入的蓝海。

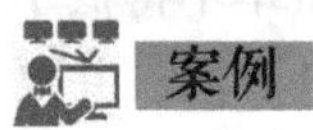

"中和农信"小额信贷

由中国扶贫基金会发起成立的中和农信项目管理有限公司(以下简称中和农信)，一直以来以“打通农村金融的最后100米”为服务宗旨，长期扎根于农村金融市场，目前已成为中国最大的专注农村草根金融服务的小额信贷机构，其在发展过程中不断探索创新企业运营机制和信贷扶贫服务模式，实现规模快速扩张和财务可持续性，同时收到较好的扶贫社会效益。

1. 创新性运营机制使得企业获得规模扩大的同时保持公益性不变

中和农信按照总公司、分公司的连锁方式进行经营，以县为单位注册成立分支机构，其专业化、可复制化的模式，有利于规模迅速扩张从而覆盖全国范围。截至2018年1月，中和农信在中国的分支机构共275个，覆盖21个省(自治区)的288个县，机构人数4184人，在贷客户37.2万户。中和农信通过设立股东大会的方式进行治理，其股东有中国扶贫基金会、国际金融公司、蚂蚁金服、红杉资本、香港天天向上基金共5家。其中，中国扶贫基金会、国际金融公司和天天向上基金会共三大股东都是公益性质或以公益为宗旨的机构，而中国扶贫基金会是最大股东，因此中和农信的公益服务宗旨不会因商业化运营而改变。

2. 创新性的风险控制手段降低贷款坏账率，保证企业获得可持续发展

中和农信的风险控制主要体现在贷前、贷中和贷后等3个方面。贷前风险规避主要通过对贷款客户和信贷员的选择上，中和农信选择的贷款客户90%以上是妇女。从统计数据来看，妇女的守信程度要高于男性，冒险性和流动性低于男性，便于风险控制。另外，公司大部分信贷员为本地人，对当地情况更为了解，在一定程度上规避信息不对称带来的风险。贷中的风险控制主要体现在担保方式的选择，中和农信采用的是五户联保的方式，一个农户想要贷款，必须在同村找到5户农户结成联保，如果其中一户不按时还款，另外其他农户就要替他还款，村民自己最清楚谁的信誉好、谁的不好，这形成天然的风险规避机制。贷后风险控制主要体现在3个方面：还款方式的选择、建立征信体系以及免费信贷寿险。首先，采用“整贷零还”的还款方式，较符合农户收入特性，减轻农户还款负担。另外，中和农信于2010年就开始与央行征信体系合作，每贷出一笔款，贷款户的信息已纳入央行的征信体系，帮助农民记录信用信息，增强农民的信用意识，促进贷后风险控制。最后，中和农信还为每个客户提供免费的信贷寿险，贷款客户如果发生意外死亡或全残，由保险公司替客户偿还剩余贷款，避免客户家庭因意外事故陷入雪上加霜的困境，也降低信贷风险。根据《中和农信2011—2017年度报告》数据显示，其客户还款率一直保持在99%以上。

3. 创新性的融资方式使得中和农信获得足够的发展资金和贷款本金

中国多数小额贷款公司始终受资金瓶颈问题的制约。中和农信早期主要依靠国内外社会捐赠资金为主，目前已转变为主要依靠商业化融资为主，包括资产证券化融资、股权融资和银行批发贷款。

首先，中和农信最具创新性的融资方式是通过资产证券化进行融资，利用市场手段，在资本市场中将农村小额信贷这种中低信用等级资产实现融资。截至2017年年底，中和农信从资本市场融资已获得超过20亿元人民币，可用于农村发放扶贫信贷。其次，中和农信适时选择战略合作伙伴进行股权融资。例如，在转型发展早期主要获得红杉资本和国际金融公司（IFC）的投资。从 2015 年开始公司目标是依靠互联网提高效率、降低成本和控制风险，因此，2016 年中和农信选择与蚂蚁金服达成战略合作关系，同年 12 月与蚂蚁金服招财宝合作项目完成系统对接工作，并于 2017 年将合作范围覆盖 200 多家分支机构，近 20 亿招财宝平台资金通过中和农信的渠道下沉到县乡一级的农户手中。再次，通过从正规商业金融机构获得批发贷款。目前为中和农信提供批发贷款的主要有国家开发银行、中国农业银行、北京银行、亚洲开发银行、人保投资管理有限公司等，这相当于大型商业银行以中和农信为中介间接性地为贫困农户提供资金支持。

本章小节

国际上微型金融的产生源于贫困的存在、传统正规金融的缺失以及扶贫信贷的不足。中国微型金融起源于小额信贷实践，发展目的在于以自身“缓解信息不对称的途径、放松抵押担保制约的还款制度安排、降低交易成本的技术”的优势弥补传统正规金融与民间金融的不足，为弱势群体提供金融服务。微型金融在促进农户信任和互惠方面的贡献显著，通过互助组将农户联系在一起，使得他们互信互惠，在生产经营上相互鼓励，这都有利于培育农户内生社会资本。

关键术语

微型金融；小额信贷；普惠金融；村镇银行。

思考题

1. 简述微型金融在哪些方面对传统小额信贷的含义进行外延扩展。
2. 简述微型金融自身的优势。
3. 简述中国非正规金融存在的基础。
4. 简述微型金融发展应当以福利主义为主还是制度主义为主。
5. 简述小额信贷是减贫神器还是使穷者更穷。
6. 简述微型金融只为贫困人群服务的提法正确与否。

2 微型金融概述

学习目的

➢ 熟悉微型金融的概念、特征；掌握微型金融的目标和使命；了解微型金融的种类。

➢ 了解微型金融在调整经济结构、促进社会公平等经济功能和社会功能方面发挥的职能和关键作用，增强学生作为微型金融从业者的荣誉感和使命感。

2.1 微型金融的内涵

微型金融最早是由世界银行提出的，其主要任务是储蓄与小额信贷，它的产生早于普惠金融。从国际上看，微型金融源于20世纪70年代为贫困人口提供以贷款为主的金融服务和非金融企业咨询服务的试验。根据2005年“微型金融高峰会议运动”的数据，微型金融的行业规模从1997年开始以40%的速度迅猛发展，从1997年的618家机构、1300多万客户发展至2004年年底的3000家机构、8000多万名客户。微型金融的目标是让被正规金融体系排斥在外的群体享有同等的金融服务。因此微型金融具有福利性和商业性的双重目标。但是在现实中，微型金融机构规模较小，缺乏盈利性和可持续发展性，全球只有大约1%的微型金融机构能够自发实现盈利。所以如何在服务目标和财务盈利性之间寻找平衡从而实现可持续发展，是微型金融发展面临的关键问题。

2.1.1 微型金融的概念

微型金融（Microfinance）指专门针对贫困、低收入的人群和微型企业而建立的金融服务体系，包括小额信贷、储蓄、汇款和小额保险等。微型金融的服务对象是被正规金融体系排斥在外的群体。因此，微型金融不仅拓展金融市场的规模，更是让那些无法轻松获得金融服务的贫困群体更好地应对贫困。

微型金融这一概念刚传到中国时，有些学者将其与小额信贷等同，但其实微型金融的内涵和小额信贷有很大差异，小额信贷关注的只是低收入群体的贷款需求，而微型金融除信贷服务，还关注到这类群体其他方面的金融服务需求。微型金融实质上是小额信贷的拓展深化。随着小额信贷的发展和不断涌现的现实需求，小微企业和贫困群体除希望获得贷款服务外，也同样希望能够获得储蓄、小额保险、汇款等服务。在增加的需求下，世界银行扶贫协商小组（CGAP）开展微型金融的研究和试验，并将微型金融推广至世界范围。此后各国仅致力于贷款服务的小额信贷发展便逐步向为低收入群体提供更加多样化金融服务的“微型金融”过渡。

如今，微型金融活动已成为所有金融机构的必要组成部分。微型金融已经发展为一个非常宽泛的概念，只要是以低收入群体为目标的各种类型的金融服务，无论其性质、规模和发起人如何，都应该算作微型金融业务。因此，微型金融既包括正规金融机构(如商业银行)所开展的微型金融服务，也包括非正规机构和个人所开展的微型金融服务，既包括商业化的、以盈利为目的的微型金融，也包括非商业化的微型金融项目，如国家发起的针对贫困地区的农民和农村合作社的扶贫贷款项目。

2.1.1.1 微型金融的特征

微型金融的基本特征如下：

(1)明确的目标客户和经营宗旨

微型金融的主要服务对象是低收入群体和微型企业，他们无法在正规金融机构获得金融服务。微型金融机构的经营宗旨是通过为目标客户提供金融服务，来增加其收入水平并实现反贫困。

(2)额度小、周期短、信用放款

首先，微型金融客户的金融服务需求主要在于满足农户、小微企业的基本生产和生活需要，所需的资金数额相对较少、周期相对较短。其次，微型金融主要提供的小额信贷服务是一种信用贷款，不需要土地、房产等资产作为抵押品，但需要用社会信用进行担保。

(3)合理定价、利率灵活

微型金融机构由于信贷量小、管理成本高，不得不收取比传统银行更高的利率来抵消成本，但该利率低于民间的高利贷利率。

(4)信贷技术和服务方式的创新

微型金融客户对金融服务需求的差异促使微型金融产品和服务的创新。例如微型金融中小额信贷的放贷方法和利率定价等方面是对传统金融模式的一种扬弃，或者是对传统金融体系的一种创新，也是金融服务方式的一种创新。

(5)丰富多样的组织形式

由于监管机构的严格监管，传统金融机构的设立面对着很高的要求。然而，微型金融服务的提供者复杂多样，包括非政府组织、投资资金合作社、村镇银行和小额信贷机构等半正规、正规金融机构以及非正规金融机构。微型金融机构的多样性及其独立的组织制度，确保微型金融的可持续发展。

2.1.1.2 微型金融与类似概念的区别与联系

(1)微型金融与扶贫金融

由于微型金融的目标客户大多是低收入群体，因此微型金融天然的在一定意义上肩负扶贫的使命。但微型金融并不是扶贫金融。扶贫金融具体来说是政府直接给社会弱势群体提供的低利率贷款，如助学贷款、扶贫贷款。扶贫金融的提供者主要是政府或是社会强势群体，载体是正规的金融机构、或是社会组织、或是个人。

中国最早的扶贫贷款由中国农业银行发放，后来主要由中国农业发展银行发放。2004年后，随着中国扶贫贷款体制的变化，开始在30个扶贫县进行商业发放扶贫贷款的试点，由财政对扶贫贷款的利息进行贴息。其具体模式为商业银行直接把扶贫贷款放贷给农户，财政将贴息的资金直接贴给农户。如果扶贫贷款的利率为10%，那么商业银行只能收2%

的利率，剩下的8%由财政直接贴息给农户。

(2)微型金融与小额信贷

微型金融是在小额信贷的基础上发展起来的，但其涵义更广。小额信贷是面向低收入群体和中小企业提供的额度较小的、旨在帮助其解决资金困境的信贷服务。而从小额信贷概念延伸出的微型金融服务是包括小额信贷在内的和储蓄、汇兑、保险等业务的组合。

(3)微型金融与普惠金融

普惠金融是小额信贷与微型金融的深化与发展。微型金融作为小额信贷机构业务多样化和持续化发展的结果，拓宽社会弱势群体获得平等金融服务的渠道，缓解其资金困境，在一定程度上助力反贫困。但是零散的微型金融机构的力量无法实现大规模、持续性地向贫困群体和偏远地区提供金融服务，难以让所有人都平等地享受金融服务。因此需要将零散的微型金融机构、服务整合起来，与国家现有的金融体制形成一个有机的金融系统，最终形成普惠金融体系。

2.1.2 微型金融目标

微型金融的宗旨在于使被正规金融体系排斥在外的群体享有同等的金融服务。不同于商业性金融仅以盈利目标，微型金融不仅需要在一定的利润水平上持续经营以持续提供金融服务，而且需要为更多缺乏金融服务的贫困群体提供更多更好的金融服务，并帮助他们脱离贫困。因此，微型金融具有双重目标，覆盖能力和可持续发展能力，具体如下：

2.1.2.1 微型金融的覆盖能力

微型金融的覆盖能力包括4个方面内容，即覆盖深度、覆盖广度、服务规模和服务质量。

微型金融的覆盖深度是指微型金融服务极端贫困群体客户的能力。微型金融的覆盖广度则是指微型金融进入基础设施落后地区、无法进入金融市场的偏远农村地区、人口分散地区等的能力。值得一提的是，在某些国家的特定文化环境中，为妇女提供金融服务也是微型金融覆盖广度的体现。微型金融的覆盖深度和覆盖广度意味着它能惠及正规金融服务不到位的贫困群体。微型金融的服务规模是指能够获得微型金融服务的总人数，广大的农村人口、城市低收入群体都是潜在的微型金融客户。微型金融的服务质量是指微型金融为客户提供服务的便利性、实用性以及灵活性，是否能够满足潜在客户的金融需求是微型金融服务质量的重要考量。

2.1.2.2 微型金融的可持续发展能力

微型金融的可持续发展能力实质上是微型金融机构的财务上的可持续发展能力和机构的可持续发展能力。财务上的可持续发展能力是指微型金融机构能够在财务上自负盈亏，即能够以利息、费用等运营收入覆盖其在工资、租金、固定资产折旧、贷款损失储备金等方面的支出。机构可持续发展能力指微型金融机构能够实现有效的管理和提供有效的服务，取决于机构的类型、治理以及管理组织架构、人力资源和系统的能力。

微型金融的覆盖目标和可持续发展目标既对立又统一。首先，微型金融机构在追求可持续发展目标时，为减少服务贫困群体客户的成本和风险，会放弃一些贫困群体客户，更多地为富裕群体客户提供金融服务。微型金融机构变得更加市场化和商业化，使得其逐渐偏离其覆盖目标，也就出现所谓的“使命漂移”现象。此时，两个目标之间是对立的。其次，微型金融机构只有具备可持续发展能力，才能够持续地为贫困群体提供金融服务并帮助他们脱离贫困。这时两个目标之间的关系又是统一的。

2.1.2.3　微型金融的使命

微型金融的宗旨是为那些缺乏良好金融选择权利的人群提供平等的金融服务，并最终扶持企业成长、消除贫困和不平等。微型金融的宗旨与目标决定它天然承担着双重使命。

微型金融出现的主要动机是缓解贫穷。从20世纪80年代起，微型金融机构为可持续发展，致力于把其资金来源由最初的外部“输血”转变为商业化利润。但商业化的过程中，一部分微型金融机构放弃对贫困人口的服务，更多地对非贫困人口开展业务，打破可持续和减贫目标两者之间的平衡，偏离减贫目标，出现使命偏移现象。

微型金融使命偏移产生的原因主要是：①市场化的结果。激烈的市场竞争使得微型金融机构为实现可持续发展，主要追求利润最大化，从而弱化减贫作用。②规模扩张的结果。微型金融机构为扩大规模，更愿意向较富裕的客户提供更大额度的贷款，并且为控制风险将采用更为严格的贷款筛查程序将风险较大的贫困人群排除在外。③服务成本过高的结果。微型金融的小额贷款服务大多缺乏抵押物担保，需要信贷人员的走访调查，扩大运营成本，迫使微型金融机构将还款能力弱、贷款额度低的客户排斥在外。④贫困人群自我排斥的结果。贫困人群往往对微型金融甚至是传统金融服务认识不足，天然排斥信贷服务并认为是他们不能获得信贷服务。因此这类群体主动地把自己排除在正规金融机构的客户范围之外。⑤中国农户的“内源融资”偏好。中国农户更加偏向于通过自身生产活动创造积蓄或向亲朋好友借款的方式来筹集资金。

2.1.3　微型金融的特征

按照国际通行标准，所谓小额信贷，其额度应该是当地人均GDP的5倍左右，以中国人均GDP 1.5万~2万元衡量，小额信贷的规模应该在7.5万~10万元。但并非一定要按照国际经验来衡量中国的微型金融发展。按照国际贫困线标准，中国的小额信贷应该只发放2000元以下的贷款。但由于中国的经济社会发展已经远远超过孟加拉国、印度尼西亚、肯尼亚等国家的水平，因此中国的微型金融标准也应该有所超越。中国小额信贷的运用，已经远不止于做小生意、解决种植等问题，而是大部分贷款都用于生产性或经营性资金需求。因此，中国的小额信贷概念已经到微型金融概念的阶段。微型金融比之小额信贷，在概念上增加更多的金融功能。

2.1.3.1　微型金融机构

微型金融服务的提供者，即微型金融机构有多种类型，主要是专业微型的金融机构、商业银行、非政府组织、信用社和协会等。一般来说，微型金融机构主要分为以下几种：

(1)扶贫小额信贷项目或非政府组织

特定的小额信贷项目具有明确的目标指向，如扶贫。一般来说，小额信贷项目也会在项目结束时停止。例如，联合国开发计划署曾在中国48个县开展50个小额信贷项目。为扶贫，一些非政府组织会向目标群体提供小额信贷，此时小额信贷项目就是非政府组织作为微型金融机构提供的服务之一。此外，非政府组织还会开展其他的活动与小额信贷项目配合进行，以更好地完成特定目标。

(2)不受监管的小额信贷机构

此类机构的特点是不属于金融机构且不受金融监管，既包括福利性小额信贷机构，也包括商业性小额信贷机构。一些非政府组织的小额信贷机构便属于这一类机构。此类机构一般凭借自有资金或捐赠资金来专门发放小额信贷，并收取一定的服务费来维持其运营发展。

(3)部分监管下的小额贷款公司

此类机构的特点是不吸纳公众存款，具有一定的金融功能，如中国的小额贷款公司、商业银行全资拥有的贷款公司、农村资金互助社、金融消费公司等。

(4)专业小额信贷银行

此类机构是专业的银行金融机构，其业务以小额信贷为重点，并提供储蓄和其他服务。此类机构实质上是提供综合性金融服务的小型银行。如中国的村镇银行、主要服务农村的农村信用社等。

(5)商业银行或非银行金融机构的小额信贷业务线

此类机构主要是指正规的商业银行开展小额信贷业务的模式，但小额信贷只是其业务之一。具体而言，商业银行在内部建立完善且相对独立的小额信贷业务体系，形成独立的小额贷款机构，或与其他微型金融机构合作经营小额信贷业务。如中国农业银行专门成立“农村金融事业部”，一些商业银行成立小额信贷中心。

2.1.3.2 微型金融客户

微型金融的客户是微型金融的需求者，多为金融市场中的低端客户。理论上来说，微型金融的目标客户是被正规金融机构服务排斥在外的群体，如贫困人群、收入缺乏金融服务渠道的非贫困群体。但值得注意的是，可持续性的微型金融很少为特别贫困的、缺乏偿债能力的群体服务，也就是说，只有具有偿债能力的群体，才会成为微型金融的客户。此外，微型金融机构的服务对象甚至扩展到小型企业甚至中型企业。一般而言，微型金融主要针对于小型企业、微型企业、个体工商户、城市低收入群体和农民(自然人)。其中，专门为小微企业提供的贷款业务被称为小微贷款。

2.1.4 微型金融分类

微型金融可以根据其正规程度、运行主体、目标宗旨以及资金来源方式进行分类。具体如下：

2.1.4.1 非正规微型金融、半正规微型金融和正规微型金融

按照微型金融机构是否“正规”，微型金融可分为非正规微型金融、半正规微型金融和

正规微型金融。微型金融机构的正规程度体现在其是否在相关金融监管部门注册备案。非正规微型金融指金融服务供应者没有注册而形成借贷关系，如民间借贷、亲友借贷等。半正规微型金融指金融服务供应者在相关部门注册并遵守一般性法律法规，但却不接受相关部门的管理约束。这类微型金融提供者主要是非政府组织以及金融合作机构。正规微型金融是指金融服务供应者在相关部门注册，遵守一般性法律法规，并且接受相关部门的管理约束。正规微型金融的供给者主要是各类银行业金融机构。

2.1.4.2 金融机构微型金融、政府微型金融和非政府微型金融

按照不同的运行主体，可将微型金融分为金融机构微型金融、政府微型金融和非政府微型金融。金融机构微型金融是金融机构主要运作的微型金融业务。政府微型金融是由政府部门运作的微型金融业务。非政府型微型金融是由非政府组织运作的微型金融业务。

2.1.4.3 商业性微型金融和公益性微型金融

根据微型金融的目标宗旨，可分为商业性微型金融和公益性微型金融。商业性微型金融是指提供金融服务的机构更加注重盈利目标和风险控制。这类机构的资产来源主要是股东投资。公益性微型金融是指提供金融服务的机构以社会扶贫为根本目标，这类机构主要是从事公益性活动的非盈利性组织，他们一般能够获得一定的政府补贴并且享有一定税额减免。

2.1.4.4 市场化微型金融和帮扶型微型金融

按照微型金融机构资金来源的途径，可分为市场化微型金融和帮扶型微型金融。当微型金融机构主要通过市场化的方式获得资金时，如吸纳客户存款、上市融资等，并且微型金融机构具有明确的商业目标(盈利)，那么此时的微型金融是一种市场化的微型金融。当微型金融机构的资金来源途径主要是外界援助时，如社会捐赠、公益组织援助、财政帮扶等，并且此类微型金融机构的目标主要是社会扶贫，那么此时的微型金融便是帮扶型微型金融。此类机构一般历史悠久、规模较小、信贷经营权缺失，多为民间主导或半民间半官方主导。

案例

中国金融供给层次渐丰

2015 年，中国印发首个国家级普惠金融战略规划《推进普惠金融发展规划(2016—2020 年)》，提出要健全多层次的金融服务供给体系，充分发挥传统金融机构和新型业态的作用。

国有大行是“头雁”。对于国有大行服务小微，有人曾质疑：这些习惯“垒大户”的银行，是否愿意俯下身，发放那一笔笔小额贷款？国有大行深耕普惠金融，既是责任也是趋势。近年来，国有大行充分发挥网点布局广、资金成本低、风险控制能力强等优势，连年超前完成《政府工作报告》提出的目标任务，2020 年、2021 年，普惠小微企业贷款增长分别超 50%、40%。

农村金融机构是生力军。当前，农村信用社改革正在稳步推进，农村金融的活力进一

步焕发。2022 年 4 月 18 日，浙江农商联合银行挂牌成立，中国深化农信社改革“第一单”正式落地浙江。“改制不改性、改名不改心，坚守‘支农支小’的天职与宗旨。”浙江农商联合银行董事长王小龙表示，将努力为每个家庭和有需要的小微企业提供足额、便捷、便宜的普惠金融服务。

民营银行是补充者。2014 年 12 月，中国首家民营银行、首个纯互联网银行——深圳前海微众银行开业。近年来，借助大数据与金融科技，民营银行不断拓展普惠金融的服务边界。“我们服务的是小微企业中的‘小微’，企业的年营业额平均在 500 万元以下。”微众银行董事长顾敏说。

村镇银行是神经末梢。记者在多地采访时发现，村镇银行的员工“说当地话、熟当地人、懂当地民情”，了解哪家人守信用、哪户人有能力，其他银行做不了的融资便成可能。截至 2021 年 12 月末，中国共有村镇银行 1651 家。

知识链接

中国微型金融的商业化

中国微型金融按服务对象的不同可大致分成 3 个层次：

第一层服务于有一定规模的小企业和城市中等收入阶层的个人。这一层次的微型金融客户并不贫穷，但由于资金周转或扩大再生产的需要，缺乏短期流动性，需要从金融机构融资。这些客户或者无法提供满足商业银行传统信用审批要求的抵押品，或者即使能提供抵押品但流程复杂导致交易成本偏高。经过信贷流程改造的商业银行和小额贷款公司有意愿和能力来服务这些客户。实际上，国内多数中小型商业银行和小额贷款公司的目标客户都属于该层次。把对此类客户的金融服务视作微型金融，实际上是相对于传统银行服务大企业和富人而言的，这也是对微型金融的理解与国际主流定义差别最大的地方。

第二层服务于城镇及城乡结合部地区收入较低的个体小生产者、小商贩，以及农村地区从事农副业和小生意的劳动者。这些同样缺少资本的客户有创造财富的潜力，但缺少抵押的手段，被正规金融机构所排斥，该层次客户人群基本与国际主流概念相符。微型金融机构通过一系列的创新，如联保贷款合同、同伴监督等，将该层次的人群纳入到金融服务的范畴中。由于该群体的价值创造能力并不低，即便是商业性的微型金融机构在服务该群体时，也可能既为自身带来利润，又实现削减贫困的正外部性。

第三层服务于社会底层收入阶层，包括农村最贫穷的个人。这类客户群体最接近国际上微型金融的概念，他们非常贫困以至于不可能通过任何商业银行的信贷审批，也不为商业性小额贷款公司所理会。微型金融诞生之初关注的对象就是发展中国家农村地区的贫困农民，削减贫困一直是微型金融首要的社会目标，而开展此类业务的机构，要么得到政府补贴，要么资金来源于公益性投资或捐助。

在商业化问题上，上述 3 个层次的微型金融有着不同的答案。第一层次微型金融的商业化是无可厚非的，它原本就应按照商业原则运行，实践中无论是商业银行还是小贷公司都很看重该类型微型金融的市场前景，完全可以按照市场化规律发展。从国际经验看，第三层次微型金融服务客户的商业价值十分有限，微型金融机构最重要的任务就是通过一定的金融干预为贫困人群脱贫提供帮助，资金来源主要依赖不以盈利为目标的非政府组织和社会捐助，其目标是能够基本盈亏持平或较少地依赖补贴。第二层次介于以上二者之间，它所服务的客户既为正规金融所排斥，可见现阶段其商业价值并非显著，但如能够有效地开发这个市场，盈利的空间是存在的，能够兼而实现社会目标和商业利益。微型金融商业化的着眼点应该在第二个层次。

2.2 微型金融服务的种类

从目前微型金融业务开展情况来看，小额信贷和储蓄是微型金融业务中最主要的两个部分。同时，微型金融机构为提高客户体验，维持客户关系，进一步地衍生出其他业务。如微型保险、信托、汇兑、支付结算、金融租赁、教育、咨询、培训等业务。

2.2.1 小额信贷业务

小额信贷是微型金融的核心业务，它是指面向低收入群体和中小企业提供的额度较小的、旨在帮助其解决资金困境的信贷服务，具有无担保无抵押等特点。基于小额信贷无实物担保的特点，借款人的信用就至关重要。孟加拉国乡村银行尝试的集体信贷模式很好地保证借款人的还款能力。整个小组一起向微型金融机构贷款后，小组成员之间负有无限连带责任，当有组员违约时，要由其他组员来偿还违约组员本息。并且小组的诚信度还会影响下次贷款的成功与贷款的额度。在中国精准扶贫阶段，信用村的评定与以上例子有类似的作用，一个村集体所有成员都具有良好的信用才能评定信用村，才能在扶贫小额贷款政策中享有更多的便利。由于贫困群体客户情况的多样性，小额信贷并没有固定的模式。

与传统贷款服务相比，小额信贷具有以下优势：

(1)灵活性

当人们需要小额资金来应对家庭、企业情况的变化时，申请小额信贷将能够避免传统金融贷款所需要的一系列申请和要求，具有很强的灵活性。

(2)快捷性

当出现十分紧急的贷款需求时，如抓住经济机会或其他不容等待的情况，要求贷款的审批流程和发放速度很快，小额信贷服务比传统贷款服务更好地满足这一点。

(3)担保替代

小额信贷的大多数客户是被正规金融服务排斥的贷款需求者，他们被排斥的很大原因在于实体抵押物的缺失，而小额信贷可以无需实体抵押物。微型金融机构将客户的社区关系、社会认可、声誉等作为担保替代，并向其发放小额贷款。此外通常在传统金融机构不被接受的物品，如珠宝等，也能作为微型金融机构的抵押品来发放小额贷款。

(4)差异化的产品设计

微型金融机构在发放贷款时，会考察贷款对象的具体情况，并为其设计合适的产品。如适当地将贷款额度设定低一点，将贷款期限设定短一点，将还款期限延长一点，以便更好地满足贷款对象的不同需求。

2.2.2 小额储蓄业务

在微型金融中，“储蓄服务”是最容易被忽略的一种金融服务，基于“贫困人群根本就无余额用于存款”的观点。但是微型金融机构的存款不在于客户的存款量，而在于客户规模。同样，储蓄也是“贫困人群”防范风险策略的重要组成部分，它筑起贫困人群处理外部冲击、紧急事件及平均生命周期消费的第一道防线，并且有助于贫困人群抓住发展的好机会。

微型金融在服务客户储蓄方面具有以下特点：

(1)安全性

将资金放在家里或者自己手里，可能会被家庭其他成员、朋友借用或者花掉，而存在微型金融机构中则有助于养成储蓄和节俭的习惯。

(2)流动性

客户在需要时可以及时从微型金融机构的储蓄账户中将资金取出，高质量的储蓄服务具备较高的流动性。

(3)便利性

微型金融的储蓄服务对其客户来说低成本、方便快捷，特别是对文化程度较低的客户，或者外出时间、经济成本较高的客户。

(4)竞争性收益

微型金融机构可以提供多种储蓄产品，例如，流动性高收益较低的储蓄产品、收益较高而流动性较低的储蓄产品。

2.2.3 小额保险业务

根据扶贫协商小组(CGAP)的界定，小额保险实质上是按照低收入群体面临的风险事件所发生的概率及其所涉及的成本，按比例定期收取一定的小额保费，为帮助低收入群体规避风险的保险。目前微型保险业务还处于初始发展阶段，金融家正在努力设计和规划保险业务的最佳建立模式。相关研究表明，一个地区的粮食险有助于提高贷款的偿还率，并且有利于提高贫困人群的信用。这是因为在由于天气、虫害等原因使粮食减产时，保险赔付保证农户收入的稳定性，也就保证农民偿债的能力。目前，中国农业保险市场除自然灾害险种，还出现价格指数保险等创新品种，农业期货产品也开始涌现，极大地保证农户的收入稳定。

2.2.4 小额支付结算

小额支付结算是一个相对概念，金额在 5 万元以下的支付结算被称为小额支付结算。支付结算有广义和狭义之分。狭义的支付结算是指单位、个人在社会经济活动中使用现金、票据(包括支票本票、汇票)、银行卡和汇兑、托收承付委托收款等结算方式进行货币给付及其资金清算的行为，其主要功能是完成资金从一方当事人向另一方当事人的转移。广义的支付结算包括现金结算和银行转账结算，同时支付结算也作为一种要式行为，具有一定的法律特征。

2.2.5 汇兑

微型金融机构提供的汇兑业务是指汇款人委托微型金融机构将其款项支付给收款人的结算方式。汇兑分为电汇和信汇两种，方式由汇款人选择。具体来说，电汇是汇款人将一定款项交存汇款微型金融机构，汇款微型金融机构通过电报或电传给目的地的分支机构或代理机构(汇入机构)，指示汇入机构向收款人支付一定金额的一种汇款方式。信汇是汇款人向微型金融机构提出申请，同时交存一定金额及手续费，汇出机构将信汇委托书以邮寄方式寄给汇入机构，授权汇入机构向收款人解付一定金额的一种汇兑结算方式。实质上，汇兑是一种资金流动的方式，集货币兑换、资金汇兑、支付结算、信贷为一体。

2.2.6 托收和信用担保

随着贫困群体、小微企业等收入的增加和生产的剩余，他们会产生新的贸易收付方面的需求。体现在需要微型金融机构帮助收付货款以保证安全性，或者在需要微型金融机构为其在向传统金融机构获得更高数额的贷款时提供信用担保等。

2.2.7 其他业务

除以上服务外，金融租赁等业务也是通常意义上的其他微型金融业务。此外，为满足低收入群体的发展需求，发挥微型金融的社会功能，提高微型金融机构自身声誉，除必要的金融服务外，许多微型金融机构还会提供一些其他的非金融服务，如教育、咨询、培训等。

“融 e 购”

“融 e 购”是中国工商银行利用互联网开展电商扶贫的新模式，是以“名商、名品、名店”为定位，集“B2C”“B2B”“B2G”于一体的综合性电商平台，一方面，建立贫困地区特色产品和特殊资源的宣传和销售平台，通过商业形式开展扶贫活动；另一方面，与政府、非盈利性基金会合作，通过“互联网+公益”的形式开展“义卖+捐赠”等活动。

“融 e 行”是直销银行平台，通过构建公平开放的网上银行平台，大力推广手机银行，有效地提高农村金融服务的可得性。通过电商开放、客户开放和平台开放，融 e 行实现整个在线业务的全面直接销售，并通过互联网技术帮助小微企业和农户等金融弱势群体有机会和有能力来维持生产发展。

“融 e 联”是即时信息保护与共享平台，是保护消费者信息和资金安全的新模式。随着使用手机银行和网上银行的消费者数量不断增加，大量服务已从实体网点转移到网络终端，对客户信息保护和银行账户安全提出更高的要求。融 e 联实时客户服务平台针对缺乏金融知识和素养的弱势群体，为他们建立便捷安全的信息访问渠道，并利用该平台为客户展示金融产品，向他们传播金融风险知识，以提升客户的风险意识和投资决策能力。

案例

"微型金融"到"普惠金融"的转变对弱势群体的影响

2014 年亚洲微型金融论坛内容：

Q：微型金融与普惠金融的区别是什么？是否有一些本质上的变化？

A：（太平洋地区普惠金融项目项目经理兼普惠金融顾问 Reuben Summerlin）从小额信贷到微型金融再到普惠金融，反映出我们的理解正在进步。小额信贷和微型金融并不能全部满足人们的金融需求，他们需要除信贷以外更加丰富的金融服务，如汇款、保险等，期望增加收入和提升家庭生活水平。因此，不同金融机构之间的合作非常重要，如与保险公司合作为客户提供保险服务。当然，这种合作关系讲出来比较简单，但真正实践起来需要克服各种困难。

Q：什么原因促使微型金融向普惠金融转变？

A：（IFC——Rachel）微型金融跟需求的占比相对较小，现在讲普惠金融，是建立一个全球体系，需要政府的参与和法律法规的制定。同时，普惠金融需要更大规模的思考，如通过科技创新降低交付成本。进而通过各方的参与，实现普惠金融的宏伟目标。

Q：对于这样一种范式的转移，作为监管方，有怎样的建议？

A：（印尼金融服务管理局主席 Muliaman D. Hadad）普惠金融的广泛度不言而喻，从金融产品角度看，不仅包括小额贷款，还包括微型服务、微型保险等。印度尼西亚普惠金融发展，较为关注金融消费者保护和扶持。从宏观审慎和发展的角度，印尼金管局充分认识到金融消费者教育和金融服务可获得性的重要性。金融的普惠性和包容性，不仅在于消除贫困，而是要对所有人开放金融业，代表各方对金融的参与。我们会关注不同收入水平的人群、不同的机构如保险公司。

发展普惠金融，对于监管方的一大挑战就是说服金融机构广泛参与普惠金融并实现商业的可持续，因此，金融教育不仅要关注普通消费者和客户，更要关注金融家、银行家，引导他们转变观念投身普惠金融。我要强调三点：一是教育是银行投资、投入的重要一份子；二是教育需要考虑需求和客户临近度；三是不同国家和司法辖区的教育有所不同，需要加强各方协调配合。

Q：这种转变对于微型金融机构有哪些影响？微型金融机构是会消失还是会继续存在并扮演怎样的角色？

A：（妇女世界银行友好协会印度区负责人 Vijayalakshimi Das）我们需要将人口细分市场工作更加深入和充分，从更加开阔的眼界看待普惠金融。因为普惠金融涉及很多参与方和服务提供方，旨在帮助客户更好地运用金融服务惠及下一代。这种转变不仅是银行账户的转变，而是关键在于账户能否发挥实际作用，提升客户本人及其下一代的生活水平。

Q：从主流金融机构来看，怎样加强金融行业与普惠金融的联系？是需要创造一个全新的银行还是有些其他方式推动普惠金融？

A：（花旗集团微型金融与社区发展全球总裁 Bob Annibale）普惠金融是 2006 年提出的理念，是类似义务教育一样的目标。普惠金融最重要的是关注机遇在哪里、需要做哪些工作实现目标。我们要承认有各种类型、多样化的机构存在于普惠金融体系中，当然这些机构要在有效的监管之下。不同机构就像一块大的拼图，通过合作进行金融创新、满足多元化金融需求。

本章小节

微型金融的宗旨在于使被正规金融体系排斥在外的群体享有同等的金融服务，所以具有双重目标：覆盖能力和可持续发展能力。微型金融的种类主要包含小额信贷、储蓄、微型保险、小额支付结算、汇兑、信托等，不同的业务在不同领域发挥多元化的功能。微型金融出现的主要动机是缓解贫穷，虽然在发展过程中，微型金融使命也出现偏移。但其宗旨自始至终都是为那些缺乏良好金融选择权利的人群提供平等的金融服务，最终扶持企业成长、消除贫困和不平等。

关键术语

覆盖能力；可持续发展能力；小额保险；扶贫金融。

思考题

1. 简述中国微型金融机构群体及业务种类。
2. 微型金融使命出现偏移的原因。
3. 简述微型金融对普惠金融的奠基作用。
4. 简述中国开展小额保险的模式。

3　微型金融的理论基础

学习目的

➢ 熟悉微型金融兴起的理论基础；掌握农村金融学、微型金融学相关理论的代表人物、理论假设和观点。

➢ 理解微型金融中的信息不对称；掌握微型金融中信息不对称产生的原因、微型金融中信息不对称理论的理论基础、代表人物及主要观点，并解构中国微型金融发展问题和实践。

➢ 掌握微型金融小组联保贷款、动态激励、分期还款、担保替代、信用评价的运行机理及核心机制。

3.1　农村金融学相关理论

农村金融理论是指导农村金融发展实践的重要基础。在农村金融理论的演变过程中，现在主要有农业信贷补贴论、农村金融市场论和不完全竞争市场理论 3 个学派。这些理论前提假设不尽相同，所呈观点各有千秋，均在特定时期内对于农村金融发展做出重要贡献。

3.1.1　农业信贷补贴论

20 世纪 80 年代以前，农业信贷补贴论是处于主导地位的农村金融理论，该理论支持信贷供给先行的农村金融战略，其代表人物为哈索蒂(M. Hasody)和刘易斯(W. A. Lewis)。该理论的预设前提：一是农户特别是贫困农户没有储蓄能力；二是农村面临慢性资金不足的问题；三是贫困人群无法创造足够的收入支付市场利率，因而较少参与正规金融活动；四是农业是“弱质产业”(存在收入的不确定性、投资的长期性、低收益性等)，不可能成为以利润为目标的商业银行的融资对象。该理论的主要观点：一是为增加农业生产和缓解农村贫困，有必要从农村外部注入政策性资金、并建立非营利性的专门金融机构来进行资金分配。二是为缩小农业与其他产业之间的结构性收入差距，对农业的融资利率必须比其他产业低。三是考虑到地主和商人发放的高利贷及一般以高利率为特征的非正规金融，使得农户更加穷困和阻碍农业生产的发展，为促使其消亡，通过银行的农村支行和农业信用合作组织，将大量低息的政策性资金注入农村。

实际上，农业信贷理论在实践上做两件事，一是建立专门的政策性金融机构进行资金分配；二是实行低利率的信贷政策。在实践中，以贫困阶层为目标的专项贷款也兴盛一时。农业信贷补贴理论对于扭转农村金融不良局势、促进农村经济发展作用明显，且实施初期往往会收到立竿见影的效果，但从长远发展来看受到颇多质疑。速水佑次郎(Yujiro Hayami，1971)就指出农业信贷补贴政策逐渐损害金融市场活力，缺少可持续发展能力；库里(Gulli，1998)则认为解决贫困的关键不在于贷款或者储蓄，重点在于建立一种可持续发展的金融机制；廉价贷款存在对非目标受益人获得贷款的激励，从而会破坏信贷计划目标的实现(Adams et al.，1984)。另外，缺乏有效激励的低息贷款其实难以促使金融向弱势产业偏移，也无法满足收入再分配的目标要求(刘达，2020)，这些政策可能会加重贫困农民对政府的依赖性，降低农民自力更生的动力等。

农业信贷补贴理论是支持农村金融发展的第一战略理论，它的贡献在于它是以消除贫困为目的，在发展中国家农业发展中起到指导性的理论支撑，但其建立在错误的假设前提之下。事实上，农村农民是具有储蓄能力的，只要建立合理的激励机制，农民将会有强烈的储蓄动机。另外，利率的贷款政策不利于将信贷资金向贫困农民倾斜，未必能达到促进特定的农业生产的效果。随着农村经济和农业金融的发展，农业信贷补贴理论变得不适合实际的发展，因此逐渐被农村金融市场论所取代。

3.1.2 农村金融市场论

20 世纪 80 年代以来，农村金融市场理论逐渐替代农业信贷补贴理论。农村金融市场论是在对农业信贷补贴论批判的基础上产生的，强调市场机制的作用，其主要理论前提与农业信贷补贴论完全相反：一是农村居民以及贫困阶层是有储蓄能力的。对各类发展中国家的农村地区的研究表明，只要提供存款的机会，即使贫困地区的小农户也可以储蓄相当大数量的存款，故没有必要由外部向农村注入资金。二是低息政策妨碍人们向金融机构存款，抑制金融发展。三是运用资金的外部依存度过高，是导致贷款回收率降低的重要因素。四是从机会成本和交易成本视角认为非正规金融的高利率是理所当然的。农村金融市场论完全依赖市场机制，极力反对政策性金融对市场的扭曲，特别强调利率的市场化。五是非正规金融具有合理性，不应一概取消，应当将正规金融市场与非正规金融市场结合起来。

农村金融市场理论认为，利息补贴应对补贴信贷活动的一系列缺陷负责，而利率自由化可以使农村金融中介机构能够补偿其经营成本。这样就可以要求它们像金融实体那样运行，承担适当的利润限额；利率自由化也可以鼓励金融中介机构有效地动员农村储蓄，这将使它们更加不依赖于外部的资金来源，同时使它们有责任去管理自己的资金。该理论在一定程度上得到众多学者支持，肖(Shaw，1973)和麦金农(Mckinnon，1973)最早提出金融抑制论和金融深化论，指出金融体制落后会阻碍经济发展，而经济停滞又会制约金融体制建设，两者互为影响，形成恶性循环，而摆脱这种困境的方法在于“金融深化”，即减少政府干预，由市场自行调动人们储蓄与投资的积极性，最终促成金融体制建设同经济发展间的良性循环。农村金融市场理论对于充分发挥市场调节机制建树颇丰，且有益于市场透明化、均衡化及稳定化，但其在实施过程中同样存在重要缺陷。首先，利率自由化虽然提升农村金融机构活力，可通过提高存款利率吸收更多储蓄资金，但同时会增加农民贷款成本，加剧农民贷款风险，而在缺乏担保情况下农民很难获取足量贷款资金(曹协和，

2008)。其次，在缺少政府政策干预情况下，农村金融机构难免又会对受贷群体进行筛选，重新造成农村资金外流现象(丁志国等，2016)。并且，农村金融市场论是建立在金融自由化之上，其忽略发展中国家市场机制不健全的问题，从而引发农村金融自由化的风险、收益和成本等问题。

农村金融市场理论是农村金融改革中的重要理论，20 世纪 80 年代以来一直受到人们的广泛关注。它的贡献在于为农村金融发展引入自由化、市场化的机制，带动一股新的农村金融理论思潮，为当时的发展中国家农村金融发展提出一定的指导性意义。但是，它过于夸大市场机制的自我调节作用。实际上，对于发展中国家的金融市场，仍然需要政府的介入以照顾小农户的利益。如果有适当的体制结构来管理市场秩序，政府的介入仍然是有效的。

3.1.3 不完全竞争市场理论

20 世纪 90 年代后，人们认识到为培育有效率的金融市场，仍需要一些社会性的、非市场的要素去支持它。秉持该观点的斯蒂格利茨(Stiglitz)作为信息经济学的奠基人，提出不完全竞争市场假说。其基本框架是：发展中国家的金融市场不是一个完全竞争的市场，尤其是贷款一方(金融机构)对借款人的情况根本无法充分掌握(不完全信息)，如果完全依靠市场机制就可能无法培育出一个社会所需要的金融市场。为补救市场的失效部分，有必要采用诸如政府适当介入金融市场以及借款人的组织化等非市场要素。不完全竞争市场理论又为政府介入农村金融市场提供理论基础，但显然它不是农业信贷补贴论的翻版。

不完全竞争市场理论认为，尽管农村金融市场可能存在的市场缺陷要求政府和提供贷款的机构介入其中，但必须认识到，任何形式的介入，如果要能够有效地克服由于市场缺陷所带来的问题，都必须要求具有完善的体制结构。对发展中国家农村金融市场的非市场要素介入，应该关注改革和加强农村金融机构，排除阻碍农村金融市场有效运行的障碍。这包括消除获得政府优惠贷款方面的垄断局面，随着逐步取消补贴而越来越使优惠贷款集中面向小农户，以及放开利率后使农村金融机构可以完全补偿成本。尽管外部资金对于改革金融机构并帮助其起步是必需的，但政府和提供贷款的单位所提供的资金首先应用于机构建设的目的，这包括培训管理人员、监督人员和贷款人员，以及建立完善的会计、审计和管理信息系统。

不完全竞争市场理论强调非市场因素，例如，Laffont(2000)等人的研究是通过改善信贷市场的效率分析模型来解释次级贷款；Ghatak(1999)通过对相同类型借贷人进行研究，来解决贷款的逆向选择问题；Stiglitz(1990)等人的研究表明，通过采用监督小组的方式有助于降低信贷风险，减少信息不对称引发的问题。总之，不完全竞争市场论是当前指导发展中国家农村金融发展的最有效的理论依据，相比前两个理论不完全竞争市场论具有更强的实践指导意义。

根据不完全竞争理论，可以得到如下建议：①在金融市场发展的初期，不应该采取利率自由化的政策，应该保证存款利率为正数，同时抑制贷款利率，由此避免导致抑制农村居民储蓄，过度靠吸收外部资金的问题；②由于贷款的回收率较低，存在借贷人信息不对称的状况，政府应鼓励借款人通过合作形成联保小组，通过相互援助的形式降低农村信贷风险；③在融资的过程中，采用担保制度以及互助储蓄等方法改善信息不对称的状况；④在不损害银行最基本利润的范围内，政策性金融(面向特殊部门的低息融资)是有效的；⑤非正式金融市场一般效率较低，为促进金融机构的发展，应给予其一定的特殊政策，如限制新参与者等保护措施；⑥融资与食物买卖相结合的方法是有效的。

实际上，对众多发展中国家而言，合理的制度安排和一些非市场性要素能够切实提升金融市场的运行效率。总体来看，不完全竞争市场理论对农业信贷补贴理论和农村金融市场理论进行取长补短，更好地契合当前农村经济发展状况，为解决现阶段农村金融问题提供宝贵思路。

3.1.4 局部知识论

哈耶克(Hayek)的局部知识论认为局部知识分散在不同时间和不同地点，而竞争机制可以促进这些局部知识实现分工合作，从而发现信息、减少不完全信息或信息不对称现象。将局部知识论引入到农村金融市场而形成的农村金融局部知识论，从特定的角度阐述农村金融市场存在的信息不对称问题并不是政府干预农村金融市场的充分条件。局部知识论的内涵可以归纳为：一是金融服务供给者应该贴近存在局部知识的具体的人和地方去提供金融服务，满足当地的金融服务需求，从中获取回报。农村分散的局部知识的最佳利用者，是那些着眼于贴近农村经济主体的合作金融机构、非正式金融、地方中小型商业金融机构、小额信贷机构等，它们应该成为农村金融市场的主体。二是金融组织或者活动的多样性可以导致更多金融工具的创新，使得该市场逼近或者近似于完全竞争市场。三是自下而上建立的金融机构或组织，就地就近在农户和其他金融服务需求者身边利用局部知识作出决策者最能实现金融效率。自上而下建立的组织相对而言没有这一优势。四是由于政府不如市场主体本身更能因地制宜地发现和利用分散的局部知识，相对于商业金融、合作金融、非正式金融来说，政府在农村金融市场中的直接参与供给作用应该是辅助性的，政府补贴信贷的作用也一样。五是政府应在建立与维持市场秩序框架方面发挥重要的作用。这一方面体现在金融监管当局对正式金融机构的监管，另一方面体现在对非正式金融的某种最低必要程度的监管。

局部知识也意味着金融监管当局在监管方面也存在不完全信息问题，这说明金融监管当局监管需要社会监管(包括存款人监管)和所有人监管相结合。后两者在利用局部知识方面往往有着优势。金融监管当局对金融机构或者金融活动的信息披露要求是必需的，其实质是强制要求把所要求的那部分局部知识转化为全局知识、准全局知识或共享知识，从而为其实施监管创造条件。

3.2 微型金融学理论

微型金融的起源是受到金融深化论、金融创新等理论的启发。在这些理论的支持下，通过对大量实践模式和案例的分析、总结与评价，微型金融理论日渐丰富。

3.2.1 金融深化理论

金融深化论亦称“金融自由化理论”，是研究发展中国家金融与经济发展的关系的一种理论。20 世纪 80 年代初，罗纳德 · 麦金农(R. J. Mckinnon)和爱德华 · 肖(E. S. Show)认为，发展中国家欠发达的原因在于其实际利率太低。一方面，低利率使金融市场出现需求远远大于供给的情况，政府被迫以“配给”的方式提供信贷。在信贷配给制下，资金几乎是无偿使用，其结果必然造成资金使用粗放，投资效益低下。另一方面，低利率又阻碍新增收入向储蓄的转化，导致储蓄和投资的缺口进一步拉大，经济停滞不前。糟糕的经济状况，反过来又使储源萎缩，资金紧缺，迫使政府当局对利率实行更加严厉的管制，从而形成恶性的“经济涡流”。这种人为压低利率，造成金融体系和经济效率低下的现象，麦金农(R. J. Mckinnon)和肖(E. S. Show)称之为“金融抑制”。

针对发展中国家的“金融抑制”，麦金农(R. J. Mckinnon)和肖(E. S. Show)提出“金融深化”理论。其主要思想是，放松政府部门对金融体系的管制，尤其是利率的管制，使实际利率提高以充分反映资金供求状况。这样，有限的资金就会流向高效益的项目。而且，高利率鼓励人们储蓄，投资也就有资金来源。在他们看来，由于利率扭曲的存在，造成整个社会的平均收益率偏低。因而，他们主张发展中国家应该取消上述金融抑制政策，通过放松利率管制、控制通货膨胀使利率反映市场对资金的需求水平，使实际利率为正，恢复金融体系集聚金融资源的能力，达到金融深化的目的。

金融深化理论的提出极大地推动各国金融自由化的进程。很多发展中国家和地区如苏联、韩国、印度尼西亚、菲律宾、中国台湾和香港地区，以及智利、阿根廷、墨西哥等国都不同程度的进行金融自由化改革。这些改革对于消除金融抑制和经济发展起了很大地推动作用。

3.2.2 金融创新理论

在诸多对金融创新产生与发展有所建树的金融经济学家中，大致可以分为两派：一派是注重分析推动金融创新进程的制约因素，而不是研究金融创新的经济学原理。其主要代表人物和论述有：凯恩(E. J. Kane, 1984)对管制与技术的论述、米勒(M. H. Miller, 1986)对税收与技术的论述以及格林鲍姆(S. L. Greenbaum)和希金斯(B. Higgins)(1983)对提高实际收入与周期利率的论述等。另一学派则侧重对金融创新过程决定因素及发展动力的研究，主要代表论著有：贝霍尔曼(M. Behorman)和西伯尔(W. L. Silber, 1977)、萨姆兹(A. W. Samz, 1986)对创新的产生的原因及结果的分析，西伯尔(1983)、克罗斯(Kross, 1986)和芬纳蒂(J. D. Fennati, 1988)对新金融工具、市场和技术的分类研究及其产生渊源、目的、意义等方面的分析。以上这些分析研究表明，尽管金融管制在金融创新的初始阶段至关重要，但技术进步对金融创新起到决定性的作用，其重要性贯穿金融创新的全过程。

技术进步对金融创新的影响表现为 3 个方面：其一是技术变革推动银行/证券/保险等金融机构产品和服务方式创新，以商业银行为例，1950 年以来，电子计算机、通讯和互联网等技术出现使银行的存、贷、汇等业务发生显著的变化。从20世纪中叶银行采用磁条技术开发信用卡到21世纪的纯网络银行业务，银行采用新技术极大程度上提升信息传输效率和处理能力，同时降低交易成本和帮助银行扩大市场规模，更为重要的是方便银行客户；其二是技术进步改变货币形式，通信技术、计算机技术、互联网技术等发展促使电子货币的出现，大数据、云计算、人工智能、区块链及数字加密等技术催生数字货币；其三是技术进步推动金融科技的发展。金融科技借助互联网、大数据、云计算、人工智能等技术新构金融业态，创造新的业务模式、应用、流程和产品，从而对金融市场、金融机构和金融服务的提供方式产生重大影响。

3.2.3 信息不对称理论与管理成本理论

3.2.3.1 信息不对称理论

信息不对称理论是指在市场经济活动中，各类人员对有关信息的了解是有差异的；掌握信息比较充分的人员，往往处于比较有利的地位，而信息贫乏的人员，则处于比较不利的地位。该理论认为：市场中卖方比买方更了解有关商品的各种信息，掌握更多信息的一方可以通过向信息贫乏的一方传递可靠信息而在市场中获益，买卖双方中拥有信息较少的一方会努力从另一方获取信息。

最早对信息不对称现象展开研究的是乔治·阿克罗夫(G. Akerlof)、迈克尔·斯彭斯(M. Spence)、约瑟夫·斯蒂格利茨(J. E. Stigliz)，3位经济学家从商品交易、劳动力和金融市场3个不同领域研究这个现象，最后殊途同归，形成信息不对称理论。信息不对称理论对经济具有重要的作用。第一，信息不对称理论指出信息对市场经济的重要影响。在互联网技术发展迅猛的今天，信息在市场经济中所发挥的作用比过去任何时候都更加突出，并将发挥更加不可估量的作用。第二，信息不对称理论揭示市场体系中的缺陷，指出完全的市场经济并不是天然合理的，完全靠自由市场机制不一定会给市场经济带来最佳效果。第三，信息不对称理论强调政府在经济运行中的重要性，呼吁政府加大对经济运行的监督力度，使信息尽量由不对称到对称，更正由市场机制所造成的一些不良影响。

斯蒂格利茨等人认为，尽管金融机构可以在一定程度上解决导致逆向选择和道德风险的信息不对称问题，但这要取决于以下两个主要条件：一是储户对金融机构的信心，二是金融机构对借款人进行高效率且低成本的筛选与监督。金融机构要想高效率、低成本的筛选借款人，就必须对借款人的投资项目有充分的了解。但由于信息不对称的存在，金融机构往往不会比借款人更容易了解投资项目的情况。金融机构通常会热衷于经济稳定条件下有着丰厚利润的项目，但恰恰就是这些项目，在经济出现波动时，造成的损失往往更大。此外，金融机构管理者在经营业绩的奖惩上也存在着明显的不对称性。

在传统的金融业态中，消费者、金融组织和监管机构都不同程度上受到信息不对称带来的消极影响。于消费者而言，个人消费者具有理财欲望和能力时，往往受限于信息获取途径时效，无法参与更具价值的理财机会和错过理财收益的最佳时期，按照成本是放弃的最大的代价的观点，这种情景下的个人消费者已经产生损失。同理，当企业消费者具有投融资需求时，缺少更为准确和及时的信息以供决策，最终提高融资成本或错失投资机会。于金融组织而言，尽管拥有较多的客户信息，但客户的需求不是一成不变的，因此囿于缺乏动态的信息跟踪，使得产品和服务可能不具备市场需求，抑或是需求量较小，这无疑增加金融组织的经营成本。于监管机构而言，金融组织可能出于逐利性本质，刻意钻监管漏洞，如为获得更多贷款利息收入，违法降低贷款门槛等，最终可能引发信用风险，监管机构往往无法掌握此类灰色信息，给监管行为造成巨大压力。

3.2.3.2 管理成本理论

新制度学派的代表人物诺斯(Douglass C. North)的管理成本理论认为，政府管制需要耗费资源是要花成本的。管制目标的确定以及管制措施的实施，应与管制的成本结合起来。管制的成本分为直接资源成本和间接效率损失两部分，直接资源成本主要是管制机构自行管制时所耗用的资源以及被管制者为遵守管制规定而消耗的资源。间接效率损失包括道德风险造成的效率损失、管制可能削弱竞争而导致的低效率、管制可能阻碍金融创新而导致的低效率、管制过于严格造成的低效率。小额信贷由于其特殊性，客户贷款金额小、抵押品缺乏、客户一般无信用记录，存在信息不对称问题。在信息严重不对称的情况下，就会出现逆向选择。在传统放贷模式中，看重信用记录和抵押物的银行会因为无法识别优质客户，而实行统一高定价，收取较高的利率。一些效益好，有发展潜力的客户因无法承受高成本，或是不愿意承受而被推出信贷市场，如此就出现信贷市场的逆向选择，留给银行的客户多是高风险的客户，银行内部将会积聚大量风险。但如果存在一种合适有效的方式解决信息不对称，挑选出相对安全的贷款者，就可以达到避免出现逆向选择的目的。

3.2.4 长期互动假说理论

长期互动假说理论中指出小微企业受规模和业务的限制存在地域特征，与本地金融机构具有较好的信任和合作，在本地申请贷款成功概率也会比其他地方高。该理论提出，对于信息的掌握程度，中小型金融机构往往服务范围较小，信息掌握较充分，在与中小企业合作方面也较有经验，因此更倾向于与中小企业合作。相反，大型金融机构服务范围较广，它们往往更愿意将资金提供给偿债能力较强的大型企业。在这样长期的合作发展过程中，形成一种固定的形式，即中小型金融机构与中小企业合作，大型金融机构与大型企业合作，各自都与规模相当的组织进行合作发展。

Banerjeel(1994)提出长期互动假说，认为中小金融机构一般是地区性的，与地方中小企业长期合作，互相了解，减少信息不对称问题，愿意为之提供服务，相比之下，大型金融机构缺乏此优势，出于规避信贷风险考虑，他们更偏向于向大型企业提供贷款，不愿意为信息不对称的中小企业提供贷款。因此，该假说认为，中小金融机构的建立有助于解决融资难问题。Phillp. Strallan & Jamesp. Weston(1998)也阐述几乎相同的主张：在为中小企业提供小额信贷方面，中小型金融机构具有明显的比较优势。西方发达市场经济国家都十分重视中小金融机构体系的培育和发展。

3.2.5 关系型贷款理论

美国经济学家 Berger 等(Berger & Udell, 2002)将银行的贷款技术归纳为 4 类：财务报表型贷款、抵押担保型贷款、信用评分技术、关系型贷款。而关系型贷款指银行的贷款决策主要基于通过长期多种渠道的接触所积累的关于借款企业及其业主的相关信息而作出。这些信息除通过办理企业的存贷款、结算和咨询业务而直接获得以外，还可以从企业的利益相关者以及企业所在的社区获得。

Petersen & Rajah(1994)在用 1987 年美国小企业数据进行实证研究时发现，银行和企业建立密切关系有助于信贷可得性增加，银行和企业的关系具有价值。事实上，关系型贷款可以明显地降低融资中的交易费用。其原因：一是银行和企业通过关系贷款进行合作的时间越长，银行对企业的各个业务链认识的更清晰，预期房贷的风险就会缩小。二是银行和企业通过关系贷款进行合作的范围越广，银行对企业的业务范围和业务规模以及产品市场了解的更透彻，得到的内部信息就更加准确，有利于减少业务的固定成本。三是银行和企业通过关系贷款进行合作的业务越集中，其他银行免费搭乘的空间就越小，从而银行获得的企业内部信息的价值也就越大，这无疑降低预期放款成本。

因此，关系型贷款理论可以降低商业银行监督企业的成本，帮助小微企业渡过财务危机，对中国缓解小微企业融资难问题具有一定的现实意义。然而，在另一方面，关系型贷款理论也更易导致银企间信息严重不对称。如在家族经营模式的小微企业中，财务管理不严谨导致银行在获取经营者的征信、人格信息等方面具有较大的局限性，这些都不利于银行合理授信，从而加大银行风险管控成本。关系型借贷体现出银行与企业长期接触所取得的信息对银企关系维护具有非常重要的价值，其价值甚至超过财务报表、抵质押品、企业信用评级，能了解信息不对称、不透明问题，提高银行对中小企业的放贷意愿，在一定程度上弥补中小企业自身经营实力、偿付能力薄弱，财务核算不完善的缺点，关系型贷款技术能够明显降低融资成本，是最适合中小企业贷款的贷款调查技术。

3.3 微型金融运行机制

微型金融是在小额信贷的实践基础上形成，在普惠金融理论深化下发展的，相对于小额信贷，微型金融在服务上具有更强的包容性，服务内容也不单纯停留在信贷层面。微型金融旨在向低收入群体、失业人群或无法获得商业银行金融服务的人群提供微型金融服务。这类客户既没有足够的自有资本作为银行服务的担保品，也不能提供可信的资信报告和信贷记录。在这种情况下，微型金融机构赖以成功的关键要素，是在不同于传统的金融服务合约的方向上，重新整合各种价格和技术要素，不断创新金融产品和相关的风险控制手段。在微型金融运行的机制中主要包括各种形式的小组联保贷款机制、以借贷额度为主要标的的动态激励机制、分期还款机制、不同形式的担保替代机制以及灵活的信用评价机制等。这些核心机制在微型金融发展和传播中发挥着重要作用。

3.3.1 小组联保贷款

小组贷款技术是孟加拉国乡村银行最为核心的贷款技术。在该种贷款中，贷款小组由村民自发组成，成员之间负有连带担保责任，以解决逆向选择和道德风险问题。Ghatak(2000)较早地在委托代理框架下，给出小组贷款解决逆向选择问题的理论解释，其基本逻辑为：基于效用最大化的考虑，借款人倾向于选择安全型借款人作为小组成员，相应的，安全型借款人不会愿意选择风险型借款人作为自己的搭档，这样选择的结果是同一类型的借款人组成小组，小组成员实现同质化。Tassel(2004)通过一个理论模型，分析贷款市场中面临的逆向选择问题。在他的博弈模型中，贷款人在借款人信息不足时，如何利用小组贷款技术，拟定具有甄别机制的最优贷款合同。虽然小组贷款能够在一定程度上防止信息不对称条件下的逆向选择和道德风险，但是如果共谋，将会出现逆向配对。

在微型金融小组联保贷款模式下，那些互相之间比较了解且风险水平相近的借贷群体将会自动组合成为联保小组。这种小组联保贷款模式主要对借贷信息不对称与风险控制产生影响。第一，小组联保贷款模式缓解信息不对称问题。由借贷群体相互选择、自愿组建小组，是一种开发、揭示信息的过程，一定程度替代微型金融机构甄别借贷群体的过程，有效解决信息不对称问题。同时，小组联保贷款方式实际上把个体贷款模式下本应自己承担的风险识别责任的绝大部分，转移给互相之间更为了解的潜在客户群体。在地理和社会空间均相对狭小的熟人信贷环境中，将经济体之间的亲密关系转化为社会信用的约束，这种信用约束功能有利于克服借贷市场信息不对称问题，也有助于降低贷款的违约率并减轻贷款机构承担的高昂的交易成本。第二，小组联保贷款模式缓解道德风险。一方面，小组通过定期开会和日常接触的方式，对贷款的项目选择、使用进行相互监督和相互讨论，减少因项目选择不当和转移贷款用途引起的风险；另一方面，小组成员之间合作密切，激励着每个成员对其他成员的责任感，强化小组成员连带付款责任，这会使得小组成员之间互相监督是否进行安全投资和是否努力工作进行监督。

3.3.2 动态激励

动态激励技术主要是基于序贯博弈行为建立的信用机制。在重复博弈中，借款人如果能够按时偿还贷款就可以反复获得相同的贷款服务，在贷款额度累进制度下还可以获得更多的贷款额度及附加值；相反，在偿还中表现差的借款人，再次得到贷款的概率就会随之降低，也可能会被驱逐出信贷市场。微型金融机构依靠再贷款的方式向借款人施以动态激励，内生化违约惩罚，有效地降低借款人在项目成功后的策略性违约风险。Banerjee 等(1994)研究发现微型金融通过动态激励激发成员之间互相监督，化解逆向选择和道德风险，提高贫困人口资金可获得性。

在微型金融领域，动态激励机制已经被证明是行之有效的风险管理手段。具有动态激励机制特性的借贷合约可能被更多的微型金融机构所采用。动态激励的一个重要特征就是，可以在第一次借贷时以较小的贷款额度来进行尝试，从而发现借贷者的真实信用水平，在长期的重复博弈中发展借贷双方的业务关系和了解借贷人的信贷记录。一般而言，微型金融领域的动态机制可以分为两类。第一类是简单的重复博弈，即如果借贷人在借贷后按时还款，那么他就有机会再次得到相同的借贷服务。而一旦借贷人在借款后未能按时偿还贷款，那么他再次获得贷款的机率就会下降，甚至再也没有机会得到任何贷款。第二类是在第一类的基础上，还款表现良好的借贷人可以进行进一步合作以获得更高额度的贷款。连续的合作博弈使得借贷人越来越珍惜信用，从而微型金融机构可以建立无欠息和逾期记录的时间与授信额度正相关匹配、无欠息和逾期记录的时间与优质客户特殊金融服务授信额度正相关匹配的制度。

3.3.3 分期还款

分期还款也是大多数小额信贷机构常见的规避信贷风险技术，它要求借款人在借款或投资后不久，就开始定期进行一次还款，有助于贷款机构的现金流管理，实现“早期预警”；同时可以培养贫困借款人的理财能力和信用意识。Jain & Mansuri(2003)的研究发现，分期还款制度有助于非正规部门出面，约束借款人的策略性行为。因为贷款发放之后，偿还也就开始，所以借款人必须筹措资金还款，如果这些资金通过非正规部门获得，那么非正规部门贷款人有激励进行监管，以阻止借款人的道德风险行为。

许多微型金融结构都采用不同于一般商业银行传统信贷合同的分期还款制度，它要求借款人在借款和进行投资后不久，就开始在每周(每两周、每个月)进行一次还款，每次的还款额根据贷款本金和全部利息之和除以还款次数来确定。微型金融的这种分期还款制度广泛存在，具有诸多优点。

(1)分期还款制度是一种基于现金流观念的贷款管理方式，微型金融机构在注重自身现金流管理的同时，对借款人的现金流入也提出较高的要求。事实上要求借贷人拥有平滑稳定的现金流入。

(2)分期还款制度实际上要求借贷人具有某种形式的自有资产，并以该资产产生的收入或现金流入作为贷款的担保。

(3)分期还款制度具有一种早期预警功能，能提早发现那些具有较大潜在风险的贷款，从而避免所有的信贷风险在期末的时候集中暴露，这可以为微型金融机构赢得更多的时间来尽量减少损失。

(4)当客户的实际贷款额随着还款过程的进行逐次减少的时候，微型金融的有效利率将大大高于合同上载明的水平。许多利率受到管制的地方，分期还款制度构成一种迂回收取高利率的权宜之策。

3.3.4 担保替代

微型金融中的小额信贷是一种信用贷款，不需要借款人提供抵押品和担保，而担保替代就是为弥补这一不足而形成的制度设计。由于社会资本具有抵押品功能，社会资本的“信号传递机制”“成员压力机制”和“事前可置信威胁机制”有利于降低农户违约概率。担保替代把信贷关系嵌入社会资本中，通过社会网络来收集借款人的信息以解决信息不对称问题和保证信贷契约的正常执行。

微型金融主要面向低收入群体、微型企业、农民等发放贷款。这些群体可变现财务较少，且市场价值不大，此外，法律层面的担保物范围过小，加之农村产权流转制度的不完善，使得农村金融市场普遍欠缺抵押物。对此，微型金融机构不要求提供担保物。取而代之的替代性担保物可以是某种形式的小组共同基金，也可以是一般商业银行不愿接受或者在正规金融市场不受法律保护的某些动产，甚至是可以预期的未来收入和现金流等。微型金融的这种方式贴近农村市场实际业务的快捷、高效的流程。无需提供担保物也不需复杂冗长的贷款审查流程即可获得贷款，能够方便、快捷地满足大量微型企业、低收入群体小额、短期、灵活、低息的资金需求，以及农户的季节性和临时性的融资需求。

3.3.5 信用评价

信用评价是个人贷款模式的核心制度之一，是一种根据个人品质、还款记录、生产经营活动主要内容等指标对借贷潜在客户进行信用综合评定的方法。完善的信用信息对于金融机构开展各项业务至关重要，微型金融机构提供的小额信贷业务多是无抵押担保贷款，故建立信用评级体系，完善信用数据库对微型金融机构的意义显而易见。各微型金融机构应根据自身服务对象的特点及不同的业务类型制定信用制度及信用评价标准，并应加强实地考察，完善个人信用记录。

传统的正式金融对客户信用状况进行统一化与标准化的评价，难以对在信用记录、财务数据等方面都缺乏规范性和标准化的客户信用作出准确评估。对此，微型金融立足于社区等相对狭小的熟人信贷环境中，利用熟人社会的信息对称优势，收集成员非规范性和非标准化的信息，以这些非标准化的信息为信用评价基准，为客户提供个性化、差异化的金融服务。微型金融实行更为人性化的信用评估，更适应客户的自身特征。信用评价不仅考量经济状况等“硬信息”，如客户的经济状况与相关背景信息，包括家庭背景、家庭收支、经营情况、资金需求、可变现财物情况等；还涵括非规范性和非标准化的“软信息”，如客户的人生经历、性格特质、为人处事、人际关系、社区成员评价等。微型金融这种灵活的信用评级方式具有更大的效率优势，有利于扩大贷款服务范围。

本章小节

农业信贷补贴理论认为农村金融市场不完全，市场机制不能满足农村信贷需求，政府应该补贴信贷，向农村地区注入低成本资金。农村金融市场理论强调依赖市场机制，反对政府过度干预农村金融市场，认为发展中国家的低利率是抑制储蓄的重要因素。不完全竞争市场理论认为市场是不完全的，信息是不完全的，为培育有效率的金融市场，仍需要一些社会性的、非市场的要素去支持它。金融深化理论认为，发展中国家要发挥金融对经济发展的促进作用，必须放弃他们所奉行的“金融压制”政策，推行“金融深化”。微型金融运行的机制中主要包括各种形式的小组联保贷款机制、以借贷额度为主要标的的动态激励机制、分期还款机制、不同形式的担保替代机制以及灵活的信用评价机制等。

关键术语

农业信贷补贴论；农村金融市场论；不完全竞争市场论；金融抑制；金融创新理论；

信息不对称理论；管理成本理论；长期互动假说理论；关系型贷款理论；微型金融运行机制。

思考题

1. 简述农村金融市场论理论的假设与观点。
2. 简述不完全竞争市场理论的代表人物、内涵、观点及政策主张。
3. 简述信息不对称理论与管理成本理论的内涵。
4. 简述微型金融运行机理。
5. 简述金融科技如何破解小微金融服务困局。

4　微型金融的需求主体

学习目的

➢ 熟悉微型金融需求主体的类型及面临问题。

➢ 理解在宏观环境、行业环境、微观环境方面分析微型金融需求主体的特点。

➢ 理解在经济转型、乡村振兴战略背景下，微型金融需求主体的多样化金融需求特点及融资方式。

关于微型金融的需求主体，目前中国的分类标准存在一定的差异性，中国人民银行和中国银行保险监督管理委员会各有一个统计小微贷款的口径。2017 年 9 月 30 日，中国人民银行下发《关于对普惠金融实施定向降准的通知》，决定将对小微企业和“三农”领域实施的定向降准政策拓展和优化，对普惠金融领域贷款达到一定标准的金融机构统一实施定向降准政策。当时决定普惠金融领域贷款包括：单户授信小于 500 万元的小型企业贷款、单户授信小于 500 万元的微型企业贷款、个体工商户经营性贷款、小微企业主经营性贷款、农户生产经营贷款、创业担保(下岗失业人员)贷款、建档立卡贫困人口消费贷款和助学贷款。该通知自 2018 年起执行。2019 年 1 月中国人民银行发布《调整普惠金融定向降准小微企业贷款考核标准》，宣布自 2019 年起，将普惠金融定向降准小型和微型企业贷款考核标准由“单户授信小于 500 万元”调整为“单户授信小于 1000 万元”。根据中国人民银行关于小微贷款统计口径，银保监会将普惠型小微贷款的统计口径确定为单户授信小于 1000 万元的小微企业、个体工商户等，普惠型小微贷款单户授信在 1000 万元以下的企业都属于小微企业的范畴。这是从金融需求的角度来判断规模多大的企业可以算作小微企业。此外，银保监会还有一个全口径小微贷款的统计数据，此口径放宽到非银行金融机构从事的信贷业务，如农村小额贷款公司等。

微型金融的需求者，也就是微型金融的目标客户。一般来讲，微型金融的目标客户主要是小型企业、微型企业、个体工商户、低收入群体和农业经营主体。理论上讲，微型金融的目标客户就是被正规金融机构服务排斥在外的那部分资源。他们可能是贫困人群，也可能是非贫困人群，但缺乏金融服务渠道或者途径。除此之外，目前的微型金融机构和微型金融产品服务对象已扩展到小型企业甚至中型企业。

4.1　微型金融的需求主体之小微企业

4.1.1　小微企业的概念及界定

4.1.1.1　小微企业的概念

小微企业是小型企业、微型企业、家庭作坊式企业的统称，是指劳动力、劳动手段或劳动对象在企业中集中程度较低，或者生产和交易数量规模较小的企业。

4.1.1.2　小微企业的界定

为更好地促进中小企业发展，尤其是小型企业的发展，世界各国都根据本国的经济发展实际情况，对(中)小企业的范围和特征作出明确的规定，并相应地确定中小企业的概念。小型企业又可以细分为小企业和微企业。2011 年 7 月，中国工业和信息化部、国家统计局、国家发展改革委和财政部四部门根据《中华人民共和国中小企业促进法》和《国务院关于进一步促进中小企业发展的若干意见》，制定《中小企业划型标准》，规定第二条明确中小企业划分为中型、小型、微型 3 种类型，具体根据企业从业人员、营业收入、资产总额等指标，结合行业特点确定。如部分行业的微型企业认为标准为：工业从业人员 20 人以下或营业收入 300 万元以下；建筑业营业收入 300 万元以下或资产总额 300 万元以下；交通运输业从业人员 20 人以下或营业收入 200 万元以下；房地产开发经营营业收入 100 万元以下或资产总额 2000 万元以下。规定第三条明确具体行业的划分和行业的具体范围，包括农、林、牧、渔业，工业(包括采矿业，制造业，电力、热力、燃气及水生产和供应业)，建筑业，批发业，零售业，交通运输业(不含铁路运输业)，仓储业，邮政业，住宿业，餐饮业，信息传输业(包括电信、互联网和相关服务)，软件和信息技术服务业，房地产开发经营，物业管理，租赁和商务服务业，其他未列明行业(包括科学研究和技术服务业，水利、环境和公共设施管理业，居民服务、修理和其他服务业，社会工作，文化、体育和娱乐业等)。规定第四条明确各行业中小企业的划分标准，见表 4-1 所列。

表 4-1　中小微型企业划分标准

行业	中型企业	小型企业	微型企业
农、林、牧、渔业	营业收入 500 万~2000 万元	营业收入 50 万~500 万元	营业收入 50 万元以下
工业*	从业人员 300~1000 人且营业收入 2000 万~40 000 万元	从业人员 20~300 人且营业收入 300 万~2000 万元	从业人员少于 20 人或营业收入低于 300 万元
建筑业	营业收入 6000 万~80 000 万元且资产总额 5000 万~80 000 万元	营业收入 300 万~6000 万元且资产总额 300 万~5000 万元	营业收入低于 300 万元或资产总额低于 300 万元
批发业	从业人员 20~200 人且营业收入 5000 万~40 000 万元	从业人员 5~20 人且营业收入 1000 万~5000 万元	从业人员少于 5 人或营业收入低于 1000 万元
零售业	从业人员 50~300 人且营业收入 500 万~20 000 万元	从业人员 10~50 人且营业收入 100 万~500 万元	从业人员少于 10 人或营业收入低于 100 万元
交通运输业*	从业人员 300~1000 人且营业收入 3000 万~30 000 万元	从业人员 20~300 人且营业收入 200 万~3000 万元	从业人员少于 20 人或营业收入低于 200 万元
仓储业*	从业人员 100~200 人且营业收入 1000 万~30 000 万元	从业人员 20~100 人且营业收入 100 万~1000 万元	从业人员少于 20 人或营业收入低于 100 万元

（续）

行业	中型企业	小型企业	微型企业
邮政业	从业人员300~1000人且营业收入2000万~30 000万元	从业人员20~300人且营业收入100万~2000万元	从业人员少于20人或营业收入低于100万元
住宿业	从业人员100~300人且营业收入2000万~10 000万元	从业人员10~100人且营业收入100万~2000万元	从业人员少于10人或营业收入低于100万元
餐饮业	从业人员100~300人且营业收入2000万~10 000万元	从业人员10~100人且营业收入100万~2000万元	从业人员少于10人或营业收入低于100万元
信息传输业*	从业人员100~2000人且营业收入1000万~100 000万元	从业人员10~100人且营业收入100万~1000万元	从业人员少于10人或营业收入低于100万元
软件和信息技术服务业	从业人员100~300且营业收入1000万~10 000万元	从业人员10~100人且营业收入50万~1000万元	从业人员少于10人或营业收入低于50万元
房地产开发经营	营业收入1000万~200 000万元且资产总额5000万~10 000万元	营业收入100万~1000万元且资产总额2000万~5000万元	营业收入低于100万元或资产总额低于2000万元
物业管理	从业人员300~1000人且营业收入1000万~5000万元	从业人员100~300人且营业收入500万~1000万元	从业人员少于100人或营业收入低于500万元
租赁和商务服务业	从业人员100~300人且资产总额8000万~120 000万元	从业人员10~100人且资产总额100万~8000万元	从业人员少于10人或资产总额低于100万元
其他未列明行业*	从业人员100~300人	从业人员10~100人	从业人员少于10人

说明：(1)表中各行业的范围以《国民经济行业分类》(GB/T4754—2017)为准。带*的项为行业组合类别，其中，工业包括采矿业，制造业，电力、热力、燃气及水生产和供应业；交通运输业包括道路运输业，水上运输业，航空运输业，管道运输业，多式联运和运输代理业、装卸搬运，不包括铁路运输业；仓储业包括通用仓储，低温仓储，危险品仓储，谷物、棉花等农产品仓储，中药材仓储和其他仓储业；信息传输业包括电信、广播电视和卫星传输服务，互联网和相关服务；其他未列明行业包括科学研究和技术服务业，水利、环境和公共设施管理业，居民服务、修理和其他服务业，社会工作，文化、体育和娱乐业，以及房地产中介服务，其他房地产业等，不包括自有房地产经营活动。(2)企业划分指标以现行统计制度为准。①从业人员，是指期末从业人员数，没有期末从业人员数的，采用全年平均人员数代替。②营业收入，工业、建筑业、限额以上批发和零售业、限额以上住宿和餐饮业以及其他设置主营业务收入指标的行业，采用主营业务收入；限额以下批发与零售业企业采用商品销售额代替；限额以下住宿与餐饮业企业采用营业额代替；农、林、牧、渔业企业采用营业总收入代替；其他未设置主营业务收入的行业，采用营业收入指标。③资产总额，采用资产总计代替。

中小微企业(含个体工商户)占全部市场主体的比重超过90%，最终产品和服务价值占GDP的比例约60%，纳税占国家税收总额的比例超过50%，以及70%以上的技术创新和80%以上的城镇劳动就业贡献(易纲，2018)。截至2021年三季度末，中国涉税市场主体中，小微企业和个体工商户共6076万户，比2020年同期增长6.7%，比2019年同期增长21.7%(国家税务总局，2021)。作为市场肌体最活跃的细胞，中小微企业对于经济血脉畅通意义重大。中国中小微企业规模虽小，但数量众多，提供大量就业岗位，是稳增长、惠民生的重要基础，是中国就业的“蓄水池”。

4.1.1.3 小微企业的经营特点

根据亚洲开发银行的定义，微型企业指那些雇用工人(包括雇主及家庭成员工人在内，其中员工不包括专业人员及专业服务提供者)不超过10人的企业。微型企业不包括高科技企业。与中小企业相比，微型企业具有许多不同的特点。具体表现在以下8个方面：

①组织管理 微型企业没有正式的组织方式，缺乏管理工作内容。中小企业有明确的组织结构，有正式的管理工作内容。

②金融支持 微型企业融资渠道主要是亲戚朋友和熟人，很少有正式的融资渠道。中小企业由合作伙伴共同出资，与正式的融资渠道有融资联系。

③固定资本 微型企业固定资本少，经营所需的工具和设备粗糙而简单，且大多是家庭生活用品。中小企业拥有机器、设备与专门的场地。

④销售模式 微型企业采用直销方式，且以服务本地市场为主。中小企业与产品相关的产业链、供应链有联系。

⑤薪酬制度 微型企业没有正式的薪酬制度。中小企业有正式的薪酬制度，实行岗位工资制。

⑥生产运作 微型企业有十分相似的经营模式，大部分是以“前店后厂”的模式组织生产运作；缺乏质量管理；采用劳动密集型的技术和手工艺；运作方式灵活而富有流动性。中小企业有一定的采购、生产、存货和质量管理制度；有一定的竞争战略选择。

⑦人力资源 微型企业员工以家庭成员为主，且大都是通过正式的就业渠道不能就业的人。中小企业有一定的招聘制度，进入企业的员工大都接受过专门的专业训练。

⑧财务会计 微型企业没有也不需要建立正式的会计科目，少量而不规范的会计活动也只是为应付上缴的税费。中小企业存在面向中小企业的会计制度。

小型和微型企业在国民经济中的地位和作用不可低估。数量众多的小微型企业在促进经济增长、扩大劳动就业、推动技术进步、创造社会财富等方面越来越凸显其重要性。同时，它们也是减少贫困并促进社会和谐发展的稳定器。

4.1.2 小微企业的金融需求特点及融资方式

4.1.2.1 小微企业金融需求的特点

(1)贷款期限较短、时效性强

小微企业由于自有资产较少，经常会因为流动资金不足，难以支持正常生产经营的需要，因此要向银行或其他金融机构寻求借款，等收回应收款或得到新的资金即可偿还。短期借款由于期限不长、筹资速度快、具有灵活性、贷款利率相对长中期较低等优点，易受小微企业的青睐。调查显示，大约63.3%的小微企业选择1年及以下的短期借款，超过借款企业的一半，可见小微融资需求具有短期性的特点，信贷周期较短。

相比于小型企业，微型企业对短期流动资金的需求性更强。有数据表明，在全部的微型企业中，大约71%的微型企业更倾向于短期融资，高出小型企业占比数据约15%，同时，两者的短期融资需求占比都超过一半，表明小微企业倾向于短期借贷。一般在企业的初创期，企业比较关注于短期利益，交易比较频繁，更需要短期流动资金。

(2)贷款金额低、频率高

小微企业一般由少数人合伙创办，不能吸引融资，公司资金为自有资本，构建的生产规模有限，设备简单，主要从事小量生产服务，业务量不大。因此，决定其贷款金额不高。相关数据显示，超过一半的小微企业借款规模在50万元以下，主要集中在10万~50万元，比例达到37.2%，所占比例最大。由此可见，小微企业所需资金主要用于临时性周转，资金需求数量不大。

小微企业最近1年内借款次数超过2次及以上的比例达到52.5%，甚至有超过5次的，比例为3.7%，说明小微企业贷款频率高，可能原因为临时性贷款需求，用于短期资金周转，如购买原材料、短期应付款、流动负债等。

(3)缺乏抵押担保物

商业银行为避免不良贷款的产生，减少信贷风险，对信息不透明的企业要求提供抵押和担保，如果企业的抵押担保物符合条件要求，可以获得相应融资。小微企业由于自有资本少，盈利能力弱，抗风险程度低等固有特性，很难提供足够的抵质押物和有效的担保，导致融资困难。在小微企业向银行融资时，常常会因为不能提供足够的抵押或担保物造成难以获得银行贷款，在小微企业银行融资常见问题中排列第二。

小微企业的资金需求特点会使其在融资时不可避免的遇到许多障碍，如无法在短期及时获得贷款、融资成本高、贷款金额只能部分被满足。因此，解决小微企业融资困境的关键在于改革目前的资金供给渠道、设计有效的资金供给模式。新型的资金供给模式应能充分利用现有的互联网技术和大数据资源，克服小微企业规模小、可抵押资产不足等固有劣势，在有效化解或控制风险的基础上，最大限度的满足小微企业对资金的特殊需求。

4.1.2.2 小微企业的融资方式

根据资金的来源性质，小微企业融资方式可分为两种。一种是资金来自于企业自身的内源融资，另一种是资金来源于企业外部的外源融资。

(1)内源融资

内源融资是指企业发起人通过自筹或通过企业成立后股权人追加、上期留存收益、折旧等方式获得的用于新生产和投资的资金。企业在正常发展中会积累一部分的资本，这部分的资本不用于企业员工的工资发放和福利待遇，而是继续用于企业生产规模的扩建和设备投入等其他需求，以此来加快企业的发展。内源融资的优势在于：①资金的使用具有自主性，资金来源于企业内部，可以根据自身需求自由运用，不受条件的限制和影响。②资金的获取成本低，企业使用企业内部的留存收益资金，无需支付其他融资手段所缴纳的手续费、利息等费用，能将融资成本将至最低。内源融资有助于小微企业稳定的发展，但由于企业自身实力有限，随着其规模进一步发展扩大，融资资金难以满足企业生产经营。

(2)外源融资

外源融资是指向企业自身之外的其他经济主体融通资金的方式。按照是否有金融中介机构的介入，可以将外源融资分为直接融资和间接融资两种。直接融资是指在证券市场上发行股票、债券等金融产品直接获得融资。间接融资则通过商业银行等金融中介获得所需资金。

小微企业基本无法采用直接融资方式，中国的证券市场主要服务于大中型国有企业以及高成长型企业，对企业的资产规模、财务制度、盈利能力有相应的标准，门槛较高，控制严格，小微企业不具有上市资格，无法采用直接融资方式。因此，以商业银行为主的间接融资方式成为小微企业融资的首要选择。

4.1.3 小微企业的资金需求现状

关于小微企业的资金需求目前可以查到的资料显示有多种不同的数值，由于不同部门预测依据和时间不完全一致，导致数值有较大差异，但是结论是一致的，即小微企业严重缺乏金融支持，资金需求缺口较大。这种需求缺口不仅仅中国存在，全球范围内都是一样的，这就充分说明小微企业的资金需求不仅仅是中国的问题，更是一个全球性问题。

2018 年 1 月 31 日，世界银行、中小企业金融论坛、国际金融公司联合发布《中小微企业融资缺口：对新兴市场微型、小型和中型企业融资不足与机遇的评估》报告，该报告首次从供给和需求两方面评估全球 128 个发展中国家的中小微企业融资缺口规模。报告指出，全球发展中国家中小微企业潜在融资需求估计达到 8.9 万亿美元，相对应的信贷供给仅为 3.7 万亿美元。这一情况下所导致的融资缺口总计达到 5.2 万亿美元，相当于这 128 个国家 GDP 总量的 19%，等于目前信贷供给规模的 1.4 倍。这还不包括非正规中小微企业总计 2.9 万亿美元潜在融资需求中未被满足的部分。其中，全球发展中国家中小企业的融资缺口为 4.5 万亿美元，而微型企业的融资缺口为 0.7 万亿美元。相比于中小企业，规模更小的微型企业所面对的境况就更加艰难。在 1.41 亿微型企业中，受信贷约束的微型企业数量达到 5620 万，占比为 40%。全部 2100 万中小企业中，受信贷约束的中小企业数量为 900 万，占比达到 44%。尽管信贷约束情况看似相差无几，甚至于中小企业的情况更差一些。但实际融资供给上表现出来的偏倚极大，微型企业 8820 亿美元的潜在需求仅有 19%得到有效供给，造成的融资缺口规模达到潜在需求的 81%，总计 7188 亿美元。而中小企业 8.1 万亿美元的潜在需求则有 44%得到有效供给，其融资缺口 4.5 万亿美元仅占到总潜在需求的 56%。具体而言，全部融资供给中的 96%提供给中小企业，而微型企业所得到的供给仅有 4%。

国家工商总局的统计数据显示，2016—2020 年，中国实有各类市场主体从 8705.4 万户上升到 13 840.7 万户，而小微企业占比也从 94.1%增长到 96.8%。可见，小微企业是国民经济增长的重要驱动力，在全国实有各类市场主体中占据绝对数量优势。中国人民银行发布的《2020 年第二季度银行家问卷调查报告》显示，2017 年以来，小微企业贷款需求指数始终高于 60%，尤其在 2020 年上半年，小微企业贷款需求指数更是接近 80%。与企业需求相应的是，银行贷款审批指数在 2020 年之前未曾超过 52%。小微企业是中国国民经济和社会发展中不可或缺的重要力量，在增加就业岗位、提高居民收入、保持社会和谐稳定等方面发挥着举足轻重的作用，但是小微企业日益增长的信贷需求没有完全被满足，同时由于缺乏稳健的信用状况、可靠的财务信息及合格的抵押品，小微企业普遍面临着融资难、融资贵的问题。2020 年以来，在宏观经济增速放缓、流动性趋于短缺的大环境下，加上新冠疫情冲击，小微企业生产经营受到较大冲击，融资难问题更为突出。受限于传统金融模式对下沉小微的风险识别障碍，90 万亿的小微市场目前仅有 17 万亿需求得到满足，仍有 80%的巨大缺口(郑彦，2020)。

知识链接

从“二八定律”到“长尾理论”

金融市场历来信奉“二八定律”，认为 20%的客户能带来 80%的利润，将头部 20%的高端客户视为兵家必争之地，往往忽视剩下那 80%极具开发潜力的客户群体。随着人工智能、大数据、云计算等金融科技的高速发展，当前金融领域最引人注目的颠覆性变革便是“长尾理论”的兴起。克里斯·安德森在《连线》杂志中创造性提出：当产品的存储与流通渠道足够大时，需求或销量欠佳的产品共同占据的市场份额能够匹敌甚至超过那些少数热销产品。也就是说，企业的销售量不在于传统需求曲线上那个代表“畅销商品”的头部，而是那条代表“冷门商品”经常为人遗忘的长尾。“长尾理论”提出几个关键性结论：产品种类的长尾远远长于预期；集合所有利基产品可创造出一个极富价值的巨大市场；长尾客户可以得到有效开发。这种与“二八定律”截然不同的商业逻辑，已在当下各类市场证明可行性。

在金融市场中，与高净值财富的客群相比，“长尾客户”指金融资产规模相对较小、贡献值较低的个人客户或小微企业客户，这类“非传统优质客户”的显著特征是数量庞大、单个客户净值较低，贡献度与活跃度较低，但需求日趋呈现个性化、多样化的趋势。由于成本、技术等因素的限制，长尾客户长期处于一种无效维护甚至是无人维护的状态。如小微企业，对于信贷资金的需求度更大、依赖程度更高，但是在传统“二八定律”指导下的银行等信贷机构中其需求得不到满足。

拓展长尾客群是新格局下银行业适应宏观经济环境的必然趋势，也是践行普惠金融战略的重要途径。金融的本质是回归本源，促进实体经济的发展。为深化金融供给侧结构性改革，构建多层次、多渠道、广覆盖的普惠金融服务体系，拓展以小微企业、低收入群体为代表的长尾客群是实现普惠金融战略目标不可或缺的一部分。通过不断丰富供给手段，持续创新符合长尾客户群体的全方位、全生命周期需求的产品与服务，是普惠金融战略以服务人民生活为本的需要，也是满足绝大多数市场主体内外需求的必然选择，有助于不断提高金融服务的覆盖率、可得性与满意度。相对的 80%的小额资金的集聚和传统被忽略的长尾客户在积少成多、聚沙成塔的累积中甚至会超越头部客户占领的市场份额，实现长尾效应。

4.1.4　小微企业的融资政策支持

小微企业作为国民经济的重要组成部分，在拉动经济增长、增加就业、活跃市场、促进技术创新等方面起着积极的作用，但小微企业长期存在贷款融资难的问题。近年来中国出台多项措施鼓励国有商业银行加大扶持小微企业贷款业务(表 4-2)，在一定程度上推动小微企业的发展，解决资金难题，降低融资成本。自 2016 年 1 月 15 日，国务院印发《关于推进普惠金融发展规划(2016—2020 年)的通知》，中国开始推进普惠金融建设。2016—2020 年，普惠型小微企业贷款余额从 7.4 亿元增长至 15.3 亿元，年平均增长率达 19.9%；2018 年，政府加大普惠金融建设力度，并发布《关于 2018 年推动银行业小微企业金融服务高质量发展的通知》，自此普惠型小微企业贷款余额高速增长；2018—2020 年，从 9.4 亿元增长至 15.3 亿元，年平均增长率高达 27.6%。

表 4-2　中国各部门支持小微企业相关政策

日期	颁布部门	行业政策法规	概述
2013 年	国务院	加大对小微企业金融服务政策支持力度	为进一步做好小微企业金融服务工作，全力支持小微企业良性发展，经国务院同意，提出的意见
2014 年	中国银监会	关于完善和创新小微企业贷款服务提高小微企业金融服务水平的通知	为进一步做好小微企业金融服务，着力解决小微企业倒贷(借助外部高成本搭桥资金续借贷款)问题，降低小微企业融资成本，推动小微企业健康发展
2015 年	中国银监会	关于进一步落实《小微企业金融服务监管政策》的通知	为进一步落实各项监管扶持政策，持续改善和深化小微企业金融服务
2018 年	中国人民银行、财政部	关于进一步深化小微企业金融服务的意见	为贯彻落实党中央、国务院关于改进小微企业等实体经济金融服务、推进降低小微企业融资成本的部署要求，强化考核激励，优化信贷结构，引导金融机构将更多资金投向小微企业等经济社会重点领域和薄弱环节，支持新动能培育和稳增长、保就业、促转型，加快大众创业万众创新
2019 年	银保监会	关于 2019 年进一步提升小微企业金融服务质效的通知	为深入贯彻习近平总书记在中共中央政治局第十三次集体学习中关于深化金融供给侧结构性改革、增强金融服务实体经济能力的重要讲话精神，落实中央经济工作会议要求，推动银行保险机构持续改进小微企业金融服务，进一步缓解小微企业融资难融资贵问题
2019 年	中国银监会	关于进一步落实小微企业金融服务监管政策的通知	目前，小微企业融资难、融资贵问题依然突出。为进一步落实各项监管扶持政策，持续改善和深化小微企业金融服务
2020 年	中国银保监会办公厅	关于 2020 年推动小微企业金融服务“增量扩面、提质降本”有关工作的通知	为贯彻落实党中央、国务院关于统筹推进新冠肺炎疫情防控和经济社会发展、强化“六稳”举措、进一步缓解企业融资难、融资贵问题的重要决策部署

（续）

日期	颁布部门	行业政策法规	概述
2020 年	国务院	中国深化“放管服”改革优化营商环境电视电话会议重点任务分工方案	国务院在 2020 年 11 月出台的《中国深化“放管服”改革优化营商环境电视电话会议重点任务分工方案》(以下简称《分工方案》)，体现出对于小微企业贷款与普惠金融的重要任务部署
2020 年	中国人民银行、工业和信息化部、司法部、商务部、国资委、市场监管总局、银保监会、外汇局	关于规范发展供应链金融支持供应链产业链稳定循环和优化升级的意见	为坚决贯彻党中央、国务院关于扎实做好“六稳”工作、全面落实“六保”任务决策部署，做好金融支持稳企业保就业工作，精准服务供应链产业链完整稳定，提升整体运行效率，促进经济良性循环和优化布局，现就供应链金融规范、发展和创新

2020 年疫情发生以来，国内外经济金融运行的不确定性增多，致使众多的中小微企业面临着订单量减少、现金流趋紧等经营难题。为此，金融监管部门出台一系列扶持首贷户、小微信用贷与供应链金融等扶持政策，引导金融机构加大对于中小微企业的信贷投放。2020 年中国银行业金融机构普惠型小微企业贷款 152 672 亿元，比上年增加 36 001 亿元，同比增长 30.86%。2020 年中国各银行业金融机构普惠型小微企业贷款 152 672 亿元，其中，大型商业银行普惠型小微企业贷款 48 328 亿元；股份制商业银行普惠型小微企业贷款 27 660 亿元；城市商业银行普惠型小微企业贷款 22 175 亿元；农村金融机构普惠型小微企业贷款 51 782 亿元(中国银保监会，2020)。相关政策与内容见表 4-3 所列。

表 4-3　2020 年新冠疫情以来支持小微金融的主要政策及内容

时间	政策名称	相关内容
2020 年 2 月	支持疫情防控相关财税政策、缓解小微企业融资难融资贵发布会	中国人民银行设立 3000 亿元专项再贷款，实施优惠贷款利率，加强对重要医用、生活物资重点企业的金融支持。继续加大对小微、民营企业和制造业等重点领域的金融支持，增加信用贷款和中长期贷款，降低综合融资成本。对受疫情影响暂时遇到困难的企业，不盲目抽贷、断贷、压贷。一半以上投向中小微企业。财政贴息以后，小微企业负担的利息成本低于 1.3%
2020 年 2 月	中国人民银行召开电视电话会议部署金融支持中小微企业复工复产工作	在前期已经设立 3000 亿元疫情防控专项再贷款的基础上，增加再贷款再贴现专用额度 5000 亿元，同时，下调支农、支小再贷款利率 0.25 个百分点至 2.5%。其中，支农、支小再贷款额度分别为 1000 亿元、3000 亿元，再贴现额度 1000 亿元。2020 年 6 月底前，对地方法人银行新发放不高于 LPR 加 50 个基点的普惠型小微企业贷款，允许等额申请再贷款资金

（续）

时间	政策名称	相关内容
2020 年 4 月	中国人民银行关于增加再贷款再贴现额度支持中小银行加大涉农、小微企业和民营企业信贷投入的通知	支农再贷款（含扶贫再贷款）的资金投向为涉农贷款。支小再贷款的资金投向为小微企业贷款（含个体工商户贷款和小微企业主贷款）和单户授信 3000 万元以下的民营企业贷款。增加中小银行再贷款再贴现额度 1 万亿元，采用“先贷后借”的报账模式，报账比例为“一比一”，贷款利率 5.5%左右
2020 年 6 月	关于进一步对中小微企业贷款实施阶段性延期还本付息的通知	对于 2020 年年底前到期的普惠小微贷款本金、2020 年年底前存续的普惠小微贷款应付利息，银行业金融机构应根据企业申请，给予一定期限的延期还本付息安排，最长可延至 2021 年 3 月 31 日，并免收罚息
2020 年 6 月	关于加大小微企业信用贷款支持力度的通知	自 2020 年 6 月 1 日起，中国人民银行通过创新货币政策工具使用 4000 亿元再贷款专用额度，购买符合条件的地方法人银行 2020 年 3 月 1 日至 12 月 31 日期间新发放普惠小微信用贷款的 40%
2020 年 12 月	国务院常务会议	一是 2021 年一季度要继续落实好原定的普惠小微企业贷款延期还本付息政策，在此基础上适当延长政策期限，做到按市场化原则应延尽延，由银行和企业自主协商确定。对办理贷款延期还本付息且期限不少于 6 个月的地方法人银行，继续按贷款本金 1%给予激励。二是将普惠小微企业信用贷款支持计划实施期限由今年底适当延长
2021 年	2021 年国务院政府工作报告	小微企业和个体工商户年纳税所得额不到 100 万元的部分，在现行优惠政策基础上，再减半征收所得税

小微企业除上述对商业银行的资金需求外，特别是一些科技类创新型小微企业在资金需求上还可以与证券公司（投资银行）合作通过直接融资方式获得生产经营发展方面所需要的资金。如可以通过与证券公司合作谋求公司股票在国内新三板、中小板、创业板、科创板或主板上市，或到境外香港、海外证券市场挂牌上市，筹资发展资金；可以通过发行公司债券筹集资金；可以通过建立众筹平台募集资金；可以通过 PE、VC 等风险投资基金运用股权转让筹措发展资金等。

4.1.5 小微企业的其他金融服务需求

小微企业的其他金融服务需求包括保险服务需求，结算、代收代付等中间业务需求，与资金需求相配套的融资担保需求等。

目前，中国保险企业对小微企业和农户开展一些保险服务，以从事农业的小微企业为例，在政府引导基础上，保险机构与银行等机构开展合作，通过提供保障农业生产与收入的保单，结合保单质押、涉农小额贷款保证保险等方式，形成“保险+信贷”模式，能够为农民获得贷款提供更加便捷服务。2021年银保监会出台《关于2021年银行业保险业高质量服务乡村振兴的通知》中也提出，积极发挥农业保险保单增信功能，依法合规开展农产品仓单、农业知识产权等质押贷款。加强银行保险机构和政府性融资担保机构之间的信息共享与合作，稳妥开展“见贷即保”批量业务合作模式。此外，国内保险机构也已展开多方面实践提升保险服务小微企业的效率。例如，针对小微企业贷款到期后，通常以“过桥贷”等方式来解决续贷问题的现象，中国太平洋保险推出房屋抵押履约保证保险产品——“提放保”，助力解决“过桥贵、融资慢、易断桥”等痛点。在这一创新模式下，小微企业客户可以比传统过桥模式提早2~3周拿到贷款，从而及时缓解经营资金上的燃眉之急，而且综合成本仅在0.5%~1%，相比传统模式的2%~5%，大幅度节约小微企业的成本。

融资难融资贵是制约小微企业、“三农”发展面临的一个突出矛盾，许多小微企业和“三农”虽然有订单、有市场，但由于“缺信用、缺信息、缺抵押”，相对于大中型企业难以通过市场途径获得融资或需要付出较高的成本才能获得融资，需要采取有效的政策措施予以解决。近年来中央政府和地方政府都积极组建融资担保公司为小微企业融资提供担保，但仍然存在各地政策性融资担保机构发展不平衡，特别是在服务小微企业、“三农”方面的作用发挥得不够充分等问题。2018年9月26日，国家融资担保基金有限责任公司揭牌成立。中国国家融资担保基金的成立，将完善中央地方两级政策性融资担保体系，发挥财政资金四两拨千斤的作用，引导更多金融活水流向小微企业、“三农”等普惠领域。基金将以服务小微企业和“三农”为主业，逐步达到小微企业融资担保金额占比不低于80%，其中单户授信500万元及以下融资担保金额占比不低于50%的政策要求。根据国务院批复的方案，国家融资担保基金有限公司的业务以再担保为主，基金将以再担保业务为切入点，分批次与省级担保再担保机构开展合作，为符合条件的融资担保业务提供再担保。下一步，再选择优质省级担保再担保机构开展股权投资试点。基金对纳入合作范围的融资担保业务，原则上按原担保金额的20%分担风险责任，执行优惠再担保费率(人民日报，2018)。

2020年中央财政继续实施小微企业融资担保降费奖补政策，对扩大小微企业融资担保业务规模、降低小微企业融资担保费率等成效明显的地方予以奖补激励。各地要加强相关政策衔接，加大代偿补偿力度，切实保障降费效果。符合条件的担保、再担保机构可按规定享受担保赔偿准备和未到期责任准备在企业所得税税前扣除等税收优惠政策。地方各级政府性融资担保、再担保机构2020年全年对小微企业减半收取融资担保、再担保费，力争将小微企业综合融资担保费率降至1%以下。进一步提高支小支农业务占比，确保2020年新增小微企业和“三农”融资担保金额和户数占比不低于80%，其中新增单户500万元以下小微企业和“三农”融资担保金额占比不低于50%(财政部，2020)。

2020年普惠小微金融成为国民经济的发展重点，面对疫情影响下的小微企业群体现金流紧张、复产复工进度缓慢、外贸订单锐减等突出问题，国家多次下发政策文件，鼓励金融机构加大对于小微企业的信贷投放力度。从央行推出两大创新型货币政策工具，到重点发展首贷户、供应链金融与纯线上信用贷，均显示出监管层引导小微企业融资的决心。

4.2 微型金融的需求主体之个体工商户

4.2.1 个体工商户的概念及特征

4.2.1.1 个体工商户的概念

个体工商户是指在法律允许的范围内，依法经核准登记，从事工商经营活动的自然人或者家庭。《个体工商户条例》第二条第一款规定：“有经营能力的公民，依照本条例规定经工商行政管理部门登记，从事工商业经营的，为个体工商户。”

4.2.1.2 个体工商户的特征

个体工商户是个体经济的一种表现形式，是生产个人所有，以个人从事生产经营活动为基础。个体工商户既是生产的所有者还是生产经营的劳动者。个体工商户是个体工商业经济在法律上的表现，其具有以下特征：

①个体工商户是从事工商业经营的自然人或家庭 自然人或以个人为单位，或以家庭为单位从事工商业经营，均为个体工商户。但是，国家机关干部、企事业单位职工，不能申请从事个体工商业经营。

②自然人从事个体工商业经营必须依法核准登记 个体工商户的登记机关是县以上工商行政管理机关。个体工商户经核准登记，取得营业执照后，才可以开始经营。个体工商户转业、合并、变更登记事项或歇业，也应办理登记手续。

③个体工商户只能经营法律、政策允许个体经营的行业 个体工商户其实是最大群体的自由职业者，可以申请个体工商户经营的主要是城镇待业青年、社会闲散人员和农村村民，而国家机关干部、企事业单位职工，不能申请成为个体工商户，从这个意义上看，个体工商户就是经过工商注册的自由职业者。

个体工商户主要以商铺门店为经营方式，通过零售商品和提供民生服务为手段获得收入。一个注册个体工商户至少有一个个体工商户主。有的个体户在生意做大后雇用许多员工，甚至超过 100 人，年业务规模超过 1000 万元，基本已经形成小型企业的稳定规模，但只要没有注册公司，在统计意义上他或她就依旧是个体工商户，从一些专业市场上的“大户”，如服饰市场、建材市场、家具市场、水产市场、邮币卡市场、茶叶市场等都可以看到经营规模大、实力雄厚的“个体工商户”，有的甚至早已“前店后厂”，因为有一个在专业市场上的窗口，他们可以继续享受国家给予个体工商户的优惠政策。

4.2.2 个体工商户的资金需求特点

4.2.2.1 个体经营者的金融需求呈现多样化

过去的个体经营者，往往是以商品销售为主要行列，当前的个体经营者不仅仅是以商品销售为目标，而是涉及多方面、多行业、多品种、多层次的经营活动。由于个体经营者涉及面宽，从事行业复杂，因此，金融需求也呈现出多样化。过去单纯的贷款业务已经很难适应个体经营者要求。这些个体经营者，有的从事商品销售，有的实行价值重组，有的进行风险控制，有的进行技术革新，有的进行信息咨询，有的进行证券投资，有的从事农业开发，有的进行科技研发。所从事的行业不同，服务的对象不同，需求也就大相径庭。无论是要求贷款，还是存入存款、投资证券、参加保险、投资合作、往来结算等，无不显现出各自的特点和特征，显现出行业的共性和个性。

4.2.2.2 个体经营者的金融需求呈明显的个性化特征

由于个体经营者所从事的行业多样化、多元化。因此，个性化特征十分明显。单从贷款需求来说，就有很大的不同。从事商品经营者资金流通速度既快，需求量也比较大，需要速贷速还，循环支用；刚刚起步的那些下岗、失业再就业人员，往往需要起动资金，且贷款期限要求相对较长；从事技术革新，产品改良的个体经营者，往往资金需求量很大，期限也比较长；从事其他方面的个体经营者，如保健按摩、医疗卫生服务、心理咨询等，这些人往往也需要多样化的金融服务，如电话跟踪、上门询问、帮助存取款等。

4.2.2.3 个体经营者融资需求愿望较为突出

这种需求往往表现在两个方面。一方面是具有抵(质)押条件的个体经营者，通过在银行、信用社进行抵(质)押，能取得部分抵(质)押贷款，进行商业活动；另一方面，不具备抵(质)押条件的个体经营者，他们不符合银行、信用社的贷款条件，不得不向社会融资，而社会融资的成本往往是银行、信用社的若干倍。

4.2.3 个体工商户的资金需求现状

从数量规模来看，1980—1989 年，中国个体户年均新增不过 1 万多家；1990—1999 年，中国个体户年均新增超 20 万家；2000—2009 年，个体户年均新增量已有百万规模，达到近 400 万家；2010—2019 年，年均新增 965 万家；截至 2021 年 10 月底，工信部最新数据显示中国市场主体总量已突破 1.5 亿户，其中近 10 年就新增 1 亿户。个体工商户数量也已突破 1 亿户。亿万市场主体的磅礴力量推动中国经济总量迈上百万亿元大关、国家财力和社会财富稳定增长，承载 7 亿多人就业的基本盘，仅个体工商户就带动近 3 亿人就业(中国政府网，2021)。

虽然个体工商户被称为一个城市经济发展的毛细血管，但该群体却难以享受到小微金融政策倾斜，成普惠金融服务的“夹心层”。在具体业务实践上，多数商业银行因服务成本和风控成本较高，对其下沉服务的力度和意愿均有限，而小贷机构等因集约化和数字化能力不足，无法形成可持续的规模经济，一定程度上直接导致个体工商户转向价格高企的民间借贷寻求资金。尽管法律上对民间借贷利率有所约束，但仍需要有正规金融机构对这部分客户提供及时和精准的支持。据 2020 年 9 月，商务部流通促进中心发布《中国线下零售小店数字化转型报告》，报告指出中国线下零售小店以夫妻店为主要经营方式，规模小、方式灵活，呈现出数量多、增长快、效率低、短板明显、转型意愿强烈的特点。作为社会组织的“毛细血管”，零售小店虽小却功能巨大，在拉动就业、促进消费、保障民生等方面贡献重要力量，尤其在后疫情时代，零售小店在活跃经济、提振市场等方面扮演关键角色，千千万万个零售小店可谓社会经济系统中平凡而伟大的“螺丝钉”。

2020 年 7 月，商务部等 7 部门联合印发《关于开展小店经济推进行动的通知》，在加强组织领导、降低经营成本等方面提出保障措施，同时要求各地结合实际打造具有本地产业特点、行之有效的小店经济发展方式。通知下发后各地有关部门积极聚焦纾解小店经营因疫情影响面临的难点堵点痛点，以更有效的帮扶措施助力“小店经济”重焕生机。如深圳市福田区加快规划建设香蜜湖国际顶级商圈、CBD 核心示范商圈、华强北 5G 应用示范商圈、皇岗口岸跨境消费商圈、车公庙时尚消费商圈“五大核心商圈”；罗湖区明确提出将打造全域消费空间格局，努力建设成为高端品牌的“重要驻地”、黄金珠宝的“全球高地”、跨境贸易的“前沿阵地”、“夜间经济”的“打卡圣地”；龙华区持续开展促消费活动，联动行业协会、重点商业综合体、重点企业等，陆续策划开展龙华汽车节、服装节、数码家电节等，打造前卫、热门、特色主题式活动。同时，各地还通过发放电子消费券、开展数字人民币试点等方式促进小店经济回暖。从各地公开的消费数据显示，消费券对辖区餐饮业、零售业消费的刺激和带动效果明显。

在疫情、经济下行压力等因素的冲击下，小店虽然展现出强大的经济韧性，却依旧面临着资金需求突出等问题。商务部研究院开展的 2020 年中国小店经济调查问卷结果显示，中国 98.2%小店受到疫情带来的负面冲击。其中，受人员流动控制、线下商业经营活动受限等因素影响，位于交通枢纽及住宅区的小店遭受较小的负面影响，位于商业区、市场及其他地区的小店遭受较大的负面影响；在调查范围内 700 多家存在经营困难的小店中，68 家小店提到存在资金短缺、融资困难的问题，其中超过 60%为纯线下经营的实体店铺，且主要集中在住宿、餐饮、沐浴等行业，这些行业的经营活动受疫情及相关防控政策的影响较大。2021 年国务院《政府工作报告》指出，保障小店商铺等便民服务业有序运营，金融为实体经济服务，需要把“精准滴灌”小店经济当作一个重点，有利于更好地稳定就业、保障民生、增强经济的韧性和活力。

据银保监会官网发布信息称，截至 2021 年 3 月末，个体工商户贷款余额 5.4 万亿元，同比增长 29%，高于各项贷款增速 0.164%，增速连续 5 年上升；贷款户数达到 1834 万户，同比增长 25%，5 年实现翻番，信贷覆盖面持续扩大；信用贷款余额 8939 亿元，同比增长 68%，占个体工商户贷款比重 16.5%，同比提升 0.04%，信用贷款比重明显提高。此外，2021 年前 3 个月，新发放的普惠型个体工商户贷款平均利率约 6.2%，较 2020 年平均水平下降超过 0.003%，较 2019 年下降超过 0.013%。

4.3 微型金融的需求主体之农业经营主体

随着社会的发展、城镇化水平的提高，农业经营领域也在发生着革命性的变化，农业经营主体结构也在不断演变。从主体的结构上看，农业经营主体分为小农户、专业大户、家庭农场、农民专业合作社、农业企业。与传统的农业经营主体小农户而言，专业大户、家庭农场、农民专业合作社、农业企业等经营主体在规模上、现代化水平等方面有着较大的优势，因此，专业大户、家庭农场、农民专业合作社、农业企业等经营主体又称为新型农业经营主体。

4.3.1　农业经营主体的概念及经营特点

4.3.1.1　传统小农户

党的十九大报告首次提出“小农”的概念，小农户主要是指实行家庭联产承包责任制所产生的承包农民，其主体既是自给自足的小农，也是商品小农。因此，传统小农指的是在自然经济条件下，农民以家庭为基本单位，根据自身需求进行农业生产的小规模自给自足的经营模式。分田到户以来，中国传统小农形成“人均一亩三分地，户均不过十亩”的家庭经营格局，传统小农仅仅承担着维持家庭生计的基本功能，并不过度的追求剩余价值。

因此，传统小农既不会雇佣额外劳动力也没有扩大经营规模的需求，总的来说，小农户具有以下几个特点：一是农业经营的“规模小”，也即所谓的“小生产”；二是兼业化渐成主流，这与当前的农业现代化过程与城市化、工业化过程紧密相关，农村的优质劳动力向城市转移，小农兼业化明显；三是生计资本水平低，其中自然资本和物质资本相对充足，而金融资本、人力资本等较为匮乏；四是传统观念较深，局限于自己的“一亩三分地”，眼界不够开阔，接受现代化发展新思想缓慢；五是抵御市场风险和自然风险能力较弱，难以适应产业技术升级要求和市场竞争要求。

4.3.1.2　专业大户

专业大户指的是围绕某一种农产品从事专业化生产，其种植或养殖规模明显高于传统小农却又小于家庭农场的经营主体。专业大户出于照顾老人、小孩或是其他因素的考量没有进城务工，而是留村务农，他们自家的承包地仅能满足家庭基本生活。因此，专业大户会通过土地流转进行经营，但受传统思想的影响，专业大户本身知识水平还是有限，没有长远经营打算，专业大户因而并不愿意对土地进行长期投入。与传统小农相似，他们基本上不会雇佣额外劳动力，但为增加产出，专业大户一般都会种植经济作物或用套种的方式提高复种指数换言之，专业大户是一种机械化程度一般、不会额外雇工、管理较为粗放、难以对接市场的劳动力剥削型的适度规模经营模式。

4.3.1.3　家庭农场

家庭农场指的是以家庭成员为主要劳动力，从事农业商品化、规模化、集约化的生产经营活动，并以农业收入为家庭主要收入来源的新型农业经营主体。目前，家庭农场没有一定的规模标准，从实践来看，家庭农场的土地流转面积一般在50~500亩之间。除自身承包地以外，家庭农场还流转大量土地，并要求土地集中连片以方便田间管理与农业机械的使用。家庭农场一般情况会在前期投入大量成本用以改善农地条件、购买农用机械等。由此可见，家庭农场是一种机械化程度较高、雇工较少、管理较为规范、更容易对接市场的家庭适度规模经营模式。

4.3.1.4　农民专业合作社

农民专业合作社是同类农产品的生产经营者或同类农业生产经营服务的提供者、利用者，自愿联合、民主管理的互助性经济组织。农民专业合作社以其社员为主要服务对象，提供农业生产资料的购买，农产品的销售、加工、运输、贮藏以及与农业生产经营有关的技术、信息等服务。在自愿联合与民主管理的基础上，农民专业合作社能够充分发挥其带动散户、组织大户、对接企业、链接市场的优势，解决传统小农在家庭经营模式下的规模不经济问题，并通过资金、技术等方面的投入，提高农民的组织化程度与集约化水平。总体来看，农民专业合作社具有以下几个特征：以家庭承包制为基础；以服务社员为目的；以效率优先、兼顾公平为原则；具有强烈的互助性质。但是，从目前实际发展情况来看，农民专业合作社发展存在非常不规范的情况，需要各地进一步的清理和规范。

4.3.1.5 农业企业

农业企业指的是通过合同或订单的方式与农户建立起利益关联纽带，对农产品进行加工、处理、运输、销售等过程，实现分散农户的产供销和贸工农一体化的新型农业经营主体。农业企业主要从事种植业、畜牧业、水产养殖业等一体化经营，或是一体化经营中的某些中间环节，并通过科学的经营管理方式、先进的生产技术以及雄厚的经济实力，为分散农户提供产前、产中、产后的各类生产性服务。农业企业在流转土地时往往要求土地集中连片，这样不仅可以提高农业机械的使用效率，更能减少相应的管理成本。同时，由于经营规模较大、生产周期和投资链条较长，农业企业只能采用粗放式管理，并且极容易受自然风险与市场风险的影响，因而具有一定的风险性和不稳定性。总的来说，农业企业仍然是一种机械化程度较高、雇工较多、管理较为规范、容易对接市场、以营利为目的，具有明晰的资本收益率的新型农业经营主体。

4.3.2 农业经营主体的金融需求特征

4.3.2.1 资金需求较为普遍

随着中国农村经济的发展，农村产业结构的调整、优化，农户调整种植结构，减少粮食的种植，大力发展林果、畜牧、水产以及菜等，形成一些种养专业户。因此，需求的主体也有很大的变化，传统的需求主体是农户，新兴的需求主体包括现代农户、新兴农业经营主体、涉农企业等多种需求主体。由于农户受收入水平的限制，加之储蓄能力相对较低，其生产性和生活性支出都可能出现赤字。因此，农户资金主要用于生活和生产性需求。生活性金融需求主要有教育、住房、医疗、婚丧等。就中国农户而言，非生产性信用需求往往占更大比重。这其中除一部分用于维系日常生活的消费支出外，相当规模的资金被用于购置修缮房产、修建祠堂庙宇或是满足丧葬嫁娶的礼俗要求；而生产性金融需求，主要表现为经营费用的农业流动资金和第三产业的需求上，但随着农业产业化和规模化的发展，农业长期贷款需求也将相应增长。生产性需求仍然是农户资金需求的重要方面，但是随着农村经济的增长、农民收入的提高及由此带来的消费观念的变化，农户贷款的生活性需求正变得越来越重要。

4.3.2.2 资金需求呈现多样化、复合化

传统农业生产，大多是季节性的、短期的资金需求，这些农业生产过程主要分布在产业链的起点，对农村金融的需求相对比较简单。目前农村金融需求正在由传统的、单一的农户信贷需求，向综合的、多元的金融需求发展和转变，如农业供应链融资需求，互联网+

农业的新兴技术对金融的需求，农业基础设施建设的金融需求等。乡村振兴过程中的产业振兴，产业层次多样，从业主体多元，经营复合性突出。在经营方式上，涉及一二三产业，包括农副产品的加工和流通，农机农资的生产和销售，农业科技的研发和推广等各个方面，贯穿整个产业链、价值链。在从业主体上，包括传统农户、新农民、家庭农场、产业化龙头企业、农民合作社等各类主体。相应地，在金融服务需求上，也体现多层次金融需求融合的特征，已不再是单一的融资需求即简单的存、贷、汇服务，而是需要金融机构扩展到贷款之外的"大金融"领域，包括贴现、理财咨询、期货、资信评估、保险、证券、租赁业务等。各类农户的比较见表 4-4 所列。

表 4-4　中国农户主体的层次性、主要信贷需求特征与满足方式

农户类型	主要需求特征	用以满足信贷需求的主要方式和手段
贫困农户	生活开支、小规模种养生产贷款需求	民间小额贷款、小额信贷(包括商业性小额信贷)政府扶贫资金、财政资金、政策金融
一般种养殖业农户	小规模种养业生产贷款需求、生活开支	自有资金、民间小额贷款、合作金融机构小额信贷、少量商业性信贷
市场型农户	专业化、规模化生产和工商业贷款需求	自有资金、商业性信贷

4.3.2.3　融资风险大

农业生产对象不仅生产期受气候影响大，保存起来也比较困难，存在较大的自然风险和市场风险。特定的生产周期和生物属性限制农业劳动生产率的提高等。于是，因生产性资金缺口而提出的信用需求就必然体现出季节性、长期性、风险性和零散小额等特点。此外，农户所拥有的资产主要是房产(普遍为砖房)、土地承包经营权、林木、牲畜以及农机具，贷款抵押品单一，这种资产的流动性和变现能力很差，银行往往很难接受这种资产作为抵押品对农户进行放贷。因此，农业信贷所固有的风险高、收益低、成本高、资金周转慢这些属性，也注定农户融资需求的特殊性。

4.3.2.4　资金需求存在地区差异

中国各地区农户的金融需求呈现着与地区经济状态相关的差异。越是经济比较发达的地区，农户的生产经济越偏向非农产业或是规模化农业，其越倾向于生产性借款，其金融需求主要体现为农村发展需求，他们的金融需求，不仅需要商业性金融的帮助，还需要依靠合作性质或社区银行类的特殊金融机构。经济欠发达地区的金融需求主要表现为缓解贫困而产生的生活需求，突出表现在农户的生活性借款比例较高，生产性借款所占比例不大，农户资金集中在非生产性领域而不是生产性领域，这类需求的特点是风险高、分散化、资金需求量不高。传统农区的金融需求主要是农业生产发展所产生的需求，主要解决商业贷款能力较弱的农户融资难的问题。这类需求为商业性金融服务的发展提供可能的途径，但在满足这类需求，仅仅通过商业金融服务是不能完全实现的，还得通过合作型金融和民间借贷等非正规金融的辅助来实现。

4.3.3 农村微型金融需求主体的变迁给微型金融带来的机遇

近年来，随着中国农业经济的转型，新型农村经营主体不断涌现，这为微型金融发展提供巨大的机遇，也对微型金融服务创新提出新的要求。2014 年《政府工作报告》提出，“坚持家庭经营基础性地位，培育专业大户、家庭农场、农民合作社、农业企业等新型农业经营主体，发展多种形式适度规模经营”。这是对中国农业经营体系转型极为精炼的概括，也指出中国未来农业经营体系创新的方向。农业经营体系的革新与再造，是中国农业产业化、现代化、集约化和规模化的前提，也是关系到中国农村和农业转型的重大核心问题。

十一届三中全会之后逐步推行的农村家庭联产承包责任制被视为中国农村改革最伟大的制度创新，这个制度也确实在 30 年中极大地释放农村生产力，为中国改革开放的成功推进奠定基础。联产承包责任制的推行，在另一方面也使得农民的组织化程度在一定程度上降低。中国有漫长的小农经济历史，这个长达几千年的发展进程，造就中国民众浓厚的小农意识。而农村“大包干”之后，小农经济又成为主导的经济形态。当“大包干”所带来的制度变迁的能量释放殆尽之后，小农经济内在的弊端就逐渐暴露出来。在改革开放 35 年后，中国农村又面临着一次新的变革，这次变革的核心是提高农民的自组织能力，重新塑造农民的组织载体，深刻变革农村经营体制，以与农业产业化和农村现代化的内在要求相对接。十八届三中全会决议提出，要加快构建新型农业经营体系，积极推进农业经营方式创新，加快土地制度变革，努力发展多种形式规模经营，鼓励农村发展合作经济，促进农业规模化、专业化、现代化经营。可以说，从十一届三中全会到十八届三中全会，党中央一直以与时俱进的姿态，密切关注中国农业发展和世界农业发展的前沿趋势，积极推动农村制度变革，从而为实现中国农业的第二次飞跃奠定制度基础。

分散的小农与现代化农业产业之间的矛盾，封闭的乡土社会构造与现代社会运行体系之间的矛盾，是中国当前农村发展面临的主要矛盾。现代农业已经产业化，农业生产的各个系统需要高度组织化的体系与之相匹配，分散的小农在信息获取、契约签订、生产质量保证、市场开拓、防范农业风险和经营风险等方面难以适应农业现代化的需要。因此，农业经营体制的变革是大势所趋。党的十八大报告提出“坚持和完善农村基本经营制度，构建集约化、专业化、组织化、社会化相结合的新型农业经营体系”，正是对这一历史趋势最凝练的概括。

所谓集约化，就是要改变以往粗放经营的方式，以更少的投入获得更高的农业产出；所谓专业化，就是要形成农业的专业化生产和分工体系，以提高农业生产效率和农民收入；所谓组织化，就是要把分散的小农组织起来，构造有规模、有组织、有科学管理的合作形态，以应对日渐激烈的全球农业市场竞争需要；所谓社会化，就是要形成农村社会化的生产服务体系和技术支持体系，以改造小农经济，形成新型的社会化服务网络。说到底，就是要进一步增强农民的自组织能力，也就是要发展农民的各种形式合作，促进中国农村社会化服务网络的发育，使中国分散的小农能够转变为有组织的“大农”。

农民专业合作社是新型农业经营主体中最值得关注的部分，近年来中国农民专业合作社的发展呈现突飞猛进的态势，合作社的数量迅猛增加，合作社对农业规模化经营的促进作用也日益凸显。而微型金融依托合作社，则会极大地提高其还款概率。合作社的产业基础、内部治理机制等能够为微型金融的风险控制提供载体。

更为值得关注的是家庭农场的迅猛发展。家庭农场是指以家庭成员为主要劳动力，从事农业规模化、集约化、商品化生产经营，并以农业收入为家庭主要收入来源的新型农业经营主体。农业生产经营方式由传统的小农经济向家庭农场模式转变，对中国农业和农村的发展具有重大意义。家庭农场的经营模式，通过土地承包经营权流转，可以提高土地的使用率和农户的农业生产规模。在规模化的基础上，家庭农场可以通过种养结合等方式，高效利用在生产中投入的劳动、原料和技术，从而实现农业生产的集约化，减少生产成本、提高产量。与自给自足的传统小农经济不同，家庭农场具有企业的特征，以盈利为目的，追求利润最大化，其经营方式有明显的市场导向性。具有一定生产规模的家庭农场可以直接和市场进行对接，打破传统农业经济的封闭性，实现劳动力、资本、信息和技术等要素的充分流动，打通农产品从生产到销售的一系列环节，使市场充分发挥对农业生产的调节作用。随着家庭农场的兴起，对家庭农场的微型金融服务也必将迅速发展。

家庭农场、专业大户、农民合作组织和现代农业企业一起，构成中国现代农业发展的主要支撑点，这必将促使中国由“原子化小农”向“规模化大农”的历史性转变，为中国构建新型农业经营主体和现代化农业体系奠定制度基础。这些新型的经营主体，形成对微型金融的新的需求，是推动农村微型金融转型升级的最强大的力量。微型金融机构必须认识到这些变化，以适应新型农业经营主体的需要，开发出新的微型金融产品，为中国农业的产业化和规模化做出贡献。

4.4 微型金融的需求主体之农村低收入群体

4.4.1 农村低收入群体及其特征

4.4.1.1 农村低收入群体的界定

低收入人群是指在特定时期因收入水平低于某一特定标准而生活水平相对较低的一群人，低收入是通过与中、高收入对比而形成的相对状态。低收入人群主要在经济方面进行界定，世界银行提出以平均收入1/3为比例的相对贫困标准，欧盟各国使用国家等值税后收入中位数的60%设置贫困标准，经济合作组织提出以平均可支配收入的50%作为贫困标准。中国针对农村低收入群体主要存在国家扶贫部门制定的贫困标准、民政部门的最低生活保障标准和低收入家庭认定办法等三条标准。因地区、区位、经济环境状况等因素不同，各地有不同标准。国家统计局以最低20%收入阶层的人均消费支出作为中国低收入群体的划分标准，即收入低于这一水平时，可以将其纳入低收入者群体。学界主要采用两种方法：

(1)收入比例的方法

孙久文等(2021)认为低收入人口包括已脱贫但易返贫人口和易致贫人口，以及那些在农村地区农民人均收入中位数60%以下的人口。

(2)低保标准的倍数

民政部门一般参照当地最低生活保障标准的某个比例(100%~200%)来确定低收入家庭。

通过查阅各地界定政策，主要将低收入人口分为6类，除占比最大的低保户以外，还包括以下5类：①特困人员，一般指无劳动能力、无生活来源且无法定赡养、抚养、扶养义务人，或者其法定赡养、抚养、扶养义务人无赡养、抚养、扶养能力的老年人、残疾人以及未满16周岁的未成年人；②低保边缘家庭，指不符合低保、特困人员条件，家庭成员人均收入不高于当地低保标准1.5倍，且家庭财产状况符合相关规定的家庭；③支出困难型家庭，指不符合低保对象、特困人员和低保边缘家庭，家庭人均年收入低于上年度户籍所在地居民人均可支配收入，在扣减认定的医疗、教育、残疾康复和因灾、因意外事故等刚性支出后，人均年收入低于当地年低保标准，且家庭财产状况符合相关规定的家庭；④易返贫致贫人口，指脱贫不稳定户、边缘易致贫困家庭、突发严重困难户等；⑤当地政府确定的其他低收入人口(邢成举等，2023)。如2021年安徽省将低收入群体认定为低保对象、特困人员、低保边缘家庭及防止返贫监测对象、支出型困难家庭与其他低收入群体。不过，需要指出的是目前中国仍未建立起官方的低收入人群标准线。

4.4.1.2　农村低收入群体的主要特征

(1)农村低收入居民家庭增收能力有限

①农村低收入群体中的大部分人受教育年限较少，自身综合素质有限，参与市场竞争的能力较弱，面临着持续增收乏力的可能性。

②在职业或者发展定位不明确。激烈的市场竞争对劳动者的职业素养等综合素质的要求越来越高，农村低收入群体中的多数人没有明确职业或者定位，且处于较强流动性中，部分丧失劳动能力或劳动能力较弱的特殊困难群体则会出现增收乏力甚至歉收的可能性。三是农村产业升级难。农村多以第一产业为主，收益不高，面临较大的自然风险和市场风险，而且由于农产品的生产销售渠道未得到拓新，其增收能力有限；同时以种植业为主要收入来源的低收入农户户均种植规模较低，无法产生规模效益，产业发展可持续性不强。

(2)农村低收入群体面临突发事件时出现歉收甚至返贫的概率较大

农村低收入群体在面临突发疾病、意外事故以及自然灾害等突发事件时往往更容易转变为特殊困难群体，因为在突发事件面前农村低收入群体会出现收入较少甚至歉收的可能性，与此同时也面临着支出增加的可能，而其家庭本身就存在抗风险能力较弱、家庭储蓄较少等情况，这就会使得农村低收入群体演变为困难群体。而研究也表明，困难群体在面对突发事件时由于自身经济条件较低和能力不足，使得在面临灾害和疾病时变得更加脆弱，而且更容易遭受更大的损害(关信平，2020)。

当前脱贫攻坚战取得全面胜利，绝对贫困问题得到历史性解决，但是农村低收入人口还将长期存在。在巩固拓展脱贫攻坚成果同乡村振兴有效衔接的过程中，亟待建立健全农村低收入人口常态化帮扶机制，着力解决发展不平衡不充分问题，为促进农民农村共同富裕奠定坚实基础。

4.4.2　农村低收入群体的金融需求特征

农村低收入群体的金融需求主要有以下几个方面的特点：

4.4.2.1 资金需求规模小、分散且呈现出需求规模急剧扩大的趋势

在中国农村，由于受市场化程度低、结构调整滞后、产业升级缓慢、农村非农经济活动不活跃等多种因素的影响，农村资金需求主体以个体小农为主。个体小农生产经营规模小，造成农户虽有强烈的资金需求愿望但需求量不是很大的特点。近年来低收入农户融资需求有扩大趋势，一是因为农村经济的发展和农民收入水平的提高，二是农户的资金用途的扩展，除传统的扩大原农业生产、盖房等资产投资，很多农户受到市场影响转行从事投资经商等。

4.4.2.2 偏好内源融资和熟人借贷

由于自给自足的自然经济在农村占据长期的统治地位，导致中国农民小农意识强烈，在融资选择上更倾向于选择内源融资，即将自己的储蓄投入再生产。以“家”为核心的伦理本位表明中国农户不怎么情愿进行商务契约交易而更倾向选择向亲戚朋友借贷。

4.4.2.3 信息不对称

由于农村的教育条件，通讯条件等比较落后，农户的综合素质普遍比较低，信息闭塞，与外界的沟通交流比较少，农户往往通过自身的有限认知去向信誉比较好的农户借贷和融资，而这种有限的认知建立在血缘、地缘的基础上进行信用的分析判断，因此农户很少去了解、认知、接受商业性的金融借贷信用关系。这种信息不对称现象也容易造成融资规模的小而分散。

4.4.2.4 贷款抵押品单一

农户所拥有的资产主要是房产(普遍为砖房)、土地承包经营权、林木、牲畜以及农机具，这种资产的流动性和变现能力很差，银行往往很难接受这种资产作为抵押品对农户进行放贷。

4.4.2.5 融资风险大

由于农业生产具有周期性长，季节性显著，多自然灾害等不确定因素，再加上农业生产的边际收益较低，农户存在着到期偿还的风险和贷款人收回借贷资金和利息的风险。这种融资风险是由农业生产的自身属性造成的，它造成的影响巨大，一方面是金融机构不愿意对农业进行信贷资金投放，而因利益的驱使将从农村吸收的大量资金注入到城市，造成“城市资金过剩而农村资金饥渴”现象；另一方面造成当今社会农户丢弃农业生产进城务工追求比农业生产回报高的生产活动。

4.4.3 中国微型金融对农村低收入群体的信贷困境

中国微型金融机构在提供低收入群体信贷过程中，主要存在如下几个问题：

4.4.3.1 覆盖面不够

银监会设立新型农村金融机构的初衷就是为解决农村地区金融机构网点少、服务不足、竞争不充分等问题，但现实中，从客户角度来看，中国新型农村金融机构的覆盖面远远不足。目前许多新型金融机构无意“高风险、高成本、低收益”的三农业务，而将目光放在贷款金额比较大的小企业主及出口企业上。如一些村镇银行将信贷投向县域内工商企业，主要是考虑到贷款给县城企业风险低，盈利比较有保障，而且可以通过信贷拉动负债

业务的增长。这样，农村微型金融小额信贷项目的绝大部分客户都不是低收入群体，在某种程度上偏离当时设立新型金融机构的初衷。

新型农村金融机构要解决的是农民的问题，而不是要解决农村工商企业的问题。许多新型金融机构经过一段时间后，不再贷款给真正需要的农民，或者订立苛刻的抵押等条件，使真正需要贷款的农民不能真正享受到服务。

4.4.3.2 抗风险能力差

中国金融市场并不健全，农村新型金融机构刚刚发展，更缺乏稳定性和可靠性。随着市场对农村微型金融机构的开放，低准入门槛将吸引众多资金进入这一领域，但准入门槛过低，将会使新型农村金融机构出现先天不足，那就是资金不足，进而抵御经营风险的能力较弱。而且，新型农村金融机构的贷款方式以信用贷款为主，信贷资产的风险系数较大，而农村贷款领域多为种植业和养殖业，不仅这些行业经营风险大，而且农村大多缺乏有效的担保和可变现的抵押物，普遍缺乏信用评级及农产品保险。更有甚者，由于认识上的误区，部分农户认为村镇银行和小额贷款公司是国家对农民的扶助机构，获得的贷款等于财政部门的补贴，从而引发道德风险。再加上农村人员流动的不确定性、资产的不确定性、收入的不确定性，以及还要应对自然灾害、动物瘟疫等不可抗力导致的违约风险，都增大农村微型金融的市场风险。其他一些因素，如风险意识、管理水平、控制能力也无时无刻不在影响着农村金融机构的健康发展。

4.4.3.3 监管指标不合适

遵从传统的金融机构监管标准，监管当局往往将资本充足率与不良资产率指标纳入对新型农村金融机构的监管，这种做法往往是不合适的。鉴于资金来源限制，如村镇银行网点少，筹集资金难度大，再如有些新型农村金融机构不能吸收存款，因此资本充足率应该降低，但比率多大为宜，缺乏一个定量的标准。此外，不良资产率监管指标也可能会影响新型农村金融机构发挥作用。农村存在自身的特点，在当今的新型农村金融机构中不良资产率有时可能会较高，如果严格按照制度规定的不良资产率来衡量，那么极高的不良资产率可能会让人感到悲观，新型农村金融机构就可能更难以充分发挥应有的作用。

4.4.3.4 经营成本高

农村微型金融机构经营成本高，主要源于内外两方面约束。从内部看，一方面，微型金融机构管理不够科学，缺乏科学的治理结构与管理机制，容易产生内部人控制，导致成本软约束化，如营业费用缺乏合理控制，具体表现为职工工资及福利的快速增长和业务招待费、会议费等办公费用快速增加。另一方面，农村微型金融机构往往是网点铺盖面小，分支机构少，支付结算渠道不畅，金融服务功能不全，这给机构管理出不少难题，无形中也增加经营的成本。从外部看，农村微型金融机构的服务对象是分散、具有小额需求的农户或农村中小企业，其大部分业务是小额信贷，贷款业务数额小、频率高、现金需求量大。无论是贷款或者是收款都需要人员亲自到实地进行工作，人员的成本也比较高。

4.4.4 解决农村低收入群体融资困境的对策

4.4.4.1 扩大和加深农村微型金融机构对农村低收入群体的覆盖面

农村微型金融机构的主要业务是小额信贷，很多低收入农民需要资金的帮助，而这些群体往往担保能力低，所以要保证农村微型金融机构网点的服务对象是那些真正需要金融服务的人，尤其是贫困者及低收入者。新型农村金融机构除应始终坚持“立足县域、服务三农、服务中小企业”的定位之外，还应当做到：一是适当保持“低门槛”即适当降低农村新型金融机构及其业务的市场准入条件，增加农村地区金融机构的覆盖面；二是通过合理分配新型农村金融机构在县、乡、村三级行政区域的数量和分布，解决村级行政区域金融服务严重缺位问题，以此逐步提高新型农村金融机构覆盖面；三是为提升贫困者及低收入农民的信用条件，可以结合中国农村的特点，改变以农民为主体的农村信用形态，鼓励农民参加各种农民专业合作经济组织，在此基础上针对农村经济合作组织、专业协会等组织平台进行信用建设。除能提升农民信用级别外，还为规范新型农村金融机构的借贷创造较好的条件。

4.4.4.2 增强农村微型金融机构的抗风险能力

微型农村金融机构要增强抗风险能力，需要各方面的努力。其一，不断提高农村金融机构人员的素质。要对机构员工进行定期培训，实行竞争上岗，并且不断强化他们的专业素质，特别需要强调的是在工作中与农民的处事方式要得体。其二，要建立必要的组织机构，包括董事会、监事会等法人治理结构部门，这样有利于防止个人独揽大权，侵吞金融机构内部财产等其他不利于机构正常运营的事件发生。还要建立健全内部控制体制，内部实行严格的监管，及时妥善处理各种事件。其三，要真正深入基层，收集并了解大量客户资料，降低因对客户信息不知情而导致的信贷风险。寻求和开发新的担保方式，对专业合作社的社员贷款时可要求专业合作社提供担保等。其四，要完善农村政策性保险体系及信用担保机制。要推动农业保险地方性法规的出台，完善多种形式、多种渠道支持的农业保险体系。“政府支持，市场化运作”是推动农业保险持续稳定发展的基本条件。在中国农业保险基础薄弱，农业保险人才匮乏，专业化政策性农业保险公司未全面建立的情况下，有效途径就是成立政策性农业保险的同时，要积极引导商业保险公司、互助公司经营农业保险业务。这样既引进竞争机制，又活跃和丰富市场主体。同时完善以县域为重点的多层次农村担保体系，扩大农村抵押担保品范围。此外，还可以尝试建立农村存款保险制度，形成有进有退、正向激励的良性机制。

4.4.4.3 创新微型金融的金融服务，更好地服务于农村低收入群体

创新微型金融机构的金融服务，为农村低收入群体提供差异化、特色化金融服务。其一是产品与业务创新，包括开发业主联保贷款、订单贷款、供应链融资、厂房按揭贷款、通用设备贷款等多种信贷品种，结合农村贷款需求短、频、小的特点，给予农村新型金融机构更多的经营自主权和贷款投放权，相应简化审贷程序；其二是创新金融服务渠道，即通过促进大银行和农村新型金融机构加强业务合作和资本联合，把大银行的规模优势和专业优势与小银行的灵活性和地缘优势有机结合起来，可以扩大规模和服务范围，利于降低

经营成本、提高盈利能力；其三是管理技术创新，如建立市场化利率定价机制，加大人员培训力度，使其系统掌握微型贷款经营理念和客户调查、风险识别技术，实现新型农村金融机构业务可持续发展；其四是组织形式上的创新，要在农业产业化发展中积极推广“公司基地(协会)+农户”的信贷模式，紧密联系农村合作经济组织，建立供销、生产和资金互助相结合的合作模式，为拥有长期稳定客户群和可持续发展奠定基础。

本章小节

微型金融的需求者，也就是微型金融的目标客户。一般来讲，微型金融的目标客户主要是小型企业、微型企业、个体工商户、低收入群体和农业经营主体。每个目标客户都有其各自的金融需求及特点，需要把握微型金融需求主体变迁给微型金融带来的机遇。

关键术语

小微企业；二八定律；长尾效应；农业经营主体；农村低收入群体；个体工商户。

思考题

1. 简述小微企业融资需求的特点。
2. 简述微型金融是不是等同于扶贫及与扶贫的区别。
3. 简述中国农业经营主体金融需求的特点。
4. 简述微型金融客户的金融需求和传统金融的区别。
5. 试分析乡村振兴背景下，农村微型金融需求主体变迁给微型金融发展带来的机遇。
6. 试结合实际案例阐述“金融扶贫解决资金瓶颈，激发贫困群众的内生动力”。
7. 试分析农村低收入群体融资困境的根源分析及对策。

5 微型金融机构

学习目的

➢ 熟悉微型金融服务机构的类型；掌握微型金融机构的组织结构与治理机制；了解微型金融服务机构的发展现状、困境及可持续发展路径。

➢ 深入了解微型金融机构的组织结构、公司治理的内涵，掌握微型金融机构内部治理与外部治理的概念及其相关理论。

➢ 了解微型金融服务机构的发展困境及发展路径，正确审视微型金融机构在反贫及缓解中小企业融资难方面的贡献。

5.1 微型金融服务机构的类型

所有致力于为贫困、低收入人口和微型企业提供金融服务的市场主体都可以称为微型金融服务机构，早期主要是指小额信贷机构，如从业务范围的角度来划分，通常包括为小微企业和低收入人群提供金融服务的小额信贷公司、银行和保险公司等企业。亚洲发展银行给出微型金融机构比较权威的界定，认为目前微型金融机构主要有3类：

第一类是正规金融机构，如中小型商业银行、合作金融组织以及大型商业银行设立的微型金融事业部等，目前这类微型金融机构占微型金融服务主体地位，典型机构有玻利维亚阳光银行(BancoSol)、印度尼西亚人民银行(BRI)、国际社区援助基金会(FINCA)的村庄银行(Village Banks，VB)等，在中国有农村商业银行、农村合作银行、农村信用社、城市商业银行、村镇银行以及大型商业银行设立的普惠金融事业部等。

第二类是半正规金融机构，如从事微型金融业务的非政府组织(NGO)等准金融机构，通常以项目型非营利组织或公司等形式存在，这类微型金融项目中成功的典范是孟加拉国格莱珉促进委员会(Bangladesh Rural Advancment Committee，BRAC)，孟加拉国乡村银行等，中国比较典型有农村贷款公司、农村互助基金会等。

第三类是非正规金融，如民间借贷行为和零售店主等，这类机构多为个人，在中国比较典型的有小额贷款公司，另外中国的民间借贷也属于此类。这些微型金融机构增强市场活力，构建多层次、广覆盖、有差异的金融服务体系，更好地服务小微企业和长尾群体。微型金融机构在其发展过程中，经历从非营利性、非政府公益组织到营利性金融组织的过渡，这里介绍几种主要的微型金融服务机构类型。

5.1.1 非政府、非盈利组织建立的微型金融机构

非政府、非盈利组织建立的微型金融机构，这是一种以探索微型金融扶贫的可操作性

为目标，以国际捐助、社会集资或软贷款为资金来源，通过民间或半民间组织形式运作的模式。为某一特定目标如扶贫等而成立的小额信贷项目，一般来讲，项目结束，小额信贷活动就停止。如联合国开发计划署(UNDP)在中国48个县开展过50个小额信贷项目；还例如为扶贫或者某一特定支持目标，一些非政府组织针对目标群体发放小额信贷。非政府组织的小额信贷活动是其非政府组织的一部分，有的以小额信贷项目为主，有的以其他活动为主而以小额信贷配合。

由于贫困人口在使用微型金融贷款改善并增加收入的同时，还会将其用于投资技术培训，这不仅对提高全民素质具有决定性作用，也是摆脱贫困的最根本途径。根据一些国家经验表明，非政府组织经营微型金融业务不仅可以创建特别机构提供微型金融机构培训，还可以最大限度避开政治因素干扰，提供并使用捐赠资金实现微型金融业务经营。这主要是因为尽管微型金融的社会效应非常大，然而多数发展中国家的金融市场缺少为贫困人群提供服务的功能，非营利组织可以更多的遵守“需求”而非“政治”的原则，比政府或私人机构可靠的多，而且非营利组织多采取企业的管理原则，效率比较高，因此社会需要一些非营利组织从事该项服务。目前国际上非营利组织经营微型金融业务的成功典范有成立于1972年的孟加拉农业促进委员会(BRAC)、几内亚的著名的微型金融机构PRIDE和3AE等，这些机构主要是由捐赠者出资建立，除提供小额贷款外，还为贫困人群提供基本医疗和人道主义服务。在中国，社科院的“扶贫经济合作社”也是以这种方式设立起来的。

案例

孟加拉国农业促进委员会(BARC)

孟加拉国面积仅有14.7万km^2的土地上，居住1.7亿人口，人口密度达到1300多人，成为世界上人口最为稠密的国家之一，典型的人多地少。孟加拉国环境恶劣，灾害频繁，总人口中有40%的人都生活在贫困线以下，是联合国公布的全世界最贫困的39个国家之一。但就是在这样一个贫穷的国度里，却活跃着一个超大型的非政府组织——孟加拉国农村发展委员会(BRAC)，它是南亚公认的非政府组织典范。BRAC管理独立、财务自主，在致力于消除贫困上卓有成效，是世界上具有跨国影响力的非政府组织之一。

BRAC于1972年由法佐哈桑阿比德发起成立，当时的主要目的在于救助因东巴战争而遭受苦难的孟加拉国难民。他们通过发放食品和物资的方式，来帮助人们走出战争的阴影。1978年，孟加拉国人民的生活逐渐好转，但仍旧在贫困线上挣扎。BRAC根据其哲学和对贫困的理解，将其组织目标从战争救济逐渐转移到消除贫困上来，特别是孟加拉国广大农村地区的贫困妇女，成为BRAC的优先帮扶的对象。在BRAC看来，贫困不单单是经济问题，更为重要的是严格的社会阶层造成贫困；贫困人群缺少的不单单是资金，更为重要的是缺少机会。正如BRAC官方网站的标题那样：“为世界上的穷人创造机会”，BRAC的目的在于帮助贫困人口创造带来改变生活的机会。因此，BRAC开展多方面的项目活动，包括：确保农业和粮食安全、增强社区共建、重视教育、反对性别歧视、重视人权、提供法律援助等。

BRAC管理机制

作为跨国性的非政府组织，BRAC主要采取项目管理方式，根据公益项目的相同设立不同的主管。在常设层级结构上，主席办公室与部长委员会下辖两个专业的顾问委员会和执行董事。两个专业的顾问委员会分别负责农业与食品安全以及 BRAC 的财务与审计。在执行董事下，又设立首席财务官和 3 个高级主管，分别负责战略、交流项目、生态安全项目、企业项目等。而对于经济救助、医疗保健、小学教育、就业培训等，则由执行董事直接负责。

作为非政府组织，获得捐赠是组织资金的重要来源。为确保每一分钱都用到实处，BRAC 建立严格的财务审计制度，确保财务情况的透明度，从而获得捐赠者持续的信心和信任。BRAC 在执行董事级别和高级主管级别上都设立相应财务与审计委员会和首席财务官，财务与审计委员会拥有不受限制地接触所有 BRAC 活动、记录、财产和人员，批准使用外部会计师、咨询公司或他人、协助进行审计或特别调查等权利。BRAC 还制定内部审计章程，强调内部审计对 BRAC 的重要性，规定 BRAC 内部的审计目标和范围、审计方式和计划等内容，并根据设计结果找出组织财务和运营的风险，评估现有政策的有效性，给出改进建议。为确保内部审计的科学性和有效性，BRAC 的审计部门共有 300 多人分散在总部和各分部办公室。这些审计人员中，有 45%来自于专业会计事务所，其中不乏孟加拉国家审计师协会成员。除内部审计，BRAC 还聘请安永会计师事务所的注册会计师作为其外审审计，监控 BRAC 的运营情况。在 BRAC 资金使用的重大项目上，BRAC 都委任专门的项目审计师对项目进行审计。

BRAC 也在自己的官方网站上公布每年的财务审计报告，每一位访问者都可以轻松的获得这些报告，报告对于每一个项目、每一个捐赠者的每一笔款项，都给出详细的列表。正是这些措施，使得 BRAC 获得许多国际基金组织的信任，得到持续的捐赠。并连续三年获得(CGAP)世界银行扶贫协商小组颁布的财务透明度奖及其他众多相关荣誉。

BRAC 特色项目

为消除贫困，BRAC 在孟加拉全国有 1800 多个办事处，项目内容涵盖教育、医疗、人权、法律、经济发展、环境、农业等多个领域。其中核心项目主要有小额信贷、社会企业和 BRAC 学校等。

小额信贷是“BRAC 模式”的重要柱石之一，是 BRAC 对抗贫困的重要工具，也是 BRAC 重要的资金来源。小额信贷是指向低收入人群提供低额度的持续性信贷服务。BRAC 的小额信贷打破当地的传统社会习俗，以妇女为放款对象。目前孟加拉国内有 7 万个乡村，BRAC 已经覆盖 69 000 个村庄，总的贷款额度到达 86 亿美元，借款人数到达 520 万人。BRAC 平均每年发放 20 亿美元的贷款，还款率非常高，达到 98%到 99%的水平。BRAC 实施的小额信贷主要依靠的是密切的人际关系。BRAC 银行的信贷员通过和客户建立密切的人际关系，进行客户需求评估，用参与式的方法了解他们到底需要什么样的贷款。然后利用小组互相担保的原则保持还款压力。一般 5 个人或 40 个人一个小组，组员基本上都是妇女，小组的目的在于彼此规范贷款的使用。若小组中的一名借款人无法还款，并不会要求其他担保人还钱，但其他担保人在未来几年内也无法获得更高金额的贷款。这保证贷款人的资金使用流向和还款率。为减轻还款人的压力，BRAC 设置每周还款制度，即每周还一小部分贷款，而不是每年还一大笔。由于 BRAC 银行所经营的贷款为微型贷款，并不要求村民提供担保物，因此利率是 20%，高于孟加拉一般商业银行的 16%。

但若在一年内还清，则利率减半。此举大大鼓励一般村民借款，并提高还款率。在高达99%的还款率下，BRAC银行近五年的税后净利润成长15倍。

社会企业是BRAC的另一大特色。BRAC的社会企业项目与小额信贷相互配合，贫困人群从BRAC银行借贷出小额资金，并获得相关的培训，然后从市场上购买原料，制作东西并贩卖。借助BRAC的力量，贫困人口不断扩大交易规模，建立集市，实现财务的可持续性。自1978年BRAC开设第一家零售店，到1999年BRAC的社会企业首次参加国家服装表演，到今天，BRAC在世界各地都开专卖店。BRAC的社会企业还包括冷藏、乳制品、印刷与包装、饲料加工、蚕桑和茶庄等内容，有效地缓解社会失衡。除开办社会企业，BRAC还会与企业合作。2005年BRAC联合法国达能集团在孟加拉建立社会企业，贫困人群通过贷款购买奶牛产奶后卖给达能，达能收购后生产低价酸奶卖给贫困人群，改善贫困人群的营养结构。这样在供应、销售和雇佣环节上给予贫困人群支持，带动当地的就业和创业。在这些社会企业的盈利中，BRAC拿出50%用于发展公益项目，消除贫困；剩下的50%则用于扩大企业的再生产。正是这样一种模式，再加上其他项目的集成优势，BRAC减少对于外部资金的依赖程度。

BRAC的社会企业大多是劳动密集型工作，其中大部分劳作者是妇女。这使得妇女的家庭地位随着经济地位的提高而有所改善。而通过工作与外部环境的交流，使得妇女获得更多的信息。这有助于消除性别歧视、普及人权和法律意识。

BRAC建立世界上最大的私立教育系统，与发达国家只有富人的孩子才能上私立学校不同，BRAC的学校向世界上的穷孩子提供大规模的正规教育，向70万名学生提供小学教育。这些学校是为给在正规教育系统下处于弱势地位的学生第二次学习的机会，通过创新的教学方法和材料，对主流教育予以补充。特别是为那些处于暴力、歧视、极端贫困的农村和城市贫民窟的孩子提供受教育的机会。1985年，BRAC开办22所只有一间教室的小学，接收那些没有读完小学或年龄已达入学年限8岁的孩子。现在，BRAC开展从学前教育到小学教育到青少年俱乐部的一系列完整教育体系，还创办BRAC大学，用于培养优秀学生，为BRAC输送未来领袖。BRAC从每个村招募一名妇女授课，给她们付固定工资。为保证教学质量，BRAC选择的教师往往是具有十年教育经验的老师，此外，在开始教书前，还让她受12天的课程培训，而且每个月还都要再受训——4年里共有140天的培训时间。一名检查人员会每星期来检查一两次，听一堂课并和村里的家长谈话，征询他们有什么意见或建议。

BRAC的成就和挑战

经过几十年的努力，BRAC从一个孟加拉偏远角落里的救援和康复项目，成为世界上最大和最成功的非政府组织之一。在教育、农业和消除贫困方面取得举世瞩目的成就。自1985年以来，BRAC在孟加拉推行的基础教育惠及1000万学生，有500多万从BRAC学校毕业。此外，BRAC还通过与其他组织合作的方式扩大孟加拉基础教育规模，共培训37 000名教师、指导15 000个学校管理委员会。2004年，BRAC所操作的各类项目惠及全国64个地区、78%村庄的近1亿人，为全国创造635万个就业机会。2012年，BRAC为孟加拉财政贡献6 838 939美元，成为孟加拉国内政治和经济生活中一支举足轻重的力量。

BRAC还在全国农村地区创办900多个图书馆，免费或以极低的费用向贫民开放。BRAC的医疗健康、营养和人口项目以传染病防治、妇幼保健为主，截至2011年在全国建立48个健康中心(医院)和51个医疗诊断实验室，覆盖全国80%的人口。其对农村地区的渗透和影响力超过孟加拉国家卫生部。

由小额信贷、社会企业、基础教育等组成的“BRAC模式”正在阿富汗、坦桑尼亚、乌干达等第三世界国家推广，其影响力远超在这些国家中经营数十年的英美NGO。

5.1.2　受监管的微型金融机构

这类机构具有部分金融功能，可以称为有限牌照金融公司。其特征是不吸收公众存款，也称为非存款类放贷公司，如中国的小额贷款公司、农村资金互助社、消费金融公司等。

5.1.2.1　小额贷款公司

(1)小额贷款公司的概念及特征

小额贷款公司(Micro-loan Company)是由自然人、企业法人与其他社会组织投资设立，不吸收公众存款，经营小额贷款业务的有限责任公司或股份有限公司。小额贷款公司比银行更为便捷、迅速，适合中小企业、个体工商户的资金需求。

与其他机构相比，小额贷款公司具有以下特征：①贷款利率高于金融机构的贷款利率，但低于民间贷款利率的平均水平。许多省、市规定：小额贷款公司按照市场化原则进行经营，贷款利率上限放开，但不得超过中国人民银行公布的贷款基准利率的4倍；下限为贷款基准利率的0.9倍；具体浮动幅度按照市场原则自主确定。小额贷款公司的贷款利率根据不同客户的风险情况、资金状况、贷款期限、抵押品或信用等级实行差别利率，以中国人民银行基准利率为基础，参照本地区农村信用社利率水平综合确定。②在贷款方式上，《关于小额贷款公司试点的指导意见》中规定：有关贷款期限和贷款偿还条款等合同内容，均由借贷双方在公平自愿的原则下依法协商确定。小额贷款公司在贷款方式上多采取信用贷款，也可采取担保贷款、抵押贷款和质押贷款。③在贷款对象上，小额贷款公司发放贷款坚持“小额、分散”的原则，鼓励小额贷款公司面向农户和小企业提供信贷服务，着力扩大客户数量和服务覆盖面。④在贷款期限上，小额贷款公司的贷款期限由借贷双方公平自愿协商确定。

(2)小额贷款公司的业务流程

小额贷款公司的业务流程如下：

①申请　借款人了解小额贷款申请条件等，然后向小额贷款公司提出小额贷款申请。

②初审核　小额贷款公司对借款人的经济状况、资格及申请材料进行评估和初审。

③考察及再审核　经办人员采取合理的手段对客户提交材料的真实性进行审核，并考察企业的经营情况、财务情况、资产抵押情况、纳税情况、信用情况，再审核并评估借款人的还款能力和还款意愿。

④审批　审批小组通过再审核结果以及借款人递交的材料，对借款人的经济状况、信用状况等进行评估，最终审批确定借款人的综合授信额度及额度有效期。

⑤放贷　在落实放款条件的情况下，小额贷款公司向借款人发放贷款。

⑥贷后管理　小额贷款公司对贷款的使用情况进行跟踪考察，并对借款人的收入状况进行监督检查。贷款跟踪及检查结果要有书面记录。

⑦还贷　借款人还贷前一段时间，对其进行预先提示，以便借款人提早做好还贷准备，保证其资金流的正常运转。借款人应根据借款合同约定的还款计划，在还款到期日时，及时足额偿还本息。

⑧记录并归档　记录借款人还款情况，进行信用记录，并整理各相关资料进行归档。

(3)小额贷款公司的发展状况

2008 年银监会、中国人民银行出台《关于小额贷款公司试点的指导意见》，允许满足条件的私人资本成立小额贷款公司，为个人、中小微企业等提供贷款服务。2009—2015 年，小额贷款公司数量一直保持增加的趋势，从 2009 年的 1334 家增加到 2015 年三季度达到顶峰的 8910 家，贷款余额也从不足 2000 亿元扩张至 9000 亿元。2015 年是小贷公司发展的“分水岭”。随着经济形势变化，加上风险频发、监管收紧，小贷公司告别“野蛮生长”，陷入数量与贷款余额双下降境地。2016 年减少至 8673 家。2017 年末至 2019 年末，小额贷款公司已经减少 1000 家①。中国人民银行发布的 2020 年四季度小额贷款公司统计数据报告显示，截至 2020 年 12 月末，中国共有小额贷款公司 7118 家，贷款余额 8888 亿元，仅一年的时间里，小额贷款公司就减少 433 家②(表 5-1)。

表 5-1　2009—2020 年中国小额贷款公司发展情况

年份	机构数量(家)	从业人员(人)	实收资本(亿元)	贷款总额(亿元)
2009	1334	14 500	817.22	782.44
2010	2614	27 884	1780.93	1975.05
2011	4282	47 088	3318.66	3914.74
2012	6080	70 343	5146.97	5921.38
2013	7839	95 136	7133.39	8191
2014	8791	109 948	8283.06	9420.38
2015	8910	117 344	8459.29	9411.51
2016	8673	10 881	8233.9	9272.8
2017	8551	103 988	8270.33	9799.49
2018	8133	90 839	8363.2	9550.44
2019	7551	80 846	8097.51	9108.78
2020	7118	72 172	8201.89	8887.54

资料来源：中国人民银行历年小额贷款公司数据统计报告。

①尽快明确小额贷款公司法律地位，新华网，2021-02-06.

②2020 年四季度小额贷款公司统计数据报告，中国人民银行，2021-01-27.

2020年12月29日，最高人民法院印发《关于新民间借贷司法解释适用范围问题的批复》，其中明确，小额贷款公司等7类地方金融组织，属于经金融监管部门批准设立的金融机构，不适用新民间借贷司法解释，表明包括小额贷款公司在内的7类地方金融组织经营活动的合规性得以确认，小贷公司产品定价将更灵活，有助于其提高服务意愿，增加金融供给。

5.1.2.2 农村资金互助社

(1)农村资金互助社的概念

根据《农村资金互助社管理暂行规定》，农村资金互助社是指经银行业监督管理机构批准，由乡(镇)、行政村农民和农村小企业自愿入股组成，为社员提供存款、贷款、结算等业务的社区互助性银行业金融机构。农村资金互助社实质上是正式的非银行金融机构，可以在互助社内部办理包括存款、贷款和结算等多项业务。农村资金互助社实行社员民主管理，以服务社员为宗旨，谋求社员共同利益；农村资金互助社是独立的企业法人，对由社员股金、积累及合法取得的其他资产所形成的法人财产，享有占有、使用、收益和处分的权利，并以上述财产对债务承担责任；农村资金互助社社员以其社员股金和在本社的社员积累为限对该社承担责任。农村资金互助社从事经营活动，应遵守有关法律法规和国家金融方针政策，诚实守信，审慎经营，依法接受银行业监督管理机构的监管。此外，《农村资金互助社管理暂行规定》还对农村资金互助社的机构设立、社员和股权管理、组织机构、经营管理、监督管理、合并、分立、解散和清算等做出详细规定。

(2)农村资金互助社的发展状况

农村资金互助社产生于20世纪90年代。在当时商业银行收缩县级及以下办事机构并逐渐退出农村金融市场的背景下，农村信用合作社本身的缺陷造成农村金融服务严重缺失。为满足广大农村地区农户和中小企业的信贷需求，一些内生于农村经济的小型合作性金融机构——农村资金互助组织逐渐发展并日益明朗化。随着农村经济及资金互助社的发展，银监会于2006年12月发布文件，提出要在农村增设村镇银行、小额贷款公司和农村资金互助社等3类新型金融机构。2007年，银监会发布《农村资金互助社管理暂行规定》，表明国家对农村资金互助社给予重视、引导和规范。

自2007年银监会发布《农村资金互助社管理暂行规定》给予其合法地位算起，平均每年审批通过的资金互助社仅有10家左右。截至2012年6月末，中国经银监部门批准成立的资金互助社有49家，2014年中央1号文件在鼓励加强农村金融制度创新方面，提出坚持“社员制、封闭性原则”“不对外吸储放贷、不支付固定回报”以及“社区性”原则等，标准以此来判断资金互助是否合法，进一步规范农村资金互助组织的运行管理，引导农村资金互助组织的良性发展。

农村资金互助社扎根农村，服务对象间相对熟识，对农户的资金用途及信用状况变动情况都比较了解，对相关信息的掌握及时有效，能够较好地防范因信息不对称而产生的风险，并且能根据当地情况灵活确认农户提供的抵押品，手续方便灵活、融资成本低。农村资金互助社的这种信息优势、成本优势、效率优势对于合理配置资源、培育竞争性农村金融市场体系起到积极作用。虽然农村资金互助社在一定程度上缓解农村地区农民贷款难问题，促进农民收入的稳定增长，但是农村资金互助社也有自身的发展缺陷制约其发展，如资金来源有限，规模小、抗风险能力不足、技术落后、监管缺失等。

案例

河北省唐山市迁西县有金资金互助专业合作社

有金资金互助专业合作社由河北省唐山市迁西县青羊树村村长王有金入股300万进行牵头，其他几个发起人入股50万元，于2009年4月17日正式挂牌营业。目前入社社员达到289人，资本余额453.10万元，向社员累计发放贷款4143.5万元。

(1)社员入股

“有金”的社员基本为当地的本镇村民，入股10万~20万的居多，互相知根知底，减少贷款的信息不对称问题。同时，很多社员也是当地板栗专业合作社的社员，他们利用资金互助社的资金优势来扶持自己的产业发展，真正实现“一拖一”的金融服务。每年年底，社员都能收到一定的分红，年化收益8.4%为保底，同时根据互助社的盈利情况给予一定的上浮。

(2)小额短期

“有金”对贷款的额度限制非常严格，规定金额不能超过10万，期限不能超过3个月，这样可以提高资金利用率，减少风险。同时贷款还要有几个社员进行联保，贷款的金额也不能超过联保人入股金额的70%。也就是说即便出现不良贷款的问题，也有联保人的股份作为抵押，互助社不会承担任何风险。

(3)便捷高效

由于机构设置简单，“有金”的工作人员仅有7人，柜台人员3名，工作效率很高，社员拿着互助社的贷款卡，只要手续齐全，当天一般就能办下来贷款。贷款利率为每月1.944%，基本接近银监会规定的银行基准利率的4倍。尽管利息较高，但由于手续简便，快捷便利，而且借款期限普遍较短，因此对农民的压力不大。

5.1.2.3 消费金融公司

(1)消费金融公司的概念及特点

消费金融公司是指经银保监会批准，在中国境内设立的，不吸收公众存款，以小额、分散为原则，为中国境内居民个人提供以消费为目的的贷款的非银行金融机构。

消费金融公司具有以下特征：①消费金融公司的名称中必须含有“消费金融”二字，也即未经批准，任何机构不得在名称中使用“消费金融”字样。②消费贷款不包括购买房屋和汽车，且需具备小额、分散原则，如规定借款人贷款余额最高不得超过人民币20万元。③消费金融公司是类银行金融机构，其资产负债结构和银行整体相似，均属于重资产、重资本结构。资产端主要以消费贷款(不含房地产贷款和汽车贷款)为主，负债端则可以吸纳股东子公司存款、部分可以发行金融债、部分具备资质的消费金融机构可以进行同业融资、部分可发行ABS等。④消费金融公司具有单笔授信额度小(一般在几千元到几万元之间)、审批速度快(通常1h内决策)、无需抵押担保、服务方式灵活(服务时间常常延长到下班后或周末)等独特优势。

(2)消费金融公司的指标约束

消费金融公司受《消费金融公司试点管理办法》约束，主要约束指标有以下6个：①最低注册资本不低于3亿元；②资本充足率不低于银监会有关监管要求；③同业拆入资金余额不高于资本净额的100%；④资产损失准备充足率不低于100%；⑤投资余额不高于资本净额的20%等；⑥消费金融公司发放消费贷款的额度上限为20万元人民币。

(3)消费金融公司的发展状况

消费金融公司产生的背景是为挖掘消费潜力、刺激经济增长，其大背景是2007—2008年金融危机。2010年1月6日，国内首批3家消费金融公司获得中国银监会同意筹建的批复，发起人分别为中国银行、北京银行和成都银行。其中，北银消费金融有限公司注册资本3亿元人民币，为北京银行全资子公司；中银消费金融公司注册资本为5亿元人民币，由中国银行出资2.55亿元，占股51%；百联集团出资1.5亿元，占股30%；陆家嘴金融发展控股公司出资0.95亿元，占股19%；四川锦程消费金融公司注册资本3.2亿元人民币，由成都银行出资占比51%，马来西亚丰隆银行出资占比49%，是中国首家合资消费金融公司。随后，2月12日，银监会又给捷克PPF(První Privatizační Fond)集团发放天津试点的牌照，由PPF集团全资建立的捷信消费金融有限公司在天津成立，注册资金为3亿元人民币，成为中国首家外商独资的消费金融公司。2013年试点范围扩大，在以上4个城市基础上继续增加沈阳、南京、杭州、合肥、泉州、武汉、广州、重庆、西安、青岛等10个城市参与消费金融公司试点工作。2014—2016年期间合计批筹17家消费金融公司，并将消费金融公司的数量由之前的4家提升至21家。2016年的一系列文件明确消费金融公司可以延伸服务触角后，消费金融公司的设立进入常态化阶段。截至2020年年底，中国持牌消费金融公司已有27家。

根据《消费金融公司试点管理办法》，消费金融公司不能吸收公众存款，其资金来源主要包括5个方面：一是接受股东和股东境内子公司存款；二是向境内金融机构借款；三是发行金融债券；四是境内同业拆借；五是资产证券化等。其中，金融机构借款和同业拆借是目前消费金融公司主要的融资手段。银行系消费金融公司依靠股东优势，其资金拆入主要来源于银行业金融机构，资金成本优势明显；而非银行系消费金融公司从其他金融机构进行资金拆入的占比更高。目前已有20家持牌消费金融公司获准进入同业拆借市场，头部的招联、捷信、兴业以及中银消费金融等公司近三年同业借款或拆入资金的余额占负债总额的比重均保持在80%以上。发行债券和ABS产品也是消费金融公司补充的资金渠道。截至2020年年末，共有13家获批信贷资产证券化，5家获批发行金融债券。据统计，2020年年底已有招联、捷信、马上、兴业、湖北消费金融等持牌消费金融公司通过发行ABS、金融债方式融资超200亿元。2020年年底，银保监会发布《关于促进消费金融公司和汽车金融公司增强可持续发展能力、提升金融服务质效的通知》，鼓励并支持消费金融公司通过银登受益权转让以及银行间市场发行二级资本债券来拓宽资本补充渠道，消金公司的融资渠道进一步打开。

5.1.3 银行类微型金融机构

这类机构是以小额信贷为中心业务，同时也提供存款、汇兑等业务的银行类金融机构，是提供全面金融服务的小型银行。如中国的村镇银行主要服务于农村地区的农村信用合作社，以及农村商业银行等。

5.1.3.1 村镇银行

(1)村镇银行的概念及特征

村镇银行是指经中国银行业监督管理委员会依据有关法律、法规批准，由境内外金融机构、境内非金融机构企业法人、境内自然人出资，在农村地区设立的主要为当地农民、农业和农村经济发展提供金融服务的银行业金融机构。

村镇银行不同于银行的分支机构，属一级法人机构。根据《村镇银行管理暂行规定》，村镇银行具备以下几个特点：①村镇银行通常设立在县域及其以下地域，准入门槛相对较低。村镇银行的一个重要特点就是机构设置在县、乡、镇，根据《村镇银行管理暂行规定》，在地(市)设立的村镇银行，其注册资本不低于人民币5000万元；在县(市)设立的村镇银行，其注册资本不得低于人民币300万元；在乡(镇)设立的村镇银行，其注册资本不得低于人民币100万元。②面向“三农”和面向小微企业是村镇银行的市场定位。服务“三农”和服务“中小企业”是村镇银行设立的初衷，因此村镇银行的市场定位主要在于满足农户的小额贷款需求以及服务当地中小企业。③村镇银行以服务本地区的客户为宗旨。《村镇银行管理暂行规定》中明确要求村镇银行服务范围仅限于本地区，不得发放异地贷款，在缴纳存款准备金后其可用资金应全部投入当地农村发展建设，然后才可将富余资金投入其他方面。④村镇银行采取“主发起人控股的产权多元化与扁平化管理相结合”的内部治理模式。村镇银行的创新之处是“发起人制度”，《村镇银行管理暂行规定》明确指出，村镇银行的组建必须有一家符合监管条件，管理规范、经营效益好的商业银行作为主要发起银行并且单一金融机构的股东持股比例不得低于20%，此外，单一非金融机构企业法人及其关联方持股比例不得超过10%，以确保主发起人的控股地位和主发起人经营金融服务业的同业身份。为鼓励民间资本投资村镇银行，2012年5月银监会出台《关于鼓励和引导民间资本进入银行业的实施意见》，将主发起行的最低持股比例降至15%，进一步促进村镇银行多元化的产权结构。

(2)村镇银行的发展状况

2006年12月20日，中国银行业监督管理委员会出台《关于调整放宽农村地区银行业金融机构准入政策，更好支持社会主义新农村建设的若干意见》，提出在湖北、四川、吉林等6个省份的农村地区设立村镇银行试点，中国村镇银行试点工作从此启动。2007年3月1日，中国第一家村镇银行四川仪陇惠民村镇银行在四川省南充市仪陇县金城镇开业，四川仪陇惠民贷款有限责任公司同时也在仪陇县马鞍镇开张。2007年，新设立村镇银行19家，2008年年末，共建立村镇银行91家，比2007年增加72家，2009年村镇银行开设的速度减慢，共建立57家，共为148家。至2019年年末，村镇银行组建数量1637家，开业数量1630家，覆盖中国31个省份的1306个县(市、旗)，中西部占比65.8%，县域覆盖率71.2%。农户和小微企业贷款占比始终保持在90%以上，单户500万元以下贷款占

85%，户均贷款 30.5 万元①，村镇银行已成为服务乡村振兴战略、助力普惠金融发展的金融生力军。2015 年 8 月 12 日，昆山鹿城村镇银行股份有限公司在全国中小企业股份转让系统有限责任公司挂牌上市，成为中国首家在“新三板”挂牌的村镇银行，开创村镇银行进入资本市场先河。

作为扎根县域、支农支小的金融生力军，村镇银行的存在有着重要意义。一是完善中国多层次、广覆盖、有差异的金融组织体系，激活农村金融市场；二是做小做散，贷款主要投向县域农户和小微企业；三是风险总体可控，整体经营发展稳健。

5.1.3.2 农村信用合作社和农村商业银行

改革开放以来，农村信用社的发展经历从最初的社员互助、合作制性质逐步发展到目前的商业化经营。从 1980 年中国政府强调理顺农业信用社的发展环境，提出“把农业信用社真正办成群众性的合作金融组织”，强调恢复农村信用社组织上的群众性，管理上的民主性，业务经营上的灵活性。1996 年中国开始实施以农村信用社管理体制改革为重点的新一轮农村金融体制改革。从 2003 年到现在，中国农村信用社的组织体制已经基本完成县级法人实体组建，信用社产权关系明晰，已不是原来的社员互助性质。2003 年 6 月国务院印发《深化农村信用社改革试点方案》，按照“明晰产权关系、强化约束机制、增强服务功能、国家适当扶持、地方政府负责”的总体思路，逐渐“由点到面”地铺开农信社改革。这轮改革，取得重要的阶段性成果，不仅产权关系有所明晰，而且历史包袱得到有效化解、资产质量明显改善，金融支农能力显著提升。2014 年 11 月，银监会发布《关于鼓励和引导民间资本参与农村信用社产权改革工作的通知》，在新政策推动下，各地纷纷通过股份制将农信社改制为农商行。自重庆农商行 2010 年在香港 H 股率先上市后，农商行上市浪潮开启，农信社已进入由农商行主导的新阶段。2019 年底有江阴、无锡、常熟、苏州、张家港、紫金、青岛、重庆 8 家农商银行在国内 A 股上市，重庆、九台和广州 3 家农商银行在香港上市，这是国务院深化农村信用社改革试点取得的重大成果。

根据中国银保监会网站公布的数据，截至 2020 年 12 月 31 日，中国共有省级农信联社 25 家，农村商业银行 1539 家，农村信用社 616 家，农村合作银行 27 家②。农村信用合作社作为银行类金融机构有其自身的特点，主要表现为：一是由农民和农村的其他个人集资联合组成，以互助为主要宗旨的合作金融组织，其业务经营是在民主选举基础上由社员指定人员管理经营，并对社员负责。其最高权力机构是社员代表大会，负责具体事务管理和业务经营的执行机构是理事会。二是其主要资金来源是合作社成员缴纳的股金、留存的公积金和吸收的存款；贷款主要用于解决其成员的资金需求。起初主要发放短期生产生活贷款和消费贷款，目前随着经济的发展，逐步扩宽放款渠道，和农村商业银行贷款没有区别。三是由于业务对象是合作社成员，因此业务手续简便灵活。农村信用合作社的主要任务是：依照国家法律和金融政策的规定，组织和调节农村基金，支

①中国银行业协会村镇银行工作委员会：《中国村镇银行行业发展报告 2019—2020》，2020-12-24.

②中国银行保险监督管理委员会网站：http://www.cbirc.gov.cn.

持农业生产和农村综合发展，支持各种形式的合作经济和社员家庭经济，限制和打击高利贷。

与农村信用社相比，农村商业银行有如下特点：

(1)内部治理结构不同

农村信用社的内部治理分为管理层和经营层，管理层有三会，即社员大会、理事会和监事会，经营层设主任、副主任，负责日常经营管理，改制后的农村商业银行的内部治理结构也分管理层和经营层，简称“三会一层”，三会是股东大会、董事会和监事会，经营层由行长和副行长构成。主要区别在于经营理念上，农村信用社是合作制模式，服务对象应以内部社员为主。农村商业银行是股份有限公司，必须按照股份公司的要求经营管理，服务股东要受到严格限制，服务对象以“三农”为主。

(2)国家政策扶持和监管的要求不同

在税收上，农村信用社比农村商业银行的优惠越来越少，并且逐步取消。根据《财政部、国家税务总局关于试点地区农村信用社税收政策的通知》和《财政部、国家税务总局关于进一步扩大试点地区农村信用社有关税收政策问题的通知》的精神，为促进农村金融发展，从2004年起，农村信用社和农村商业银行营业税税率调整为3%，加上附加综合税率为3.36%(税法规定中国金融机构营业税税基包括贷款业务利息收入全额，融资租赁取得的全部价款和价外费用减去承租方实际成本后的余额，买卖金融产品的价差收入，银行业中间业务收取的手续费与佣金4类)。银行业营业税税率为5%，附加征收的城市维护建设税、教育费附加、地方教育费附加税率分别为营业税的7%，其中市区7%，县镇5%，乡村分别为1%、3%和2%，合并计算商业银行一般金融业务的营业税及附加名义税率为5.6%，农村金融机构的优惠税收为2.24%。

根据《财政部、国家税务总局关于农村金融有关税收政策的通知》的规定，自2009年1月1日至2013年12月31日，农村金融机构可享受多项税收优惠政策，其中，对金融机构农户小额贷款的利息收入，免征营业税；对金融机构农户小额贷款的利息收入在计算应纳税所得额时，按90%计入收入总额；对农村信用社、村镇银行、农村资金互助社、由银行业机构全资发起设立的贷款公司、法人机构所在地县(含县级市、区、旗)及县以下地区的农村合作银行和农村商业银行的金融保险业收入，减按3%的税率征收营业税。

5.1.4 只设立微型金融业务部门的金融机构

这类机构主要是指全金融牌照的商业银行介入小额信贷业务的模式，但小额信贷仅仅是其业务的一个组成部分。具体表现为在银行内部建立起完善的相对独立的小额信贷业务体系，设立独立经营的小额信贷机构，或者与上述4类机构进行联合合作经营小额信贷业务。

自2011年开始，国家层面大力推进各级商业银行支持中小企业发展，《中国银监会关于支持商业银行进步改进小企业金融服务的通知》明确提出商业银行支持小企业的具体要求，文件第四款即优先受理和审核小企业金融服务市场准入事项的有关申请，提高行政审批效率。对连续两年实现小企业贷款投放增速不低于全部贷款平均增速且风险管控良好的商业银行，在满足审慎监管要求的条件下，积内筹建多家专营机构网点。第六款即鼓励商业银行新设或改造部分分支行为专门从事小企业金融服务的专业分支行或特色分支行。文件下发后，各类商业银行特别是大型商业银行纷纷设立小微企业服务机构。截至 2017 年年底，5 家大型商业银行在总行和全部 185 家一级分行层面(包括计划单列市分行)设立普惠金融事业部，7 家股份制商业银行已在总行设立或正在筹建普惠金融事业部，进出口银行已在总行成立普惠金融部①。

小微金融业务是商业银行的蓝海，有些大型商业银行和股份制商业银行组建小微金融部门更早。2005 年中国建设银行小企业业务发展起步，“成长之路”“速贷通”品牌相继创立，迈出大银行服务小微企业的第一步。2008 年，建行制定新的发展战略纲要，明确将小企业业务作为战略性业务。建行在中国主要城市和百强县设立 288 家信贷工厂模式的小企业经营中心，实行中后台信贷操作环节的集中处理，同时单独核定小微企业信贷规模，将小微企业信贷服务指标纳入各行的关键业务指标体系进行考核，配备单独的激励费用，不断强化小微企业专属服务能力。2008—2013 年建行连续六年获得“最佳中小企业服务银行”，其小额信贷产品“速贷通”获得最佳中小企业融资方案，“成长之路”获得 2008 年度最佳金融服务品牌奖。

从 2009 年开始，中国工商银行针对小微企业的融资需求特点，组建服务小微企业的独立体系，并不断完善内部管理体制和运营机制。在机构建设层面上，总行和一级分行设立小企业金融业务营销管理机构，在二级分行、支行设立“小企业金融业务中心”“分中心”和“专业支行”等专营机构。2017 年 4 月 12 日，中国工商银行决定在总行成立普惠金融业务部，通过专业化经营、差别化考核评价提升小微金融服务水平，缓解中小微企业融资难、融资贵的问题。2013 年，中国农业银行为进一步贯彻落实党中央、国务院和监管部门关于金融支持小微企业发展战略部署，提出以大力发展小微金融为核心的“客户下沉”战略，总行党委决定设立小微企业金融部，强化农业银行小微金融业务的专业化管理，完善小微企业金融服务体系。2017 年 7 月，农行印发《中国农业银行普惠金融事业部建设实施方案》，宣告该行“三农金融事业部”+“普惠金融事业部”双轮驱动的普惠金融服务体系正式建立。2017 年 6 月 20 日，中国银行普惠金融事业部正式成立，在集团层面建立“1+2”的普惠金融事业部架构，即普惠金融事业部涵盖的主体不仅包括商业银行法人机构，还包括专门从事普惠金融服务的中银富登村镇银行以及中银消费金融公司。2017 年 7 月，交通银行正式成立普惠金融事业部，形成针对普惠金融业务的垂直化、专业化经营管理体系。交通银行普惠金融事业部制改革，从顶层设计入手，完善体制机制，统筹规划机构设置、统计核算、考核激励、风险管理、资源配置等全方位支撑服务体系，加强金融科技运用，加强产品创新、渠道建设，研发推出商票快贴和快捷保理等创新业务，解决链属小微企业轻资产、无抵押物的担保难题。

在股份制商业银行中，中国民生银行创新开展服务小微企业的探索实践，不仅创造性

①引自《银监会 2017 年报》。

提出“小微金融”的概念，而且十年如一日深耕小微金融市场，成为中国小微金融的首倡者、引领者，获得“小微看民生”的市场美誉。民生银行的小微金融业务开创于 2009 年，并将“小微金融”作为银行发展战略进行打造。2009 年“商贷通”面世以来，小微金融不断创新商业模式，变革作业流程，实现从单一信贷向综合服务转变，持续打造金融核心竞争力。

5.2 微型金融企业的治理结构

5.2.1 微型金融机构的组织结构

组织结构是指由各类要素按照一定的规则和途径联合成整体的系统。中国从事微型金融业务的代表性机构主要有城市商业银行、农村商业银行、农村信用合作社、村镇银行、民营银行、消费金融公司、农村小额信贷公司和农民资金互助组织等机构。目前这些机构的管理模式基本都采用公司制管理模式，基本都设立股东(社员)大会、董事(理事)会、监事会和高级经营管理层，如果要比较这些微型金融机构在内部治理结构上的差异的话，主要还是体现在规范程度的不同和运作程序上的差异。图 5-1 至图 5-4 分别是城市商业银行(成都银行)、农村商业银行(天津农村商业银行)、村镇银行(安徽铜陵铜源村镇银行)、农村小额贷款公司(山西省平遥县日升隆小额贷款有限公司)和消费金融公司(晋商消费金融公司)的组织结构图。

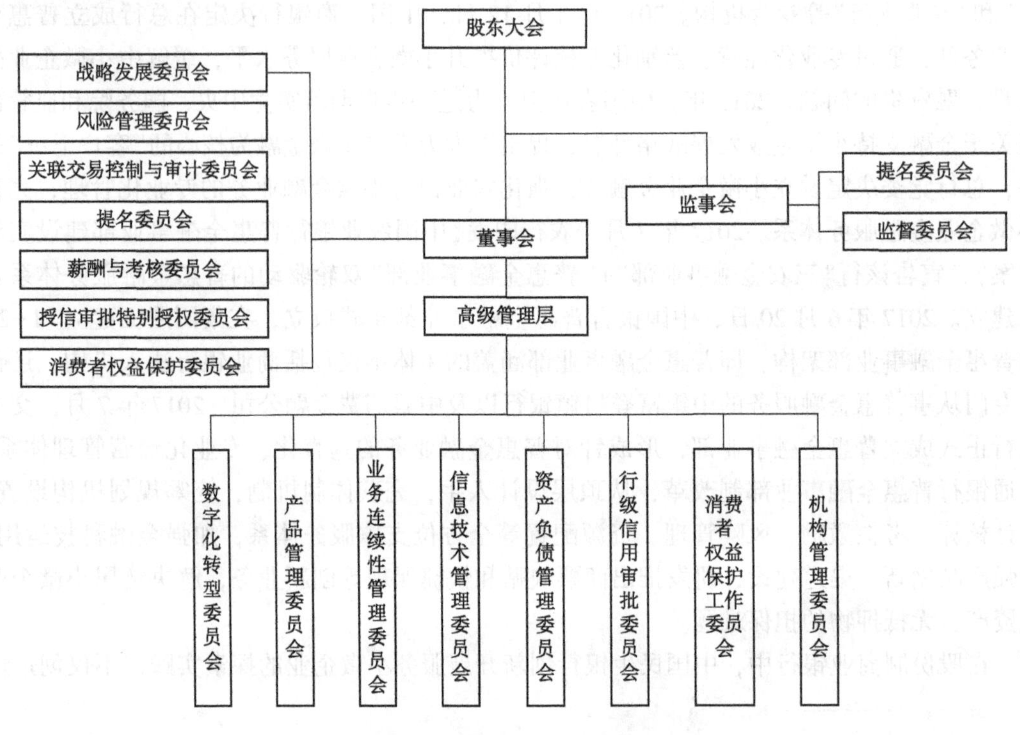

图 5-1 成都银行公司治理架构

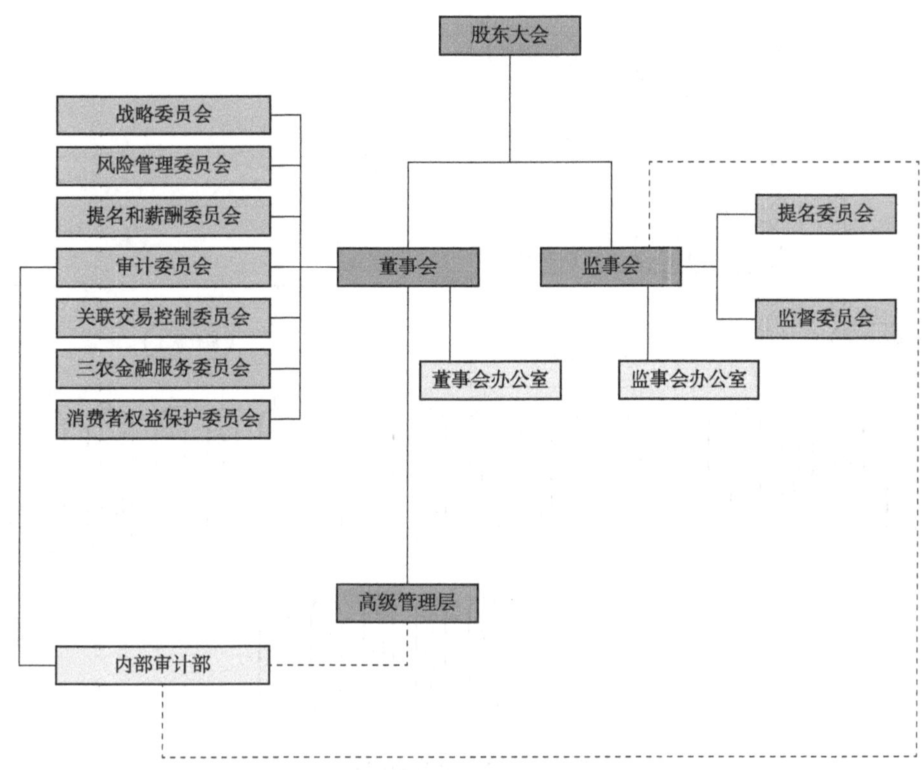

图 5-2　天津农村商业银行公司治理架构

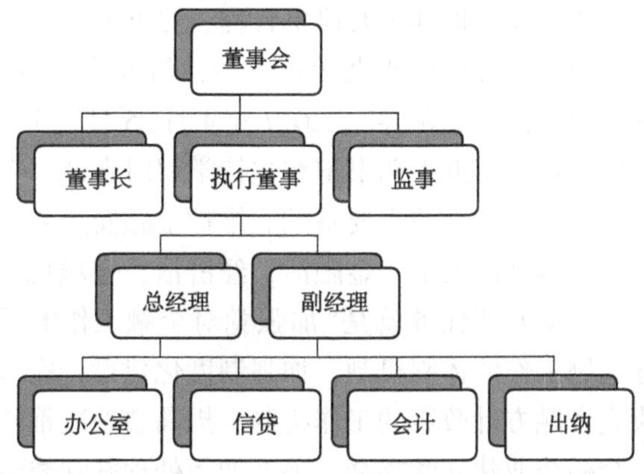

图 5-3　山西省平遥县日升隆小额贷款公司组织架构图

从形式上看，城市商业银行、农村商业银行、村镇银行以及消费金融公司等金融机构的组织架构比较完善，“三会一层”相对健全，小额贷款公司、农民资金互助组织等机构因为经营规模小、股东少以及线上运作经营管理人员少等原因，比较重视经营层面的内部机构，股东大会、董事会和监事会等负责决策监督约束等职责的组织机构相对简化，如股东少全部股东都是董事，那么董事会就能代行股东会的职能，或者通过设立首席风险官行使监事会的职能等。无论哪种类型，组织架构主要由党组织、股东大会、董事会、监事会以及高级管理层 5 个部分组成，并且接受党组织及党委会的统一领导。具体如下：

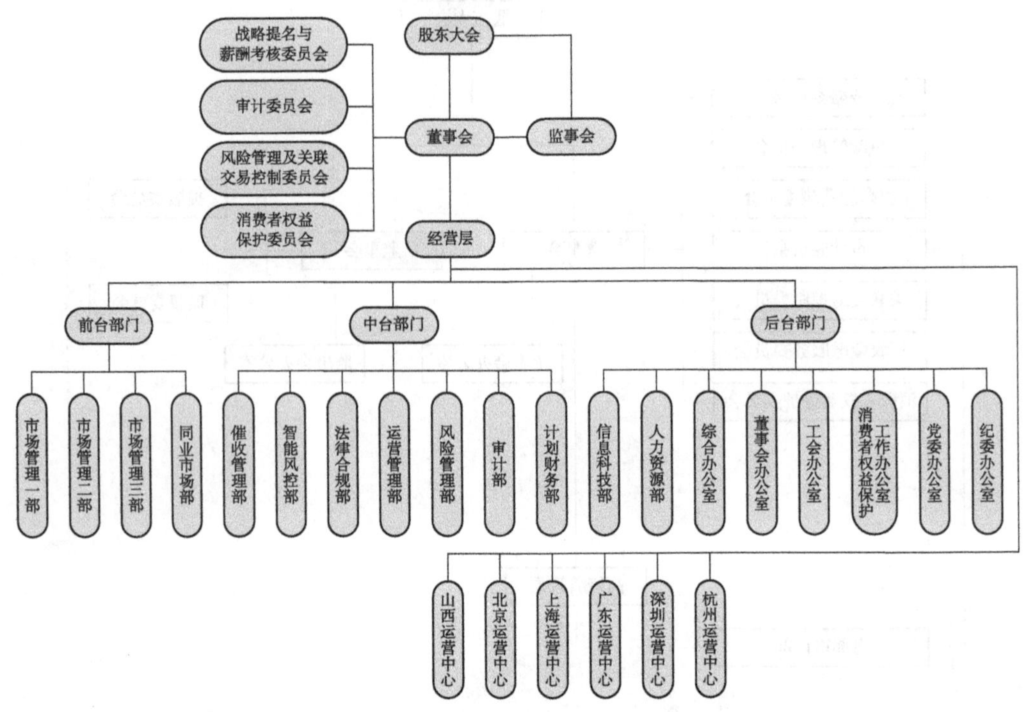

图 5-4 晋商消费金融组织架构图

5.2.1.1 党委会

党的十八大以来，党的建设被提到重要议事日程，习近平总书记强调：“党政军民学，东西南北中，党是领导一切的。”在党的十九大报告中，习近平总书记明确指出“中国特色社会主义最本质的特征是中国共产党领导”。2017 年 4 月 25 日，中央政治局就维护国家金融安全进行第四十次集体学习，习近平总书记在主持学习时强调，金融安全是国家安全的重要组成部分，是经济平稳健康发展的重要基础。维护金融安全是关系中国经济社会发展全局的一件带有战略性、根本性的大事。金融活，经济活；金融稳，经济稳。并就维护金融安全提出 6 项任务，其中第 6 项任务就是“加强党对金融工作的领导，坚持党中央集中统一领导，完善党领导金融工作的体制机制，加强制度化建设，完善定期研究金融发展战略、分析金融形势、决定金融方针政策的工作机制，提高金融决策科学化水平”。

按照党中央要求，金融企业建立党委会，那么如何处理好党委会与“三会一层”的关系呢？在实践中各级金融机构特别注重企业党的建设与公司治理的有效融合：一是确保党委会在企业经营管理中的领导核心地位，领导核心作用的发挥重在管战略、谋大局、把方向，坚守企业政治站位，确保业务经营沿着党中央确定的经济发展大方向，回归本源，支持实体经济发展。二是通过“双向进入、交叉任职”等组织融合方式发挥党组织的作用。目前，中国金融企业基本都是党委书记和董事长、党委副书记和行长、纪委书记和监事长等一肩挑，通过这种职务的融合方式把党委会的要求融入企业公司治理的全过程，这样既没有增加企业的管理层级，又实现党的领导与商业银行经营决策、业务发展与内控监督等方面有机结合，为金融企业平稳发展保驾护航。

5.2.1.2 股东大会

(1)股东大会的法定程序

根据《商业银行公司治理指引》规定：商业银行股东大会依据《中华人民共和国公司法》等法律法规和商业银行章程行使职权。股东大会会议包括年度会议和临时会议。股东大会年会应当由董事会在每一会计年度结束后6个月内召集和召开。因特殊情况需延期召开的，应当向银行业监督管理机构报告，并说明延期召开的事由。股东大会会议应当实行律师见证制度，并由律师出具法律意见书。法律意见书应当对股东大会召开程序、出席股东大会的股东资格、股东大会决议内容等事项的合法性发表意见。股东大会的会议议程和议案应当由董事会依法、公正、合理地进行安排，确保股东大会能够对每个议案进行充分讨论。股东大会议事规则由商业银行董事会负责拟定，并经股东大会审议通过后执行。股东大会议事规则包括会议通知、召开方式、文件准备、表决形式、提案机制、会议记录及其签署、关联股东的回避等内容。

(2)股东大会的投票权重分析

目前中国微型金融机构的股权结构呈现出以下特征：

城市商业银行股权结构呈现多样化趋势。目前，从中国上市的城市商业银行来看，地方政府和国有资本已经不是绝对控制部门，北京银行、南京银行、杭州银行、青岛银行、郑州银行5家银行的第一大股东还是外资，宁波银行的外资占比也已经接近地方政府平台持股比例，对于提升城市商业银行的国际化水平有现实意义。大部分城商行中地方政府及其平台和其他国有控股企业持有城商行的股权总体较高，如青岛银行的法人股(含地方政府、企业和外资)占比达到总股本的68.87%，江苏银行法人股占总股本的39.96%，接近40%，对于城市商业银行稳定经营有一定的积极作用。

农村商业银行(含农村合作银行和农村信用合作社)的股权结构分散，私有特征明显，股权稳定性相对差。农村商业银行股权结构分散化的状况会带来一些不良后果：一是持股法人的专业化水平低，对商业银行经营管理没有太大帮助，往往从投资角度出发，影响银行利润分配，不利于银行股权结构的相对稳定；二是容易导致关联交易和风险集中问题，一些持股企业会增加在商业银行内部的贷款。中国银行业监督管理委员会办公厅《关于加强农村商业银行股东股权管理和公司治理有关事项的意见》第一部分“加强股权管理”第四款提出：“鼓励吸收一定数量持股比例在5%及以上的优质涉农法人股东，支持引进资本实力雄厚、有先进管理经验、风险管控和服务创新能力强的金融机构或中资企业作为战略投资者。”这是对农村商业银行长期发展设计的股权优化方案。

村镇银行股权结构强调战略投资者的稳定和业务指导作用，为村镇银行未来发展预留专业化窗口。根据《村镇银行监管指引》，“村镇银行应在以银行业金融机构主发起的前提下，按照有利于防范风险、有利于拓展支农支小特色服务、有利于完善公司治理的原则，积极吸收本地优质涉农企业、自然人等投资入股，构建符合市场定位和发展战略的多元化股权结构；持股5%以上的股东应对支持村镇银行‘支农支小’定位做出书面承诺”。

民营银行主要由企业股东组成且数量小，比较容易协调业务关系。如前海微众银行注册资本30亿元人民币，主要股东只有3家公司，分别为腾讯、百业源投资和立业集团，分别持股 30%、20%和 20%。浙江网商银行总股本有 6 家机构持有，其中浙江蚂蚁小微金融服务集团有限公司认购该行总股本的 30%；上述两家典型民营银行的股权结构特征基本是“网络科技公司+实体经营公司”，显然缺乏有经验的商业银行参与，但都是由国内重要的网络科技公司发起，从近年发展来看，民营银行走的是线上发展业务的路线，其金融科技开辟长尾客户，助力小微金融业务良好发展。

消费金融公司股权相对集中，多数都由现有商业银行作为发起人设立的作为经营消费信贷业务的子公司，股权结构的安排有利于消费金融公司的业务经营。2020 年 3 月中国银行保险监督管理委员会发布实施的《中国银保监会非银行金融机构行政许可事项实施办法》第 59 条规定：“消费金融公司的出资人应当为中国境内外依法设立的企业法人，并分为主要出资人和一般出资人。主要出资人是指出资数额最多并且出资额不低于拟设消费金融公司全部股本 30%的出资人，一般出资人是指除主要出资人以外的其他出资人。前款所称主要出资人须为境内外金融机构或主营业务为提供适合消费贷款业务产品的境内非金融企业。”

5.2.1.3 董事(理事)会

董事会是商业银行的决策机构，设董事长 1 人，可以设副董事长。依据《公司法》等法律法规和商业银行章程履行职责行使职权，对股东大会负责，对商业银行经营和管理承担最终责任。根据《中国银保监会关于印发〈银行保险机构公司治理准则〉的通知》规定，商业银行董事会的职责主要有以下 8 个方面：制定商业银行经营发展战略并监督战略实施；制定商业银行风险容忍度、风险管理和内部控制政策；制定资本规划，承担资本管理最终责任；定期评估并完善商业银行公司治理；负责商业银行信息披露，并对商业银行会计和财务报告的真实性、准确性、完整性和及时性承担最终责任；监督并确保高级管理层有效履行管理职责；维护存款人和其他利益相关者合法权益；建立商业银行与股东特别是主要股东之间利益冲突的识别、审查和管理机制等。

商业银行董事会人数及构成通常根据自身规模和业务状况确定。人数在 9~15 人不等，一般为单数。董事可分为执行董事和非执行董事两类，非执行董事包含独立董事。执行董事是指在商业银行担任除董事职务外的其他高级经营管理职务的董事。非执行董事是指在商业银行不担任经营管理职务的董事。独立董事是指不在商业银行担任除董事以外的其他职务，并与所聘商业银行及其主要股东不存在任何可能影响其进行独立、客观判断关系的董事，独立董事人员通常 1~5 人。董事会例会每季度至少召开一次，临时会议的召开程序由商业银行章程规定。

根据《加强农村商业银行三农金融服务机制建设监管指引》第八条至第十条规定：农村商业银行应根据自身特点完善公司治理，大中城市和县域农村商业银行董事会下应设立由董事长任主任委员的三农金融服务委员会，城区农村商业银行可根据实际自行决定是否设立三农金融服务委员会。三农金融服务委员会委员构成由农村商业银行自主确定，原则上具有“三农”工作经验或行业背景的委员应不低于委员总数的 1/3。农村商业银行三农金融服务委员会负责制定三农金融服务发展战略和规划，审议年度三农金融发展目标和服务资源配置方案，评价与督促经营层认真贯彻落实。三农金融服务委员会应每半年至少召开一次会议，邀请涉农企业、农民合作社、种养大户、家庭农场等新型农业经营主体的客户代表参加，就三农金融业务开展情况、存在问题和下一步措施等提出意见和建议。农村商业银行三农金融服务委员会应在每年第一次董事会上报告上一年度三农金融业务计划执行情况。

5.2.1.4 监事会

监事会是商业银行的内部监督机构，由职工代表出任的监事、股东大会选举的外部监事和股东监事组成，监事会对股东大会负责，除依据《公司法》等法律法规和商业银行章程履行职责外，根据《中国银保监会关于印发〈银行保险机构公司治理准则〉的通知》规定，监事会负责监督董事会、高级管理层完善内部控制体系和制度，履行内部控制监督职责；监督董事会确立稳健的经营理念、价值准则和制定符合自身实际的发展战略；定期对董事会制定的发展战略的科学性、合理性和有效性进行评估，形成评估报告；对经营决策、风险管理和内部控制等进行监督检查并督促整改；对薪酬管理制度和政策及高级管理人员薪酬方案的科学性、合理性进行监督；监事会例会每季度至少应当召开一次，监事会在履职过程中有权要求董事会和高级管理层提供信息披露、审计等方面的必要信息。根据《加强农村商业银行三农金融服务机制建设监管指引》规定，监事会应将农村商业银行三农金融服务委员会和经营层围绕三农金融服务的工作开展情况纳入监督内容。

5.2.1.5 高级经营管理层

高级管理层是商业银行日常经营管理的具体执行组织，由商业银行总行行长、副行长、财务负责人及监管部门认定的其他高级管理人员组成。2021 年 6 月 2 日，根据《中国银保监会关于印发〈银行保险机构公司治理准则〉的通知》规定高级管理层根据商业银行章程及董事会授权开展经营管理活动，确保银行经营与董事会所制定批准的发展战略、风险偏好及其他各项政策相一致。

高级管理层对董事会负责，同时接受监事会监督。高级管理层依法在其职权范围内的经营管理活动不受干预。高级管理层应当建立向董事会及其专门委员会、监事会及其专门委员会的信息报告制度，明确报告信息的种类、内容、时间和方式等，确保董事、监事能够及时、准确地获取各类信息。高级管理层应当建立和完善各项会议制度，并制定相应议事规则。

5.2.2 微型金融企业的内部治理

公司治理是一种公司全体股东对经营者进行监督和制衡的必要机制，也是公司所有权的科学安排问题，它是以解决财产所有权与公司控制权分离之后所产生的委托—代理问题为核心，以此来保护加入公司的利益相关者。公司治理的目标不仅是要使股东权益实现最大化，还要能够保证所有利益相关者的利益最大化。在公司治理的过程中，如果要实现公司组织内部的权责相互监督与制衡的目标，科学合理的公司治理机制（如权益机制、市场机制和管理机制）是必要的，通过这些科学机制来保证公司进行有效的决策。

内部治理是集中于公司内部组织结构的制度安排上。在中国的制度安排中，股东大会是最高权力机构，董事会是执行机构，高级管理层是执行辅助机构，监事会是监督机构，以委托代理关系为基础，权责分明，分权制衡，共同建立起公司的内部治理系统。同时，内部治理也指股东(会)、董事(会)、监事(会)和经理相互之间进行博弈均衡的安排和路径。这一层面上的内部治理主要有两个方面：首先是自我实现性，主要是以董事会、监事会和股东为途径实现；其次是理性地进行所有者和经营者的博弈，并且以股东利益最大化为出发点来实施相关制度安排的设计，通过这种制度安排来激励和约束经营者。

微型金融机构的内部治理，主要是指充分发挥微型金融机构的权力机构(股东大会)、经营决策机构(董事会)、监督机构(监事会)以及执行机构(高级管理层)等的作用，将职责分配到具体的部门，在微型金融机构内部形成一套全面且科学的内部治理体系，通过内部治理体系来实施银行合规、理性的经营行为，保证利益相关人员在银行内的合法权益，最终达到内部治理的目标。

5.2.3 微型金融企业的外部治理

外部治理是与内部治理相对应的，从公司的外部条件来进行相关的约束，即公司投资者、股东或者利益相关者以公司外部环境或外部市场为途径来对公司的运行及管理层的行为进行监督，保证其行为的正确性和合规性，从而确保公司利益相关者利益的一种非正式制度安排。外部市场主要有产品/要素市场、经理市场、金融资本市场、并购/控制权市场等。例如，银行随公司相关操作实施的监管及相关法律、法规约束即是外部的约束力量，以此外部力量作为载体的公共治理机制和外部市场治理机制形成银行内部治理机制的重要外部基础。从外部治理主体的角度来划分，外部治理可以分为市场治理和公共治理。其中，市场治理主要是依托于产品市场、公司控制权市场以及经理人市场之间的融合与互动来发挥治理作用；公共治理则主要将银行业监管、法律制度、信息披露制度、政府行为等作为外部治理的方式和内容。

在微型金融机构尤其是正规营利性的微型金融机构的外部治理方面，外部监管是一种非常重要的治理手段。微型金融机构自身的外部监管与普通的公司是有很大区别的，并且和其他的商业银行外部监管也存在很大差异，如农村信用合作社、农村商业银行等这一类商业银行，除受到银保监会、中国人民银行等的监管外，还将受到省级农信联社的监管，3 个不同的监管部门将对农村商业银行制定不同的监管指标从而形成不同的外部治理重点，而农村商业银行则需要针对 3 个监管部门制定的不同经营目标去调整自身运营状况，从而达到其外部治理的目标。

成都农商银行的公司治理

成都农商银行的诞生最早可以追溯到 1952 年在成都市金堂县大同乡成立的第一家信用社，2010 年，成都市农村信用联社改制为成都农商银行。2011 年通过增资后注册资本达到 100 亿元。原安邦保险集团及其关联企业合计持有 55.50%的股权，为成都农商银行控股股东及实际控制人。2020 年，原安邦保险集团将其所持有的成都农商银行 35 亿股股份通过北京金融资产交易所公开挂牌转让。

根据联合资信《2021 年第一期成都农商银行二级资本债券信用评级报告》，截至 2021 年 6 月末，成都农商银行的第一大股东为成都兴城投资集团有限公司(持股比例 35%)，成都市国有资产监督管理委员会(以下简称“成都市国资委”)为成都农商银行的实际控制人和最终受益人。随着国有资本的进入，该行公司治理水平明显提升，各项工作稳步推进，经营业绩持续向好。作为新中国第一批农村金融机构，成都农商银行的发展历程可谓是中国农村金融发展史的现实缩影。

一路走来，该行始终在体制改革中探索前行、在变与不变中淬炼本色、在薪火相继中传递温暖。近年来，成都农商银行充分发挥地方金融的作用，特别是回归国有后，明确主责深耕主业，坚守“三农”本源，优化普惠金融服务，推动绿色金融发展，为实现经济、社会和环境的可持续发展做出积极贡献。最新数据显示，截至 2022 年年末，该行资产总额 7200 亿元，各项贷款余额 3600 亿元，各项存款余额 5065 亿元。联合资信发布 2022 年成都农商银行跟踪评级报告显示，确定维持该行主体长期信用等级为 AAA，评级展望为稳定。评级报告指出，2021 年以来，该行存贷款业务发展态势较好、资产质量保持较好水平、核心负债稳定性较好、拨备和资本充足。

经过近几年的强监管，中国农商银行的公司治理总体稳中向好，在股东治理、董事会治理、关联交易、业务行为等公司治理重点方面进行全面规范，公司治理水平有积极的提升。但是，农商银行的公司治理只是取得初步成效，依然存在各类不规范的问题，健全农商银行公司治理可谓任重道远。现阶段，公司治理仍然是农商银行监管的重点之一，依然会持续围绕股东主体和行为的合规与审慎、关联交易管理规范化、董事会运作法制化和有效性等方面展开。农商银行股东主体和行为监管的重点将面向入股资金的真实性、投资持股的真实性与合规性、股东干预农商银行经营的合规性等方面。农商银行关联交易监管方面，将重点面向关联交易识别、关联交易审查监督、防范关联交易违规进行利益输送等方面。农商银行董事会运作治理方面，将侧重规范董事会结构、提升董事会的规范性和履职效能。

5.3 微型金融服务机构的发展困境及优化

从中国微型金融的产生与发展过程得知，中国微型金融企业是在不断改革与发展过程中完善与壮大的，在 2005 年以前，主要以非政府组织与政府扶贫基金形式存在；2005—2006 年，监管层开始倡导发展商业性小额信贷和村镇银行等新型微型金融；城市信用社从 1996 年开始改制为城市商业银行，经历 15 个年头，直到 2012 年 3 月 29 日宁波东海银行股份有限公司建立才完成改制工作；农村信用社的改制过程更是漫长，2001 年 11 月，随着张家港农商银行挂牌成立，中国农信改革正式翻开新的篇章。20 年来，各地农商行依托原农村信用社的网点优势和国家对涉农金融机构的政策支持，不仅成为中国金融体系的重要组成部分，在县域经济中更是发挥重要作用。虽然 20 年来各地农信改革取得一定的成果，但部分区域的农信社改制工作仍任重道远。据中国银保监会统计，截至 2021 年 9 月底，中国仅有安徽、湖北、江苏、山东等 12 个省的农信社完成全面股份制改革的目标。此外，受互联网金融以及大行服务下沉等因素的影响，改制后的农商行近年也面临着生存困境。在此背景下，一些包袱重、业绩压力大的中小农商行走上合并重组的道路。

5.3.1 微型金融服务机构的发展困境

5.3.1.1 重利轻责，市场定位不明确

在当前的市场格局下，国内微型金融发展迅速的大多集中在商业性领域，目标客户多为小企业，存在"目标偏离"和"交差重叠"等问题。目标偏离是指金融资源难以惠及低收入者，交差重叠是指传统微型金融的客户在商业性领域与银行形成重叠。

中国部分微型金融机构是依托政策设立的偏政策性金融机构，在金融牌照严格准入下，微型金融机构需以服务"支农支小"政策，换取机构设立、财政补贴等一系列的政策扶持。理论上小微型金融机构在强调盈利的同时必须兼顾服务金融弱势群体发展普惠金融的政策性责任，但实际运营中部分机构仍然是以追求利益最大化为全部目的。政策重点支持下的小微企业、"三农"等普惠金融客户凸显的高风险、低收益特性与市场化准则之间存在一定背离，风险与收益倒挂现象突出。从短期看追求利润和资产规模的最大化与服务"三农"、服务小微的政策性任务之间存在冲突，加之部分机构缺乏有效的风控模式以及内外部有效监督的缺位，责任观念逐渐让位于盈利，导致许多小微型金融机构在发展中逐渐偏离普惠金融的大方向，重利轻责的现象日益显著。

5.3.1.2 公司治理机制不完善

(1)改制中遗留下来的管理问题，出现以政代法的不合理治理环境

以农村商业银行为例，2003 年以来国务院启动的农村信用社改制已经取得巨大成就，使当年资不抵债的农村信用合作系统重新焕发活力，成为国家支持"三农"的主力军。但当时保留省信用合作社联合社作为省政府管理全省农村信用社、农村合作银行和农村商业银行的行业管理组织，一直担任着行业管理者的角色，虽然近年来业内传出多种省信用联合社的改革思路，但最终都没有兑现。以致目前各地农村商业银行在公司化运营中仍然存在"上级婆婆"的问题，农村商业银行的高级管理人员仍然按照原规定由省级联社推荐提名，程序上有悖于股份有限公司高级管理人员由股东大会和董事会选举产生的法定内涵，从而直接违背《公司法》。《公司法》明确规定，股东大会、董事会、监事会是股份制形式公司法人的基本治理基础。第四十七条第九款明确规定董事会对股东负责的重要职权之一是"决定聘任或者解聘公司经理及其报酬事项，并根据经理的提名决定聘任或者解聘公司副经理、财务负责人及其报酬事项"。信用社改制的目的在于彻底解决产权不明、内部人控制、内控管理薄弱、股东由于面小分散导致参与管理积极性不高等深层次问题，现在这种治理现状，是改革中遗留下来的问题，还需要通过深化改革来解决。当然，目前省联社也起到积极的宏观调控作用，毕竟商业银行与其他企业不同，系统性金融风险及其脆弱性会影响整个社会经济的稳定，需要一定的行业干预。不过近年来国家已经在探索地方金融监管机制改革问题。

(2)"三会一层"组织机构不健全、内在权责利划分不明确，组织内缺乏有效内部控制

与制衡机制

中国主要微型金融组织基本上都没有建立起完整的公司治理组织架构，特别是地方性微型金融机构。尽管通过股份制改造形式上建立股东大会—董事会/监事会—高级管理层的"三会一层"治理结构，但实际上董事会、监事会、高级管理层成员都是由政府管理部门提名，经董事会选举产生，选举通过只是一种程序，由于高级管理层不是董事会直接任命，这就容易产生公司内部权责利划分不清问题。在公司内部，由于所有高级管理人员都是管理部门提名的，往往相互之间协调配合不够充分，抢权、推事、逃责就成为一些商业银行内部的正常现象。当然，上级任命也强调一把手负责制，但这一体制与商业银行公司治理中决策权、监督权和执行权相分离是不一致的。

(3)股权结构配置不合理，导致微型金融组织在经营过程中出现代理人缺位问题、内部人控制问题、道德风险问题等传统经济学问题

农村商业银行改制中，地方政府控制股份的极少，大部分农村商业银行的股权都被民营企业、内部职工和外部个人持有，根据银行监督部门的规定，企业持有农村商业银行的股权占比受到限制，绝对控股的企业基本没有，一些持股比例大的企业往往占有银行董事席位，许多持有股权的企业都会增加贷款，容易产生内部人控制和道德风险等问题，从许多商业银行的资产负债表中不难发现，关联交易和内部股东贷款比例都比较高。与此同时，企业股东关心的重点是投资收益，多数希望银行每年多分红利，对银行的长远发展考虑相对较少。

村镇银行采用商业银行控股模式，《村镇银行管理暂行规定》第八条、第二十五条以及之后的《鼓励和引导民间资本进入银行业的实施意见》等确立村镇银行的主发起行制度，即合格的村镇银行必须由银行业金融机构发起设立，最大或唯一股东需为发起银行，且其他股东持股比例不得超过股本总额的10%等。原中国银监会关于村镇银行主发起行制度设计的出发点大致有两点：一是充分利用主发起行成熟的经营模式，专业的筹建人员等资源优势，且在确保发起行控股的同时，实现股权多元化，为村镇银行快速建立以及专业化运作提供重要支撑；二是村镇银行中缺乏政府股份，一旦经营困难难以为继，主发起行也可以为村镇银行承担某种程度上的"风险兜底"责任。但过于严格的主发起行制度，限制主发起人的选择面，限制民间资本的大量引入，使民间资本有意发起村镇银行却苦于找不到合适的主发起行，或有意增大股权比重，而主发起行却不愿增资的情况屡见不鲜。

(4)行政管理与短期化行为等不合理激励约束机制导致经营主动性和能动性不强

中国多数微型金融组织的高级管理人员都是通过行政任命的方式产生的，薪酬高低也主要与行政级别相关，特别是在严格限薪的情况下，高管薪酬的高低与所经营银行的业绩相关性不够强，高管经营的动力是自己仕途的升迁和内在责任心，而不完全是股东的利益，这很容易导致工作懈怠；控制权和剩余索取权的不对称也使高级管理层有可能利用有限的控制权为自己谋求隐性收入，如提高职务消费标准，增加职务消费范围，对控制成本缺乏动力，造成"内部人控制"现象。

5.3.1.3　市场主体地位的内在脆弱性

从市场主体的视角审视，微型金融机构所处的市场地位相当于金融机构体系中的"小

微型企业”，作为特殊的微型企业也和其他微型企业一样具有内在的先天性制约。无论是在资产规模、网点覆盖、人才储备、智能科技等方面与大型商业银行之间存在显著的差异，随着行业竞争的不断加剧选择下沉到县域经济主体争取相对优质资源的金融机构不断增加，行业竞争已经进入红海市场。在现行的市场竞争下微型金融机构获取相应存款的难度和成本正处于不断上升的状态，部分机构甚至长期在二级市场融资，融资成本居高不下。

5.3.2 中国微型金融服务机构可持续发展的途径

5.3.2.1 利责平衡，精准细分市场

微型金融机构源于政策，发展于市场，顺应政策重塑经营理念才能打造出专属的竞争优势，事实也证明追求短期盈利和规模快速增长，小微型金融机构难以实现长效发展。理念重塑就是要改变“短期重利轻责”的利益发展导向，回归政策支农、支小、支民的发展本源上来，在承担社会责任中追求与长期盈利的兼容。在回归本源致力践行普惠金融中，要依托监管机构和政府部门给予的政策扶持、导向以及风险补偿，充分结合自身特性借鉴成功模式，在战略发展机遇期内打造出针对长尾群体客户微利性和经营可持续性的发展模式。

作为区域性金融机构的小微金融，经营区域多以地级甚至县域行政单位为主，立足区域经济精准经营有助于微型金融机构把握客户信息和资金需求，在发展初始阶段应以小额普惠信贷为主，选择与当地经济发展以及自身实力相匹配的客户群体，将小额普惠信贷做专做精，避免过度定位于“大”客户出现信贷挤出、客户贷款集中度过高、经营风险大等问题。微型金融机构应以区域经济发展为依托，结合自身发展综合实力稳步推进，实现精细化和专业化运营，打造一套适合本地区客户群的信贷模式，逐步提高服务的广度和深度；依托逐步成熟化、专业化的微型金融信贷模式以及机构规模和经营水平的不断提高，延伸信贷覆盖面。

5.3.2.2 优化微型金融机构公司治理机制

完善微型金融机构的法律法规，用法治化思维规范地方微型金融机构公司治理。针对微型金融机构与普通商业银行的不同特点，有针对性地完善与修改微型金融机构管理的相关法律法规。目前，中国银保监会在监管商业银行的过程中基本上还是实施统一的法律法规监管，如《商业银行公司治理指引》《商业银行股权管理暂行办法》以及一些业务经营管理方面的法律法规，针对微型金融机构的单独法规很少，如《中国银监会农村中小金融机构行政许可事项实施办法》《村镇银行管理暂行规定》等。事实上，微型金融机构特别是针对“三农”和小微企业服务的微型金融机构，因其服务对象的特性，与其他大型商业银行面对的经营环境相比有很大的不同，鉴于中国正大力鼓励金融机构支农、支小、支民、支持实体经济，应该针对微型金融机构的经营特点，制定一些针对性强的法规，以支持微型金融机构健康发展。

完善微型金融机构的风险治理机制，明确业务要求和行业标准。规模化授信能节约分销成本，改善金融机构的经营效率，但在信用风险加剧的市场环境中，贷款集中度过高或将导致风险控制难度加大，增加变动交易成本，不利于财务可持续性。因此，在坚持“小

额、分散”的基本原则的基础上，建立并完善风险预警机制，能够有效应对未来利息收益的不确定性，从而保障微型金融机构经营的长期可持续。除此以外，鉴于微型金融机构风险管控水平和业务规范能力普遍较弱，监管机构应给予更为明确的业务要求和管理标准，并逐步细化与完善。与此同时，由于微型金融机构具有相对信息优势，经营发展的绝对实力较弱，传统大型金融机构的标准化监管手段可能招致“水土不服”，因此需要根据施策对象特征加强监管的针对性和灵活性。

建立并实施董事和高级管理人员经营管理责任追究制度和激励机制，实现机构发展与高级管理层薪酬待遇的双挂钩制度。一方面管理层的薪酬待遇要与机构的经营利润相挂钩，高薪酬对应的是机构经营水平的持续改善或者经济利润的持续稳定增长，对于长期管理下机构持续亏损或者利润偏低难以有效改善的应按照相应比重减少薪资待遇或者实行延期发放制度，在规定期限内达成机构发展目标的延期补发，达不成目标的直接给予扣除。另一方面将机构普惠金融的持续发展与薪酬待遇相挂钩，对于能够按时完成普惠金融发展任务特别是在模式建设方面有突破性建设的给予相应的薪酬奖励，反之管理期限内应按规定降低薪酬发放。

5.3.2.3 建立农村微型金融机构可持续发展的外部支持体系

建立社会绩效管理机制，完善财税优惠制度框架，创造良性成长环境。微型金融机构的可持续发展离不开良好的经济环境和市场条件。较高经济发展水平有助于提升微型金融机构的盈利水平，增强其发展的可持续性。在宏观经济下行周期中，微型金融机构面临产业经营乏力，信贷风险压力加大等生存危机，因此需要相关政策法规给予适当支持，拓宽微型金融的融资渠道，适当放宽部分考核指标要求，制定条件性的财税优惠政策框架。一方面要杜绝业务“脱实入虚”，另一方面也要建立微型金融机构良好的生存、信用环境，鼓励微型金融机构在多层次金融市场中拓宽目标客户群，特别要对农村地区有生产能力的中小农企给予重点融资支持。

加大微型金融机构的培育力度，强化微型金融机构资产质量的监督管理。商业化微型金融市场存在银行业中的“相对市场力量”假说，即市场集中度对微型金融机构的财务可持续有积极作用。因此，微型金融机构需要与传统金融机构保持一定程度的错位竞争发展态势。此外，较强资本实力有利于弥补微型金融机构自身经营短板，增强风险应对能力，保持经营的可持续性。因此，目前对于小额贷款公司、村镇银行发起条件的注册金要求可根据区域发展情况适当提高，以保证机构的生存。在过去一段时间，以小额贷款公司为代表的商业化微型金融机构已经出现发展疲弱，而村镇银行等农村微型金融机构承担更多的扶贫助农目标，发展形势又较为缓慢。因此，结合目前微型金融机构实际经营情况，未来应该更重视的是金融机构的“质量”。在提升金融覆盖度，增加机构“数量”的同时，应该鼓励“有实力、有好想法”的企业参与微型金融市场，而不是一味降低准入门槛。

本章小节

微型金融机构可分为非政府、非盈利组织建立的微型金融机构、受监管的微型金融机构和银行类微型金融机构 3 类。微型金融机构的组织架构主要由党组织、股东大会、董事会、监事会以及高级管理层5个部分组成，并且接受党组织及党委会的统一领导。微型金融机构的内部治理，需要充分发挥微型金融机构的权力机构（股东大会）、经营决策机构（董事会）、监督机构（监事会）以及执行机构（高级管理层）等的作用。

关键术语

微型金融服务机构；小额贷款公司；农村信用合作社；村镇银行；农村商业银行；内部治理；外部治理；组织结构；"三会一层"。

思考题

1. 请阐述微型金融机构的治理框架。
2. 请举例中国的微型金融服务机构的类型。
3. 简述数字新基建下，微型金融服务机构如何转型发展。
4. 简述微型金融机构治理的特殊性。
5. 简述非政府组织形式的微型金融机构转向正规微型金融机构的原因。
6. 简述非政府组织形式的微型金融机构如何与正规微型金融机构优势互补、共赢发展。

6 微型金融的业务模式

学习目的

➢ 熟悉微型金融的主要业务；掌握微型金融信贷的主要传统模式以及创新模式；了解微型保险的国际经验，中国微型保险发展情况及优化路径。

➢ 熟悉国际微型金融典型业务模式，比较各类国际微型金融业务模式的优缺点。

➢ 掌握商业银行参与微型金融业务的国际经验。

6.1 微型金融业务概述

6.1.1 微型金融业务的特点

根据微型金融服务对象及业务开展的特殊性，其具有以下几方面特点：

(1)微型金融提供者可以是政府机构也可以是商业性金融机构

微型金融业务的开展离不开政府支持，既要与政府保持良好关系又要具有独立的组织系统和经营机构，但是微型金融机构要想保持自身可持续性，必须作为独立的组织系统存在并按金融市场规则运行。

(2)微型金融的目标客户是低收入或贫困人群

贫困人群处在信贷市场的边缘地带，由于其信贷额度小、缺乏正规抵押品，造成信贷成本高、风险大，难以通过传统正规金融机构获得金融服务。

(3)微型金融信贷额度小、期限短

额度小满足中低收入人群的要求，其期限根据信贷特点不等，但一般周期较短，还款方式可采取整贷零还的方式，这样既减轻贷款者的还款压力，又降低信贷机构风险。

(4)利率常适当高于市场利率

较高利率有利于实现贫困人群的瞄准机制，免于扶贫资金挪作他用，可以使得信贷资金真正到达中低收入人群手中。

6.1.2 国外微型金融业务的发展阶段

孟加拉国乡村银行在微型金融业务上的成功，带来20世纪末各发展中国家开展微型金融业务的尝试，并不断调整自身的业务经营模式及目标，其业务领域也从最初的信贷发展为包含储蓄、保险等多种业务形式，据此可将国外微型金融业务的发展划分为3个阶段：

6.1.2.1 为具有偿还能力的贫困人群提供贷款

20世纪80年代微型金融初始阶段，各国开展业务的目的主要是为解决贫困人群无法得到贷款的问题，此时的中心任务是为贫困人群提供用于发展生产的资金同时确保高还贷率是这个时期的中心任务，主要注意项目对改善贫困人群经济和社会福利的作用。以孟加拉国乡村银行(GB)和拉丁美洲的“行动国际”(ACCION)为代表，采取一系列适合贫困人口的借贷规则，此时贷款人的借款主要依赖于借款人表明的还款意愿，而不是他们提供担保的资产，对于新客户，只提供小额度、低风险贷款，随着他们表明的还款能力和意愿，逐步加大贷款额度。在这样的信贷制度下，实现95%以上的还款率。

6.1.2.2 微型金融信贷业务可持续发展阶段

从20世纪80年代中期开始，微型金融信贷业务已经基本实现在保证高还款率的基础上为贫困人口提供贷款的目标，然而由于微型信贷很小的贷款额度以及分散的客户群体，使得传统微型金融信贷项目开展所获得的收入不足以弥补成本，这样信贷机构则无法将其服务扩展到更多的潜在客户，并实现其可持续发展。在这样的情况下，如何保证微型信贷项目的收益覆盖成本，实现微型信贷的可持续发展成为各发展中国家微型金融机构探索的目标，以印尼人民银行(BRI)和玻利维亚阳光银行为代表。

6.1.2.3 微型金融业务形式多元化阶段

随着微型金融信贷项目发展的日益成熟，在世界各国扶贫助困过程中发挥极大作用，然而日趋扩大的客户群体使得政府及捐助机构提供的资金无法满足需求。20世纪90年代中期，始于拉丁美洲地区，微型金融机构开始尝试从单纯的信贷机构转变为以存款储蓄为一体的金融机构，如秘鲁最大的银行和综合金融服务供应商——秘鲁信贷银行(Bancode Crédito del Perú，BCP)于2010年收购位于秘鲁的微型金融公司Edyficar，2014年Edyficar与Mibanco合并，并将其作为秘鲁金融体系微型贷款业务的领导者。此外微型金融业务的可行性及利润空间开始显现，诸多传统金融机构也开始涉足微型金融领域，微型金融业务形式开始多元化。

案例

孟加拉国乡村银行：微型金融“多位一体”模式

“多位一体”模式即微型金融机构通过产品及制度的创新，使借款者得以拓展，集多种身份于一体的微型金融服务模式。微型金融最初提供的主要是小额信贷业务，目前已经扩展到小额信贷、存款、汇款、保险、商业培训及咨询、健康教育等各项服务。“多位一体”模式量体裁衣地为弱势群体提供多样化的选择，创造致富机会，使客户与微型金融机构的结合更加紧密，为微型金融的发展带来商业效益和社会效益的双赢局面。孟加拉国乡村银行成功运用“多位一体”模式，通过产品设计和制度安排，使借款者的身份拓展到储蓄者、持股者、投保者、投资项目参与者和资本市场参与者(表1)。

孟加拉国乡村银行“多位一体”模式具有如下特点：

(1)“量体裁衣”地创新产品及业务是“多位一体”模式的首要特点

根据市场需求拓宽产品领域，由传统的小额信贷延伸到储蓄、保险、投资等金融服务领域；针对目标群体的不同特点和多层次需求进行产品设计和业务创新，如丰富多样的、有针对性的存贷产品满足低收入者的不同需求，共同基金为客户投资获利提供机会，保险产品为客户降低风险提供保障，通过投资项目贷款计划为客户提供就业机会等。

(2)“多维身份”捆绑客户与银行是“多位一体”模式的突出特色

在“多位一体”模式下，微型金融机构与客户之间已经超越单纯的交易关系。通过将客户的身份由借款者拓宽到储蓄者、持股者、投保者、投资者等，使客户对其形成强烈的归属感，感受到自身与银行的命运息息相关，银行与客户的关系变得紧密而牢固。

(3)动员储蓄以吸收社会资金是“多位一体”模式的重要内容

在“多位一体”模式下，微型金融机构基于扩充现金流、控制风险和成本等目的，在储蓄业务领域的开发和创新程度相对于保险、投资等业务更高。微型金融机构不仅采用强制借款者储蓄的方式吸收存款，而且动员社会大众吸收流动资金，扩充自身资金来源。

表 1 孟加拉国乡村银行“多位一体”模式

客户身份	方 式	相关产品	作 用
借款者	灵活贷款安排	基本贷款；灵活贷款	满足贷款需求，减轻还贷压力，帮助低收入群体脱贫
储蓄者	强制储蓄	每笔贷款的5%存入个人账户；成为会员或贷款额超过规定被要求建立养老金储蓄(GPS)账户	满足客户储蓄需求，挖掘低收入群体储蓄潜力；拓宽银行融资渠道
	动员社会储蓄	GPS计划；固定存款计划；七年翻番计划；月度收入计划	
持股者	强制持股	每个借款者至少购买一股银行股份	使客户成为银行的拥有者(银行94%的股份都属于借款者)
投保者	针对客户特点和需要开发保险产品，客户自愿投保	贷款保险计划；为投资项目提供保险	为客户提供安全保障，避免其重新陷入贫困
投资项目参与者	设立“特别投资项目”贷款业务	租赁贷款业务；家畜贷款业务；乡村电话业务	为重要项目提供融资，为客户创造就业和致富机会
资本市场参与者	集中借款者资金，设立共同基金	指定资产管理公司发行该共同基金，进入资本市场获取利润	为客户融入更有活力的社会部门、分享经济增长利益提供机会

6.2 储蓄信贷业务

6.2.1 储蓄业务

在小额信贷和微型金融发展的初期，人们总是把“小额信贷”仅仅理解为“小额贷款”。然而，有效的储蓄在微型金融服务中也是十分重要的。在微型金融机构中拥有一个储蓄账户，将会给贫困人群带来很多便利，其中一个重要的便利是能够将不时的零星资金存放在一个安全的地方并且在需要时，能够很方便地取出。

很多国家都开展微型金融的储蓄业务。在非洲贝宁，微型金融机构就是以储蓄和贷款合作社为主导，采用小组联合设立储蓄账户或者个人设立储蓄账户的模式，根据储蓄账户的资金情况，对不同的小组放贷数量和期限进行相应的规定，同时储蓄账户还可以起到一定的抵押担保作用。亚洲的微型金融机构在发展业务初期的资金来源主要通过政府提供的启动支持资金和世界银行贷款，在业务逐渐成熟、发展逐渐壮大后又成功转型，以自身储蓄存款取代政府和世界银行资金支持。如今，多家微型金融机构都开展和采用微型金融的储蓄业务，用以拓展业务范围开发潜在客户及解决自身生存及可持续发展问题。由于储蓄服务可以为微型金融机构提供必要的资金支持，而储蓄账户又可以起到一定的抵押担保作用，可谓一举多得。如今，亚洲多家银行，如印尼人民银行，均以商业化管理模式，向中低收入者及贫困群体提供贷款和储蓄服务，并逐渐将客户群体拓展到中小企业等诸多其他领域，初步确立自负盈亏的金融局面。

6.2.2 信贷业务

微型金融贷款业务是最为基础的微型金融业务形式，是微型金融业务的根本核心。在亚洲，微型金融贷款项目主要有两种方式即自助方式与中介方式。自助方式曾是被应用最为广泛的贷款方式，具体通过自助促进机构对客户组成的自助小组进行培训和发展，随后让该小组与银行直接接触，由银行对该小组提供贷款。这种模式下，确保以小组为单位，通过对自助促进机构的充分信任，达到控制风险的目的。而中介模式则是微型金融机构先凭借自身资信状况向商业银行借贷商业贷款，而后再向其自身客户进行放贷。这种模式下，保证商业银行的风险控制，同时也避免因微型金融机构的客户的信誉状况较低而无法获得有效足额的贷款问题。

6.2.2.1 微型金融的信贷业务特点

微型金融信贷服务天然靠近服务对象，因此它有很多正规或者传统贷款服务没有的优势。具体如下：

(1)灵活性

当人们需要贷款时，肯定是亟需资金来应对企业或者家庭情况的变化，如果仍按传统金融需要提出申请并且指定资金用途等要求，肯定不能满足其灵活性要求。因此作为有效的贷款服务要充分体现出灵活性。

(2)方便快捷

人们在捕捉转瞬即逝的经济机会或者其他应急情况时，要求审批贷款和发放贷款的速度非常快，不能推三阻四，耽误时机，而微型金融的贷款服务恰恰满足这一点，并且这种有效服务应是微型金融的内在要求。

(3)担保替代

大多数被正规金融服务排斥在外的潜在贷款需求者，他们并没有用于贷款担保的有价值的物品。微型金融的贷款服务可以不必依赖那些传统的贷款担保品，而是把社区关系、社会认可、声誉等作为担保替代，或者在通常情况下把传统金融机构并不接受的物品，如生产设备、珠宝和个人财产等作为抵押品来发放贷款。

(4)合适的贷款产品

许多微型金融机构在发放贷款时，会根据贷款对象的具体情况来设计合适的贷款产品，如适当地将贷款额度设定低一点，将贷款期限设定短一点，以便使贷款对象还款难度降低点。主要的考察对象是借款者个人或者家庭的偿还能力、社会关系等，而不是按照正规金融的标准化流程。

(5)快捷方便的处理流程

微型金融由于大多属于关系型贷款，信息充分性强，服务半径短等，其交易流程天然具有便利、手续简便和交易成本低等优势。但需要注意的是，这并不意味着微型金融机构的贷款利率就一定要低于正规金融机构的贷款利率，其体现的更重要的是交易成本低和快速获得资金的便捷性，这样借款者才能及时获得所需资金，抓住经济机会，避免损失。

6.2.2.2　微型金融信贷业务的传统模式

微型金融的信贷业务的传统模式主要包括个人贷款模式、村银行模式、小组贷款模式和供应链模式。

(1)个人贷款模式指直接对自然人发放的小额贷款。

(2)乡村银行模式是指小额信贷机构以一个村的整体信用为支撑，在村范围内发放小额贷款。如印尼人民银行对从事稻米等农作物生产的农民发放有政府补贴的小额贷款即村银行模式。

(3)小组贷款模式属于团体贷款微型金融机构采用的一种机制，它的主要特征是有层级组织结构、借款小组和乡村中心。在此机制下，不能提供传统抵押物的借款人被要求自己选择同伴组成小组，尽管贷款是借给个人的，但小组的成员要相互担保还款责任，形成连带的责任。同时，小组个人取得贷款的机会还将取决于整个小组的还贷信誉，若其中有任何一个成员不能按时还款或蓄意逃款，整个小组将会失去再次借款的机会。中国许多农村地区采取小组联保的模式，联保业务一般由3~5名农民自愿组成一个联保小组，由小组成员协商贷款金额，不需要农民提供实物抵押，但每名贷款成员均对借款承担连带责任。

(4)供应链模式(SCF)是供应链管理与银行金融服务的一次有机结合，它实现供应链资金的有效管理，以结构融资为主要融资方式的供应链金融极大地盘活供应链产、供、销企业的应收账款、存货、预付账款等资产，大大提高资产利用效率，降低整个供应链的运作成本。供应链模式围绕供应链链条中核心企业，利用核心企业的高信用分享给上下游企业，从对上下游企业的财务状况进行授信变为对与核心企业之间往来业务真实性和稳定性进行授信，使供应链上的上下游企业(大部分为小微和民企)获得低成本银行信贷，契合金融供给侧改革的政策目标。同时使银行下沉客户服务群体和服务范围，是现代金融服务的一次有效创新。

6.2.2.3　微型金融的信贷创新产品模式

(1)“联保联贷”保证融资产品

小微型企业联保贷款：由符合条件的小微型企业组成联保小组，并签订联保协议，银行(信用社)按照联保保证金的放大倍数向每个成员发放贷款，联保小组成员之间就贷款相互提供担保，相互承担保证责任。专业组织(合作社或协会)联保贷款：由相关联保小组成员自愿组合并共同出资设立风险基金，专业组织(合作社或协会)为小组成员提供连带担保。第三方资产抵押保证融资模式：对资产抵押不足且需要融资的企业，通过提供第三方有效资产作抵押向银行融资。

(2)“经营权或动产抵质押”产品

在经营权质押方面，推出农村土地承包经营权质押贷款、农村林权及水面经营权质押贷款、经营性收费权质押融资产品以及“公司+基地+农户”订单质押产品。在动产抵押担保方面，以企业现有的或将有的生产设备、原材料、半成品、存货以及法律法规未禁止抵押的交通工具等其他动产进行抵押发放浮动抵押担保贷款，以仓储的原材料或产成品作质押发放第三方监管仓单质押流动资金贷款。

(3)“供应链”贸易类融资产品

一是商业发票贴现融资(外贸通)。金融机构对采用货到付款或赊销方式进行出口贸易的企业，凭其提供的发票或其他出口凭证，给予一定比例的短期资金融通。二是应收账款池融资保理(内贸通)。依托大企业、大项目客户优势，把供应链上下游企业之间的账款、订单、发票等纳入“应收池”，方便小微企业获得贷款。

(4)“信贷+贴息(保险)”类产品

一种是“企业+保险配套+信贷”产品。另一种是“客户(项目)+财政贴补+信贷”产品。充分利用国家有关中小企业专项补贴、农机具补贴、良种补贴、创业贷款优惠贴息等政策开发信贷品种。

(5)“结算理财类”融资产品

工行曾推出的“财智融通”品牌，涵盖中小微型企业不同经营环节的融资需求；中行曾推出的“快易贷”“账款通”“票押通”等授信品种，为中小客户融资提供更多的选择空间；农行曾推出的“惠农卡”结算融资产品，加大农户小额贷款发放和新农保工作服务力度；建行曾推出的票据理财、网银结汇、债权型信托产品。部分地方法人金融机构曾推出的最高抵押循环贷款模式，对办理抵押的企业，实行“一次抵押、多次贷款”，循环贷款期限至少3年等。

6.3 保险业务

6.3.1 小额保险的概念与特征

6.3.1.1 小额保险的概念

保险是一项由非银行金融机构提供的传统服务，但在贫困和低收入群体中，这一市场要比信贷及储蓄市场小得多。微型保险又称为小额保险(Microinsurance)，泛指一类专为低收入人群提供的保险产品。

国际上关于小额保险有两种比较权威的定义：第一种是世界银行国际扶贫协商小组

(CGAP)对小额保险的定义，小额保险旨在帮助中低收入群体规避某些特定风险，它主要是指面向中低收入群体，按照风险事件发生的概率及其导致损失的程度，按比例定期收取一定额度的小额保费的保险。第二种是根据国际保险监督官协会(IAIS)对小额保险的界定，小额保险是由多种不同主体为低收入群体提供的，以公认的保险原理(包括保险核心原则)运营为基础的一种保险。

6.3.1.2 小额保险的特征

(1)保费低、保额小、保障程度有限

小额保险最为突出的一个特点就是保费低、保额小、保障程度有限旨在保障低收入群体基本的生产和生活，缴纳小额保险费并发生保险条款约定的保险事件是小额保险赔偿或给付的条件。因为小额保险将目标客户定位于广大的低收入群体，他们的收入水平低且不稳定，没有能力购买传统的商业保险，因此为满足低收入者对保险的需求，开发出一种创新型的保险产品即小额保险。

(2)覆盖范围广泛

保险公司的传统业务主要是针对中高收入人群制定的，对低收入群体存在着潜在的排斥作用。低收入群体和高风险人群都被传统的商业保险业务排除在保障范围之外，但是小额保险的保障对象不包括无法负担保费的赤贫阶层，他们主要享受的是社会救济，而小额保险的目标是使广大的低收入群体享受到有效的风险保障。另外，由于保费低保额小是小额保险的显著特征，小额保险如果对投保人员进行严格的核保和筛选，无疑会增加保险公司的经营成本。所以，小额保险的经营者从一开始就放弃排除高风险的投保人的工作，因而要想更为有效的分散风险，必须努力扩大受益人群，从而通过规模创造效益。

(3)条款通俗易懂，经营程序简便

保险经营活动通常包括展业、投保、承保、分保、防灾、理赔及资金运用等环节，而小额保险的目标客户是低收入群体，他们大多数分布在农村或偏远地区，受教育水平较低，保险意识相对较弱，如果用特别专业的术语来制定小额保险合同，这肯定会给想要投保的低收入人群带来很多困难，从而打消他们投保小额保险的积极性，进而阻碍小额保险在农村市场的发展。因此，小额保险的保险条款应设计的通俗易懂，尽量用平实的语言去解释保险的专业术语，使每个投保客户能清楚的了解每项条款的意义。另外，必须简化小额保险的经营程序，因为小额保险的保费通常较低，所以简化经营程序有利于保险经营机构对小额保险的经营管理。

(4)产品供给主体具有多样性

由于大多数发展中国家都引入小额保险业务，而每个国家的发展情况不尽相同，各个国家都要根据本国的实际情况选择适合本国国情的小额保险发展模式，因此小额保险的供给主体具有多样性，商业保险组织、互助保险组织、非政府组织、民间互助组织等全都被包括在内，这些组织在经营小额保险时各自有各自的优缺点。如果一个国家能够选择适合本国的小额保险供给主体，必然会很大程度上提高小额保险的供给效率，促进小额保险的飞速发展。

(5)兼顾社会效益与经济效益

小额保险主要表现出两种形式，第一种是由政府部门作为小额保险的供给方，其目的是弥补政府体制的缺失，完善社会保障体系。第二种是以盈利为目的的保险公司作为小额保险的主要供给方，以收取小额保险费和风险事故的发生为给付保险金条件，为广大的低收入群体提供风险保障的同时，为保险公司带来可观的收益。总体来说，不管小额保险的供给主体是政府部门还是保险公司，其服务的目标客户都是低收入群体，具有稳定社会秩序，安定社会生活的社会效益，还具有积累社会资金，促进经济发展的经济效益。

6.3.2 中国小额保险的发展实践

从中国小额保险发展实践来看，2006 年中国初识国际经验下的小额保险；2007 年 4 月中国保监会正式加入 IAIS-CGAP 小额保险联合工作组，并着手推动国内农村小额人身保险发展；2008 年 1 月与世界银行、IAIS-CGAP 小额保险联合工作组联合举办研讨会(Microinsurance Workshop)，中国保监会表示，要关注低收入人群的生活保障，积极推广小额保险产品。2008 年 6 月 24 日，中国保监会出台监督政策对小额保险产品、渠道、经营机制等方面进行创新，并颁布《农村小额人身保险试点方案》，中国正式在山西、黑龙江、江西、河南、湖北、广西、四川、甘肃、青海 9 个省份的县以下农村开展小额保险试点。

在中国各地开展的小额保险实践中，险种并不丰富，主要以小额人身保险为主，部分地区开办小额信贷保险、小额医疗保险、小额自然灾害保险和农村住房保险。多数地区所开展的小额保险均提供较高的风险保障杠杆，一元保费可撬动的风险保额至少在 500 倍以上，一些地区还采取保费补贴、保费部分返还和保险费率下调等方式，降低贫困人口和农户的保费支出。中国部分地区开展的小额保险见表 6-1 所列。

表 6-1 中国部分地区小额保险开展情况

年份	地区	险种	主要内容
2015	重庆	小额人身意外保险； 小额自然灾害保险； 小额医疗保险	2013 年 9 月，重庆在五个区县开展小额保险，每户每年 70 元保费，意外保障 8 万元，意外医疗保障 8000 元，市级补助 50 元/户。截至 2015 年 6 月，为 48.2 万个贫困家庭提供 424.16 亿元保障，赔付金额 1081 万元
2016	山东胶州	农村小额意外伤害保险	中国人寿胶州市支公司开展农村小额意外伤害保险，截至目前已赔付 3126 起，赔付金额已达到 532.67 万元
2016	贵州	小额人身保险； 小额贷款保证保险	小额人身保险费率下调 29%~75%；开办“金农贷”借款人履约保证保险，费率较市场上担保公司费率降低 20%~50%
2017	四川凉山州	自然灾害公众责任保险； 小额人身保险； 农村住房保险	自然灾害公众责任险保费仅 2 元，保额可达 6 万元；小额人身保险保费 30 元，保额 2 万元；农村住房保险保险费 50 元，保额可达 5 万元；同时，地方政府还给予农户保费补助

（续）

年份	地区	险种	主要内容
2018	湖北鄂州	小额人身保险	2018 年上半年，鄂州国寿累计受理农村小额保险赔案 957 笔，赔款支出共计 131.97 万元，其中意外伤残及死亡支出 108.10 万元，占赔款总额的 81.91%
2019	湖北黄冈	小额人身保险	自 2015 年以来，已为近百万农民提供 100 亿元的风险保障，支付各类保险赔款 1000 多万元，其中 2018 年承保 65 万人，支付赔款 398 万元
2019	四川仁寿县	农村小额人身保险	小额人身保险保费 36 元/人，提供意外身故 20 000 元、意外伤残及烧伤最高 20 000 元、疾病身故 2000 元、因意外伤害住院（含门诊）治疗费用最高 1000 元的责任保障

资料来源：中国银保监会官方网站：http：//bxjg. circ. gov. cn//web/site0/tab5210/info3975170. htm.

在小额保险政策法规方面，中国尚未出台类似《农业保险条例》这样专门的小额保险法规，而主要是以政府部门发布政策的方式引导小额保险开展。从政策发布时间来看，小额保险的相关政策主要集中于 2014 年以前，2016 年后少有全国性政策提及小额保险；从政策发布单位来看，主要由国务院提出开展小额保险的要求，并由原保监会制定有关政策并主导小额保险的开展；从相关政策的主要内容来看，专门的小额保险政策引导中国小额保险的发展，使小额保险从试点运行逐步走向全国开展；而非专门的小额保险政策，如保险“十二五”、“十三五”规划和“普惠金融发展规划”，均提出发展小额保险的要求。小额保险的相关政策见表 6-2 所列。

表 6-2　小额保险的相关政策

年份	政策名称及发布单位	主要内容
2008	《农村小额人身保险试点方案》（保监会）	开始试点运营小额保险
2009	《关于进一步扩大农村小额人身保险试点的通知》（保监会）	进一步扩大试点范围
2010	《关于加大统筹城乡发展力度进一步夯实农业农村发展基础的若干意见》（中共中央、国务院）	提出发展农村小额保险，提高农村金融服务质量和水平
2011	《中国保险业发展“十二五”规划纲要》（保监会）	要求“探索具有地方特色的涉农保险试点，积极发展农村小额信贷保险”，“大力推动农村小额人身保险发展”
2012	《全面推广小额人身保险方案》（保监会）	全国推广小额人身保险
2014	《国务院关于加快发展现代保险服务业的若干意见》（国务院）	要求积极发展农村小额信贷保险和农村小额人身保险等普惠保险业务
2016	《中国保险业发展“十三五”规划纲要》（保监会）	在发展普惠保险中提及小额保险

（续）

年份	政策名称及发布单位	主要内容
2016	《推进普惠金融发展规划（2016—2020 年）》（国务院）	要求积极发挥保险公司保障优势，组织开展农业保险和农村小额人身保险业务，扶持小额人身保险发展
2022	《中国保险业标准化“十四五”规划》（银保监会）	扩大普惠型保险覆盖范围；推动制定商业保险与医疗、社保部门的数据共享和交换标准，促进普惠型保险的健康发展

资料来源：根据相关政府部门官方网站内容整理。

6.3.3 小额保险的国际实践经验及其比较

6.3.3.1 小额保险的国际实践经验

在许多亚洲发展中国家，微型金融机构结合其自身农户缺少保险保障的问题，已经以多种形式在其农村开展小额保险业务。而小额保险的金融模式主要有两种：其一是微型金融机构独立提供小额保险的经营模式，如孟加拉国乡村银行。该银行对贷款者提供保险保障，只要按照要求将贷款金额的 7%存入贷款保险账户，即可为客户甚至是其配偶提供保险服务，当其中一方死亡时，其两者的贷款将被全部免除，而不会转嫁给另一方，从而减少客户的债务负担；另一种模式则是由微型金融机构及保险机构合作模式，如印度的 Yeshasvini Health Care Trust，就是通过与微型金融机构的合作，利用微型金融机构的客户资源，为众多低收入客户提供小额保险服务。

（1）印度经验

印度政府对小额保险的开展高度重视。2005 年印度出台《小额保险监管法案》（*Microinsurance Regulation Act*），为提升保险在弱势人群中的覆盖水平，印度保险监管局专门设立小额保险的监管类别。在政府的推动下，小额保险覆盖率在 2012 年达到 9.22%的较高水平①。截至 2015 年 7 月 1 日，经营小额保险的保险公司共 17 家，26 款小额保险产品在售，目前仍在销售的最早的一款小额保险产品是 2001 年由柏拉太阳人寿保险公司（Birla SunLife Insurance Co. Ltd）开发的一款名为 BSLI BimaKavach Yojana 的小额保险②。

印度监管部门建立良好的小额保险市场销售机制和模式。一是定额销售机制，印度保险监管局规定保险公司有义务向农村低收入者销售保险，且保费量要达到公司总保费收入一定比例的监管标准”③。二是合作代理的经营模式，通常由多方机构合作，保险公司负

①小额保险中心：http：//www. microinsurancecentre. org/landscape-studies/landscape-studies-2. html. 2017/9/19.

②印度保险监管和发展局 . Microinsurance Product list［EB/OL］.（2015-04-12）［2017-08-15］. https：//www. irdai. gov. in/ADMINCMS/cms/NormalDa-ta_ Layout. aspx？ page=PageNo271&mid=26. 2.

③印度保监局监官方网站资料：https：//www. irdai. gov. in/ADMINCMS/cms/frmGeneral _ Layout. aspx？ page = PageNo66&flag=1.

责开发产品、费率厘定；代理机构负责产品销售等服务(林熙、林义，2008)。两种创新共同实施：定额销售机制的规定迫使保险公司拓展农村低收入人群的业务，但保险公司的销售渠道因交易成本难以延伸到农村；小微金融机构和非政府组织植根于农村地区的低收入人群业务，具有销售渠道畅通和掌握当地客户资源的优势，需要新产品来吸引更多的资金。故合作代理模式使保险公司和小微金融机构、非政府组织优势互补，实现小额保险在印度地区的良好发展。

(2)孟加拉国经验教训

孟加拉国的小额保险市场是一个不断试错的过程。1988年，三角洲人寿保险公司(Delta Life Insurance)作为第一家民营保险机构进入孟加拉小额保险市场，1991年推出一种与小额企业贷款挂钩的小额保险产品，投保人只需支付几百塔卡(约合人民币几十元)的保费，即可从保险公司获得贷款。这款产品短期热卖，但最终却因很多保单失效、贷款难以回收，导致约合200万美元的损失①。20世纪90年代末非政府组织和小微金融机构开始小规模提供小额保险产品，2000年初主流保险公司加入其中，使得小额保险销量在孟加拉国迅猛增长，但小额保险监管法规一直没有出台，保险公司仅参照1973年保险公司法进行经营。同时，非政府组织和小微金融机构有小微信贷监督管理法的法律支持，可以经营小额保险，2007年属于非政府组织和小微金融机构的小额保险客户达到2069万，而属于正规保险公司的小额保险客户不及前者的1/4，只有448万(R. A. Hasan，2007)。

截至2013年，孟加拉国政府依然没有制定正式的小额保险法规和制度来指引经营小额保险的机构运营，而是以制定政策文件的方式来引导小额保险市场发展。尽管孟加拉国政府要求保险公司向农村和社会部门提供寿险和非寿险产品，但是政策约束性较差，不足以使保险公司重视，2012年孟加拉国小额保险覆盖率仅为6.1%②。由此可见，由于正式制度的缺乏，政府对小额保险采取不作为的态度，导致孟加拉国小额保险向农村地区的推广力度较弱，运行效果较差。

(3)秘鲁经验

秘鲁的银行和保险监管局(Superintendence of Banking and Insurance，SBS)负责对保险业进行立法和监管③。2007年银行和保险监管局制定第一部具体的小额保险法，极大促进小额保险市场的发展并建立完善的消费者保护法律框架；秘鲁的小额保险监管适用于任何一款月保费不超过3.3美元或者总保额不超过3300美元的保险；为降低交易成本，监管措施具有很大的弹性，可以通过多种方式和渠道进行销售和购买，其中包括代理机构、零售店销售员、小额金融机构、社会组织和合作单位，以及投保人也可以通过汇款的方式直接购买；2009年秘鲁银行和保险监管局出台新的小额保险规定(以下简称新规)，重新定义小额保险，以避免保险公司对保费或保险金额的任何限制，并考虑保费的公平性；新规

①资料来源：http：//ilo. ch/wcmsp5/groups/public/---ed_ emp/documents/publication/wcms_ 122462. pdf.

②该数据可在小额保险中心的地图和数据(Map and Data)中查询，网络地址：http：//www. microinsurancecentre. org/landscape-studies/landscape-studies-2. html.

③SBS官方网站：http：//www. sbs. gob. pe/principal/categoria/regulacion/8/c-8.

还简化销售流程和保险条款，不得有除外责任，但如果有必要可以设置最低赔付额，不得包括人为的先验评估，除非是明确规定的保险产品类型。新规对小额保险市场产生积极影响，截至 2010 年 3 月，9 家保险公司申请注册 67 种小额保险产品；新增小额保险客户数量 21.5 万，客户数量翻一倍；有两家保险公司(La Positiva 和 Protecta)成立专门的小额保险部门①。可见，正式制度建设能促使保险市场规模提升，进而使贫困人口的风险抵抗能力增强。

(4)菲律宾经验

菲律宾政府的主导与全面参与使菲律宾小额保险正式制度得以加快建立。菲律宾 1978 年出台《保险法》(*Insurance Code*)。在菲律宾有 4 种类型的保险人：人寿保险提供者、非人寿保险提供者、混合保险提供者和互惠社团(Mutual Benefit Associations)，其中，互惠社团面向低收入人群保险市场。2004 年共有 18 家互惠社团向低收入者提供非营利性的小额保险。2006 年菲律宾有第一部小额保险法规(Insurance Memorandum Circular 9-2006)，2010 年政府宣布实施小额保险监管体系，自此菲律宾有关于小额保险的正式制度②。

(5)南非经验

南非拥有专门针对小额保险的法律法规体系和监管机构。2011 年南非出台正式的小额保险监管体系政策文件(*The South African Microinsurance Regulatory Framework*)，该文件涵盖保险机构、中介机构、消费者教育和强制监管的内容③。2016 年的《保险法案》(Insurance Bill)，为小额保险提升金融普惠提供正式法律制度框架，并且对小额保险业务范围作明确的规定，特别界定小额保险的经营者是被许可的仅经营小额保险业务的保险公司。根据南非出台的小额保险监管文件，为完善小额保险法律法规，南非的国家财政部和金融服务委员会成立专门组织机构——小额保险引导委员会(Microinsurance Steering Committee)，下设 4 个工作组，分别负责制定产品标准，受理建议和仲裁，审慎需求和税务处理。

从各个国家的发展经验来看，政府对小额保险业务的统筹规划可以有效的推动其进程，如为小额保险的业务经营提供政策扶持、对小额保险的交易主体提供补贴等。实际上，小额保险应该与小额信贷共同发展，互相促进。

6.3.3.2 小额保险中外实践的比较

(1)小额保险经营模式的比较

印度合作代理模式引入有资质的小微金融机构和非政府组织，扩展小额保险覆盖率；而中国在小额人身保险试点过程中探索 4 种小额保险模式：全村统保模式、家庭小团单模式、与新农合合作模式以及与农村相关机构合作模式等，使保险服务延伸到低收

①资料来源：a2ii 官网文件 https：//a2ii.org/sites/default/files/reports/10b_c_chiappe_microinsurance_regulation_in_peru.pdf.

②菲律宾保险委员会官网：https：//www.insurance.gov.ph/mutual-benefit-associations-and-microinsurance/.

③南非财政部官网：http：//www.treasury.gov.za/publications/other/microinsuranceregulatoryframework/policy%20document%20micro%20insurance.pdf.

入农民，降低成本。印度政府的参与度较高；而中国更依赖于商业保险公司和农村信用合作社等正规金融机构。印度政府和国际基金都对小额保险的运行提供资金支持；而中国小额保险的资金主要靠个人和企业的赞助，中央层面没有专门针对小额人身保险的财政补贴政策。

(2)政府对小额保险支持力度的比较

孟加拉国政府对小额保险采取一种不作为的态度，导致小额保险在发展过程中走许多弯路，而其他国家的政府都对小额保险的发展非常重视，并提供大力支持，使得小额保险发展取得成功；中国政府也曾关注并大力推动农村小额人身保险的发展。然而，近年来政府对小额保险发展的关注程度明显降低，这使得业界和学界对小额保险重视程度下降。当前，中国小额保险多以个别地方政府主导推行，而实施效果因数据统计层面较低，难以进行全国层面的评估，且缺少国家层面的政策引导与支持。

(3)小额保险正式制度构建的比较

秘鲁和南非都出台正式的小额保险法，特别是秘鲁，在法律中对小额保险的定义作明确界定，使小额保险产品与其他保险产品边界明确，有利于保险公司的产品设计和监管机构的分类监管；中国目前尚无正式的小额保险法规，在中国《保险法》(2015年修订)中，也未对小额保险范畴作明确的界定，关于小额保险的正式制度建设相对落后。

(4)小额保险非正式制度的比较

菲律宾小额人身保险市场的发展得益于政府坚定的推进正式制度建设，并注重把非正式制度与小额保险发展结合，小额保险依托互助金的模式，顺势而为。根据 Arthur(1988)提出的自我增强机制理论，人们对小额保险的接受和认同，从内在产生对小额保险产品的需求和欢迎，降低小额保险产品销售的经营成本，也降低小额保险市场发展的交易成本，体现出报酬递增的特点，这将增强人们关于该产品更受欢迎的信念。尽管中国小额保险由各地方政府主导商业保险公司经营的方式来运行，但政府力量过强，容易导致各方都依赖于政府，忽视对各地习俗、文化等非正式制度的利用。

(5)小额保险监督管理的比较

南非法律制度明确小额保险在提升金融参与中的作用，并设立专门的监管机构来保护投保人的利益，并且对监管部门的职责进行细化和分工；而中国银监会和保监会合并后，联合监管的能力加强，但尚未设立一个专门的普惠保险监管部门，仅将其归属到人身或财产保险监管部进行监管，这忽视普惠保险是针对贫困人口的特点，可能不利于对贫困人口投保小额保险利益的保护。

6.4 国际微型金融典型业务模式

当前国际上微型金融存在6个典型的业务模式：孟加拉国乡村银行模式(又称格莱珉银行，GB)、玻利维亚阳光银行(Banco Sol)模式、印度尼西亚人民银行(BRI)模式、拉丁美洲村庄银行模式(FINCA)、日本农业协作社模式、美国联邦小企业署模式，这些微型金融业务模式在组织架构、贷款制度和还款机制等方面都各自具有其不同的特点，都对中国发展自己的微型金融业务有着借鉴意义。

6.4.1 孟加拉国乡村银行模式的基本特点

GB 模式是目前世界上研究最深入，应用也最广泛的微型金融业务模式。GB 模式是 1976 年由孟加拉国著名的经济学教授尤努斯(Yunus)为解决贫困人群贷款难建立起来的一家专门从事微型金融业务的银行，其客户大多是农村地区中低收入的农民群体。目前 GB 模式已经发展出第二代，并被全世界很多发展中国家借鉴和研究。总的来说，GB 模式有如下特点：

6.4.1.1 独特的客户筛选机制及管理组织

在孟加拉国，GB 贷款对象主要是该国的贫困人群，有些甚至是赤贫的乞丐，他们平时生活十分艰辛，有时为生计而不得不承受着高利贷的盘剥，日复一日、年复一年过着赤贫、毫无希望的生活；GB 给其无抵押无担保的贷款以使得他们能够从事生产活动以改善自身状况，因此他们非常珍惜，努力从事生产活动并确保贷款本息能够按时偿还。同时，GB 在贷款发放前还会要求每个申请贷款的贫困人群参加由 GB 组织的培训和考试，以选拔出那些真正需要而且有上进心的人，因为对富人来说，这样做的机会成本比较大而对于贫困人群来说机会成本几乎为零，从而筛选出那些真正需要贷款的人。其次，GB 对借款人采取团队自治的组织形式，分为中心—小组—会员 3 个层级，一般由同一个村子的 5 个没有亲戚关系的借款人自愿组成联保小组，由 5 或 6 个小组(或者 6~10 个小组)组成一个中心，小组长和中心主任都由借款人民主选出。每 120~150 个中心由一个支行管辖。一般小组每周，中心每半个月要举行一次会议，会议的内容十分广泛，包括商讨某一小组成员的贷款计划和还款安排，收取会员们的还款，发放新的贷款，甚至包括有关生产经营经验和技术交流。在会议中 GB 积极鼓励相关借款人发挥其在“软信息”上的信息优势，交流信息，加强其相互之间的监督以解决逆向选择和道德风险问题，不仅有力地减少金融机构自身的监督和操作成本，同时也减少因为项目参与人员选择不当和贷款使用过程中监督不力而带来的风险。再次，特别关注妇女这一特殊客户群体。在尤努斯看来，广大的妇女其实具有男人所无可比拟的优秀品质，如细心、有责任感、耐性好等，因此妇女是天然具有得到资金援助的优势，而且妇女往往比男人更加关心儿童的健康和教育。因此，通过对妇女的资金资助，可以取得更高社会效益。另外，妇女在对待投资上更加小心，会仔细论证每一个项目的安全性和可行性，同时，妇女自身流动性较小，因而对妇女的贷款安全性更高，追查不良贷款也更加容易。

6.4.1.2 层级管理的组织架构

GB 的组织结构与传统金融机构相似，也是分为总行、分行、支行和营业所 4 个层级，支行是 GB 最低一层具有自主管理权限的单位，总行下面共有 40 个分行，分行负责所管辖的地区行的管理、监督、考核及资金协调工作。每个分行下面设 6~8 个地区行。地区行在财务上是自负盈亏的，其对下属支行的管理能力是 GB 是否能够实现盈利的关键所在。每个地区行下设有 10~15 个支行，每个支行又管理大约 120~150 个中心。GB 不直接面对借款人，而是与小组和中心发生联系。一般情况下，小组每周召开一次会议，中心每半个月左右召开一次会议，贷款项目的选择、资金的发放、贷款的回收等业务流程是会议的主要议题。这种层级的组织结构有利于金融机构加强监督与管理，保证贷款的发放及时，信息通畅，风控有力。

6.4.1.3 团体贷款制度

团体贷款一般认为是德国合作社早在 19 世纪就已经发明出来的一种信贷技术，但当时只是小范围和局部地得到应用。直到尤努斯的 GB 成立，其针对微型金融业务的特点和实际情况而采用的团体贷款取得巨大成功，伴随着 GB 模式的逐步成熟，团体贷款技术也逐渐走向成熟，并在全世界得到广泛关注和研究，应用甚广。所谓团体贷款简单说就是贷款无须提供担保抵押，一般由借款人组成联保小组，成员之间互相担保还款(连带责任)；如果小组成员中有一个人不能按时偿还贷款，那么整个小组在今后就不能申请更大额度贷款，甚至被停止放贷；如果小组的每一笔贷款本息都得到按时偿还，则银行在今后会逐渐提高对该小组的放贷额度，同时由于小组成员之间多是熟人或者同一个生活圈子的人，为今后能够更好地借到款项，小组成员之间便会加强相互之间的监督，保证贷款的使用符合规定并督促贷款的按时偿还，因此团体贷款可以有效克服微型金融中的逆向选择和道德风险问题。

6.4.1.4 灵活的分期还款机制

首先，传统银行实行全额还款的制度，在贷款到期时，因为借款人要拿出一大笔资金，在心理上会很难受，往往会尽量拖延还款，甚至形成呆坏账。而 GB 允许借款人每周分期还款，从第二周开始还贷，按照借款合约规定的利息计算方法每周偿还本金的 1/50，50 周内还清。这样就避免在全额还款时造成的借款人心理上的负担，同时也有利于监督借款人的还款情况，便于 GB 及时作出调整。如果借款人还贷记录良好，其贷款数额会不断提高(也叫递增贷款)，连续扶持直至借款人脱贫为止。尤努斯认为，“对于借债人来说，他们每周偿还小额贷款，这是一个改善他们财政状况的重要环节。一年后债还清，他们可以借更多，同时又有一笔存款可以动用，令他一步步脱离贫困线”。其次，实行组内次序贷款。即贷款的发放一般按“2-2-1”的顺序，小组中最贫困的两人，通常也是信用风险较高的两人，首先获得贷款。只有当他们分期还款的周期和数额符合规定，而且其他组员都遵守 GB 规定的时候，剩下的两个组员才能继续申请贷款，当小组组员都基本保证贷款及时和足额的偿还之后，小组组长才能申请贷款，如此周而复始。这样最大限度地发挥小组组长的监督作用，保证贷款的按时足额偿还。最后，GB 还创新性地创立灵活贷款制度，当借款人不能按时偿还基本贷款时，GB 就将其转入灵活贷款。所谓灵活贷款就是在借贷双方协商的基础上，变更基本贷款的条款，比如延长贷款期限(不再局限于 1 年)，减少分期还款的频次(如将每周还款改为每两周还款)等，使借款人能够更加从容地应对还款，减轻还贷压力，从而减少不良贷款的发生几率。

6.4.1.5 强制储蓄制度

该制度有点类似于强制社会保险的制度，可以增加个人或家庭抵抗意外风险的能力，有效防止贫穷的借款人由于对自身缺乏严格约束而再次出现返贫的现象。该制度要求借款者必须一定周期内按时存款(通常为一个星期)作为小组基金(Group Fund)和紧急基金(Emergency Fund)。小组基金分为集体基金、儿童教育基金等，可以用来满足小组成员的临时急需的消费贷款需求，如婚丧嫁娶，以及小组公共事业和子女教育；紧急基金的作用则主要是风险储备，作为组员的违约、死亡或灾害的保险。一般在发放贷款时，扣留5%的贷款部分作为基金。为鼓励农民存款，GB制定比其他银行普通储蓄存款要高的利率。同时GB还将农民的存款情况与贷款考核相结合。GB通过考察借款人在该行的存款数额，建立起评价该借款人的风险指标，借款人在GB的存款越多，就越容易申请到大额的贷款，这样就激励借款人主动去进行储蓄。尤努斯指出："小额贷款机构如果要自负盈亏，首要条件是可以接受存款。如果不可以接受存款，捐款用光后便无以为继，借款人同时是存户，他们拥有这家银行，我们便像河流般不断有活水。"现在，42%的分支机构的借款人存款等于其贷款余额的75%，1/5分支机构的借款人存款高于贷款余额，在某些分支机构，借款人存款比贷款余额高50%左右。当前，GB已经很好地实现可持续性发展，来自于储户的资金源源不断，形成良性循环，存款总额已经达到贷款余额的150%。在15个分行里，有9个分行的存款额超过其贷款余额。除强制储蓄以外，GB还鼓励借款人以贷款很小的一部分购买银行的股份，成为GB的股东，这样就将借款人与GB的命运紧紧绑在一起，如今，GB借款人拥有银行94%的股份，另外6%的股份由政府持有。

6.4.1.6 灵活的贷款利率

一般来说，微型金融机构因为其高昂的成本和信用风险较高的特点，往往都制定很高的利率，GB也不例外。但是，为更好地服务于广大贫困阶层，GB还制定更为灵活的贷款利率，如创收目的的贷款利率为20%，住房贷款利率为8%，学生贷款利率为5%，艰难成员(乞丐)贷款免息。

6.4.1.7 人性化的客户管理

首先，GB的信贷员主动性很高，会与所管辖的村子里德高望重的村民主动交谈并拜访贫困户，鼓励其加入小组中参与贷款。此外，GB还对借款人提供信贷附加服务，如开展农业技术指导和产销服务的培训，成立农业、渔业、纺织等多个行业的基金会，提高借款人摆脱贫困的能力，授人以鱼不如授人以渔，GB通过种种丰富多彩的培训活动既帮助借款人形成良性互动，早日摆脱贫困状态，同时也提高其还款的意愿和能力，降低不良贷款率，提高经营效率。

6.4.1.8 GB二代的创新

传统的GB贷款模式遵循一定章法，完全有规则可循，但是灵活性不够。1998年，孟加拉国发生严重的洪涝灾害使许多客户还款变得困难，还款率下降到80%的历史低位。面对新情况，GB不得不对传统贷款模式进行改革，从2002年起，开始推行第二代模式，第二代模式较第一代模式在贷款制度安排方面更为灵活。首先，GB二代瞄准农村中的赤贫阶层，他们通常生活起步很艰难，允许他们第一笔贷款额很小，先从投资小、风险小的生意做起，每周也被要求存很少一些钱，项目使很多赤贫人群积累资产，渐渐融入正常的乡村生活。其次，GB 二代在团体贷款之外，也提供个人贷款，并且在团体贷款中，小组成员可以不遵守“2-2-1”贷款发放顺序而是同时得到贷款，还款可以各期不等额，并允许部分提前还款，将无法按期偿还的贷款划入“弹性贷款”；小组成员也不再承担连带责任，“尽管每个借款人都必须属于一个 5 人小组，但是小组并不为组员的贷款提供保证。还贷责任仅仅依赖于个人，而小组和中心只是监督借款人行为而没有人会牵涉到代为还款的问题。没有连带责任，也就是组员不负责为拖欠的成员还款”。同时还将第二次贷款的间隔周期由一年缩短为 6 个月。分期还款的额度也更加灵活，可以根据借款人所处不同的商业环境而调整，商业活动高峰期可以多偿还一些，低谷期可以少偿还一些，最低 1%的偿还额。最后，GB 二代更加注重个人的还贷表现而非整个小组，也不需要缴纳小组基金，而是一半存入个人账户，一半存入特别账户。任何时候，组员都可以从个人账户中取款，而特别账户在满 3 年后，组员可以提取超过一定额度之外的存款，还可以用于购买 GB 的股份。在业务上，GB 开始多元化经营，从单纯接受借款人存款到接受公众存款，并将资助者资金注入成立具有独立法人资格的基金(公司)，如 GrameenKalyan 基金等来实施某些特定项目。

6.4.2 玻利维亚阳光银行模式(BancoSol)

玻利维亚阳光银行(BancoSol)模式同 GB 模式最大的不同是其可以向个人提供贷款，经营上也更加向商业化方向靠拢，其基本特点可以概括为以下 3 个方面。

6.4.2.1 团体与个人相结合的贷款制度

BancoSol 和孟加拉国 GB 一样，也实行团体贷款制度，但是其贷款期限为 4~12 个月，平均贷款额度为 800 美元左右，这是其不同于 GB 的地方。其小组成员为 3~7 名，数量不固定，小组每人可以同时获得贷款。除团体贷款外，BancoSol 也直接向个人提供贷款。客户可以每周还款，也可以每月还款。因此 BancoSol 的团体贷款制度显得较为灵活。

6.4.2.2 商业化的经营理念

BancoSol 和 GB 不同，具有商业化经营理念，因此其首先关心是否能够获得经营利润，能否实现自负盈亏，而社会责任与社会义务则放到一个较为次要的地位。正是由于 BancoSol 具有商业上的利益诉求，因此 BancoSol 的客户不集中在无利润可言的农村地区，而是城市地区的中小微企业和净资产较多的较富裕个人，也即“穷人中的富人”或者“位于贫困线以上”的非贫困人口。因此在具体微型金融业务中 BancoSol 往往可以根据客户承受能力制定高达 47.5%~50.5%的贷款利率，从而在不依靠政策和外部资金支持情况下实现财务上的可持续性。由于 BancoSol 近似商业的性质，因此其在对外放贷时可以采取部分担保方式，从贷款中扣留部分作为强制储蓄，以降低贷款风险，实现盈利。

6.4.2.3 完善的公司治理结构

BancoSol 建立比较完善的现代公司治理结构，经营管理水平较高，通常跟普通的金融机构一样受到国家金融监管部门备案监管，其财务报告制度与领导层的资格审核制度同普通金融机构监管是一样的，所不同的是根据其微型金融的特点，其无担保贷款可以不经过严格的风险审定。

6.4.3 印度尼西亚人民银行模式(BRI)

BRI 模式也是一种较为商业化的微型金融业务模式，其最大的特点就是其商业性的贷款制度，基本特点可以概括为以下 4 个方面。

6.4.3.1 国有商业金融机构的定位

印度尼西亚人民银行(简称 BRI)不同于以上两种模式，其是世界上针对农村提供微型金融服务最大的国有商业性金融机构。其普通农贷的客户主要是农村中的中低收入者，基本排除高收入 10%的农户和最穷 30%的农户，25%的普通农贷借款者是妇女。另外，BRI 只承担商业银行业务职能，而包括农户的培训、教育等在内的社会职能，BRI 则放手交给社会去承担。

6.4.3.2 商业性的贷款制度

BRI 普通农贷额度最低为 2.5 万印尼盾(约合 12.5 美元)，大的额度可达到 50 万印尼盾(约合 250 美元)到 100 万印尼盾(约合 500 美元)。普通农贷要求借款者提供相应价值的抵押物，如耕地、宅基地、动产等，BRI 还开发无抵押的小额(50 万盾以下)普通农贷。同时贷款也被要求用于营利性项目，允许一定比例的贷款被暂时用于其他短期用途，如果没有适当的抵押，则一些消费贷款，如婚葬和医疗等大额支出不能支持，但是住房需求和子女教育支出需求可以满足。BRI 贷款利率制定地也较高，以扩大存贷差，增加盈利。在 1984 年开始设计普通农贷时年利率是 32%(可浮动)，通常浮动在 20%~40%，但低于当时的市场利率。

6.4.3.3 灵活的贷款期限

业务围绕客户需要，简单易行，基本实现标准化作业和高透明度的业务流程。贷款期限灵活，一般贷款分 3 个月、4 个月、6 个月、9 个月、12 个月 18 个月等，运行资金是 24 个月，投资贷款是 36 个月，还款机制灵活。基本还款方式是按月等额分期还款，除此之外也有按月或短一点期限的到期一次还款。

6.4.3.4 强制储蓄制度

像后期的 GB 一样，目前 BRI 乡村信贷部也基本实现其资金来源主要是来自于储户的储蓄存款。并建立贷款安全保障和还款激励机制。为保证贷款人能够还款，乡村信贷部在贷款时先扣除 100%的还款保证金，这同 BancoSol 还款担保机制相类似，以降低贷款风险，实现盈利。

6.4.4 拉丁美洲村庄银行模式(FINCA)

拉丁美洲村庄银行(简称为 FINCA)模式，是以村为基础的半正规会员制机构，他是在 20 世纪 80 年代中期在拉丁美洲国际社区自助基金会的基础上而成的。其主要特点有：

6.4.4.1 合作制性质的机构

正是由于村庄银行在性质上带有合作制的特点，因此其日常运营遵循民主的原则。村庄银行是一种半正规性质的会员制合作互助信贷组织，会员对村庄银行拥有一定的所有权。其成员一般由 10~90 个农户组成。FINCA 实际上起到一个团体的作用，其代表会员也就是储户村民与外部金融机构直接接触，而会员不与提供信贷的金融机构直接接触，由 FINCA 做担保，外部金融机构将贷款交给 FINCA，然后由 FINCA 再在内部将信贷资金按照一定的原则和方法分配给各个会员，利息的计算与还款的安排也在内部进行。妇女是 FINCA 的主要客户，其人数甚至能占到总贷款人数的 95%。目前 FINCA 由于其半正规的合作制性质，因此其还没有实现完全意义上的财务可持续性。

6.4.4.2 团体贷款制度

FINCA 本质上是一种团体担保，由参加 FINCA 的会员集体做出担保，然后再在团体担保的基础上对组成 FINCA 的会员个人进行放贷，由此可见 FINCA 模式实际上是将团体贷款与个人贷款某种程度上的结合。FINCA 的还款方式灵活多样，一般有周、双周和月几种还款周期。在贷款的偿还与展期等重大问题往往在 FINCA 的定期会议上加以讨论，此时提供贷款资金的外部金融机构可以列席但无决策权和讨论权。

6.4.4.3 强制储蓄制度

FINCA 与 BancoSol 和 GB 相类似，也有强制储蓄的规定，而且往往规定存款额要达到贷款额的 20%以上。存款额达到一定数目后，更加有利于村庄银行从外部金融机构获得更大额度的贷款。

6.4.5 日本农业协作社模式

日本农业协作社被公认为是世界上最成功的农村合作经济组织形式之一，是依据日本 1947 年颁布实施的《农业协同组合法》而建立起来的既具有特殊性质的企业，又具有很浓的农村社区性质的农民合作组织。日本农业协作社作为代表农民利益的流通中介，支撑着日本现代农业的发展。在近百年实践中，日本农协已经形成一个包括地方性组织和全国性组织在内的完整体系，从中央到地方建立一整套严密的农协组织系统，在全国形成一个庞大的组织体系，如图 6-1 所示。

日本农协拥有全日本第一大企业集团、第一大银行集团、第一大保险集团、第一大医疗集团和第一大供销集团。日本农协是综合性农协，且是以信用为中心，建立在信用业务之上的综合农协。日本基层农协一般是以市町村等行政区域为单位组织起来的，也叫单位农协。综合农协以本地区农户为服务对象综合开展服务工作，服务内容不仅包括农业生产资料供应、技术指导、教育培训、农业信息、农产品加工、存储、销售、信贷、保险，还包括生活服务、医疗卫生保健等。该类农协代表日本农协的综合信用业务，是日本农协生存发展的关键因素和命脉。专业农协则以从事同一专业生产的农户为服务对象，为专业农户提供生产资料采购、技术指导和产品销售等方面的服务，一般不提供信贷、保险服务，也不提供生活服务和医疗卫生保健服务等。

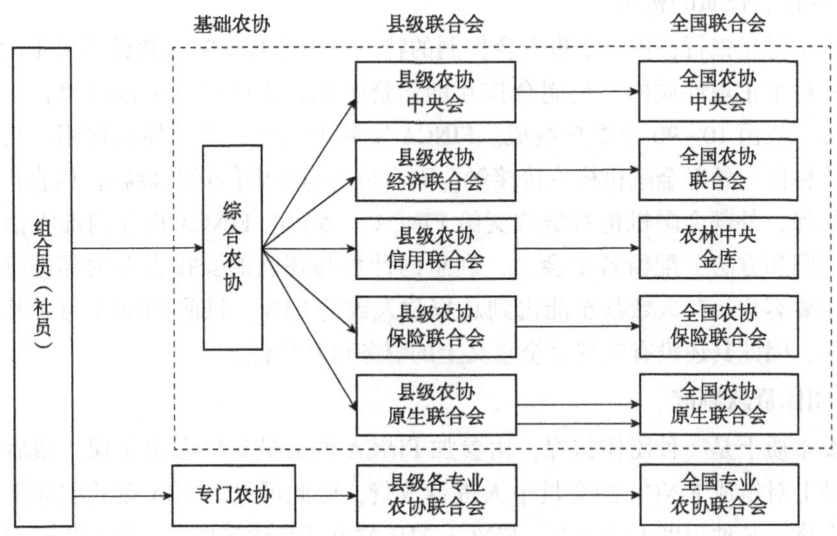

图 6-1　日本农业协作社组织图

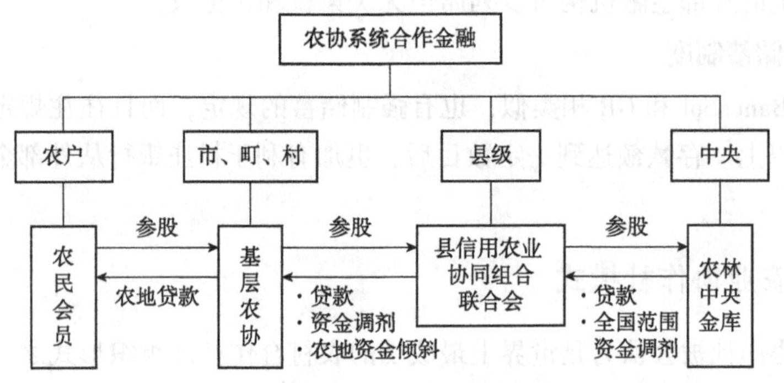

图 6-2　日本农协系统合作金融

日本农业协作社已形成涵盖农户、市、町、村、县级及中央的农会组织架构，因此也逐步形成与之相对应的以合作制度为主导的农村金融体系。日本的农业金融体系并不是作为独立运行的系统，其以独特的三级组织机构，并以农协为载体，以信农联为中枢机构，组成其合作金融组织机构。图 6-2 即日本农协系统合作金融。农户自愿成为农民会员，会员参股由市、町、村层面组成的基层农协，基层农协为农户成员提供购销、信用、加工、商业、技术推广、文化和福利等在内的综合服务，直接为农户办理存贷款、票据贴现和债务保证等信贷业务。县级农业协同组合联合会连接基层农协与农林中央库，起到扶持和指导基层农协资金运行及管理作用。农林中央金库负责整个农协系统在全国范围内的资金融通，但中央—县级—基层农协，三者业务上是指导关系，农户参股基层农协，由基层农协作为统一主体参股县级农业协同组织，三者经济上实行独立核算，自负盈亏。目前日本中央农林金库已经转变为一家坚持国际化经营、全面参与市场竞争的大型商业银行，成为日本国内信用评级最高的银行之一。

6.4.6 美国联邦小企业署模式

美国小微企业为经济发展作出重要贡献，美国为此设立美国联邦小企业署(Small Business Administration，简称SBA)服务小微企业。SBA成立于1953年，占据美国民营企业和中小企业融资体系主体地位。作为一个永久性的联邦政府机构，联邦小企业署定位是政策性金融机构，以“帮助小企业起步、成长和成功”为己任，为私营中小企业设计和安排金融服务项目，包括债权融资、担保债券和股权融资等，其重要职能之一是确保小企业可以以合理价格和融资条款获得信贷资金，建立起政府对小企业融资支持的常态化体系。SBA经国会授权拨款，在许可范围内可直接向小微企业贷款，但主要是通过担保等信用加强措施鼓励或发动金融机构发放贷款。主要服务项目有：小企业担保贷款项目、注册开发公司贷款项目、小企业投资公司项目、小额贷款项目、微型企业投资项目等。美国政府主要通过担保来支持金融机构向小企业贷款，采用直接贷款的方式较少，主要是短期贷款。SBA担保贷款最长达25年。在担保比例方面，SBA遵循风险共担原则，对金融机构发放的贷款实行部分担保制度，担保比例定期调整以反映市场条件变化。除向小微企业提供各种类型的商业融资服务外，美国联邦小企业署还为小微企业提供企业经营活动支持、为企业提供培训、经营管理咨询、就业指导、贸易纠纷处理等帮助。

SBA对小企业的信贷支持有两种方式：一是小微贷款计划下的直接资金支持，由SBA合作的小企业贷款中介机构代为发放，通常为小额、短期贷款。二是7(a)贷款计划、504担保贷款计划，提供不超过85%的贷款担保，可贷金额通常不超过550万美元，贷款期限最长25年，可以是定期贷款也可以是流动资金贷款，部分贷款项目对资金使用用途有一些限定。7(a)贷款计划是SBA小企业贷款计划中最基本、最普遍的类型，其名称源自《小企业法案》的7(a)部分，该计划下，授权机构向符合资格但未能从其他常规渠道获得资金的小企业发放浮动利率商业贷款，最高贷款额500万美元，资金用途包括流动资金、机器及存货采购、店面装修、购置商业用房、商业并购、偿还商业贷款等，不超过15万美元的贷款，SBA担保85%，超过15万美元贷款，SBA担保75%但不超过375万美元，贷款期限视用途而定，流动资金贷款期限最短(5~10年)，购置商业用房期限最长(最长可达25年)。2019年度7(a)计划共提供23 365笔担保、总金额106.7亿美元，其中15万美元、15万~35万美元、35万~200万美元、200万美元以上贷款占比分别为8%、12%、44%和37%。SBA的另一重要担保贷款计划即504贷款计划是向小企业购置固定资产提供长期固定利率融资支持，贷款用途包括购买商业房产、建造新设施、购置重型建筑机械及设备等，贷款架构一般是SBA合作机构提供50%融资、SBA 504计划融资40%、贷款人提供10%首付。

6.5 商业银行参与微型金融业务的国际经验

与现有的微型金融供应商相比，商业银行在诸多领域具有独特的竞争优势，如知名的品牌，健全的基础设施和系统，以及雄厚的资本实力。根据银行与客户的联系方式，可以将目前商业银行进入微型金融市场的途径分为直接开展模式和间接开展模式两类。直接开展模式是指商业银行通过内部成立专门的部门或者设立独立的金融机构或者成立专门的服务公司从事微型金融业务，使他们的零售业务达到“小微水准”，从而直接进入微型金融市场。间接开展模式是指通过与现有微型金融机构合作金融市场，包括外包零售业务，向微型金融机构提供商业贷款，提供基础设施和系统等。

6.5.1 直接开展模式

6.5.1.1 内部设立战略单元

在这一模式中，银行通过其现有的组织结构提供微型金融服务，在银行内部建立一个专门的部门来管理与微型金融有关的业务。这一微型金融业务单位既不是一个独立的法人实体，也不是独立于银行运作，而是使用银行现有的人员和系统，内部部门要求银行的系统和程序适应微型金融操作的专门要求。银行可以通过创建独立的系统、贷款程序、员工政策和治理给予内部部门更多的自治权。此单元可与银行的诸多部门相联系，比如零售部门或个人理财部门。这一模式的优势在于不需要建立独立的新实体，避免高昂的初始投入成本，而且内部业务单元能够紧密地快速地融入银行母体，对整个银行来说，也可以很快进入微型金融市场，运作效率相对较高。此外，这一模式还能最大程度上利用母体银行的公众形象，有助于微型金融业务迅速形成品牌。

目前运作比较成功的案例包括印度尼西亚人民银行(BRI)和斯里兰卡 HNB 银行。印度尼西亚人民银行(BRI)是世界上为农村提供金融服务的最大国有商业性金融机构之一，也是网点改革的最成功案例之一。1984 年以前，BRI 都是靠政府补贴的政策性机构，贷款项目连年亏损。直到 1984 年 BRI 将全部 3600 多家乡村信贷部进行商业化改革，将其转为完全的村银行，并且放开利率管制，允许每个村级机构自主决定贷款利率，以覆盖其全部贷款经营成本。改制后的 BRI 业务量迅速扩大，利润不断增加，仅用三年时间就实现营业收支平衡。到 2004 年，96%的村银行都实现盈利。斯里兰卡 HNB 银行为在 1989 年开始一个旨在减少农村贫困贷款和动员储蓄的“乡村复苏”项目，利用银行已有的分行网络提供农村金融服务，主要是对农村的小企业发放小额贷款和动员储蓄，同时也强调通过提供额外的服务，如技能培训等来促进社会发展。HNB 的管理者不仅将该项目当作促进农村经济发展的手段，同时也非常重视项目的盈利能力，将项目看作是增加银行利润、向客户交叉销售其他银行产品的途径。“乡村复苏”项目属于银行个人银行业务部的一部分，结合到银行已有的业务中，是银行提供的额外产品。

6.5.1.2 成立独立的金融子公司

金融子公司是独立于银行母体、专门经营微型金融业务的法律实体。如果银行决策者和技术专家们希望不受现有业务经营的干扰，以一种透明度较高的商业方式开展微型金融业务的话，这种金融子公司的模式就非常有吸引力。金融子公司模式的产生，主要是为解决内部业务单元模式的缺陷。一项对拉丁美洲 18 家银行的调查表明采用内部业务单元模式的银行最终没有做大微型金融业务规模的重要原因之一，就在于新业务单元深陷于银行的官僚主义环境，即不能有效地提供正确设计的微型金融产品也难以有效地根据最佳实践采用业务流程。此外，由于在开始的几年里微型金融业务的数量较少对银行总体盈利的贡献度很低，很多管理者怀疑银行是否真的能从微型金融业务中获利。因此相对于内部业务单元模式将微型金融业务组成一个独立实体的优势就在于能够避开母体银行的僵化刻板、官僚作风和企业文化。作为一个独立的实体，子公司拥有自己的员工队伍、管理框架和公司治理，从而获得开展微型金融业务所需的高度独立性和灵活性。而且，成立专门的子公司经营微型金融业务，可以使员工有明确的预期，从而能够长期致力于这项事业。通过金融子公司这种模式，银行可以与其他股东分担风险，从而降低进入微型金融业务市场的风险。如果其他股东拥有微型金融业务的专长，那就不但能确保子公司未来的经营专注于微型金融领域，而且子公司还能充分利用股东的最佳技术。此外，通过银行母体与子公司的隔离机制，银行也能较好地控制诸如形象和声誉等无形风险。

与内部业务单元模式相比，金融子公司模式也有自己的缺点，比如需要独立承担会计、人力资源和信息管理等职能，从而可能产生额外的经营成本。当然，如果子公司能够利用银行现有基础设施以及诸如营销、法律等专业资源的话，这些经营成本也可以避免。从一些从事微型金融业务的专业子公司的经验来看，这一模式要取得成功，至少需要具备5个关键条件：一是所有股东要共担风险和责任，共同分享利益；二是通过强大的管理控制系统确保独立经营；三是协调好母银行和子公司之间在组织文化、员工薪酬等方面的差异；四是激励和培训微型金融业务所需的专业人员；五是利用分支行网络、ATM网络、客户基础等银行现有的各种资源。

案例

秘鲁信贷银行设立的 Solucion Finaniera de Credito(SFC)和智利国家银行设立的 Banco de Estado Microempresa(BEM)

SFC是秘鲁 Banco de Credito 银行的金融子公司，一开始定位于消费信贷公司。1997年末开始，秘鲁爆发一场贯穿整个1998年的经济危机，由于金融机构的过度竞争和消费者的过度负债，危机直接影响到秘鲁消费信贷市场，导致多家消费信贷公司的破产倒闭。在这样的背景下，SFC决定转型，专注于微型企业贷款市场，并收购两家破产的消费信贷公司的信贷资产，通过调整发展战略，再造业务程序和改进管理技术，最终发展成为一家全国领先的微型金融机构。

Microempresa 是智利国家银行(Banco de Estado)的金融子公司，能够为微型企业客户提供一系列量身定做的产品，包括不同类型的保险、支付、信贷和储蓄产品。在 Microempresas 发放的贷款中，超过95%的贷款都不需要担保保证，其余的贷款则根据交易的风险程度和贷款额度，分别由 FOGAPE(这是一家政府基金授权给 Banco de Estado 管理，并接受银行和保险公司监管部门监管。其主要目的是改善小企业贷款服务，主要做法是通过公开招标程序选择金融机构，为其向小企业发放的贷款提供担保)担保或以客户资产抵押。到2006年，Microempresas 的分行发展到141个，客户21.1万人，贷款余额3亿美元，累计贷款笔数达到55万笔，累放金额8亿美元，平均每个信贷员管理700个客户，贷款不良率仅为16。

6.5.1.3 采取服务公司模式

所谓服务公司是指专门为银行提供贷款发放和贷后管理服务的非金融公司。虽然服务公司承担营销、评估、审批、跟踪和贷款回收等微贷涉及的所有工作，但是贷款本身归银行所有，列入银行资产负债表而非服务公司的资产负债表。这是服务公司模式和金融子公司模式的最大区别。从法律意义上说，服务公司是金融子公司模式的变种，两者的关键差异在于前者并非金融机构。服务公司既可能是银行的全资子公司，也可能有其他股东。

服务公司模式既具有内部业务单元和金融子公司模式的优势，又较好地避免它们的劣势。由于不是金融机构，因此服务公司不需要独立的银行执照，也不需接受银行监管部门的监管，而且也不需要较多的资本。与金融子公司相比，服务公司在设立和运作上更加容易，成本也更加低廉。与内部业务单元模式相比，服务公司拥有自己的公司治理架构和独立的员工队伍，因此具有更大的经营空间。而且，服务公司与银行之间的交易是发生在两个独立法人实体之间的交易，而非内部部门之间，因此经营透明度更高。对作为服务公司投资者和公司治理参与者的技术合作伙伴来说，这是一种更有吸引力的模式。作为一个专门服务于一家银行的独立实体，服务公司也能像内部业务单元那样，充分利用银行的资源，这是它的一大优势。由于对口银行能够承担那些不需要专门的微贷技术的职能，如市场营销、人力资源管理和信息技术等，因而服务公司可以尽量减少对类似职能的需求。不过，服务公司必须与对口银行进行深入细致的谈判，确定成本、风险、责任和利益的合理分摊方式，以最大程度地发挥激励机制的作用。

6.5.1.4 开设移动支行

除以上3种模式之外，直接微型金融也有许多创新以解决农村金融高成本、高风险的问题，如肯尼亚商业银行(Kenya Commercial Bank)的“移动”支行。考虑到偏远地区设立永久性支行并不具有财务可行性，肯尼亚商业银行就建立“移动”支行——具有特殊功能的车辆，其有能够适应各种地形的驾驶功能、稳定的声音和数据通讯功能以及备用电源和高度安全性能，通过“移动”支行为21个原来与世隔绝的社区提供金融服务。在越南，世界银行农村金融项目的合作伙伴银行也设立“移动”支行，而且事实证明，这些“移动”支行的盈利能力比其他支行还要好。

6.5.2 间接开展模式

6.5.2.1 采取业务外包模式

银行与经营良好的微型金融机构签订合同，由微型金融机构审批记录在银行账簿上的小额贷款，通过专业技术协助银行作出信贷决策，并获得部分利息或费用收入作为回报。这一模式下，银行与现有微型金融机构共同承担风险并保证贷款质量，因此，银行可以要求微型金融机构提供一部分微型金融贷款资金，或者提供部分贷款的第一损失担保金。在这种模式下，保险公司也可以同微型金融机构一道开展此类服务。印度第二大的银行印度工业信贷投资银行(Industrial Credit and Investment Corporation of India, ICICI)是国际上商业银行按照此模式进入微型贷款领域的成功典型。ICICI 银行向微型金融机构承包发放小额贷款，并要求其进行持续监督贷款质量和提供贷款服务。为分担风险，ICICI 银行要求微型金融机构在银行存入一笔固定存款，一旦发生损失，ICICI 银行将从此存款中扣除损失，以保护银行自身的利益。ICICI 银行已与近百家微型金融机构开展成功合作。

6.5.2.2 向微型金融机构提供贷款批发

银行可以向微型金融机构提供定期贷款或者一定的贷款额度，贷款可以是无担保的，也可以有资产抵押或现金存款抵押，或者第三方担保。银行可以就定期财务报告递交和检查权等金融事项订立契约。这也是全球主要大型商业银行从事微型金融业务的主要模式，如汇丰银行、花旗银行等。微型金融机构财务信息是否完整、其公司治理结构和管理是否高效、贷款质量水平以及市场发展前景等因素决定这一模式的成败。以汇丰银行为例，汇丰银行已经在美国、墨西哥、印度、孟加拉国和中国等 12 个国家开展微型金融业务，这些业务的实质一般都是批发银行业务。在印度，汇丰是将业务批发给当地小额贷款机构，再由这些小额贷款机构向 7 万多个贫困家庭提供小额贷款。在墨西哥，汇丰也是与最大的小额贷款机构合作，农户必须是小额贷款机构的客户，然后再在汇丰的分行获得贷款和付款。

6.5.2.3 向微型金融提供基础设施和服务

银行可以利用自身在基础设施和服务方面的优势，向微型金融机构提供其分行或者 ATM 网络设备、前台或者后台功能，比如 IT 系统服务和部分业务交易处理，客户也可以直接在银行开立账户，或者通过微型金融机构在银行的账户上接受贷款或还款。土耳其担保银行(Garanti Bank)在这方面有较为成功的经验，该行是土耳其资产规模第二大银行，2001 年年底，该行考虑到其基础设施高度完善，于是与当地的微型金融机构服务商 Maya 签署合作协议，为其客户提供分行网络银行和电子银行系统服务，Maya 的客户可以解所有贷款发放、付款信息并获得相关报告、Maya 将暂时不使用的资金存入 Garanti，并通过银行处理其员工工资账户，从而实现业务的双赢。这种模式已经在世界各地盛行。

6.5.2.4 证券化模式

微型金融基金和债券是微型金融领域比较创新的模式，目前世界上只有花旗银行、德意志银行等为数不多的大型商业银行通过发行基金或债券的方式进入当地的微型金融领域。

以花旗银行为例，2004 年，花旗银行在墨西哥帮助当地微型贷款机构定制发行一种信用增强型投资级债券，该债券由于结构新颖而获得《拉丁金融》杂志年度结构性交易奖。2005 年，在前一年成功尝试的基础上，花旗银行又在墨西哥为当地最大的微型金融机构——康帕图微型金融银行(Financiera Compartarmos)发行一笔 5000 万美元的结构性债券，并获得世界银行 IFC 的信用升级。该债券在墨西哥当地获得 3 倍的高额认购，并被业界认为是全球微型金融领域资本市场操作的一个标杆。花旗银行还为 Financiera Compartarrmos 提供现金服务、保险产品等一揽子服务计划。2006 年，花旗银行在孟加拉国推出全球第一个 AAA 评级的小额信贷应收账款证券化产品，总额高达 1.8 亿美元，惠及孟加拉国 120

万农户，并获得多项杂志大奖。

德意志银行于1997年建立全球首只微型金融基金，尽管基金建立之初的资金来源是捐款，并不以盈利为目的，但这种模式的商业价值逐渐被德意志银行所接受，基金也逐渐进入商业化领域。已累计为45个国家的210万借款人提供10亿美元的贷款。德意志银行最新发行的一只基金是"德意志银行微型金融投资1号基金"，这是第一只面向个人客户发行的微型金融基金产品，也是全世界范围内第一只拥有外部评级的小额贷款证券化产品。

6.5.3 商业银行开展微型金融业务模式的考虑因素

选择合适的经营模式或许是商业银行进入微贷市场面临的最大挑战之一。由于监管政策的变化、同业竞争的日趋激烈、管理理论和实践的不断创新微型金融业务的经营模式也在不断演化之中。在许多国家，监管政策正在不断放松，整个金融体制日益趋向全能化银行。另一些国家的监管政策仍然较为保守，比如利率上限管制依然存在，鼓励以专业金融机构和附属公司的形式开展微型金融业务。决定采用哪一种模式开展微型金融业务，取决于商业银行面临的外部环境和业务发展战略。

6.5.3.1 开展模式问题

银行是自主开展经营还是联合其他机构，如果银行决定与其他有经验的微贷组织进行合作的话，就可能会采用服务公司或金融子公司的模式，从而合作伙伴就可成为股东，在新设立的微型金融机构的公司治理和业务经营中发挥积极作用。虽然这样的合作关系可以立即为新企业带来技术和经验，但银行还是要保持足够的清醒认识，与合作伙伴对成本、风险和收益的分配问题进行明确协商。尽管商业银行可以根据自身状况及战略目标选择不同的业务模式介入微型金融领域，但是不论以何种进入模式，如果要获取成功，均应获得来自于董事会和管理层提供坚强的内部支持，充分理解微型金融的最佳实践经验及如何服务于微型客户，开发专门适合低收入者和非正式市场的产品，及适合微型金融运营的系统和程序，并对员工开展新客户、产品和操作系统方面的培训，以及制定相应的激励措施。

6.5.3.2 金融监管问题

有些国家的金融监管部门不一定鼓励银行开展微型金融业务。作为一个受监管的机构，商业银行和金融子公司就会面临诸多法律和监管规定，比如利率、税收、档案管理和其他方面的限制，这可能会对微型金融业务的盈利能力产生不利影响。而服务公司不受银行业监管机构的监管，可以通过服务收费等手段规避这些限制。

6.5.3.3 成本投入问题

每一种模式在资本投入和经营成本上有何差异？在现有经营架构上引入微型金融新产品不需要投入额外的资本金，也不需要单独增加管理成本，因此完全可以说是一种成本最低的微型金融业务经营模式。设立一个独立的金融子公司意味着可观的资本金投入，而且还会发生持续的监管和管理成本。设立服务公司对资本金的要求不大，也不涉及监管成本，因为它不受银行业监管部门的监管。内部业务单元和服务公司模式都可以充分利用母体银行已有的各种资源，对员工和系统的需求相对较少，但是这两种模式都离不开对成本确认和成本分摊的协商，如服务公司模式需要对银行和公司之间互相提供的服务进行计价付费，对资金成本和不良贷款进行合理分摊。

6.5.3.4 风险承担问题

银行在微型金融业务上愿意承担多大的风险？内部业务单元意味着银行可以独享微型金融业务成功，同时也愿意承担微型金融业务失败的全部风险。设立金融子公司可以使银行与其他股东共担风险，从而锁定自身风险额度，如果其他股东在微型金融业务方面具有专长和经验的话，商业银行面临的风险就更小。而且，子公司模式能够在银行和子公司建立隔离机制，从而使银行避免声誉风险，更有利于维护自身形象。与此相似的是服务公司模式，虽然微贷资产仍然保留在母体银行自己的资产负债表上，但银行的声誉风险相对很小，不过这种模式需要双方签订详细的成本、风险、责任和收益的分摊和分配协议。如果微型金融业务违约率很高，那么设立独立经营实体的优势更加明显，毕竟通过子公司对违约客户提起诉讼或者获取抵质押品更加便利，而且母体银行和子公司之间的隔离墙也不会直接损害母体银行的社会形象。即使采用内部业务单元模式，在碰到难以应付的违约客户时，有些银行也会雇佣外部机构协助清收不良贷款。即使违约贷款额度很小，通过独立机构进行清收需要支付与之不对称的成本，这样做也是合理的。因为强势的清收行为可以向客户表明违约的严重后果，这实际上是以明确的信号传递来防止出现道德风险。

6.5.3.5 品牌延伸问题

商业银行的品牌能否延伸到微型金融业务，对有些商业银行而言，品牌定位是十分重要的。如果现有品牌直接运用到低端市场的话，可能会影响现有高端客户的选择，因此这些银行如果要进入微贷市场，或许最适合的模式是金融子公司或服务公司，并且将独立实体的名称与母体银行完全区别开来，从而隔离开两者之间的品牌联系。有的商业银行的品牌可能可以适当延续到微型金融机构。这既能够提高微型金融机构的可信度，吸引那些对银行心存畏惧的低收入客户，同时确保母体银行的品牌形象不受干扰。

本章小节

微型金融向低收入群体提供基础性金融服务，主要包括储蓄、信贷和保险业务等，其中信贷业务是最为基础的微型金融业务形式，是微型金融业务的核心。微型金融的信贷业务的传统模式主要包括个人贷款模式、村银行模式、小组贷款模式、供应链模式。创新模式有“联保联贷”保证融资模式、“经营权或动产抵质押”模式、“供应链”贸易类融资模式、“信贷+贴息(保险)”模式、“结算理财类”融资产品模式等。微型保险又称为小额保险，指一类专为低收入人群提供的保险产品。小额保险具有保费低、保额小、保障程度有限、覆盖范围广泛、条款通俗易懂，经营程序简便、产品供给主体具有多样性、兼顾社会效益与经济效益等特征。当前国际上微型金融存在6个典型的业务模式：孟加拉国乡村银行模式(GB)、玻利维亚阳光银行模式(BancoSol)、印度尼西亚人民银行模式(BRI)、拉丁美洲村庄银行模式(FINCA)、日本农业协作社模式、美国联邦小企业署模式(SBA)。

关键术语

小额信贷；微型保险；小组联保模式；村银行模式；供应链模式；GB 模式；村庄银

行模式；直接开展模式；间接开展模式。

思考题

1. 简述微型保险的种类。
2. 简述微型金融贷款模式的主要类型。
3. 简述微型金融贷款模式的优缺点。
4. 简述如何建立独具特色的微型金融服务模式以解决当地小微企业融资问题。
5. 简述商业银行开展微型金融业务各模式的优缺点。

7 小微贷款定价

学习目的

➢ 熟悉小微贷款的定价机制；掌握小微贷款利率种类及计算方法；熟悉小微贷款定价原则和影响因素；了解小微贷款定价存在的问题。

➢ 明晰中国小微贷款定价的创新与实践，为全球小微贷款的定价提供中国经验和中国智慧。

➢ 在掌握小微贷款定价思维方式和基本方法的基础上，可以针对不同微型金融需求主体的实际设计定价方案。

7.1 小微贷款的定价机制

7.1.1 对小微贷款利率的基本认识

7.1.1.1 贷款利率高

微型金融的定价通常比商业银行的贷款利率更高，但微型金融并不等同于高利贷。根据国际流行观点定义，微型金融指向贫困群体和小微企业提供的较小额度的信贷服务，其具有额度小、无担保抵押、服务于长尾群体的特征。微型金融服务的主要提供者有正规金融机构及专营微型金融的机构。高利贷是指微型金融机构索取高额利息的民间贷款，其利率若超过中国人民银行公布的金融机构同期、同档次贷款利率(不含浮动)的 4 倍则界定为高利借贷行为。

两者的差异主要来源于贷款额度、资金来源、运营成本、所面临的风险等方面。在贷款额度方面，微型金融放款额度较低，机构为覆盖信息搜集成本和信贷发放过程中的操作成本需要制定更高的利率；在资金来源方面，小额贷款机构的资金来源大部分为自有资金，成本较高，而商业银行通过吸收储蓄，获得低价的资金；在运营成本方面，微型金融机构通常比银行规模小，难以形成规模经济，其运营成本相对银行更高；在面临的风险方面，银行的贷款大多需要抵押或者担保，若贷款者无法偿还，银行将会对抵押品进行拍卖或者由担保机构代为偿还，而小额贷款以信用贷款为主要形式，多数不需要抵押或担保，因此，微型金融信贷机构将会比商业银行承担更高的风险。综合这些因素，一般情况下，微型金融信贷机构的利率会比商业银行高。见表 7-1 所列，银行类机构小额贷款利率是最低的。

7.1.1.2 客户敏感性低

微型金融的客户对信贷定价具有较低的敏感性。长期以来，长尾群体难以从传统金融机构获取金融资源，因此，小微企业和贫困人口更加看重信贷资金的可获得性，对于信贷定价的敏感性相对较低。如果能获取信贷资金，他们愿意承受较高的信贷定价。

表 7-1　各类小额贷款利率比较(2021 年)

类别	微粒贷	银行类机构	民间借贷
名义利率(%)	12.78	约 10	约 17.4
实际利率(%)	15.91	约 12	约 17.4

注：①实际利率未考虑通胀因素，实际利率按照会计准则中的定义进行计算；②民间借贷包括无息借贷和有息借贷，其中以无息为主，主要是亲朋借贷，此表中民间借贷为有息借贷。

资料来源：资料整理所得。

有学者调查某地农业银行对农户的小额贷款业务开展情况，结果见表 7-2 所列，仅有 24.52%的小额贷款业务的利率在基准利率之下，小额贷款业务中有 73.48%的小额贷款利率都在基准利率上有所提高，其中在基准利率的基础上上调 50%~100%的占比最高，达到 34.17%。另外，小额贷款余额中仅有 16.96%的小额贷款的利率在基准利率之下，而其余的 83.04%的小额贷款的利率都在基准利率之上，其中在基准利率的基础上上调 50%以上的小额贷款余额占比达到 47.55%。因此，对于农户来说，他们更看重资金的获得，往往容易接受小额贷款的高利率，对小额贷款的利率敏感性低。

表 7-2　某地农业银行对农户的小额贷款业务利率统计表

项目名称	余额(万元)	占比(%)	笔数	占比(%)
基准利率(含)以下	228 981.77	16.96	14 199	24.52
上浮 10%~50%	479 103.26	35.49	13 227	22.84
上浮 50%~100%	474 376.65	35.13	19 783	34.17
上浮 100%以上	167 748.94	12.42	10 694	18.47
合计	1 350 210.62	100.00	57 903	100.00

资料来源：徐艺．农业银行农户小额贷款业务开展情况调查分析[D]．沈阳：沈阳农业大学，2020.

7.1.1.3　补贴性利率信贷项目效果差

由于农村或农业等微型金融特殊市场受到商业银行的忽视，处于边缘地位，难以获取金融资源及服务，政府为鼓励商业银行为长尾群体提供金融服务，常用的方法是设立特定的农村信贷项目与机构。这些项目与利率上限政策的做法类似，通常会设定相当低的利率。然而即使政府补贴或者捐赠机构补贴的信贷项目以不可持续的低利率向贫困群体提供信贷，却难以达到理想的效果，容易出现使命漂移的现象，难以向目标群体长期提供金融服务。

补贴性信贷项目存在以下问题，使得补贴利率不利于为贫困人群提供金融服务：

第一，贷款瞄准性存在偏差。由于这些项目较普通贷款利息更低，容易滋生寻租行为，不符合贷款要求的人通过找关系等取得贴息贷款，而真正需要贷款的贫困群体却难以获得。同时由于补贴性信贷项目为小额贷款，单笔额度低，运营成本高，作为政策性补贴贷款基于信用不要求农户抵押担保，使得贷款的风险也更大。较低的利率无法保证金融机构的盈利，金融机构就会倾向于将贷款发放给富裕农户。

第二，供求失衡，加剧信贷配给。首先，在供给方面金融机构供给意愿不强，由于补贴性信贷项目为小额贷款，单笔额度低，运营成本高，同时政府补贴性信贷易被一些借款人当作是政府的捐赠，导致贷款偿还率低，其次，在需求方面，低利率的贷款吸引更多对资金的需求，加重信贷配给的情况。根据表 7-3，受访农户中有 77.22%的人明确表示对贷款有需求，但实际只有 105 个受访户取得小额贷款，仅占样本农户总数的 44.30%。从中可以看出农户对扶贫贷款的需求难以满足，小额扶贫贷款在发放群体的精准度上有所偏差，对农户受益提升还存在一定的障碍。

表 7-3　农户的贷款需求、信贷可得性以及受惠程度

项目		农户数(户)	所占比重(%)
贷款需求	无明确意愿	54	21.78
	有明确意愿	183	77.22
贷款可获得性	不能或难得到	132	55.70
	可以得到	105	44.30
贷款收益	无明显受益	177	74.68
	明显受益	60	25.32

资料来源：刘丸源，贺立龙，涂云海．政策性金融扶贫的精准性：基于扶贫小额信贷乡村调研的经验考察[J]．当代经济研究，2020(7)：91-102.

7.1.2　小微贷款的定价原则

7.1.2.1　覆盖成本原则

公司经营追求的是实现可持续发展并实现自身利润最大化，收入和支出达成平衡是实现持续发展的最低要求。由于小额贷款机构盈亏自负，贷款价格的制定至少应当覆盖信贷业务的相关成本以确保公司运营正常。经营成本主要包括固定成本和可变成本两部分，固定成本是开办这项业务所需要的行政管理、业务研发、科技投入等各项成本，变动成本是指针对每一笔业务所需要投入的成本。贷款价格应在覆盖成本的基础上适当上浮实现一定的利润。

7.1.2.2　差别化定价原则

微型金融的定价会根据贷款客户的差异而实施差别化定价。贷款业务中，金融机构将资金贷给客户只是暂时将资金的使用权让渡给借款人，在合同期限内借款人理应按时付给贷款人规定的利息并偿还本金。但借款人的财务状况具有不确定性，会遭受各种因素的影响，所以借款人存在不能按期还本付息的可能即有违约风险。贷款机构在决定放款前会通过借款人的资产状况及相关信息对贷款对象风险等级进行评定。由此不同的客户对应有不同的违约风险等级，可以依此将客户进行区分以实施差异化定价。使风险与收益相对应，低风险与低收益对应、高风险与高收益对应。因此，对于拥有良好的贷款记录良好、资产充足、风险相对较低的借款人，予以优惠的贷款利率；对于没有良好的信用记录、资产较少、风险相对较高的借款人，为补偿可能的损失风险则适当上浮贷款利率。根据不同的风险等级实施差异化定价的方式不仅体现出定价的公平性，同时有利于减轻逆向选择。

7.1.2.3 市场化定价原则

贷款定价市场化是指政府放宽对贷款利率的限制，以市场为主导，尽量通过政策进行间接调控而非直接管制，赋予金融机构一定的定价自主权。信贷定价由金融机构根据自身发展状况在政策范围内自行确定，可以使资金价格充分反映资金市场真实的供求状况。若资金需求相对旺盛，则贷款定价随之提高；若资金供给相对充裕，则贷款定价随之降低。

7.1.2.4 利润最大化原则

实现利润最大化是企业主要追求的目标，小额贷款公司也不例外，要实现公司的可持续发展需要充足的利润来保障，同时其盈利能力的强弱也能展现出其在市场上的竞争力。因此，小额贷款的定价应当在满足贷款收益得以弥补资金成本及业务中涉及的各项费用基础上争取最大化利润。小额贷款机构的主要利润来源于贷款的利息收入，因此利率的制定非常重要。信贷机构在进行贷款定价时需要从多方面进行综合考虑：

第一，制定的利率应当符合国家政策规定。

第二，信贷市场的资金供给与需求状况。

第三，信贷业务的成本。

第四，其他竞争对手的定价，随着贷款利率的增加会减少潜在客户对信贷的需求。在衡量多方面因素后，制定一个科学合理的定价，扩大其在市场上的竞争力建立市场地位。随着金融机构在市场中所占份额的提升，其能掌握的贷款定价主动权就越大，可通过较低的贷款定价吸引更多的贷款客户，从而实现更多的利润。

7.1.2.5 政策型或优惠型定价原则

政策型或优惠型定价原则主要集中于一些扶贫贷款、国家助学贷款及农民创业担保基金贷款中的养殖业和农副产品加工业等，一般为国家制定政策来扶持的项目或者行业。执行政策型或优惠型定价原则的小微贷款执行基本利率，利率一般上浮的幅度不超过 20%，其在农村信用社贷款中的比重较低。

7.1.3 小额贷款的定价目标

7.1.3.1 成本、风险与收益对称

贷款定价最基本的要求是使贷款收益足以弥补贷款的各项成本。小微贷款的成本除资金成本和各项管理费用外，还包括因贷款风险而带来的各项风险费用，如为控制不良贷款和追偿风险贷款而花费的各项费用等。此外，小微贷款的利率必须反映不同客户的信用状况和具体贷款的风险程度，做到低风险对应低利率，高风险对应高利率，通过合理的利率水平保障微型金融机构经营的良性循环和发展。

7.1.3.2 盈利性和合规性

盈利性指贷款价格要体现贷款机构的利润目标。小微贷款机构作为一个非公益性法人组织，其各项开支必须由其自身的经营收益支付，而发放贷款是其获取收入的主要来源。制定合适的贷款利率有利于增加小微贷款机构的收入，改善其经营绩效，促进小微贷款发

展。然而，小微贷款的利率水平必须遵守国家的有关法律、法规和金融政策，贷款定价要按照规定的方法和程序进行。特别是当前中国农村金融市场利率尚未完全市场化，农村金融体系尚待完善，国家对于金融业的管制还比较严格，因此小微贷款的利率水平要能够体现国家的金融财政政策。

7.1.3.3 扩大市场份额

在金融业竞争日益激烈的情况下，微型贷款机构要谋求长远发展，就需要在信贷市场不断扩大其市场份额。贷款价格是影响各类微型贷款机构的市场份额的一项重要因素。若贷款价格过高，便会使一部分顾客流失，市场份额缩小。因此，扩大市场份额为小微贷款的定价目标之一，各类微型贷款机构需要综合考虑各方面因素，制定合理的贷款价格以促进其长远发展。

7.1.4 影响小微贷款定价的因素

理论上讲，小微贷款利率的确定应该考虑以下因素：一是利率的补偿功能，即利息必须弥补经营成本，并获得一定的收益。二是利率的过滤功能。适宜的利率起着某种过滤和分流的功能。三是利率的投资回报功能。具体而言，影响小微贷款利率的主要因素包括：资金成本、运营成本、风险成本、目标利润以及政府政策等。

7.1.4.1 资金成本

微型金融机构信贷业务的成本中资金成本占有很大比例。通常情况下，微型金融机构的资金主要由股东资本金、外界捐款和融资款项构成。基本上可以划分为两种类型：一是自有资金，即所获捐赠款项和股东出资，这部分资金的资本成本可视为零；二是向其他金融机构借款所得，这部分资金的资本成本相对较高，视具体情况而定。若自有资金占比越高，则资金成本越低；若融资款项占比越高，则资金成本越高。

【例 7-1】 假设微型金融机构的贷款资产有 100 万元，其中 50 万元是自有资金，另外 50 万元是通过外界融资获得。自有资金成本为 0，向外界的借款年利率 10%。则资金成本为：$\frac{50\times0\%+50\times10\%}{100}=5\%$。

若其中 80 万元是自有资金，另外 20 万元是通过外界融资获得。自有资金成本为 0，向外界的借款年利率 10%。则资金成本为：$\frac{80\times0\%+20\times10\%}{100}=2\%$。

若其中 20 万元是自有资金，另外 80 万元是通过外界融资获得。自有资金成本为 0，向外界的借款年利率 10%。则资金成本为：$\frac{20\times0\%+80\times10\%}{100}=8\%$。

中和农信算例

资金成本

中和农信的前身是2000年成立的中国扶贫基金会小额信贷项目部，于2008年转制成公司化运作，是一家专注于农村中低收入群体小额信贷的社会企业。中和农信旨在通过无需抵押、上门服务的小额信贷方式支持贫困地区中低收入家庭开展创收性活动，同时还提供多种形式的非金融服务，全面提升客户的综合能力，从而实现可持续脱贫致富。

中和农信通过多年的探索和努力，在农村金融领域发挥重要作用，已成为国内最大的公益性小额信贷机构。十几年来，中和农信累计发放农户小额信贷93.8万笔，84.4亿元，超过200万贫困人口从中受益。公司化改制后，中和农信发展尤为迅速，总资产从2009年的2.07亿元增长至2014年的22.4亿元，增长9.8倍；所有者权益从2009年的0.99亿元增长至2014年的5.5亿元，增长4.6倍。截至2014年年末，中和农信的贷款余额达19亿元，有效客户数23.8万人。

中和农信一类的公益性小额贷款机构不能吸收存款，也不能获得正规金融机构和资金互助社可以享受的政策支持，其资金来源除自有资金之外，主要从银行类金融机构贷款和债券融资。中和农信2016年的综合资金成本约7.2%，融资较贵。

与中和农信相比，银行类机构融资渠道更广，融资成本也更低。银行类金融机构可以大量吸储，还可以进行同业拆借、债券融资或者从人民银行获得支农再贷款与扶贫再贷款。由表1可知，银行类A机构目前小额贷款的资金成本在3.08%左右；银行类B机构的资金成本目前在3%左右；中和农信的资金成本在7.2%左右，远高于银行类机构的资金成本，同时也远高于同期上海银行间同业拆放利率。

表1 中和农信与传统银行类机构资金成本比较(2016年)

机构名称	融资成本
中和农信(甘肃景泰)	约7.2%
A机构(甘肃景泰)	3.08%
B机构(甘肃景泰)	约3%
上海银行间同业拆放利率(一年期)	约3%~3.3%

资金互助社作为农村地方合作性金融机构，在所有涉农金融机构中，其地方化程度最高，其资金来源一般以社员股金和政府扶贫资金为主，部分资金互助社还会获得一些社会捐赠，因此，其资金成本基本为0。以甘肃景泰县为例，据调研统计，景泰县有资金互助合作社134家，累计贷款1961万元，其资金来源主要是政府扶贫资金与社员缴纳的股金，其中以政府扶贫资金为主，并且利息收入一般不分红。从表2所示的景泰县某三个村的资金互助社资金情况看，其资金成本基本为0，远低于中和农信的资金成本。

表2 景泰县三村资金互助社资金情况统计

类别	资金规模(万元)	社员数量(户)	资金来源	资金成本(元)
*P*村资金互助社	100.58	239	扶贫资金+会员入股	0
*Q*村资金互助社	115	180	扶贫资金+会员入股+社会捐赠	0
*Y*村资金互助社	57.5	92	扶贫资金+会员入股	0

在现有制度约束下，中和农信应积极采取措施拓宽融资渠道，降低资金成本，从而降低贷款利率，可持续地满足农村金融需求。具体措施可有以下方面：一是应积极争取与各级政府、商业银行、社会企业的合作机会，借此得到更多的低成本批发贷款；二是中和农信可以争取各类财政扶贫资金，用财政扶贫资金吸引更多商业银行批发贷款；三是履行社会责任的同时积极营销企业社会形象，吸引企业捐赠；四是配合税收减免优惠政策，降低资金综合使用成本。

资料来源：《农村小额信贷利率报告——以中和农信为例》

7.1.4.2 运营成本

管理成本是指微型金融机构在经营信贷业务时所产生的费用，包括贷前对客户的调查、资料分析、信用风险评估以及贷后的监管等所直接耗费或间接产生的费用，员工的工资及差旅费等都涵盖在内。由于微型金融机构发放的贷款额度小、笔数多，需要投入大量的人力物力对贷款对象进行访问调查、搜集资料、贷后追踪，所以会产生较多的管理运营费用。管理成本在成本中占有不小的比例，是重要的组成部分，因此在进行贷款定价时必须考虑管理成本。

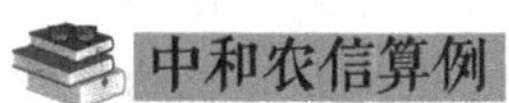
中和农信算例

运营成本

中和农信服务的多为低收入农户，由于服务的客户有差异，并且中和农信与银行等机构的业务规模和业务模式也存在差异，导致机构之间的运营成本差异较大。

(1)中和农信的贷款额度小、业务规模尚未达到规模效应

一般在经营的初始阶段，随着机构的业务规模扩大，机构的边际收益递增，边际成本递减。当规模达到一定程度时，机构能够实现规模经济；但当机构的业务规模较小时，单位贷款分摊的固定成本较高，一般难以实现规模经济。中和农信服务的客户多为低收入农户，农户平均单笔贷款额度较低，并且由于中和农信的机构组织规模较小，导致中和农信的业务规模较小。

见表3和表4所示，与A机构、B机构等传统银行类金融机构相比，中和农信的总体业务规模和信贷员平均管理的业务规模都很小，单位贷款分摊的固定成本较高，机构的收益较低。在今后的发展中，中和农信可以根据市场和自身特点，使机构业务规模达到适合自身的最佳水平。

表3 中和农信与银行类机构组织和业务规模比较(福建霞浦，2015)

机构	员工人数(人)	信贷员数(人)	贷款余额(万元)	有效客户数(户)	信贷员人均管理客户数(户)	信贷员人均管理贷款余(万元)
中和农信	4	9	7000	1830	200	800
银行类B机构	84	30	198 200	17 000	567	6607

表 4　中和农信与银行类机构组织和业务规模比较(甘肃景泰，2016)

机构	员工总数（人）	信贷员数（人）	贷款余额（万元）	有效客户数（户）	信贷员人均管理客户数(户)	信贷员人均管理贷款余额(万元)
中和农信	4	0	800	800	80	80
银行类A机构	0	4	2000	920	80	3000

(2)贷款机构的运营成本与其业务模式也密切相关

金融机构可实行上门服务或者非上门服务模式，在不同业务模式中，业务流程中具体操作方式存在差异，比如在营销、客户申请、业务受理与审查、贷款发放和贷后管理等环节投入的人力物力存在差异，从而导致不同的运营成本。

中和农信在营销阶段，实行入村营销以挖掘客户；同时，中和农信实行上门服务的模式，农户不用到机构网点办理相关手续，信贷员、督导和主管在不同工作环节都会入村入户。中和农信总部对地方分支机构管理比较严格，实行统一的运营模式，并且实行总部风控中心终审制，整个流程中投入的人工成本等较高。银行类机构，如A机构和B机构则并不入村营销，贷款过程中除受理和审查阶段需要入户调查外，申请和发放基本都需要农户到网点办理相关手续。

资金互助社作为当地村社的合作金融机构，其管理人员与客户都是村内农户，社员之间高度相互了解，免去尽调等繁琐环节，从申请到放款，流程简单，一般当天就能完成，贷后管理也十分容易，贷款道德风险较低。所以，资金互助社的运营成本十分低。

所以，由于运营模式不同，并且服务的客户也不同，中和农信在向客户提供上门服务的过程中，需投入较多的人力、物力等成本，业务的交易成本和管理成本都比较高。

资料来源：《农村小额信贷利率报告——以中和农信为例》

7.1.4.3　风险成本

微型金融机构发放的每笔贷款都面临着借款人不能如期还本付息的违约风险。因此贷款可能遭到的损失应在贷款定价中得到体现，使贷款定价在一定程度上对违约风险进行补偿。每笔贷款所蕴含的风险受借款人文化程度高低、家庭情况好坏，外界自然经济条件、所处社会环境、微型金融机构的内部机制等因素的影响而各不相同。比如借款客户的财务状况，倘若客户未来能保证现金流充足，财务状况良好，则信贷机构将来遭受损失的可能性较小，违约风险相对较低，可以制定较低的贷款利率；相反地，若客户财务状况糟糕，则风险相对较高，贷款利率应适当上调。贷款期限也会对贷款风险造成影响，通常情况下短期利率低于长期利率，因为贷款期限越长，违约风险越大，贷款利率随之也越高。另外经济环境也会影响贷款风险，当处于经济繁荣时期时，贷款遭受损失的可能性更小；而经济在萧条时期时，贷款的风险性更高。

中和农信算例

风险成本

信贷业务都存在一定的风险，如果风控机制健全，风控较严，则贷款损失较少。但是，在当前风控技术条件下，风控措施越完备，意味着投入的成本越高。表5中，中和农信不良贷款率在1%以下，Y涉农互联网金融机构的不良贷款率在1%左右，比较低；银行类A机构，其不同地区分支机构的不良贷款率差别较大，高者至4%，低至0.38%。

表5 各机构的不良贷款率比较

机构	不良贷款率
中和农信(霞浦)	1%以下
银行类A机构(景泰)	4%
银行类A机构(霞浦)	0.38%
Y互联网金融机构	约1%

从风控措施来看，中和农信主要依靠自身力量进行风控，风控较严。一是等额本息、分月还款的还款模式；二是联保贷款的联保机制；三是信贷员为当地村民，贷前调查、贷中审查和贷后管理，运用熟人社会机制降低信息不对称程度和道德风险；四是多级风控，督导上门初审与复审，风险中心终审，并且当出现逾期时，根据贷款逾期时间长短，信贷员、督导、主管相继上门催还，投入人力较多，这一点往往会导致较高的运营成本。Y互联网涉农金融企业的风控程序复杂而且严格。该机构采取同城合作、“线上信息撮合”+“线下风险控制”的运营模式，Y机构总部与合作商对小额贷款通常采取5~6级风控，对授信额度较大的贷款项目实行8级的最高级别风控。在贷款人获得贷款后，Y机构贷后合规部门及贷后管理部门还会从不同维度对贷款人的贷款用途、还款能力、还款意愿等进行抽查，将风控从贷前、贷中贯穿到贷后。因此，虽然复杂严格的风控措施降低不良贷款率，但是运营成比较高。银行类金融机构除常规的风控措施外，在金融扶贫大背景下，还借助政府的支农政策和措施以降低风险。政府的金融支农政策和措施，如建立小额信贷促进会可以帮助银行类机构减少信贷交易中信息不对称程度；建立风险金也可以减少银行贷款损失。这些政策和措施客观上为银行类金融机构分摊部分风险和成本。

所以，虽然中和农信以及涉农互联网金融机构的不良贷款率较低，但是在目前的风控技术水平下，降低贷款损失和运营成本存在此消彼长的关系。因此，降低风险意味着需要投入更高的风险控制成本。

资料来源：《农村小额信贷利率报告——以中和农信为例》

7.1.4.4 目标利润

微型金融机构的利润率与贷款定价有着直接的关系。贷款在定价过程中不能只满足覆盖相关成本，信贷机构作为企业是追求利润最大化的，因此为确保盈利贷款定价不能太低。在金融市场的竞争中，贷款定价过高会降低信贷机构竞争优势，市场份额减少，因此目标利润率应合理设定。在贷款定价中除考虑成本、风险等因素后，预期利润率也是不容忽视的关键因素。

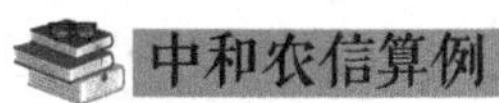

目标利润对贷款定价的影响

微型金融机构的目标利润对于其小微贷款利率的确定有着很大影响，金融机构想要实现可持续性发展，需要收益覆盖成本，并获取一定的利润。一个微型金融机构的预期利润率会影响其小微贷款利率的确定。以小微贷款定价方法 Rosenberg 模型（本章第三节有详细介绍）为例。

$$R=\frac{AE+LL+CF+K-II}{1-LL}$$

其中，R 是贷款的有效年利率，AE 是单位贷款经营成本率（经营成本率＝经营成本÷平均贷款余额，经营成本是不包括资金成本和贷款损失的所有成本，如职工工资、办公场地租金、差旅费等费用），LL 是贷款损失率（贷款损失率＝年度贷款损失额÷平均贷款余额），CF 是资金成本率（资金成本率＝资金成本÷平均贷款余额），K 是预期利润率（预期利润率＝预期利润÷平均贷款余额），II 是投资收益率（投资收益率＝投资收益÷平均贷款余额）。

表 6 是中和农信 2014 年的运营情况。

表 6　中和农信 2014 年运营情况

单位贷款成本率	贷款损失率	资金成本率	预期利润率	投资收益率
14.26%	1.17%	3.93%	10%	0.09%

根据中和农信的运营情况，利用 Rosenberg 模型，可以计算出其贷款价格，如下所示：

$$R=\frac{AE+LL+CF+K-II}{1-LL}=\frac{14.26\%+1.17\%+3.93\%+10\%-0.09\%}{1-1.17\%}=16.67\%$$

资料来源：《农村小额信贷利率报告——以中和农信为例》

7.1.4.5 政府政策

小微企业和个体工商户等市场主体是中国稳经济的重要基础、稳就业的主力支撑、稳民生的重要保障。各地政府为扶持当地小微企业发展，往往会出台一系列补贴扶持政策，以激励小微贷款的发放，刺激生产力。而政府为扶持小微企业的各种扶持政策，会影响到金融机构对贷款利率的决定。

河南兰考扶贫实践中的政府作用

河南兰考县位于豫东平原，产业以农业为主，农业人口比重高。由于水旱灾害频发、产业基础薄弱、金融支持不足等原因，过去兰考县一直为中国知名的“贫困县”，是脱贫攻坚中的重点对象。2016 年兰考县被批准成为中国首个国家级普惠金融改革试验区，兰考县政府以此为契机开展一系列政策实践支持普惠金融发展，2017 年兰考脱贫成功顺利“摘帽”，“兰考模式”成为普惠金融扶贫工作的典范。

兰考县首创政府–银行–保险–普惠融资主体“四位一体”普惠信贷支持模式，利用财政资金引导各方参与普惠金融，开展金融扶贫实践。保费由普惠融资主体与财政分担，各行业分担比重不同。具体保费分担情况见表 7 所列。

表 7　兰考县“四位一体”金融扶贫贷款保费分担情况

行业	省级财政	县级财政	贷款主体
种植养殖业	80%	0%	20%
木材加工业	25%	25%	50%

数据来源：《兰考县加快实施金融扶贫贷款工作实施方案》。

为防范普惠信贷产生的信用风险，兰考县建立“四位一体”风险分担机制，由银行、保险公司、担保公司及政府四方共同承担。分担比例采用“分段分摊”模式，按照贷款不良率划分为 4 个等级，不同等级区间各主体风险分担比例不同，具体分担比例见表 8 所列。银行承担的信贷风险随着不良率的上升逐而下降，这大大减轻金融机构面临的普惠金融信贷风险，提升其参与意愿。

表 8　兰考县“分段分摊”模式下各主体分担比例情况不良贷款分担比例

不良贷款率	分担比例			
	银行	保险公司	担保公司	政府
≤2%	100%	0%	0%	0%
2%～5%	20%	20%	20%	40%
5%～10%	10%	20%	20%	50%
≥10%	0%	20%	20%	60%

此外，兰考县政府完善征信体系建设，建立信用信息共享平台，并建立完善的农户信用等级评估体系，对于老赖等恶意失信人员，将采取严厉的失信联合惩戒措施。

政府的一系列措施，包括创新普惠信贷模式、构建完善的征信体系、强化守信激励及失信惩戒机制等，降低小微贷款机构对涉农风险的担忧，从而使贷款定价中对风险溢价的考量大幅度下降，能够以更加优惠的贷款利率满足贫困地区的资金需求。从而积极推进市场拓展和产品创新，为兰考扶贫攻坚提供更多的融资渠道和更大的资金供给。综上，河南兰考扶贫攻坚的阶段胜利和后续扶贫成果的巩固与夯实势必离不开政府的参与。

资料来源：南禹平．中国普惠金融发展的财政支持政策研究[D]．北京：中国财政科学研究院，2022.

7.1.5 金融市场借贷利率的决定理论

7.1.5.1 利率决定理论

(1)流动性偏好理论

流动性偏好理论是英国经济学家约翰·梅纳德·凯恩斯开创的。凯恩斯假定货币是无回报率的，利率可以被看作是持有现金的机会成本，因为货币作为流动性极强、低风险的资产，人们对其具有偏好，当利率合适时人们才愿意让渡货币的持有权。而利率是由货币市场中货币的供给与需求决定的，其中货币的供给由货币当局所控制，是外生变量；而货币的需求是由人们自身对流动性的偏好所决定的。货币需求与利率呈反向变化的关系，利率越低则人们将资产以现金形式持有的意愿越强。人们持有货币的动机主要有 3 种：第一，交易性动机，满足日常生活需要；第二，预防性动机，用来应对紧急情况或意外发生，如不幸生病；第三，投机性动机，如购买债券等。货币的交易性需求和预防性需求与收入水平成正比例，投机性需求和利率高低成反比例。在图 7-1 中，当货币供给与货币需求达到均衡时，形成均衡利率。当货币需求增加时，M_d 向右移动，均衡利率上升。当货币供给增加时，M_s 向右移动，均衡利率下降，当下降到一定程度后，利率不再下降，人们对现金的需求无限大，因为当利率跌到不能再跌时，预期利率即将上升，人们愿意将现金保留在手中，这一现象称之为流动性陷阱。

(2)可贷资金理论

可贷资金利率理论可称为新古典利率理论。为简化分析，可以将可贷资金的供求简化为债券供求的分析。因为发售债券的人正是需要资金的人，所以债券的供给替代可贷资金的需求；而购买债券的人相当于让渡资金的使用权以赚取利息，所以债券的需求用来替代可贷资金的供给。随着利率的提高，人们会增加对债券的需求，而债券的供给则减少，当供给等于需求时，形成均衡利率(图 7-2)。

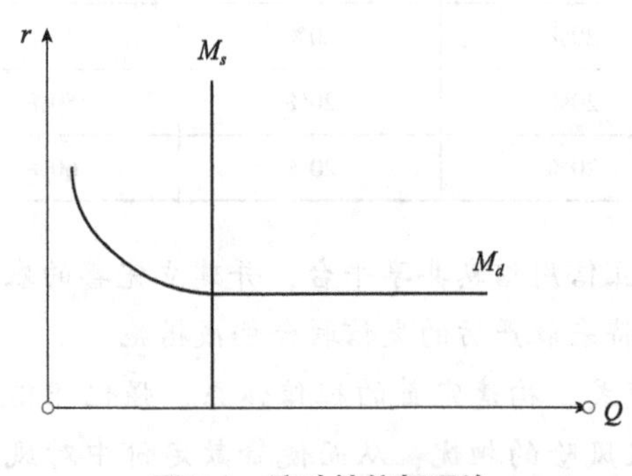

图 7-1 流动性偏好理论

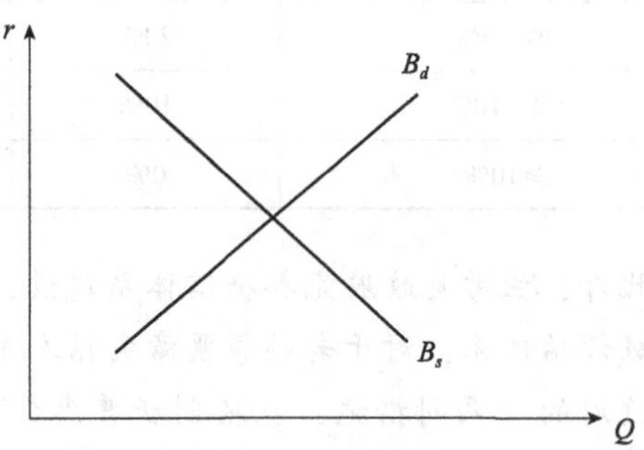

图 7-2 可贷资金理论

7.1.5.2 政府利率管制下的资金供求模型

当政府对市场利率进行干预时，可能存在两种情况：

(1)当政府确定的利率比市场均衡利率高时

如图 7-3 若由市场对资金的供求所决定的均衡利率为 r_0，而政府的管制利率为 r_1。利率水平在 r_1 时，由于利率较高，资金的供给增加，而贷款成本的增加会引起对资金的需求减少，此时资金的供给大于需求，不会出现供不应求的情况。

(2)当政府制定的利率比市场均衡利率低时

如图 7-4 假设政府的管制利率为 r_2。利率水平在 r_2 时，由于利率较低，资金的需求会大幅增加，而资金供给意愿却减小，出现供不应求的状况。$\Delta(Q_{s1}-Q_{d1})$为资本的过度需求缺口。此时出现信贷配给的情况，资源没有得到有效配置。将促使急需用钱的借款人投向非正规金融市场，花费高额融资成本。

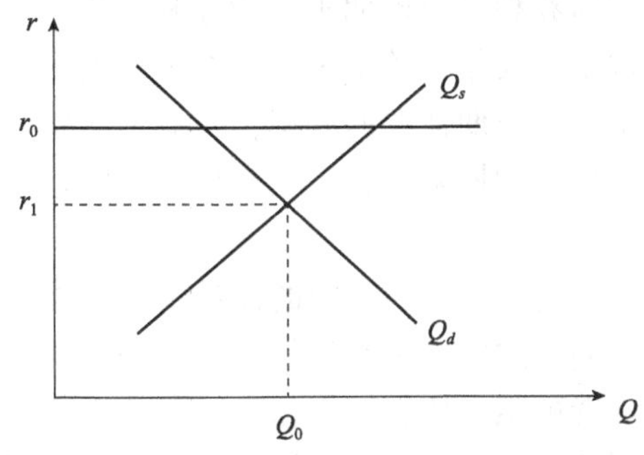

图 7-3 管制利率高于市场利率的资金供求模型

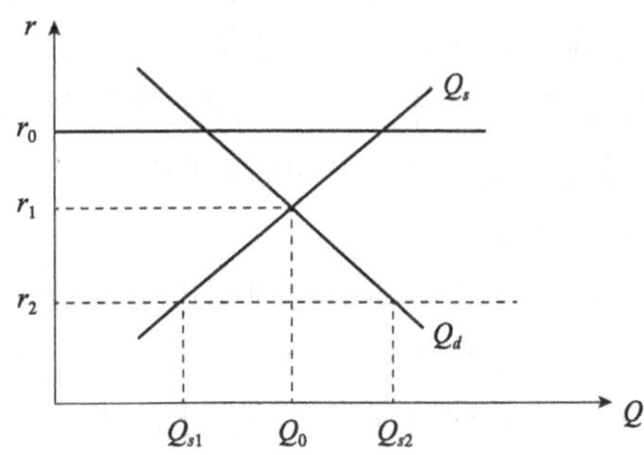

图 7-4 管制利率低于市场利率的资金供求模型

7.1.5.3 利率结构理论

(1)利率的风险结构

利率风险结构假设各类信用工具有相同的期限，研究相同期限情况下各风险因素对利率的影响，主要有违约风险、流动性、税收等因素。违约风险指债务人不能依照合同如期还本付息的可能。对债券来说，其违约风险就是发行人无法按照约定偿还本金或支付利息。通常国债被视为无违约风险的债券，因为其有国家信用背书，几乎不会出现违约的可能。有违约风险的债券和无违约风险的债券利率之差称为风险溢价，是对可能承受的违约风险作出的补偿。风险溢价伴随违约风险的攀升而不断提高，违约风险越高的债券其利率也越高。流动性是指在没有损失的情况下迅速变现的能力，人们总是存在对流动性的偏好，以备不时之需。因此，同等条件下，流动性越高的信用工具利率相对较低，反之流动性越低则利率越高。不同的信用工具税收政策亦是不同，信用工具持有人关注的是税后利率，即税后真正的收益。若信用工具具有高税率，则其税前利率也高。

(2)利率的期限结构

利率期限结构研究的是具有相同风险、流动性和税收特征的信用工具，在到期期限不同时，其利率之间的差异。利率与期限之间的关系可能呈现 3 种情形：第一，利率与期限不相关，利率不随时间变化而变化；第二，利率与期限正相关，时间越长利率越高；第三，利率与期限负相关，时间越短利率越高。

通常用收益率曲线来表示利率与时间的关系，收益率曲线是其他情况都相同时，将不同期限所对应的利率连成的曲线，其形状大致有 3 种类型：平坦的、向上的、向下的。通过对收益率曲线的观察，发现 3 个事实：第一，不同时间的利率总是同向波动的；第二，如果短期内利率较低，则长期来看利率极可能呈上升趋势，反之如果短期内利率较高，则长期来看利率极可能呈下降趋势；第三，大多时候收益率曲线呈现上升的态势。为解释这 3 种现象的出现，经济学家们先后提出预期理论、市场分割理论和期限优先理论，下面分析介绍这 3 种理论。

预期理论假定投资者没有特别偏好某种时间期限的债券，即不同期限的债券预期收益相同，是完全替代品。预期理论认为，长期债券的利率等于在其有效期内人们所预期的短期利率的几何平均值。因此，如果预期的未来短期债券利率与现期短期债券利率相等，那么长期债券的利率就与短期债券的利率相等，收益率曲线是一条水平线；如果预期的未来短期债券利率上升，那么长期债券的利率必然高于现期短期债券的利率，收益率曲线是向上倾斜的曲线；如果预期的短期债券利率下降，则债券的期限越长，利率越低，收益率曲线就向下倾斜。

市场分割理论作出与预期理论完全相反的假设，它认为不同期限的债券市场不能相互替代，是相互独立完全分割的。因为投资者对不同期限的债券是有偏好的，不同期限的债券利率由该品种债券市场的供求所决定。如果投资者更愿意持有短期债券，对短期债券的需求高于长期债券，那么长期债券的价格会相对更低，利率更高，这样才能吸引投资者购买长期债券。市场分割理论可以解释为何长期利率总是高于短期利率。

期限优先理论假设不同期限的债券在一定程度上可以相互替代。投资者偏好于某种期限的债券，只有当其他期限的债券利率足够高时投资者才会愿意购买。由于人们对流动性的偏好，通常会更愿意持有短期债券，长期债券的流动性没有短期债券强，只有长期债券有足够的预期回报率时人们才会持有。这种由期限不同引起的利率差异就是流动性溢价或称为期限溢价。因此，期限优先理论认为长期债券的利率应等于流动性溢价(l_n)加上长期债券到期前各阶段短期利率之和的平均利率。公式如下：

$$R_n=\frac{r_1+r_2+r_3+\cdots+r_n}{n}+l_n \tag{7-1}$$

因此，在贷款定价时，需要考虑期限的影响，贷款期限越长则定价越高。

7.2 小微贷款的利率

7.2.1 小微贷款利率的种类

7.2.1.1 法定利率与市场利率

根据利率确定方式的不同，利率分为法定利率和市场利率。

(1)法定利率(Official Interest Rate)

法定利率又被称为官方利率，是由政府金融管理部门或者中央银行确定的一种利率，通常是国家为实现政策目标的一种经济手段，它反映非市场的强制力量对利率形成的干预。

(2)市场利率(Market Interest Rate)

市场利率是在信贷市场上由资金供求关系决定的利率。在有效市场中自由竞争的环境下，当资金需求大于资金供给时，利率上涨；当资金供给大于资金需求时，利率下降；当供给和需求达到平衡时，形成均衡利率。由此可以看出市场利率随着资金市场供求变化而自由变动，与之相反的则是法定利率，法定利率是由中央银行或具有金融管理职能的政府部门确定的。在中国，通常市场利率的确定会参考上海银行间拆放利率(*SHIBOR*)或贷款市场报价利率(*LPR*)。而有些国家不具备有效的竞争市场，因为市场被个别巨头所控制垄断，就无法形成市场利率。

7.2.1.2 名义利率与实际利率

根据是否考虑通货膨胀因素的影响，利率分为名义利率与实际利率。

(1)名义利率(Nominal Interest Rate)

名义利率是信贷机构在贷款合同中所规定的借款客户应当按期支付的利率，并没有考虑通货膨胀因素的影响。合同中常见的名义利率形式为年利率，月利率。每笔贷款所需支付的利息通常就是用名义利率来计算的，如房屋贷款、车贷等。

(2)实际利率(Real Interest Rate)

实际利率又称真实利率，是剔除通货膨胀影响的利率，能更为准确的反映金融机构实际从贷款业务中获取的利息收益。信贷机构发放贷款的实际利率越高，则资金进入信贷市场的积极性越高，能增加资金的供给。在名义利率，实际利率和通货膨胀率之间存在如下关系：

$$1+名义利率=(1+实际利率)\times(1+通货膨胀率)$$

$$实际利率=\frac{1+名义利率}{1+通货膨胀率}-1 \tag{7-2}$$

【例 7-2】 假设名义利率为 10%，通货膨胀率为 5%，则实际利率=(1+10%)÷(1+5%)-1=4.76%。

对式子进行变形处理，可得：

$$1+名义利率=1+实际利率+通货膨胀率+实际利率\times通货膨胀率 \tag{7-3}$$

因为实际利率和通货膨胀率的乘积结果很小，可以忽略，因此，实际利率的计算可以简化得到近似的结果：

$$实际利率\approx名义利率-通货膨胀率 \tag{7-4}$$

【例 7-3】 ①假设名义利率为 15%，通货膨胀率为 10%。②假设名义利率为 15%，通货膨胀率为 20%。在这两种情况下的实际利率分别为：

实际利率≈15%-10%≈5%，可以看出在减去通货膨胀率的影响后，实际利率为正，即投资者能获得正的收益。

实际利率≈15%-20%≈-5%，此时实际利率为负，即投资者所获收益不足以补偿通货膨胀所带来的资产损失。注意当通货膨胀率较高时，使用简化公式误差会较大。

7.2.1.3 全成本利率

全成本利率(Full-cost Interest Rate)是指在没有政府补贴时信贷机构所制定的利率或盈利水平能够补偿向客户提供产品和服务时的所有成本花费，因此，又称之为可持续利率。其成本主要包括以下几个方面：第一，操作成本，即经营成本和人员培训和市场营销等费用；第二，风险成本，即可能的坏账损失；第三，通货膨胀，会引起资产贬值造成损失；第四，融资成本，小额信贷机构向外界融资时所需花费的成本。全成本利率还要求在覆盖成本的基础上还要求一定的利润以保证小额信贷能扩大规模。

7.2.1.4　有效利率

有效利率(Effective Interest Rate)是一种以复利形式计息的利率，考虑整个贷款期间每个还款期内利息、强制储蓄、佣金等各项成本即所有实际发生的财务费用，以余额递减法进行计算。有效利率可以反映出货币的时间价值，而名义利率仅仅体现在一段时间内资金的表面收益。

7.2.2　利率的计算

7.2.2.1　全成本利率的计算

全成本利率是微型金融机构实现可持续发展的贷款定价，此时的贷款定价应当覆盖贷款的所有成本，包括贷款经营的管理费用、可能的贷款损失、资金成本等。全成本利率的计算需要注意两点：①估计费用时应当以信贷机构运营成熟的阶段为准，而非初始成立阶段，因为初创阶段费用开支会比较大；②在不考虑政府补贴或外界捐赠时，所有费用都应被计算。

全成本利率的计算公式是通过 Rosenberg 贷款定价模型得到的，公式如下：

$$R=\frac{AE+LL+CF+K-II}{1-LL} \tag{7-5}$$

式中　R——微型金融机构的贷款有效年利率水平，即 5 个变量的函数；

AE——行政成本与平均贷款余额的比值；

LL——贷款损失额与平均贷款余额的比值；

CF——资金成本与平均贷款余额的比值，资金成本视所有微型金融机构的资金来源均来自商业渠道；

K——预期利润与平均贷款余额的比值；

II——投资收入与平均贷款余额的比值。

【例 7-4】　以微众银行 2021 年的财务统计情况为实例，分析该微型金融机构想实现可持续发展时应选取的利率水平(表 7-4)。

表 7-4　微众银行 2021 年度财务统计情况　千元

平均贷款余额	行政成本	资金成本	投资收入	营业收入	贷款损失额
228 851 318.5	6 981 236	7 380 339	1 647 571	26 989 261	990 949

资料来源：《微众银行 2021 年年度报告》。

AE = 行政成本÷平均贷款余额×100% = 6 981 236÷228 851 318.5×100% = 3.05%

LL = 990 949÷228 851 318.5×100% = 0.43%

CF = 资金成本÷平均贷款余额×100% = 7 380 339÷228 851 318.5×100% = 3.22%

K = 15%(根据 Rosenberg 预期利润率至少是 5%~15%的建议，采用 10%的预期利润率)

II=投资收入÷平均贷款余额×100%=1 647 571÷228 851 318.5×100%=0.72%

将 AE、LL、CF、K 和 II 的值代入全成本利率公式得：R=22.52%

7.2.2.2 有效利率的计算

微型金融机构在业务经营中常常关注有效利率而非名义利率，有效利率考虑贷款业务中的所有财务费用和资金的时间价值，真实的反映全部贷款成本。在计算有效利率时，借款人为获得贷款所发生的交易成本不需要考虑，如时间成本、交通成本、设立银行账户的成本等。

(1)有效利率的估算

由于有效利率的精确计算较为复杂繁琐，日常生活中可以通过估算的方式快速得到一个大概数值。

第一种有效利率的估算是把各种费用率折算成实际年率，再把费用率与利率加总求和，它缺乏对货币时间价值的考虑，所以是近似计算法。通常利息是针对贷款额征收的，所以利率不需要进行折算，而手续费和佣金等各种费用或费用率就需要折算成年率。根据费用的支付方式可以分为两种：一次性支付的费用，通常在发放贷款时支付；每年都需要支付的费用。

有效利率=利率+每年支付的费用的年率+一次性费用的年率

每年支付的费用的年率=(每年支付的费用×贷款年限)÷贷款总额÷实际贷款年限

一次性费用的年率=一次性费用÷贷款总额÷实际贷款年限 (7-6)

第二种有效利率的估算公式如下：

$$\text{有效利率}=\frac{\text{支付的利息与费用}}{\text{平均等偿贷款余额}}$$

$$\text{平均待偿贷款余额}=\frac{\text{待偿贷款余额之和}}{\text{偿还期数}} \tag{7-7}$$

(2)有效利率的精确计算

若要对有效利率进行精确计算，需要考虑资金的时间价值，称为内部收益率法，公式如下：

$$L-E=\frac{C_1}{1+i}+\frac{C_2}{(1+i)^2}+\cdots+\frac{C_n}{(1+i)^n}=\sum_{t=1}^{n}\frac{C_t}{(1+i)^t} \tag{7-8}$$

式中 L——贷款额现值，即贷款总额；

E——一次性支付的费用；

C_t——第 t 期借款人还款的金额，包括本金和利息及其他费用；

i——有效利率。由于有效利率的精确计算过程较为繁杂，可以通过财务计算器求解。

有效利率的估算

假设有一笔金额为 60 000 元的贷款，贷款期限为一年，采取月还款制度，月利率为

0.5%。每年还款12次，金融机构需要收取3%的服务费。分别采用等额本息法与平息法计息，计算其有效利率。

有效利率表明不同的贷款产品条件如何影响贷款总成本与收入。采用第二种估算方法来比较等额本息法与平息法两种方法计息时有效利率的计算。第二种估算方法公式如下：

$$有效利率=\frac{支付的利息与费用}{平均待偿贷款余额}$$

$$平均待偿贷款余额=\frac{待偿贷款余额之和}{偿还期数}$$

情况1：等额本息法还款情况下，用第二种估算方法计算有效利率。

表9　等额本息法还款的现金流量表　　元

贷款额：60 000元，期限：12个，月利率：每月0.5%，计息方式：等额本息

月份	利息计算	利息	本金	还款额	贷款余额
0	—	—	—	—	60 000
1月	60 000×0.5%	300	4863.99	5163.99	55 136.01
2月	55 136.01×0.5%	275.68	4888.31	5163.99	50 247.70
3月	50 247.70×0.5%	251.24	4912.75	5163.99	45 334.95
4月	45 334.95×0.5%	226.67	4937.31	5163.99	40 397.64
5月	40 397.64×0.5%	201.99	4962.00	5163.99	35 435.64
6月	35 435.64×0.5%	177.18	4986.81	5163.99	30 448.83
7月	30 448.83×0.5%	152.24	5011.74	5163.99	25 437.09
8月	25 437.09×0.5%	127.19	5036.80	5163.99	20 400.29
9月	20 400.29×0.5%	102.00	5061.98	5163.99	15 338.31
10月	15 338.31×0.5%	76.69	5087.29	5163.99	10 251.02
11月	10 251.02×0.5%	51.26	5112.73	5163.99	5138.29
12月	5138.29×0.5%	25.69	5138.29	5163.99	0
总额	1967.88	1967.88	6000.00	61 967.88	339 565.8

由表9可知待偿还余额之和为339 565.8元，偿还期数为12期。平均待偿贷款余额=待偿贷款余额之和÷偿还期数$=\frac{339\ 565.8}{12}=28\ 297.15$元。金融机构所收取的服务费为60 000×3%=1800元，贷款期限内支付的利息与服务费一共为1800+1967.88=3767.88元。

则，有效利率=支付的利息与费用÷平均待偿贷款余额$=\frac{3767.88}{28\ 297.15}=13.32\%$。

情况2：平息法还款情况下，用第二种估算方法计算有效利率。

表 10 平息法还款的现金流量表 元

贷款额：60 000 元，期限：12 个月，利率：每月 0.5%，计息方式：平息法					
月份	利息计算	利息	本金	还款额	贷款余额
0	—	—	—	—	60 000
1 月	60 000×0.5%	300	5000	5300	55 000
2 月	60 000×0.5%	300	5000	5300	50 000
3 月	60 000×0.5%	300	5000	5300	45 000
4 月	60 000×0.5%	300	5000	5300	40 000
5 月	60 000×0.5%	300	5000	5300	35 000
6 月	60 000×0.5%	300	5000	5300	30 000
7 月	60 000×0.5%	300	5000	5300	25 000
8 月	60 000×0.5%	300	5000	5300	20 000
9 月	60 000×0.5%	300	5000	5300	15 000
10 月	60 000×0.5%	300	5000	5300	10 000
11 月	60 000×0.5%	300	5000	5300	5000
12 月	60 000×0.5%	300	5000	5300	0
总额	3600	3600	60 000	63 600	390 000

由表 10 可知待偿还余额之和为 390 000 元，偿还期数为 12 期。

则平均待偿贷款余额＝待偿贷款余额之和÷偿还期数$=\frac{390\ 000}{12}=32\ 500$ 元。金融机构所收取的服务费为 60 000×3%＝1800 元，贷款期限内支付的利息与服务费一共为 1800+3600＝5400 元。

$$\text{有效利率}=\text{支付的利息与费用}\div\text{平均待偿贷款余额}=\frac{5400}{32\ 500}=16.62\%$$

需要指出的是，与有效利率的精确计算不同，估算法不考虑资金的时间价值与偿还频率。尽管通常情况下二者之间计算结果的差异较小，但是贷款期限越长，偿还频率越低，对成本的影响就越大，因此，有效成本的估算法与有效利率精确计算法的差距也越大。除此之外，估算法不考虑强制储蓄以及缴纳的其他基金，如信托基金或保险基金。因此，估算法考虑借款人在贷款期间支付的利息与费用，可用于分析利率计算方法中贷款期限与贷款费用的作用。根据估算法，可以计算出借款人的有效成本，并据此分析贷款费用与贷款期限变化对有效成本的影响作用。

7.2.3 小微贷款利息支付方式

7.2.3.1 余额递减法

余额递减法(Declining Balance)是指在贷款期内利息的计算以尚未偿还的贷款金额为

基准乘上相应的贷款利率。在信贷机构中常见的等额本息法和等额本金法都是以余额递减法计算利息。

(1)等额本息法

等额本息法(Equality Corpus and Interest)是指每期按固定的金额还款，但每期还款额中所包含的利息和本金是变动的，其中利息的计算是按贷款期内尚未清偿的本金计算，随着归还的本金逐渐增加，需要支付的利息也逐渐减少，在还款前期大部分都是偿还的利息。在已知贷款总额，还款期限以及利率情况时，可以算出每期还款额，公式如下：

$$P=L\times\frac{r\times(1+r)^{n}}{(1+r)^{n}-1} \tag{7-9}$$

式中 P——每期还款额；

L——贷款总额；

r——每期利率；

n——贷款期数。

【例 7-5】 微型金融机构向王先生发放一笔 60 000 元的贷款，贷款期限为一年即 12 个月，按月分期还款，每月等额，年名义利率为 6%，月利率为 0.5%，其贷款余额及相应的利息本金见表 7-5 所列：

表 7-5 等额本息法 元

贷款额：60 000 元，期限：12 个月，利率：每月 0.5%，计息方式：等额本息					
月份	利息计算	利息	本金	还款额	贷款余额
0	—	—	—	—	60 000
1 月	60 000×0.5%	300	4863.99	5163.99	55 136.01
2 月	55 136.01×0.5%	275.68	4888.31	5163.99	50 247.70
3 月	50 247.70×0.5%	251.24	4912.75	5163.99	45 334.95
4 月	45 334.95×0.5%	226.67	4937.31	5163.99	40 397.64
5 月	40 397.64×0.5%	201.99	4962.00	5163.99	35 435.64
6 月	35 435.64×0.5%	177.18	4986.81	5163.99	30 448.83
7 月	30 448.83×0.5%	152.24	5011.74	5163.99	25 437.09
8 月	25 437.09×0.5%	127.19	5036.80	5163.99	20 400.29
9 月	20 400.29×0.5%	102.00	5061.98	5163.99	15 338.31
10 月	15 338.31×0.5%	76.69	5087.29	5163.99	10 251.02
11 月	10 251.02×0.5%	51.26	5112.73	5163.99	5138.29
12 月	5138.29×0.5%	25.69	5138.29	5163.99	0
总额	1967.88	1967.88	6000.00	61 967.88	—

(2)等额本金法

等额本金法(Equality Corpus)是指在贷款期限内把本金进行等额分摊，每期还款的本金相同，利息按照还款期限内剩余待偿还部分计息。随着偿还本金的增加，利息逐渐减少。每期还款额由本金和利息两部分构成，总额随着利息的减少而减少。每期还款额的计算公式如下：

$$每期还款额=本金+利息$$

$$本金=贷款总额\div贷款期数$$

$$利息=待偿还本金\times每期利率 \tag{7-10}$$

【例 7-6】 假设上文中王先生采用等额本金的方式进行还款，其他条件保持不变，其贷款余额及相应的利息本金见表 7-6 所列：

表 7-6 等额本金法 元

贷款额：60 000 元，期限：12 个月，利率：每月 0.5%，计息方式：等额本金					
月份	利息计算	利息	本金	还款额	贷款余额
0	—	—	—	—	60 000
1 月	60 000×0.5%	300	5000	5300	55 000
2 月	55 000×0.5%	275	5000	5275	50 000
3 月	50 000×0.5%	250	5000	5250	45 000
4 月	45 000×0.5%	225	5000	5225	40 000
5 月	40 000×0.5%	200	5000	5200	35 000
6 月	35 000×0.5%	175	5000	5175	30 000
7 月	30 000×0.5%	150	5000	5150	25 000
8 月	25 000×0.5%	125	5000	5125	20 000
9 月	20 000×0.5%	100	5000	5100	15 000
10 月	15 000×0.5%	75	5000	5075	10 000
11 月	10 000×0.5%	50	5000	5050	5000
12 月	5000×0.5%	25	5000	5025	0
总额	1950	950	60 000	61 950	—

7.2.3.2 平息法

平息法(Flat Rate)指利息的计算以初始本金为基准再乘上相应的利率。这种计息方式下，每个还款周期内的利息不变，因为其始终按贷款总额计算。每期还款额的计算公式如下：

$$每期还款额=贷款总额\times(1+利率)\div还款期数 \tag{7-11}$$

【例 7-7】 假设上文中王先生采用平息法的方式进行还款，其他条件保持不变，其贷款余额及相应的利息本金见表 7-7 所列。

表 7-7 平息法 元

贷款额：60 000 元，期限：12 个月，利率：每月 0.5%，计息方式：平息法					
月份	利息计算	利息	本金	还款额	贷款余额
0	—	—	—	—	60 000
1 月	60 000×0.5%	300	5000	5300	55 000
2 月	60 000×0.5%	300	5000	5300	50 000
3 月	60 000×0.5%	300	5000	5300	45 000
4 月	60 000×0.5%	300	5000	5300	40 000
5 月	60 000×0.5%	300	5000	5300	35 000
6 月	60 000×0.5%	300	5000	5300	30 000
7 月	60 000×0.5%	300	5000	5300	25 000
8 月	60 000×0.5%	300	5000	5300	20 000
9 月	60 000×0.5%	300	5000	5300	15 000
10 月	60 000×0.5%	300	5000	5300	10 000
11 月	60 000×0.5%	300	5000	5300	5000
12 月	60 000×0.5%	300	5000	5300	0
总额	3600	3600	60 000	63 600	—

以上 3 种还款方式对比可以发现，等额本金法是利息最低最划算的，平息法是利息最高的。目前信贷机构广泛使用的是等额本息法，若借款人采用等额本息法还款，通常不建议人们在贷款期限的后期提前还款，因为在前期还款时已偿还大部分利息，后期利息较少。

7.2.3.3 等额平息法

等额平息法是新兴互联网金融使用的一种利息支付方式。使用等额平息法还款，每期所偿还的本金和利息都是相同的。

每期偿还的本金＝贷款总额÷还款期数

利息＝贷款总额×每期利率

每期还款额＝每期偿还的本金+利息 (7-12)

【例 7-8】 假设王先生通过某网上借贷平台贷款 10 000 元，贷款期限为 6 个月，这笔贷款的年化利率为 20%，使用等额平息法进行还款。每期偿还本金＝10 000÷6＝1666.67，利息＝10 000×20%÷12＝166.67。具体还款情况见表 7-8 所列。

表 7-8 等额平息法 元

贷款额：10 000 元，期限：6 个月，利率：每月 1.67%			
期数	本金	利息	本息总额
1	1666.67	166.67	1833.33
2	1666.67	166.67	1833.33

（续）

期数	本金	利息	本息总额
3	1666.67	166.67	1833.33
4	1666.67	166.67	1833.33
5	1666.67	166.67	1833.33
6	1666.67	166.67	1833.33
总额	10 000	1000	11 000

算例

不同利息支付方式下有效利率的计算

在学习有效利率以及几种不同的利息支付方式的计算方法之后，下面介绍其在实际生活的不同情况下如何计算有效利率。在不同情景下，有效利率的计算主要分为两步：第一步计算借款人实际收到和偿还的资金额；第二步将相关数据输入财务计算器得到一段时间内的有效利率，再将结果根据还款期数折算成年收益率。

(1)情景1——余额递减

王先生向信贷机构借款60 000元，设定年利率为6%，则月利率为0.5%，分12个月偿还，采用余额递减法的等额本息方式还款。以本例为基准实例，有效利率恰好与设定的利率相等。通过财务计算器计算可得月付款额为5163.99元。

(2)情景2——预付利息

在此种方案下，利息在贷款期初就预先支付，其他条件与基准实例保持一致。在情景1中本金及利息的总额为61 967.88(5163.99×12)元，其中利息为1967.88(61 967.88−60 000)元。因为在期初预付利息，通常从贷款中直接扣除，所以借款人实际得到58 032.12(60 000−1967.88)元。每月只用偿还本金5000(60 000÷12)元。通过财务计算器计算可得年有效利率为6.2%。可见预付利息能提高有效利率。

(3)情景3——初始收费

本例中将预先收取贷款总额的2%为手续费，其他条件与基准实例保持一致。

借款人在期初实际收到的款项为58 800(60 000×98%)，每月偿还额为5163.9元，和基准实例一样。通过财务计算器计算可得年有效利率为9.8%，可以发现初始收费会使有效利率增加。

(4)情景4——平息法

本例中利息的计算将以平息法进行，即以全部贷款乘利率而非递减余额计算，利息为3600(60 000×6%)元，本息和为63 600(60 000+3600)元，每月还款额为5300(63 600÷12)元。通过财务计算器计算可得年有效年利率为10.9%，可以发现在贷款额度、贷款期限、名义利率相同的情况下，平息法的有效利率高于余额递减法的有效利率。

知识链接

相同条件下等额平息法与先息后本法、一次性还本付息法的对比

在贷款金额、贷款期限与贷款利率都相同的情况下，等额平息法与先息后本法、一次性还本付息法所获得本息总额相等。但是，从每期还款金额角度来看，等额平息每期还款额较大，每期偿还利息、本金及本息总额均相等。同样以本金 10 000 元，借款期限 6 个月，年化利率 20%为例分别对比。

情况 1：先息后本法。这种还款方法中，借款人每期偿还利息，到最后按照约定偿还本金。还款情况见表 11 所列。

情况 2：一次性还本付息法。这种还款方法中，按照利率计算出利息总额，到期后按照约定将本金与利息一次性付清。具体还款情况见表 12 所列。

表 11　先息后本法

期数	本金(元)	利息(元)	本息总额(元)
1	0	166.67	166.67
2	0	166.67	166.67
3	0	166.67	166.67
4	0	166.67	166.67
5	0	166.67	166.67
6	10 000	166.67	10 166.67
总额	10 000	1000	11 000

表 12　一次性还本付息

期数	本金(元)	利息(元)	本息总额(元)
1	0	0	0
2	0	0	0
3	0	0	0
4	0	0	0
5	0	0	0
6	10 000	1000	11 000
总额	10 000	1000	11 000

由以上对比可见，等额平息对于负债人来说每期还款数额相等。但对于债权人来说，先息后本的还款方式资金回流速度更快，资金运用起来更灵活。

7.3　小微贷款的定价方法

7.3.1　小微贷款技术的发展变迁与内在逻辑

7.3.1.1　2005 年以前：小微贷款技术 1.0

2005 年以前，小微信贷实行的主要是交易型贷款，采取的主要为线下零售模式。交易型贷款是指参考借款人的“硬信息”发放贷款，包括财务报表型贷款、担保型贷款和信用评分型贷款 3 类。其中，信用评分型贷款属于小微信贷技术 2.0。银行贷前审查的重点是企业经营、收益情况(第一还款来源)和担保情况(第二还款来源)。由于小微经济体经营不规范，货物发票、财务报表等“硬信息”缺失，财务报表型贷款适用性差。长期以来，担保贷款一直是中国中小企业的主要方式。微型金融机构对小微企业采取担保贷款的方式，能

够有效地降低风险成本，通过抵质押物和担保人，能够帮助微型金融机构筛选低风险客户。一旦借款人出现违约，银行可处置抵质押物或要求担保人代偿。

交易型贷款在技术上是有效的，且利率水平不高，但大多数小微经济体无法提供第一还款来源的证明材料，也不能达到担保要求，因而难以满足其融资需求，存在“惠而不普”的问题。

7.3.1.2 2005—2014 年：小微信贷技术 2.0

2005—2014 年以信贷员技术、“信贷工厂”、关系型担保与群组贷款为代表的小微信贷技术 2.0 兴起。

(1)信贷员技术与“信贷工厂”

德国 IPC(International Project Consult)技术、法国沛丰银行与印尼人民银行小贷技术统称为信贷员技术，也被称为关系型贷款。该技术基于“软信息”(企业信息、企业家信息、信贷信息)判断第一还款来源的可靠性，但对信贷员要求高，银行需要投入更多经营成本进而降低风险成本。2007 年，建设银行推广“信贷工厂”模式，贷前审查、贷中管理、贷后跟踪相互分离控制内部操作风险，批量化办理信贷业务，从而节约成本。

(2)关系型担保

基于小微经济体的“软信息”，关系型贷款衍生出关系型担保。担保公司为小微经济体提供担保的同时，要求企业主全家提供反担保，全部家庭资产承担无限连带责任，将贷款与个人信用、个人资产“捆绑”，为小微经济体融资增信，降低风险。

(3)群组贷款

由于单个小微经济体信用不足，群组贷款通过信用捆绑为小微经济体的融资增信提供新思路。群组贷款是零售业务批发做的典型，有利于实现规模经济从而节约成本，还可以控制风险。

7.3.1.3 2015 年至今：小微信贷技术 3.0

2015 年至今，传统信贷技术与物联网、云计算及大数据等信息科技相结合催生出小微信贷技术 3.0 模式。过去小微企业融资难表现在：触达难即中国普惠型小微贷款的贷款对象主要是小微经济体的头部(优质小微企业)，而数千万长尾小微经济体处于金融服务空白区，传统信贷无法有效渗透；风控难即线下模式难以确保数据真实有效，风险较高；贷款难即贷前、贷中、贷后线下工作量大，人力和时间成本高。

但是，物联网、云计算及大数据等技术实现非结构化的海量数据存储、处理和分析，其与传统金融技术的融合，使得小微经济体的“软信息”慢慢被“书面化”和“硬化”，同时使信用体系的建设不断完善，解决小微企业融资的触达难、风控难以及贷款难等问题。

7.3.2 传统小微贷款的定价方法

7.3.2.1 成本加成定价法

成本加成定价法是以成本为导向的传统定价模型，由 Peter. S. Ross 提出，在西方微型金融机构中使用广泛。这种定价方式是在覆盖成本的基础上加上目标利润，即贷款定价=贷款成本+预期利润，其中微型金融机构的成本主要包括 3 个方面：一是资金成本，即微型金融机构筹集资金产生的融资成本；二是运营的相关费用，如员工工资，搜集客户信息及贷后追踪等过程中所投入的人力物力，税费；三是风险成本，借款人可能违约所造成的损失。其定价公式表示如下：

$$\text{贷款利率}=\text{贷款融资利率}+\text{贷款管理费率}+\text{贷款风险溢价}+\text{目标利润} \quad (7\text{-}13)$$

成本加成定价法简洁明了，具有科学性，能够从微型金融机构角度出发考虑定价，保证其在覆盖成本后还能获得一定的利润率。但是此方法实践起来也有一定的局限性，首先要求微型金融机构财务数据健全，其次成本核算及分摊难度大。同时它在定价过程中未考虑到信贷市场的竞争，若目标利润太高会丢失客户，降低市场中的竞争力。

中和农信算例

成本加成定价法

中和农信一类的公益性小额贷款机构无法吸收存款，除自有资金外，其主要资金来源为银行类金融机构贷款和债券融资。中和农信 2016 年的综合资金成本约 7.2%，融资较贵。其主要客户群体为低收入农户，违约风险较高，且尚未达到规模经济，需要较高的管理运营成本。其具体运营情况见表 13 所列（此处假设中和农信 2016 年的目标利润率为 5%）。

表 13　中和农信 2016 年运营情况

融资成本	管理成本	目标利润率	风险溢价
7.2%	10.2%	5%	1%

根据成本加成定价法计算中和农信的贷款利率：贷款利率＝7.2%+10.2%+1%+5%＝23.4%。

资料来源：《农村小额信贷利率报告——以中和农信为例》

知识链接

成本加成定价视角下的小微信贷“不可能三角”

从成本加成定价的角度看，贷款利率的构成可用公式(1)表示：

$$r=a+b+c+d+e \quad (1)$$

式中　r——贷款利率；

a——资金成本；

b——风险成本；

c——业务成本；

d——税收成本；

e——利润率。

分项来看：a 为资金使用成本(机会成本)，一般用平均付息率表示，与银行规模成反比，很大程度上外生。例如，2019 年一季度 26 家上市银行中，工商银行资金成本最低，为 1.62%；江苏银行最高，为 3.12%。如 2019 年 9 月降准，预计降低银行资金成本每年约 150 亿元。

b 为风险溢价，风险定价本质为保险，即让全部客户额外支付一笔费用，为事后可能违约的那一小部分客户埋单，因此，b 可用客户的预期违约率表示。

c 为银行开展信贷业务的经营成本，包括维持运营、开展业务、拓展客户等事项的成本，调查客户实际情况(可称为"信息生产")有助于确定客户风险状况，信息生产成本是其重要组成部分。根据经济学成本理论，c 可用公式(2)表示：

$$c=f+g=f+\bar{h}+n \tag{2}$$

式中 f——固定成本；

g——可变成本；

$\bar{h}$——平均可变成本；

n——客户数。

f 指不随业务量增减变动影响而能保持不变的成本，包括小微信贷业务开展中所需要的行政管理、业务研发、科技投入等；g 指针对全部客户所需投入的业务成本，随着客户数量增减而变化；$\bar{h}$指平均每个客户信息生产所需投入的业务成本。

d 为各项税收支出，主要包括增值税、所得税、契税、房产税、土地使用税等。近年来，国务院出台多项财税政策降低银行税负引导其支持小微，如单笔贷款免征上限由 2017 年小于 100 万元提至 1000 万元；对金融机构与小微企业的借款合同免征印花税等。

e 为银行开展信贷业务获得的利润率，即资本成本，是可持续经营的必要条件。目前，银行业平均利润水平为 1%，属于资本密集型行业，银行利润率较低，其丰厚利润是靠庞大资本撬动的。政策性金融具有保本微利的特点，e 可适当收窄。

由于 a、d 和 e 可视为常量，小微信贷技术主要是确定 b 和 c 的合理水平。小微信贷供给的难点是掌握小微客户的情况进而预判其违约率，由于银行与小微客户信息不对称，加大风险定价的难度。银行信息生产需要投入 c，b 和 c 呈现负相关，应取得合理的平衡，b 和 c 较高导致小微企业融资难、融资贵，小微企业贷款利率和不良率一般高于大中型企业。由于 b 具有不确定性，易失控，因此，应用 c 替代 b 而不是反过来。

综上所述，小微信贷技术可以概括为：如何以一个相对合理的成本(a 和 c，主要是 c 的确定)收集小微客户信息，以此确定预期违约率(b)，进而实现一定利润率(e)和可持续发展。传统小微信贷技术的瓶颈是：$\bar{h}$ 较大；同时，由于快速、批量客户信息生产难使得 n 难以做大，而 n 较小又导致 f 不易被分摊。专家学者据此提出小微信贷"不可能三角"，即扩大规模(n)、运营成本(c)、风险控制(b)三者难以兼得，小微信贷技术的关键就是设法破解"不可能三角"，在增量(n)、降本(c)、控险(b)3 个方面保持平衡，以实现商业可持续。

资料来源：《农村小额信贷利率报告——以中和农信为例》

7.3.2.2 盈亏平衡定价法

盈亏平衡模型是由著名学者 Morduch 提出的，他基于原有研究，改进贷款定价模型。该模型考察当微型金融机构的收入和成本持平时的利率。

在微型金融机构资金成本为零，如资金来源为他人捐赠时，若贷出为期一年的贷款，要保持盈亏平衡应达成如下条件：

$$L(1+r)(1-a)=L+C \tag{7-14}$$

式中 L——贷款规模；

C——贷款成本(不包括资金成本)；

r——贷款利率；

a——贷款拖欠率。对上式进行整理化简可得资金成本为零时的盈亏平衡利率：

$$r=\frac{c+a}{1-a} \tag{7-15}$$

式中 c——不包括资金成本在内的所有成本与贷款规模之比，即单位贷款成本率。

若微型金融机构除贷款收入以外还存在其他投资活动，且收益率为 i，盈亏平衡利率公式为：

$$r=\frac{c+a-i}{1-a} \tag{7-16}$$

若微型金融机构的资金并非来源于无偿的捐赠，而是通过外界融资等则是有资金成本的，设单位贷款的资金成本为 m，此时盈亏平衡利率为：

$$r=\frac{c+m+a-i}{1-a} \tag{7-17}$$

盈亏平衡模型保证微型金融机构至少能做到收支相抵，不至于亏损，实践起来方便操作。但仅保证收支平衡是不够的，未考虑未来的发展并不行。因此，使用这种定价方法的大多是扶贫性微型金融机构。

7.3.2.3 Rosenberg 模型

Rosenberg 模型于 2002 年被提出，该模型对微型金融机构要实现可持续发展必需的利率进行测算。不同于盈亏平衡模型仅考虑收支平衡，该模型认为要实现可持续发展收入仅仅满足覆盖贷款成本是不够的，在此基础上还应获取一定的收益。该模型简洁易懂，但结果较为粗略，因此，常被金融机构用于估算可持续利率。其公式表示为：

$$R=\frac{AE+LL+CF+K-II}{1-LL} \tag{7-18}$$

其中，AE 代表单位贷款经营成本率，经营成本率=经营成本÷平均贷款余额，经营成本是不包括资金成本和贷款损失的所有成本，如职工工资、办公场地租金、差旅费等费用。LL 代表贷款损失率，贷款损失率=年度贷款损失额÷平均贷款余额，遭受违约损失的贷款通常用利润或者资本金来冲销。需要注意的是，贷款损失不同于贷款风险、贷款拖欠，存在贷款风险和贷款拖欠并不一定会导致贷款损失，借款人可能只是暂时还不上。通常情况，经营良好的微型金融机构会将贷款损失率控制在 1%~2%的范围内，若贷款损失率超过 5%，就存在很高的风险。CF 代表资金成本率，资金成本率=资金成本÷平均贷款余额。微型金融机构的资金来源中外界捐赠和政府补贴占比不大，主要通过融资获得，所以存在成本。K 代表预期利润率，预期利润率=预期利润÷平均贷款余额，微型金融机构在满足盈亏平衡的基础上，还应保有一定的利润，才能更好发展壮大，具体的预期利润率根据公司实际情况和发展目标确定。II 代表投资收益率，投资收益率＝投资收益÷平均贷款余额。

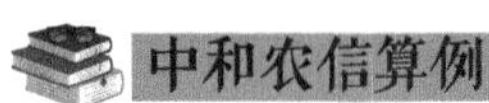

中和农信算例

盈亏平衡定价法与 Rosenberg 模型

表 14 是中和农信 2014 年运营情况。

表 14 中和农信 2014 年运营情况

单位贷款成本率	贷款损失率	资金成本率	投资收益率
14.26%	1.17%	3.93%	0.09%

数据来源：中和农信公司财报。

根据表中数据，分别利用盈亏平衡定价法与 Rosenberg 模型来计算贷款利率(假设中和农信的预期利润率为 5%)。

方法一：盈亏平衡定价法

这里假设中和农信的贷款损失率等于贷款拖欠率。

由公式 $r=\frac{c+m+a-i}{1-a}$ 计算可得：

$$r=\frac{14.26\%+1.17\%+3.93\%-0.09\%}{1-1.17\%}=15.16\%$$

方法二：Rosenberg 模型

由公式计算 $R=\frac{AE+LL+CF+K+II}{1-LL}$ 可得：

$$R=\frac{14.26\%+1.17\%+3.93\%+5\%-0.09\%}{1-1.17\%}=15.92\%$$

两种计算方法结果不同，因为 Rosenberg 模型是基于金融机构的可持续发展角度，考虑到预期利润率。

资料来源：《农村小额信贷利率报告——以中和农信为例》

7.3.2.4 补贴依赖指数模型

1999 年 Yaron 提出补贴依赖指数模型(SDI)，可以衡量微型金融机构持续经营中对外界补贴的依赖程度，或者说微型金融机构在没有补贴的情况下为维持持续经营贷款利率需要提高的水平。补贴依赖指数的公式如下：

$$SDI=\frac{S+K-Z}{r\times L} \tag{7-19}$$

经整理化简，上式可变为：

$$r=\frac{S+K-Z}{SDI\times L} \tag{7-20}$$

式中 S——全部隐含的补贴；

K——公开的补贴；

Z——机构的会计利润；

L——贷款总额；

SDI——补贴依赖指数。

SDI 的取值没有上限，最低为-1。当隐含和公开的补贴总额大于会计利润时，SDI 为正值，表明微型金融机构的发展依赖于外界的补贴，依赖程度越高 SDI 值越大；当隐含和公开的补贴总额等于会计利润时，SDI 为零，表明就算没有外界的补贴，微型金融机构也能保持盈亏平衡；当隐含和公开的补贴总额小于会计利润时，SDI 为负值，表明微型金融机构在没有补贴的情况下实现可持续发展。

7.3.2.5 价格领导定价法

该定价方法是国际银行业广泛采用的定价方法，也称基准利率加点定价法，其核心是确立基准或参照利率。通过选择某种利率作为基准或参照利率 I，然后针对客户贷款项目的违约风险程度和贷款的期限风险，确定不同的风险溢价 R。由基准或参照利率加上风险溢价"点数"，也即通常所说的加价，便构成具体贷款项目的实际利率。

该方法的模型表示为：

$$\text{贷款利率}=\text{优惠利率}+\text{违约风险溢价}+\text{期限风险溢价} \tag{7-21}$$

或

$$\text{贷款利率}(P)=\text{基准利率}(I)+\text{风险溢价点}(R) \tag{7-22}$$

其中，优惠利率包括银行在所有经营和管理成本之上加收的预期利润，违约风险溢价为非优惠利率借款人支付的违约成本，期限风险溢价为长期贷款借款人支付的期限成本。

结合微型金融机构的具体情况，浮动点数的影响因素包括：企业信用等级、资金用途、管理成本、担保方式、客户综合贡献率、支农政策、其他因素等。按照贷款利率定价必须遵循风险与收益对等的原则，结合微型金融机构经营过程中的经验数据，确定出各因素的权重，然后根据各项贷款利率浮动参考指标的等级或程度，查找对应的浮动系数及对应权重。最后，根据浮动系数和权重确定利率浮动点数。其计算公式为：

$$\text{利率浮动点数}=\sum(\text{浮动系数}\times\text{权重})\times 100\% \tag{7-23}$$

该模型主要考虑客户的违约风险和信用等级等来确定不同水平的利差，更具有针对性和灵活性，能对贷款业务加以细分，制定出更贴近市场的贷款价格，更好地对利率政策作出反应，以体现国家宏观调控的意愿。随着银行经营环境和经营条件的改变，以及自身经营策略的变化，公式中的有关变量可以随时进行重新修订，以更好地反映环境的变化和体现"客户导向"或者"市场导向"的定价策略。

对于小微贷款业务而言，借款者一般信用等级较低，或者说难以提供足够的资料信息证实自己较高的真实信用等级，这要求较高的风险加点；小微贷款业务额度非常小，属于零售业务，也要求较高的贷款利率。总的来说，小微贷款利率定价高于一般贷款业务。

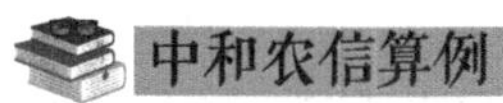

价格领导定价法

假设中和农信向某小微企业A提供贷款，贷款期限为5年，中和农信根据价格领导定价法对企业A的这笔贷款进行定价。由于是长期贷款，所以需要企业A支付期限风险溢价(假设中和农信的目标利润率为5%，期限风险溢价为2%)。具体见表15所列。

表15 中和农信2016年运营情况

管理成本	目标利润率	违约风险溢价	期限风险溢价
10.2%	5%	1%	2%

数据来源：农村小额信贷利率研究报告——以中和农信为例。

根据价格领导定价法，贷款利率=优惠利率+由非优惠利率借款人支付的违约风险溢价+长期贷款借款人支付的期限风险溢价，优惠利率=管理成本+目标利润率，即贷款利率=10.2%+5%+1%+2%=18.2%。

资料来源：《农村小额信贷利率报告——以中和农信为例》

民生银行“商贷通”

“商贷通”是民生银行推出的众多小微信贷产品之一，是民生银行在小微金融领域打响自己作为“小微企业的银行”名号的主打产品。该业务针对小微企业及个体工商户用款急、期限短、金额小等特点，提供用于经营周转的贷款金额，并提供个性化的配套金融服务。具有内容丰富，种类多样，创新担保方式等特点。

目前中国民生银行商贷通业务的贷款定价方式主要采用基准利率加点法，寻求融资的小微企业的信用状况、规模、借款额度、期限为条件，以国家基准利率作为根基，通过衡量未来贷款风险的大小以及发生概率，在基准利率的基础上添加风险溢价，进而覆盖贷款风险。

中国民生银行商贷通业务当前的定价模型更多的是关注小微企业的风险状况，为降低小微信贷风险、提高收益率，在很大程度上评估出的小微企业风险并不符合实际情况，存在被夸大的现象。商贷通的小微信贷业务的短款利率以基准利率为基础进行上浮，上浮的限度缺乏一定的标准，甚至有些短款利率是由信贷人员主观定夺，这些做法使得小微企业贷款的利率浮动性很大。表16为中国民生银行济南分行的商贷通贷款定价情况。

表16 中国民生银行济南分行商贷通贷款利率分布情况

比基准利率高出	20%以下	20%~50%	50%~80%	80%以上	总数
数量(户)	544	7026	6346	8749	22 665
占比	2%	31%	28%	39%	100%

数据来源：中国民生银行内部资料。

7.3.2.6　客户盈利分析贷款定价法

客户盈利分析定价法从“微型金融机构与客户的整体关系”的角度出发，微型金融机构在贷款定价过程中通过对不同借款人对该机构所做的贡献(除通常的贷款利息收入以外，还包括在资产、负债以及表外业务等方面的贡献)进行全面分析，然后综合计算微型金融机构与客户往来的各种业务所带来的成本以及收益，再根据客户风险程度及预期的目标利润等进行贷款定价。该方法考虑到在全面合作中客户对微型金融机构的全部贡献，每次定价需要对客户关系进行重新评估和衡量，一方面，这种方法计算出的贷款价格是根据每个客户的不同情况进行差别定价，比较有竞争力；另一方面，要对每个客户的贡献度进行评估和衡量，进而制定贷款价格，无疑会增加微型金融机构的人力成本和资金成本。因此，客户盈利能力贷款定价法虽然精准度高，目前很多商业银行都采用这种方法，但是该方法也是最复杂、成本最高的，比较适用于资金雄厚的微型金融机构。

客户盈利分析贷款定价模式，把“客户”作为中心的经营理念是这种贷款定价模式的重点内容，全面衡量客户与银行业务往来的收益与成本，实现市场竞争力与利润目标这一双重指标，从而制定出更有优势的贷款利率。这种定价模式把客户作为重中之重，能够实现对每个客户分开进行核算，但是成本过高。其定价模型如下：

$$GE=GC+P \tag{7-24}$$

可细化为下式：

$$Dr\times T\times(1-t)+SE\times(1-t)=GC+P \tag{7-25}$$

又可转化为如下公式：

$$r=\frac{GC+P-SE\times(1-t)}{D\times T\times(1-t)} \tag{7-26}$$

式中　GE——单个客户总收入；

GC——为此客户所提供的服务成本；

p——贷款的目标利润；

r——贷款的价格；

D——贷款的额度；

T——贷款的期限；

t——贷款的营业税金及附加；

SE——对此客户其他服务的收入。

【例 7-9】　假设某微型金融机构研发一款针对于小微企业的贷款产品，并采用客户盈利能力分析方法来对贷款产品进行定价。企业 A 为发展的需要，准备贷款 100 万元，贷款期限为 1 年，在此期间，银行为企业 A 所提供的服务成本(包含资金成本、经营成本和风险成本等)为 3 万元，银行对此客户其他服务收入(包括信息咨询，存款派生等)为 1 万元，企业 A 贷款的目标利润为 6 万元，贷款的营业税及附加为 6%(表 7-9)。

表 7-9　微型金融机构的贷款定价数据

GC	P	SE	D	T	t
3 万元	6 万元	1 万元	100 万元	1 年	6%

根据客户盈利能力分析定价法，可得：

$$r=\frac{3+6-1\times(1-6\%)}{100\times1\times(1-6\%)}=8.57\%$$

因此，微型金融机构对企业 A 的这笔贷款定价为 8.57%。

7.3.2.7 风险调整收益定价法

风险调整后的资本收益(RAROC)是将风险因素的量化都纳入到微型金融机构收益和投资资本并加以调整，主要是考核微型金融机构的盈利能力。在传统考核微型金融机构的盈利指标中加入风险的因素，加强风险管理。由于微型金融机构在办理贷款业务过程中要面临各种各样的风险(包括信用风险、操作风险、市场风险、法律风险以及流动性风险等)，风险管理逐渐成为微型金融机构业务经营管理的重点。微型金融机构的内部绩效评估除需要考虑收益，同时也要考虑到风险因素，即对某一岗位或某笔业务的绩效考核是对获取收益的过程中所承担的风险进行调整，调整之后的收益能够更加准确地反映业务对微型金融机构的贡献。这种对收益进行风险调整的方法即风险调整的绩效评估。

风险调整收益定价法的主要理论思想是：把未来可以识别和度量的风险损失量化为当期成本，从当期的收益中扣除，从而得到经风险调整后的收益；与此同时，为未来无法识别或者度量的风险损失即非预期损失预留经济资本，从而有效地防范意外损失；在给定风险调整收益率的情况下，通过其他已知变量把收入中隐含的未知变量即贷款利率求解出来。因此，该方法的贷款利率计算用公式表示为：

$$\text{RAROC}=\frac{\text{经风险调整的收益}}{\text{经济资本}}=\frac{\text{收入}-\text{成本费用}-\text{预期损失}}{\text{经济资本}} \tag{7-27}$$

7.3.2.8 不同定价方法之间的对比

不同的小微贷款定价方法各有其优势、局限性以及适用性，具体比较见表 7-10 所列。

表 7-10 不同定价方法之间的比较

方法	优 势	局 限	适用性
成本加成定价法	该方法处于成本导向型定价方法，主要目的是贷款所得收入能覆盖提供贷款所支付的成本，因此，有利于微型金融机构补偿成本，并获取目标利润；另外，该方法相对简单，有较强的可操作性	该方法是从成本角度出发，因而往往忽略同业竞争、客户需求、市场利率水平变化等因素对贷款价格的影响，在客户关系和市场占有率上显得力不从心；对于成本的计算要求却非常高，在实践的运用中受到一些限制	适用于财务数据健全，能够对成本进行清晰核算的微型金融机构
盈亏平衡模型	该模型确定的利率水平覆盖小额贷款公司的各种成本，可以避免亏损的产生，而且不受小额微型金融机构的数据库和信用评级系统的限制	利用该模型计算出的利率只能使微型金融机构做到收支相抵，没有考虑到微型金融机构的成长和发展	适合于政策性和具有扶贫性质的微型金融机构

（续）

方法	优 势	局 限	适用性
Rosenberg 模型	Rosenberg 模型涵盖影响贷款利率 5 个最主要的因素，是考虑比较全面的贷款定价方法，并且不要求有完善数据库以及信用评级体系的支持，在农村金融市场更具有实用性；另外，模型变量简单，方法可操作性强	由于模型中变量相对简单，导致利用该模型计算的利率水平可能不是很精确	适用于刚刚成立的、规模较小的微型金融机构
补贴依赖指数模型	该模型可以用来测算小额微型金融机构对外补贴的依赖程度，微型金融机构在没有补贴的情况下为维持持续经营贷款利率需要提高的水平，比之传统的财务指标具有更强的适应性	利用补贴依赖指数模型计算得出的利率只能使小微贷款机构收支相抵，而无法使其实现可持续性发展	同样适合于政策性和具有扶贫性质的微型金融机构
价格领导定价法	该方法取某种市场利率（如国债利率）为基准利率，考虑到市场风险的同时，还能根据风险溢价点数度量其他贷款风险，因此，制定出的价格比较合理，在信贷市场上比较有竞争力	该方法在很大程度上依赖于对基准利率的选择，并不是出于自身的成本费用出发，而且由于模型中对风险的度量主要通过风险溢价点数，各种风险的有效识别和度量成为模型的关键，这些都导致模型的精准性较难把握	适用于利率市场化程度比较高的信贷市场和历史悠久、具有完备数据库系统和评级体系的微型金融机构
客户盈利分析定价法	能够全面考虑微型金融机构的成本、收益、风险以及微型金融机构与客户的关系等众多因素，而且能够根据不同客户风险程度以及对微型金融机构的贡献度来进行差别定价，因此，对每个客户而言都是贷款的最优价格，不仅能吸引优质客户，也能够保证微型金融机构的收益	由于该方法需要根据不同客户风险程度以及对微型金融机构的贡献度进行差别定价，所以需要微型金融机构拥有完备的电脑系统、风险评估系统等，定价程序较为复杂，微型金融机构的时间成本和人工成本也都随之增加，因此，对微型金融机构的资金、设备和人力要求都较大	适用于拥有完善的风险评估系统、成本核算体系、信息采集体系及信贷决策体系且资金雄厚的微型金融机构，与微型金融机构关系密切、资金需求量较大的客户
风险调整收益定价法	在考虑预期损失的同时也考虑到非预期损失，在考核微型金融机构盈利性的同时凸显对风险管理的重视，对风险度量更为精准体现，能够更好地满足微型金融机构对风险管理的要求	RAROC 模型是针对信用风险而言的，忽略其他风险，不能做到风险覆盖，而且依赖于微型金融机构业务的历史数据，而这些数据对未来的预测准确度值得进一步商讨	适用于以信用风险为主要风险的微型金融机构

7.3.3 网络借贷市场的定价方法

网络借贷市场是在互联网技术发展的基础上产生的，民间借贷市场得以从线下扩展到线上。传统的民间借贷市场受到信息流通不畅和空间地理的制约难以进一步发展，互联网技术的发展为其提供新机遇。传统的民间借贷市场主要在局部市场范围内自主定价，而网络借贷市场打破地域的限制，信息不对称有所缓解，使得贷款定价能更好的实现市场化。

网络借贷市场常用的定价方式有两种：一是拍卖定价法，借贷平台作为资金供给方和资金需求方的中介，对借贷双方的信息进行整合，最终借贷双方在某个双方认可的利率水平下达成交易；二是直接定价法，借贷平台根据收集的借贷双方的信用信息及历史交易信息，综合考虑各种风险实施固定利率的定价行为。下面对这两种定价方式进行详细介绍。

7.3.3.1 拍卖定价法

拍卖定价法是指对于不同的贷款项目，借贷双方通过网络平台直接谈判最终形成相应的贷款定价，这种方法又称竞标利率发标模式。首先借款人将贷款项目的相关信息发布在借贷平台，如自己融资所需的资金额度，资金的用途，所能接受的最高利率水平，接着贷款人通过自己掌握的信息对平台上的贷款项目进行甄别，对不同项目给出与之对应的投资额度及贷款利率。

在一个投资者对一个借款人即一对一的竞标模式下，借贷双方通过平台进行谈判协商决定最终的成交价格。在多个投资者对一个借款人的多对一的竞标模式下，信用良好的借款人和风险较小的优质贷款项目会吸引多个投资者的兴趣而参与竞争投标，标满期时投标者中贷款利率定价最低的且不超过借款人能承受的最高利率中标。这种竞标形式实则为"价低者得"，可能引起投资者间恶性的价格战，最终造成贷款项目交易失败。随着贷款人信息甄别能力的提升，网络借贷市场发展不平衡的状况会进一步加深，一方面，信誉良好的借款人其信用优势可以充分发挥出来，可获得较低成本的贷款，从而对借款人形成激励鼓励其按时还款保持良好的信用；另一方面，信用等级低或资质较差的借款人融资难度增加，为成功融资可能会冒险提高利率以吸引投资者，而高利率又会增加借款人不能如期还本付息的可能。因此，在网贷市场不够成熟时，仅仅使用拍卖定价这一方式易引起局部市场失灵，市场风险不断累积增加。

拍卖定价的运营模式可以简化为如图 7-5 所示，在此种模式运营良好的状态下，投资者、借款人、平台均能受益。投资者能获取比银行存款利率高的收益，借款人能以可承受的利率获得资金，平台可从信贷业务中收取管理费或手续费。但是一旦出现借款人大面积违约，此种运营模式将难以为继，投资者可能血本无归，而借贷平台可能濒临破产。在拍卖定价法中根据确定利率的主体，可分为借款人确定利率和投资者确定利率两种。

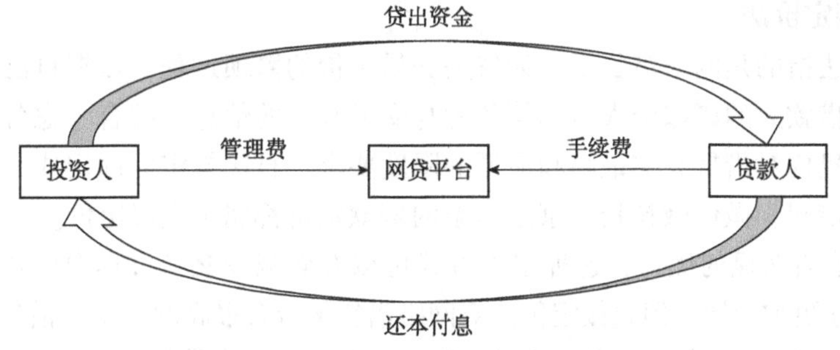

图 7-5 网贷拍卖定价模式运营图

对于拍卖定价，当为借款人确定利率时，模型以借款人为拍卖优势方进行分析。此情形下，由借款人自己进行利率的确定，然后多个投资者投标，根据投标情况借款人对利率进行调整。该模型假设借贷双方和网络中介借贷平台都是风险中性的，借款人比平台和投资者更清楚自己对资金的经营能力、偿还贷款的能力，借款人还拥有是否隐藏部分不利的历史信息以实现利益最大化的主动权。与之对应的，投资者和平台只了解借款人的信用级别和历史交易情况及违约记录等已公开的信息。模型中借款人自主确定贷款利率，且借款人期望以较低的利率成交，投资者对借款人的信息了解程度有限仅掌握已公开的信息并期望较高的收益率，在信息不完全对称的情况下借贷双方将进行定价的重复博弈。在博弈初始阶段，借款人从自身条件出发对自己能接受的融资成本和投资者期望的收益进行综合考虑，给出一个初始定价，投资者只能在接受或拒绝中二选一，当投资者选择拒绝以后，借款人尝试提高贷款利率以促成交易的达成，若投资者再次拒绝，借款人继续向上调整定价，最终在借贷双方均能接受的利率水平下达成交易。这个模型的关键假设是借款人在对自己的信息掌握上具有绝对优势，且在定价上拥有绝对的主动权。

模型的具体表达如下：有 X 个借款人参加信贷交易，记为1，2，3，…，X；Y 个投资者，记为1，2，3，…，Y。借款人 i 最高能承受的利率为 s_i，投资者愿意投资的最低利率为 v_j，s_i 和 v_j 的概率分布函数独立同分布。在不完全信息贝叶斯博弈中，s_i 和 v_j 为私人信息，信贷利率为 r 在$[m, n]$之间浮动，满足 $0<m<n<1$。s_i 和 v_j 在$[m, n]$内均匀分布，分布函数 P 为公共信息。

考虑投资者预期最低利率为 v，其要价策略 r_a 是 v 的函数 $r_a(v)$；借款人愿意支付的最高利率 s，其出价策略 r_b 是最高利率 s 的函数 $r_b(s)$，r_a 和 r_b 均在$[0, 1]$范围内。若 $r_a \leqslant r_b$，则交易达成，利率为$\frac{r_a+r_b}{2}$，投资者的效用 $u_a=s-\frac{r_a+r_b}{2}$，借款人的效用 $u_b=\frac{r_a+r_b}{2}-v$；反之，若 $r_a>r_b$，交易失败，此时双方效用都为0。

反之，若以投资者为拍卖优势方进行分析。假设投资者具有信息优势和优先定价的主动权。投资者首先以自己期望的最高利率进行定价，若遭到借款人拒绝，投资者将会下调定价，直至交易达成，最终利率将会在借款人所能接受的最高利率和投资者所能接受的最低利率之间。投资者获得最大收益，但借款人将承担较高的资金成本。当借款人数减少，会形成买方垄断，使得最终贷款定价下降，不过此情况较为少见。

7.3.3.2 直接定价法

直接定价法指的是网络借贷平台为省去交易定价的繁琐过程，依据自己可获得的所有关于投资者和借款人的诸如个人信用等各种与交易有关的信息，综合考虑各种风险，结合借款人和信贷机构对借贷利率最高和最低的限度要求，直接规定的固定成交价格。生活中常见的支付宝借呗、微信微粒贷、京东金条的贷款定价都属于直接定价。

直接定价有着明显的优点，这种定价方式可以有效减少交易过程中借贷双方的交易成本，使交易程序更加便捷。但直接定价法对网络借贷平台有很高的要求，借贷平台需要投入大量的资金收集借款人的信息，并在交易过程中不断累积丰富借款人的相关信息，同时要实现固定利率随资金供求市场的变动而调整，也要求平台达到一定的规模。尽管直接定价可以减少交易中不必要的程序，促使交易快速的达成，但其却会影响资源配置的有效性，对于借款人来说，实施无差别的定价不能体现信用优势，信誉良好的借款人获得资金的成本增加，对于资金供给者来说，在固定利率情况下缺乏高收益的刺激从而将资金转投资于其他。

直接定价法——以微粒贷为例

微粒贷是国内首个全流程移动端银行贷款产品，以“标准化、小额化、批量化”为原则，借助QQ和微信平台服务客户。达到微粒贷发放贷款标准的客户仅需凭借个人信用，不需要抵押，不需要担保，不需要提供任何纸质资料，打开手机QQ或微信即可进行全流程的移动端线上操作，并享受到24h不间断的服务支持，即时申请，最快1min贷款便可资金到账。微粒贷的借款流程图如图1所示。

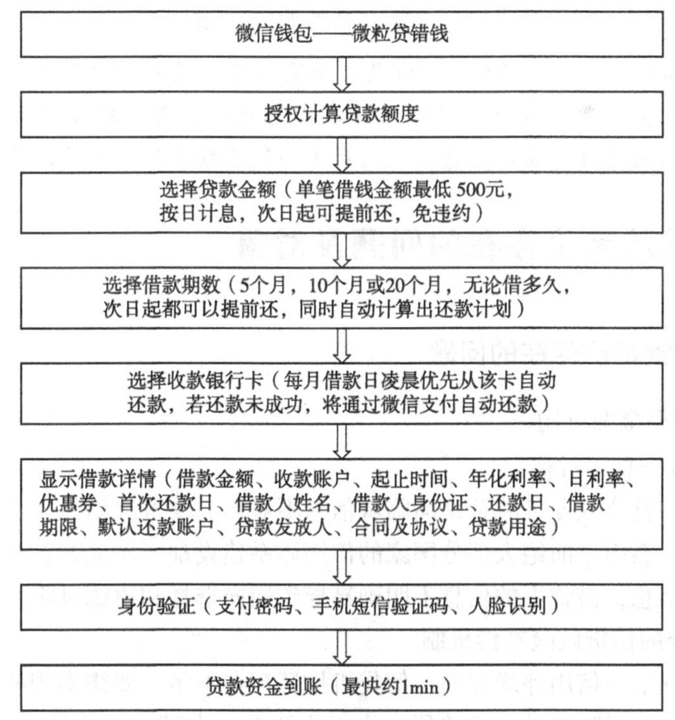

图1 微信区微粒贷借款流程

传统征信的分析维度主要有两大部分，一是用户的基础信息，二是用户的信贷情况。微众银行将人民银行征信等传统数据，与腾讯社交等新型数据相结合，构建出自己的信用评级数据库。由此微粒贷可以使用用户的社交数据、人行征信等10个维度，并通过欺诈模型、预付能力模型、还款能力模型等评估模型，最终计算出用户的信用评分。在腾讯社交数据体系中，微信、QQ、TC安全平台（国内最丰富的反欺诈数据平台）等积累的社交、生活财务数据提供信用评价基础。这些数据的优势在于腾讯社交媒体覆盖人群广，积累的数据维度较多，算法模型构建较多，并且社交网络数据难以模拟，在反欺诈方面有天然的优势。同时，社交数据的机会更在于随着互联网金融的爆发式增长，征信的需求将越来越大，还有大量的用户没有被中国人民银行征信系统所覆盖，发展空间巨大。微粒贷对贷款客户进行信用评级的数据源如图 2 所示。

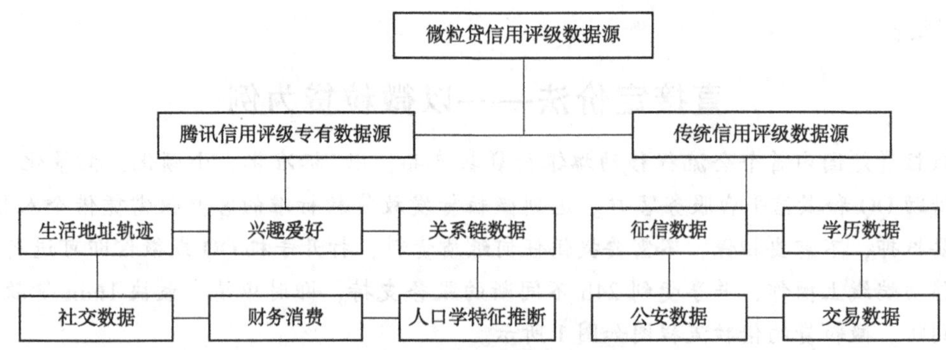

图 2 微粒贷信用评级数据源

微众银行的微粒贷，背靠微信与 QQ 两大社交 APP，其对贷款客户信用评级的数据获取具有着独特的优势，微粒贷将腾讯信用评级专有数据源与传统信用评级数据源结合起来，能够更加全面的获取借款人信息，从而对不同的借款人划定不同的贷款利率。

7.4 小微贷款定价存在的问题及对策

7.4.1 小微贷款定价存在的问题

7.4.1.1 传统微型金融机构

(1)借贷双方信息不对称

信贷机构在经营贷款业务时总是面临着信息不对称。要解决信息不对称问题需要完善的信用体系建设，然而目前绝大部分国家的信用体系建设都还不完善。多数信贷机构无法掌握客户足够的信息，借款人的信息不明确易导致逆向选择和道德风险。

(2)缺少健全的信贷风险补偿机制

在信用风险评估与信用评级方面，信贷机构还存在不足。要想实现科学的定价，需要准确的对借款人进行风险评估。现阶段，由于小微企业大部分缺乏较为规范的财务报表，导致难以准确评估其风险。其次国内信贷风险分析大部分侧重于小微企业财务报表中静态的财务比率分析，对企业现金流的关注不够，影响对信贷风险的准确判断。因此，信贷机构需要尽力将信贷风险评估系统进行完善。

(3)贷款定价模型设计不合理

当前经营小额贷款业务的主要有商业银行和小贷公司。商业银行进行小额贷款评估时，大多根据国家对微型金融的政策或者用央行基准利率(LPR)简单地乘以系数或上浮点数进行定价，贷款定价不具有针对性，可能偏高或偏低，不能准确反应出贷款客户的风险。不准确的定价有可能增加借款人的融资成本，或者无法覆盖信贷机构自身的成本及对违约风险的补偿。其他信贷机构部分产品定价也并未进行差异化定价，而是产品统一定价。当贷款定价风险与收益相匹配的原则被违背时，会对信贷机构信贷业务的展开产生不良影响，定价过高会引起优质客户的流失，定价太低会增加风险。

(4)贷款定价管理人员匮乏

贷款定价对工作人员有较高的要求，需要其具备复合知识结构。科学的贷款定价不仅要求定价人员拥有扎实的风险管理知识和丰富的经验，还需要较高的数学能力，因为定价涉及复杂的数学模型和大量的计算。虽然在当今社会大多工作通过计算软件系统完成，但是微型金融面对的客户实际状况复杂多变，各有特点，因此，贷款定价管理人员要能准确把握产品特性，擅长分析客户资料信息，并通过理论知识测算模型中的各参数，进而开发出高效科学的定价系统，计算贷款可能的违约风险率等。贷款定价机制需要高水平的专业人员构建和执行，但是现实情况并非如此。

7.4.1.2 网络借贷平台

(1)网络借贷平台融资成本高

目前通过网络借贷平台融资的主要群体是小微企业，其可以满足小微企业融资金额小、时间急、频率高等特点，使小微企业的融资难问题在一定程度上得到缓解。但由于小微企业普遍缺乏明确的资信数据，网络借贷平台为降低风险，往往会在小微贷款定价过程中加入高额风险溢价，这对于小微企业来说无异于大幅提高其借款融资成本。

(2)信用风险突出

中国的征信体系发展仍不完善，而准确、完备的资信信息恰恰又是网络借贷平台评估借款人风险和确定利率的重要前提。与欧美发达国家相比，中国的征信系统覆盖面低、数据零散、具体的指标体系也尚未完善。平台为降低风险往往会组建线下的信用审核团队来调查借款人的资信情况，这便导致贷款平台获取信用数据的成本过高，而这部分成本最终会转嫁到借款人身上。而现在的网络借贷大都为信用贷款，借款人无需提供任何抵押担保，这就导致网络借贷的信用风险突出。为避免违约从而出现坏账损失，贷款平台通常会引入担保机构和催讨机构，这便导致网络借贷平台的成本提高，而这部分成本最终也会转嫁到借款人身上。

(3)风控团队建设有待加强，风险控制措施有待完善

网络借贷平台的数量仍旧以较快的速度增长，但与此相对应的专业金融人才和风控团队建设却明显不足。专业人才的缺失会直接影响到平台的风险控制。例如，当前许多网络借贷平台会组建线下的信用审核团队，来调查借款人的资信状况，如若缺乏专业人员，则难以对借款人的资信状况做出良好的评估，也将会影响后续风控团队的审核和定价，会对该网络借贷平台的发展造成影响。

7.4.2 完善小微金融定价的对策

7.4.2.1 加强信息搜集与分析，研发并使用信息管理系统

微型金融机构在为客户提供金融产品及服务时应当加强对借款人信息的搜集与分析。利用大数据等数字技术建立客户信息系统，通过客户的账户信息及以往的交易记录，分析

客户的偿还能力，更准确地评估其信用等级。根据对客户的分级实施差异化定价。同时应当根据客户的贷款额度、还款方式、还款期限及地理区域等建立信息台账，统计在各类指标下不同信贷产品的违约率，以及相应的贷款成本。根据这些历史经验数据可以为贷款定价提供参考。

7.4.2.2 推进全流程风险管理，增强风险管理能力

微型金融机构应当推进贷前、贷中、贷后整个流程的风险管理体系建设，规范贷款手续与操作流程。在贷前信贷工作人员应当依法开展调查，重点对借款人的贷款资格、信用记录、还款来源及企业借款人的财务报表、股权结构等进行调查；贷中需要对客户资料的真实性、有效性、合法性进行查验；贷后工作人员则应当对借款人资金的使用、经营状况及财务状况进行追踪对风险进行监控。信贷全流程风险管理应重点考察客户的还款意愿、还款能力。

7.4.2.3 建立部门协作机制，增强贷款定价科学性

贷款定价应当由职能清晰、权责明确的部门分工协作完成，以保证其科学性、合理性。贷款定价涉及贷款成本的计算、及信贷风险的识别与计量等问题。会计财务部门需要负责贷款成本的计算；信用部门负责对借款人的综合信息进行分析、对其信用等级进行划分；风控部门则负责根据风险等级，通过借款人信息和风险方面的相关数据，结合相关计量模型方面计算出客户的资产风险、违约率、违约损失金额等信息，并提出相关贷款定价。对各部门职责的明确划分可以减少工作的重复冗余，提高贷款定价的效率。

7.4.2.4 加强培训，提升工作人员专业能力

微型金融机构服务对象大部分为长尾群体，通常这类客户具有抗风险能力较弱的特点、同时大多财务数据不完善，导致微型金融机构开展信贷业务的开具有较高的难度。为更好的开展信贷业务，工作人员应当具备以下能力：首先，具有良好的职业素养，员工应避免与借款人私下交流，使得定价与风险不匹配；其次，具备高效搜集客户信息并对其进行准确分析的能力，并对客户可能存在的风险具有一定的敏锐性；最后，应能对信贷业务的成本、风险及收益进行计量、能较为准确的判断客户未来的发展状况。因此，微型金融机构应对信贷工作人员应开展专业的培训，提升工作能力。

本章小节

微型金融定价具有高定价和客户敏感性低的特点。补贴性利率信贷项目常常出现使命漂移的情况，难以达到理想的效果。微型金融定价会受到资金成本、管理成本、风险成本、目标利润以及政府政策等因素的影响。其定价应遵循覆盖成本原则、差别化定价原则、市场化原则、利润最大化原则、竞争型定价原则以及政策型或优惠型定价原则。传统的微型金融定价方法包括：成本加成定价法、盈亏平衡定价法、补贴依赖指数模型、Rosenberg 模型、价格领导定价法、客户盈利分析定价法以及风险调整收益定价法。随着互联网技术的发展，网络信贷市场逐渐兴起，其常用的定价方法包括拍卖定价法、直接定价法。

关键术语

资金成本；运营成本；风险成本；目标利润；等额平息；盈亏平衡定价法；Rosenberg 模型；拍卖定价法；直接定价法；风险补偿机制。

思考题

1. 简述小微贷款利率的种类。
2. 简述利率与期限之间的关系可能呈现的情形。
3. 简述对于传统的微型金融机构如何完善其定价。
4. 简述风险调整收益定价法的优缺点与适应范围。
5. 试论述利率在经济生活中所起的作用。
6. 试分析造成中国的补贴性利率信贷项目效果差的原因。

8　微型金融机构财务分析

学习目的

➢ 熟悉微型金融机构的资产负债表、利润表、现金流量表，并了解其勾稽关系。

➢ 掌握评价微型金融机构绩效的指标；了解如何对微型金融财务预测分析。

➢ 在掌握评价微型金融机构绩效的指标基础上，可以根据财务报表分析微型金融机构的财务状况。

8.1　微型金融机构财务报表

微型金融机构的财务报表主要包括资产负债表、利润表和现金流量表，俗称“三大报表”，是对企业财务状况的综合描述，是开展财务分析的基础。

8.1.1　资产负债表

资产负债表(Balance Sheet)亦称财务状况表，表示微型金融机构在一定日期(通常为各会计期末)的财务状况(即资产、负债和所有者权益的状况)的主要会计报表。资产负债表利用会计平衡原则，将合乎会计原则的资产、负债、股东权益等交易科目分为“资产”和“负债及股东权益”两大区块，在经过分录、转账、分类账、试算、调整等会计程序后，以特定日期，即报告期的静态企业情况为基准，浓缩成一张报表。见表 8-1 所列，该表为某小贷公司 2020 年与 2019 年的资产负债表一览，与其他行业资产负债表一样，微型金融机构资产负债表也包含资产、负债、所有者权益这 3 项，且要满足“资产=负债+所有者权益”这一会计恒等式，资产若有变动，负债和所有者权益相应的会发生相应的变动。

表 8-1　某小贷公司资产负债表　　元

项目	2020 年 12 月 31 日	2019 年 12 月 31 日
资产：		
货币资金	2 774 425.47	18 329 231.92
拆出资金		
衍生金融资产		
应收款项		
其中：应收利息		

（续）

项目	2020 年 12 月 31 日	2019 年 12 月 31 日
合同资产		
买入返售金融资产		
预付款项		
其他应收款		
代理业务资产		
持有待售资产		
发放贷款及垫款	1 158 041 714.42	1 092 467 463.63
金融投资：	2 000 000.00	
交易性金融资产	2 000 000.00	
债权投资		
其他债权投资		
其他权益工具投资		
长期股权投资		
投资性房地产		
固定资产	589 120.09	598 661.19
在建工程		
使用权资产		
无形资产	690 179.14	790 627.78
开发支出		
商誉	48 310.01	48 310.01
长期待摊费用		
递延所得税资产		
其他资产	3 118 775.69	987 507.55
资产总计	1 167 262 524.82	1 113 221 802.08
负债：		
短期借款	150 270 416.59	220 364 274.84
拆入资金		
交易性金融负债		
衍生金融负债		
应付款项		
预收款项		

（续）

项目	2020 年 12 月 31 日	2019 年 12 月 31 日
卖出回购金融资产款		
应付职工薪酬	2 221 672.61	3 429 567.00
应交税费	27 460 783.33	18 666 817.23
合同负债		
其他应付款		
代理业务负债		
持有待售负债		
长期借款		
应付债券		
其中：优先股		
永续债		
租赁负债		
长期应付职工薪酬		
担保业务准备金		
预计负债		
递延收益		
递延所得税负债		
其他负债	253 319 511.32	147 612 446.65
负债合计	433 272 383.85	390 073 105.72
所有者权益(或股东权益)：		
股本	500 000 000.00	500 000 000.00
其他权益工具		
其中：优先股		
永续债		
资本公积	264 676.69	264 676.69
减：库存股		
其他综合收益		
专项储备		
盈余公积	76 177 622.03	65 841 719.78
一般风险准备	15 851 319.02	15 068 702.20
未分配利润	53 081 955.37	57 932 076.47

（续）

项目	2020 年 12 月 31 日	2019 年 12 月 31 日
归属于母公司所有者权益合计	645 375 573. 11	639 107 175. 14
少数股东权益	88 614 567. 86	84 041 521. 22
所有者权益合计	733 990 140. 97	723 148 696. 36
负债和所有者权益总计	1 167 262 524. 82	1 113 221 802. 08

资料来源：某小贷公司 2020 年披露年度报告。

8.1.1.1 资　产

资产(Assets)即微型金融机构由过去的交易或其他事项形成的、由企业在某一特定日期所拥有的、预期会给企业带来经济利益的资源。微型金融机构的资产按照流动性分类，可分为流动资产、非流动资产。流动资产是指具有较强流动性的资产，能够快速变现的资产。非流动资产是指期限在一年以上的各项资产。

见表 8-1 所列，资产中包含有：货币资金、拆出资金、衍生金融资产、应收款项、合同资产、买入贩售金融资产、预付款项、其他应收款、代理业务资产、持有待售资产、发放贷款及垫款、金融投资、长期股权投资、投资性房地产、固定资产、在建工程、使用权资产、开发支出、商誉、长期待摊费用、延递所得税资产、其他资产。其中，应收账款中的应收利息需要在资产项中有所体现，金融投资中包括的交易性金融资产、债权投资、其他债权投资、其他权益工具投资也需要体现在资产项目中。值得注意的是，上述的一些科目下还有未列出的详细科目及余额计算方式，下面将重点介绍。

(1)货币资金

货币资金(Money Funds)是指在企业生产经营过程中处于货币形态的那部分资金，包括库存现金、银行存款和其他货币资金。

(2)发放贷款

发放贷款(Loans Issued)若按照性质分类可分为个人贷款、公司贷款和应收利息，发放贷款余额为该 3 项之和减去贷款损失准备；若按照担保方式分类可分为信用贷款、保证贷款、抵押贷款、质押贷款和应收利息，在计算发放贷款余额时也要减去贷款损失准备；按贷款逾期时间划分，需要结合担保性质一起，每项贷款项目都可以划分为逾期 1~90 天、逾期 90~360 天(含 360 天)、逾期 360 天~3 年(含 3 年)和逾期 3 年以上，同样的，在计算发放贷款余额时需要减去贷款损失准备。

(3)交易性金融资产

交易性金融资产(Held for Trading Financial Assets)分类为以公允价值计量且其变动计入当期损益的资产，其中包括权益工具投资。

(4)固定资产

固定资产(Fixed Assets)主要包括电子及其他设备和交通运输工具，计算固定资产余额时需要扣除折旧，折旧方法主要包括平均法、工作量法、加速折旧法等方法。

(5)无形资产

无形资产(Intangible Assets)主要包括软件，计算无形资产时需要进行累计摊销，即无形资产原价在其有效期限内摊销的方法，包括年限平均法、生产总量法等。

(6)商誉

商誉(Goodwill)是指能在未来期间为企业经营带来超额利润的潜在经济价值，其余额为商誉账面原值扣除商誉减值。表 8-1 中的商誉的可收回金额按照预计未来现金流量的现值计算，其预计现金流量根据公司批准的 5 年期现金流量预测为基础，现金流量预测使用的折现率为 13%，预测期以后的现金流量根据增长率为 2%。

(7)其他资产

其他资产(Other Assets)不包括其他应收款、长期待摊费用、其他流动资产和应收账款。其他应收款涵盖押金保证金等，计算应收账款余额时要计提划账准备。其他流动资产主要包括待摊费用。

8.1.1.2　负　债

负债(Liabilities)所代表的是微型金融机构对其债权人所承担的全部经济责任，可以按流动性大小分为流动性负债与长期负债。微型金融机构负债包括：短期借款、拆入资金、交易性金融负债、应付款项、预收款项、卖出回购金融资产、应付职工薪酬、应交税费、合同负债、其他应付款、代理业务负债、持有待售负债、长期借款、应付债券、租赁负债、长期应付职工薪酬、担保业务准备金、预计负债、延递收益、延递收益所得税、其他负债。微型金融机构负债的主要来源是短期借款、应付职工薪酬、应交税费和其他负债。下面将详细介绍这几项负债主要来源的构成。

(1)短期借款

短期借款(Short-term Borrowing)主要是指银行的保证借款。保证贷款是担保人以其自有的资金和合法资产保证借款人按期归还贷款本息的一种贷款形式。

(2)应付职工薪酬

应付职工薪酬(Payroll Payable)明细包括短期薪酬、离职后福利、设定提存计划。详细划分短期薪酬可以分为：工资、奖金、津贴和补贴一类，职工福利费、社会保险费(医疗保险费、工伤保险费、生育保险费)、住房公积金、工会经费和职工教育经费一类。设定提存计划明细为：基本养老保险和失业保险。

(3)应交税费

应交税费(Taxes and Dues Payable)包括增值税、企业所得税、代扣和代缴个人所得税、城市维护建设税、教育经费附加、地方教育附加、印花税。

(4)其他负债

其他负债(Other Current Liability)的明细情况为应支付股利和其他应付款。应支付股利仅针对上市后的微型金融机构，其他应付款包括拆借款、押金保证金、应暂付收款。

8.1.1.3　所有者权益

所有者权益(Owners' Equity)也称为股东权益即企业资产扣除负债后，由所有者享有的剩余权益。微型金融机构的所有者权益包括：股本、其他权益工具、资本公积、其他综合收益、专项储备、盈余公积、一般风险准备、未分配利润、归属于母公司所有者权益合计，少数股东权益。下面将详细介绍微型金融机构主要所有者权益来源的构成明细。

(1)股本

股本(Share Capital)是指企业实际收到的投资者或者股东所缴付的注册资本，股份制企业称之为股本，未上市公司称之为实收资本，股本余额为股份总数与发行时股价的乘积。

(2)资本公积

资本公积(Capital Reserves)是企业收到的投资者的超出其在企业注册资本所占份额，以及直接计入所有者权益的利得和损失等。表 8-1 中的资本公积指的是股本溢价。

(3)盈余公积

盈余公积(Surplus Reserve)是企业按照规章制度从净利润中提取的各类积累资金，表 8-1 中的盈余公积只包含法定盈余公积，是按照当年母公司实现的净利润的 10%提取的。

(4)一般风险准备

其他负债(Other Current Liability)的明细情况为：应支付股利、和其他应付款。应支付股利仅针对上市后的微型金融机构，其他应付款包括拆借款、押金保证金、应暂付收款。一般风险准备(General Risk Preparation)是从净利润中提取，用于弥补亏损的风险准备。表 8-1 中的一般风险准备根据《金融企业准备金计提管理办法》计提的，一般风险准备余额原则上不低于风险资产期末余额的 1.5%。

(5)未分配利润

未分配利润(Undistributed Profits)：未分配利润是企业留待以后年度分配或待分配的利润。表 8-1 中未分配利润余额的计算为期初未分配利润加上本期归属于母公司所有者的净利润、减去提取的法定盈余公积、减去提取一般风险准备、减去应付普通股股利。

8.1.2 利润表

利润表(Income Statement)也称损益表，是用来反映公司在一定期间利润实现的财务报表，是一张动态报表。利润表可以为报表的阅读者做出合理的经济决策提供所需要的有关资料，可用来分析利润增减变化的原因、公司的经营成本做出投资价值评价等。见表 8-2 所列，为某小贷公司 2020 年与 2019 年的利润表一览。

表 8-2 某小贷公司利润表 元

项目	2020 年	2019 年
一、营业收入	148 871 493.00	154 082 816.97
利息净收入	141 444 743.94	150 305 718.29
其中：利息收入	162 961 102.29	171 397 387.93
利息支出	21 516 358.35	21 091 669.64
手续费及佣金净收入	224 041.67	419 400.48

（续）

项目	2020 年	2019 年
其中：手续费及佣金收入	290 632.75	518 582.80
手续费及佣金支出	66 591.08	99 182.32
担保费收入		
代理收入		
投资收益(损失以“-”号填列)	1 013 435.99	1 074 980.98
其中：对联营企业和合营企业的投资收益		
以摊余成本计量的金融资产终止确认产生的收益(损失以“-”号填列)		
净敞口套期收益(损失以“-”号填列)		
其他收益	5 782 519.10	2 214 600.00
公允价值变动收益(损失以“-”号填列)		
汇兑收益(损失以“-”号填列)		
其他业务收入	406 752.30	68 117.22
资产处置收益(损失以“-”号填列)		
二、营业成本	20 924 839.94	21 710 893.15
税金及附加	1 122 595.15	1 192 059.15
业务及管理费	17 262 938.57	18 388 163.07
信用减值损失	2 539 306.22	2 130 670.93
其他资产减值损失		
其他业务成本		
三、营业利润(亏损以“”号填列)	127 946 653.06	132 371 923.82
加：营业外收入	278 833.00	424 414.61
减：营业外支出	89 055.11	20 000.00
四、利润总额(亏损总额以“”号填列)	128 136 430.95	132 776 338.43
减：所得税费用	31 635 486.34	33 521 924.99
五、净利润(净亏损以“-”号填列)	96 500 944.61	99 254 413.44
其中：被合并方在合并前实现的净利润		
(一)按经营持续性分类：		
1. 持续经营净利润(净亏损以“-”号填列)	96 500 944.61	99 254 413.44
2. 终止经营净利润(净亏损以“-”号填列)		
(二)按所有权归属分类：		
1. 少数股东损益(净亏损以“-”号填列)	10 232 546.64	9 338 109.30
2. 归属于母公司所有者的净利润(净亏损以“-”号填列)	86 268 397.97	89 916 304.14

(续)

项目	2020 年	2019 年
六、其他综合收益的税后净额		
(一)归属于母公司所有者的其他综合收益的税后净额		
1. 不能重分类进损益的其他综合收益		
(1)重新计量设定受益计划变动额		
(2)权益法下不能转损益的其他综合收益		
(3)其他权益工具投资公允价值变动		
(4)企业自身信用风险公允价值变动		
(5)其他		
2. 将重分类进损益的其他综合收益		
(1)权益法可转损益的其他综合收益		
(2)其他债权投资公允价值变动		
(3)金融资产重分类计入其他综合收益的金额		
(4)其他债权投资信用损失准备		
(5)现金流量套期储备		
(6)外币财务报表折算差额		
(7)其他		
(二)归属于少数股东的其他综合收益的税后净额		
七、综合收益总额	96 500 944.61	99 254 413.44
归属于母公司所有者的综合收益总额	86 268 397.97	89 916 304.14
归属于少数股东的综合收益总额	10 232 546.64	9 338 109.3
八、每股收益:		
(一)基本每股收益(元/股)	0.17	0.18
(二)稀释每股收益(元/股)	0.17	0.18

资料来源:某小贷公司 2020 年披露年度报告。

8.1.2.1 营业收入

营业收入是微型金融机构补偿其日常经营的资金来源。微型金融机构营业收入包括:利息净收入、手续费及佣金净收入、担保费收入、代理收入、投资收益、净敞口套期收益、其他收益、公允价值变动收益、汇兑收益、其他业务收入、资产处置收益。下面将详细介绍微型金融机构营业收入主要来源项目的组成明细与计算方法。

(1)利息净收入

利息净收入(Net Interest Income)为利息收入与利息收入之差,表 8-2 中的利息收入包括发放贷款的利息收入和在银行存款的利息收入;利息支出包括向银行借款的利息支出和拆借款的利息支出。

(2)手续费及佣金净收入

手续费及佣金净收入(Fee and Commission Income)指公司为客户办理各种业务收取的手续费及佣金收入，即手续费及佣金的收入减去支出。

(3)投资收益

股本(Share Capital)是指企业实际收到的投资者或者股东所缴付的注册资本，股份制企业称之为股本，未上市公司称之为实收资本，股本余额为股份总数与发行时股价的乘积。投资收益(Investment Income)是指企业进行投资所获得的经济利益。投资收益可分为金融工具持有期间的投资收益与处置金融工具取得的投资收益。表 8-2 中金融工具持有期间的投资收益指的是分类为以公允价值计量且其变动计入当期损益的金融资产；处置金融工具取得的投资收益指的是分类为以公允价值计量且其变动计入当期损益的金融资产。

(4)其他收益

其他收益(Other Income)是指与企业日常活动相关的政府补助按照经济业务实质计入利润表之中。表 8-2 中的其他收益为与收益相关的政府补助，包括：财政补助资金、稳岗补贴、高校毕业生社保补贴、以工代训补贴。

(5)其他业务收入

其他业务收入(Other Business Revenue)是指各类企业主营业务以外的其他日常活动所取得的收入。表 8-2 中的其他业务收入包括：咨询服务费、代理服务费和融资顾问费。

8.1.2.2 营业成本

营业成本(Operating Costs)是微型金融机构日维系日常经营活动的支出费用。对微型金融机构而言，营业成本主要包括税金及附加、业务及管理费用、信用减值损失、其他资产减值损失、其他业务成本。下面对微型金融机构营业成本的主要部分进行详细介绍。

(1)税金及附加

税金及附加(Taxes and Surcharges)是指企业生产经营活动中应向国家缴纳的税金及附加。表 8-2 中税金及附加涵盖城市维护建设税、教育费附加、地方教育附加、印花税、车船税。

(2)业务及管理费用

业务及管理费(Operate and Administrative Expenses)是指微型金融机构业务管理过程中直接发生的有关费用，是微型金融机构费用开支中的重要组成部分。表 8-2 中业务及管理费用由工资支出、办公费、差旅费、业务招待费、汽车费用、租赁及折旧费、劳保费、装修费、咨询费和其他项构成。

(3)信用减值

信用减值损失(Expected Credit Loss)是指因应收账款的账面价值高于其可收回金额而造成的损失。表 8-2 中的信用减值损失是指贷款减值损失的余额。

8.1.2.3 营业利润

营业利润(Operating Profit)是微型金融机构在某一会计期间的营业收入减去为实现这

些营业收入所发生的费用、成本的结果，即营业利润=营业收入-营业成本，是企业通过自身的生产经营活动所取得的业务成果。

8.1.2.4 利润总额

利润总额(Total Profits)是指税前利润，也就是企业在所得税前一定时期内经营活动的总成果，即利润总额=营业利润+营业外收入-营业外支出。下面将详细介绍营业外收入与营业外支出。

(1)营业外收入

营业外收入是指与微型金融机构生产经营活动没有直接关系的各种收入。对于微型金融机构而言，表8-2中的营业收入余额为违约金收入。

(2)营业外支出

营业外支出是指与微型金融机构生产经营活动没有直接关系的各种支出。对于微型金融机构而言，表8-2中营业外支出包括对外捐赠和非流动资产毁损报废损失。

8.1.2.5 净利润

净利润(Net Profit)是指微型金融机构当期利润总额减去所得税后的金额，即企业的税后利润，即净利润=利润总额-所得税费用。净利润可以按经营持续性分类，分为持续经营净利润和终止经营净利润；按所有权归属分类可以分为少数股东损益和归属于母公司所有者净利润。

8.1.2.6 其他综合收益的税后净额

其他综合收益的税后净额(Net of Other Comprehensive Income after Tax)指其他综合收益扣除所得税影响后的金额，不计入当期损益的利得或损失。如可供出售金融资产公允价值变动计入“其他综合收益”。其他综合收益不影响利润，主要用于提醒股东公司的净资产中存在的公允价值变动。

8.1.2.7 综合收益总额

综合收益总额反映的是微型金融机构净利润与其他综合收益的合计金额。综合收益总额项目下单独列示归属于母公司所有者的综合收益总额和归属于少数股东的综合收益总额。

8.1.2.8 每股收益

每股收益(EPS)又称每股税后利润、每股盈余，即税后利润与股本总数的比率，它是普通股股东每持有一股所能享有的企业净利润或需承担的企业净亏损。表8-2中列示基本每股收益和稀释每股收益项目。

(1)基本每股收益

基本每股收益(Basic EPS)是指企业应当按照属于普通股股东的当期净利润，除以发行在外普通股的加权平均数从而计算出的每股收益。

(2)稀释每股收益

稀释每股收益(Fully Diluted EPS)是以基本每股收益为基础，假设企业所有发行在外的稀释性潜在普通股均已转换为普通股，从而分别调整归属于普通股股东的当期净利润以及发行在外普通股的加权平均数计算而得的每股收益。

8.1.3　现金流量表

现金流量表(Cash Flow Statement)是指反映企业在一定会计期间现金和现金等价物流入和流出的报表。现金是指企业库存现金以及可以随时用于支付的存款。现金等价物是指企业持有的期限短、流动性强、易于转换为已知金额现金、价值变动风险很小的投资。现金流量表的出现，主要是想反映出资产负债表中各个项目对现金流量的影响，并根据其用途划分为经营、投资及筹资 3 个活动分类。现金流量表可用于分析一家企业或机构在短期内有没有足够现金去应付开销。表 8-3 为某小贷公司 2020 年与 2019 年现金流量表一览。

表 8-3　某小贷公司现金流量表　　元

项目	2020 年	2019 年
一、经营活动产生的现金流量:		
销售商品、提供劳务收到的现金		11 819 811. 87
收取利息、手续费及佣金的现金	173 750 666. 92	182 816 790. 79
拆入资金净增加额		
回购业务资金净增加额		
收到的税费返还		
收到其他与经营活动有关的现金	7 035 417. 04	6 649 694. 12
经营活动现金流入小计	180 786 083. 96	201 286 296. 78
购买商品、接受劳务支付的现金		
支付利息、手续费及佣金的现金	66 591. 08	99 182. 32
客户贷款及垫款净增加额	68 917 631. 35	
拆出资金净增加额		
返售业务资金净增加额		
支付给职工以及为职工支付的现金	11 449 190. 65	12 264 180. 29
支付的各项税费	33 622 064. 62	53 773 076. 38
经营活动现金流出小计	124 269 410. 78	72 249 814. 97
经营活动产生的现金流量净额	56 516 673. 18	129 036 481. 81
二、投资活动产生的现金流量:		
收回投资收到的现金	7 387 760 000. 00	6 304 560 000
取得投资收益收到的现金	1 013 435. 99	1 074 980. 98
处置固定资产、无形资产和其他长期资产收回的现金净额		
处置子公司及其他营业单位收到的现金净额		
收到其他与投资活动有关的现金		

（续）

项目	2020 年	2019 年
投资活动现金流入小计	7 388 773 435. 99	6 305 634 980. 98
购建固定资产、无形资产和其他长期资产支付的现金	508 046. 33	459 101. 17
投资支付的现金	7 389 760 000. 00	6 301 360 000. 00
取得子公司及其他营业单位支付的现金净额		
支付其他与投资活动有关的现金		
投资活动现金流出小计	7 390 268 046. 33	6 301 819 101. 17
投资活动产生的现金流量净额	-1 494 610. 34	3 815 879. 81
三、筹资活动产生的现金流量：		
吸收投资收到的现金	16 170 000. 00	
其中：子公司吸收少数股东投资收到的现金	16 170 000. 00	
取得借款收到的现金	150 000 000. 00	296 000 000. 00
发行债券收到的现金		
收到其他与筹资活动有关的现金	391 000 000. 00	377 000 000. 00
筹资活动现金流入小计	557 170 000. 00	673 000 000. 00
偿还债务支付的现金	220 000 000. 00	326 000 000. 00
分配股利、利润或偿付利息支付的现金	41 746 869. 29	145 822 830. 77
其中：子公司支付给少数股东的股利、利润	21 829 500. 00	
支付其他与筹资活动有关的现金	366 000 000. 00	337 000 000. 00
筹资活动现金流出小计	627 746 869. 29	808 822 830. 77
筹资活动产生的现金流量净额	-70 576 869. 29	-135 822 830. 77
四、汇率变动对现金及现金等价物的影响		
五、现金及现金等价物净增加额	-15 554 806. 45	-2 970 469. 15
加：期初现金及现金等价物余额	18 329 231. 92	21 299 701. 07
六、期末现金及现金等价物余额	2 774 425. 47	18 329 231. 92

资料来源：某小贷公司 2020 年披露年度报告。

8.1.3.1 经营活动产生的现金流量

经营活动现金流量是指企业投资活动和筹资活动以外的所有的交易和事项产生的现金流量。它是企业现金的主要来源，经营活动产生的现金流量包括现金流的流入与流出，它们之间的差额为经营活动产生的现金流量净额。

(1)经营活动现金流入

表 8-3 中经营活动现金流入包括销售商品和提供收到的现金、收取利息和手续费及佣金的现金、拆入资金净增加额、回购业务资金净增加额、收到的税费返还、收到其他与经营活动有关的现金。收到其他与经营活动有关的现金在表 8-3 中核算的是：违约金收入、

政府补助、往来款和其他。

(2)经营活动现金流出

表 8-3 中经营活动现金流出包括购买商品和接受劳务支付的现金、支付利息和手续费及佣金的现金、客户贷款及垫款净增加额、拆出资金净增加额、贩售业务资金净增加额、支付给职工及为职工支付的现金、支付的各项税费、支付的其他与经营活动有关的现金。支付的其他与经营活动有关的现金在表 8-3 中核算是付现的业务及管理费、来往款和其他。

(3)经营活动产生的现金流量净额

经营活动产生的现金流量净额为经营活动现金流入减去经营活动现金流出。

8.1.3.2 投资活动产生的现金流量

投资活动现金流量通常是指企业为期一年以上的长期资产的购建及处置产生的现金流量，涵盖与投资活动相关的现金流入与现金流出。投资活动产生的现金流量净额即为现金流入与流出之差。

(1)投资活动现金流入

表 8-3 中投资活动现金流入包括收回投资收到的现金、取得投资收益收到的现金、处置固定资产和无形资产及其他长期资产收回的现金净额、处置子公司及其他营业单位收到的现金额、收到其他投资活动有关的现金。

(2)投资活动现金流出

表 8-3 中投资活动现金流出包括构建固定资产和无形资产及其他长期资产支付的现金、投资支付的现金、取得子公司及其他营业单位支付的现金净额、支付其他投资活动有关的现金。

(3)投资活动产生的现金流量净额

投资活动产生的现金流量净额等于投资活动现金流入减去投资活动现金流出。

8.1.3.3 筹资活动产生的现金流量

筹资活动产生的现金流量是指企业经营过程中所产生的与筹资活动相关的现金流入和现金流出。它是企业资本及债务的规模和构成发生变化的活动所产生的现金流量。筹资活动产生的现金流量净额是与筹资活动相关的现金流入与流出的差额。

(1)筹资活动现金流入

表 8-3 中筹资活动现金流入包含吸收投资收到的现金、取得借款收到现金发行债券收到的现金、收到其他与筹资活动有关的现金。收到其他与筹资活动有关的现金核算的是拆入资金。

(2)筹资活动现金流出

表 8-3 中筹资活动现金流出包含偿还债务支付的现金、分配股利和利润或偿付利息支出的现金、支付其他与筹资活动有关的现金。支付其他与筹资活动有关的现金核算的是归还拆入资金。

(3)筹资活动产生的现金流量净额

筹资活动产生的现金流量净额=筹资活动现金流入-筹资活动现金流出。

8.1.4 资产负债表与利润表的勾稽关系

资产负债表中未分配利润的期末数减去未分配利润的期初数涵盖利润表最终核算结果

即净利润。

资产负债表和利润表本就是一体的，虽然资产负债表都是时点数，即年初数、期末数，而利润表是本期发生数。但是当资产负债表的年初数和期末数中间加上本期增减数之后，就可以发现利润表整个都装到资产负债表中的所有者权益中的未分配利润项下。利润表最终的结果“净利润”就是资产负债表“未分配利润”本期增减中的一个因子。利润表的利润是根据权责发生制原则核算出来的，权责发生制贯彻递延、应计、摊销和分配原则，与资产负债表表内表间关系如图 8-1、图 8-2 所示。

8.1.5 资产负债表与现金流量表的勾稽关系

资产负债表的现金、拆出资金及其他货币资金等项目的期末数-期初数=现金流量表期末的现金及现金等价物的余额。

现金流量表反映的是资产负债表中各个项目对现金流量的影响，并最终反映为资产负债表货币资金及现金等价物科目当期期初及期末两个时点数的差额。现金流量表是以现金及现金等价物为基础编制的，按照收付实现制原则编制，将权责发生制下的盈利信息调整为收付实现制下的现金流量信息，资产负债表表内表间关系如图 8-1、图 8-2 所示。

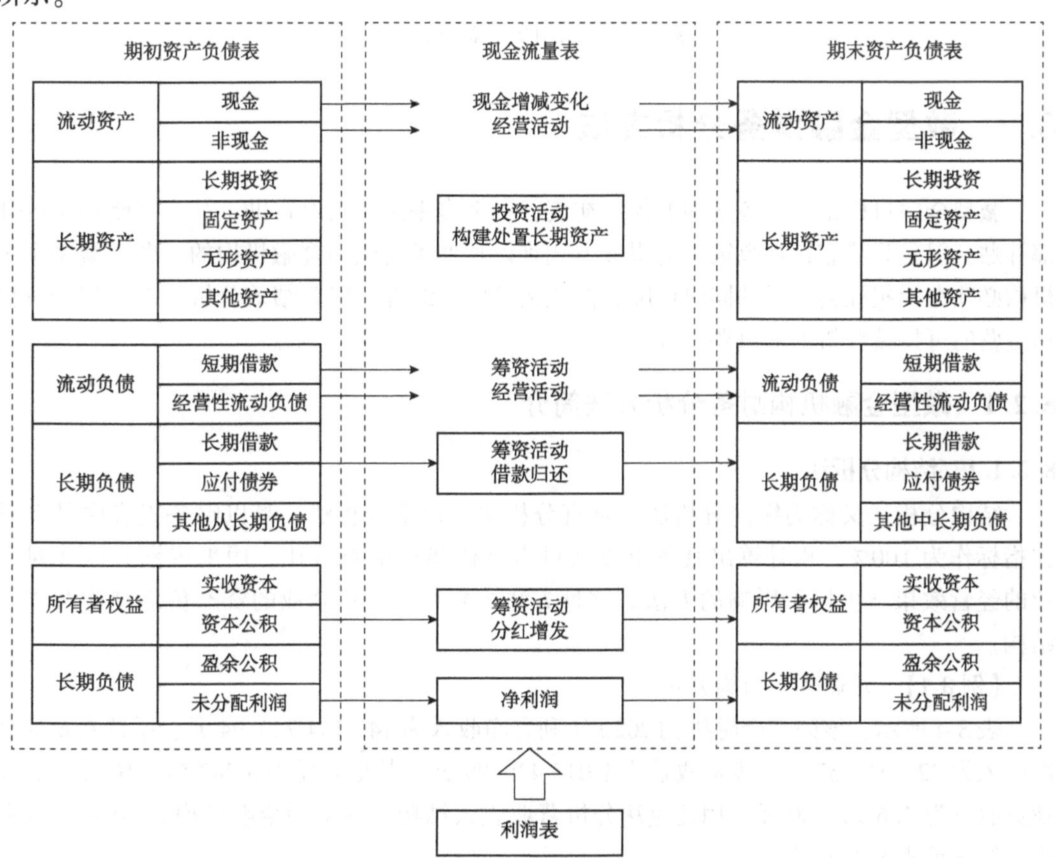

图 8-1 三大财务报表间的关系

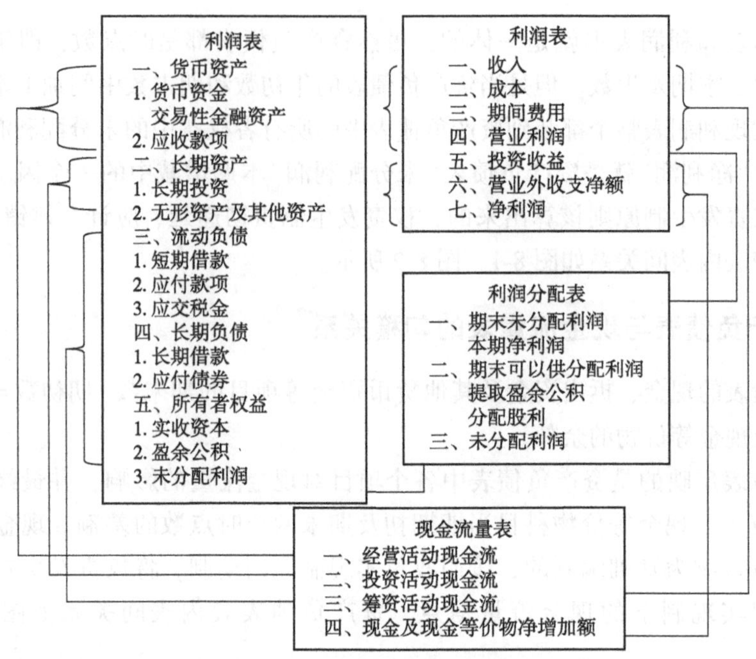

图 8-2 三大财务报表内的关系

8.2 微型金融财务分析方法

微型金融机构是以服务贫困群体为初衷，资金多来源于政府资助、社会捐赠一类的外部补贴，但是只依靠这种政策性的服务方式难以长期维持微型金融机构的运营，微型金融机构必须在承担社会责任的同时保障其商业运营的持续性。财务绩效分析是对微型金融机构运营的可持续分析中的重要一环。

8.2.1 微型金融机构财务分析方法简介

8.2.1.1 结构分析法

结构分析法又称为纵向分析法、垂直分析法、比重分析法，是以财务报表中某个总体指标作为 100%，再计算出其各组成项目占整体指标的百分比，用来观察其构成对企业的经营效果产生何种影响的方法。这种方法主要用于分析企业的资产负债结构及损益结构。

【例 8-1】 营业收入结构分析

表 8-4 所示，该微型金融机构 2020 年利息净收入为 141 444 743. 94 元，手续费及佣金净收入为 224 041. 67 元，投资收益为 1 013 435. 99 元，其他收益为 5 782 519. 10 元，其他业务收益为 406 752. 30 元。用比重法分析营业收入结构。该微型金融机构 2020 年度营业收入结构见表 8-4 所列。

表 8-4 某微型金融机构 2020 年度营业收入结构 元

项目	2020 年
营业收入	148 871 493.00
利息净收入	141 444 743.94
手续费及佣金净收入	224 041.67
投资收益	1 013 435.99
其他收益	5 782 519.10
其他业务收入	406 752.30

通过比重分析可以看出该微型金融机构的营业收入有以下几个特点：一是利息净收入占营业收入比重为95.01%，说明贷款是其主要盈利手段；二是手续费及佣金收入占营业收入比重为0.15%，其他业务收入占营业收入比重为0.27%，说明该行中间业务开展不够，非资产业务盈利能力较差；三是投资收益占营业收入比重为0.68%，说明该微型金融机构为可持续经营进行一定的风险配置；四是其他收益占营业收入比重为3.88%，说明该微型金融机构受到与营业相关的政府补助，这也是具有普惠性质的微型金融机构的一大特点。

8.2.1.2 比率分析法

比率分析法是将同一报表内部或不同报表间的相关项目联系起来，通过计算比率，再与行业标准、历史同期比较差异，用以评价目标单位的财务信息。比率分析法的指标主要分为3类：效率比率、结构比率、相关比率。效率比率是反映投入与产出、所费与所得的比率，如经营成本利润率=主营业务利润/经营成本；结构比率是反映部分与整体的比率，如产品收入利润率=产品利润总额/产品销售收入；相关比率是以某个项目与相关但又不同的项目相比的比率，如流动比率=流动资产/流动负债。比率分析法的运用需要注意的是：相比的数据不一定来自于同一张报表，但必须来自于同一公司的同一期间的财务报表；相比数据之间必须存在一定逻辑关系，以保证所得比率具有财务意义。

金融企业常用比例往往有4类。资产权益比率：资产负债率、存贷比率；收益成本比率：资产收益率、资金成本率；资产利润比率：总资产利润率、净资产利润率；风险监测比率：资本充足率、不良贷款率。

【例 8-2】 资产负债分析

表8-1中，该微型金融机构2020年度总资产为1 167 262 524.82元，总负债为433 272 383.85元；2019年度总资产为1 113 221 802.08元，总负债为390 073 105.72元；用比率法分析资产负债率的变化。

资产负债率=总负债/总资产

2019 年度资产负债率=35.04%

2020 年度资产负债率=37.12%

增减百分点=分析期财务比率-对比期财务比率=37.12%-35.04%=2.08%

通过比率分析可以看出，该微型金融机构2020年资产负债率比上年同期增加2.08个百分点。比率的变化反映出是经济业务的下列变动：资产业务增长幅度低于负债业务增长幅度；负债业务增加额度被所有者权益下降额度占用。

8.2.1.3 比较分析法

比较分析法又称为对比分析法，是将具有可比性的两个数据，或者将多个数据按照经济业务的内在联系划分成两个对比组，计算财务指标变动差异的方法。该方法通常使用对比组的增减额度或增减百分比来进行比较。

金融企业通常使用该方法分析以下问题。本期实际指标与计划指标比较，分析计划执行差异；本期期末余额与期初比较，分析指标变化差异；本期期末余额与同期比较，分析指标变化差异；本期平均余额与同期比较，分析指标变化差异；本期损益与同期比较，分析指标变化差异。

【例 8-3】 计划执行情况分析

表 8-2，该微型金融机构 2020 年度一季度各项贷款利息收入计划指标为 200 000 000 元，实际实现 162 961 102. 29 元，用比较法分析计划执行差异。

实际比计划增减额＝分析期指标－对比期指标

＝162 961 102. 29 元－200 000 000 元

＝－37 038 897. 71 元

实际比计划增减百分比＝增减额/对比期指标×100%

＝－37 038 897. 71 元/200 000 000 元×100% ＝－18. 52%

计划完成幅度百分比＝100%－18. 52%＝81. 48%

通过比较分析可以看出，该微型金融机构 2020 年各项贷款利息收入计划完成幅度为 81. 48%，处于可接受范围，但仍有一定提升空间，为进一步实现计划的增长幅度，公司还需要继续努力，增加公司业务量。

8.2.1.4 趋势分析法

趋势分析法又称为水平分析法，是指将两期或连续期财务报表上相同指标进行对比，确定该指标增减变动的方向、大小和幅度，来说明企业财务状况或经营成果变动趋势的一种方法。这种分析方法属于一种动态分析，它是以差额分析法和比率分析法为基础。需要注意的是，采用趋势分析法必须要确定基期，通常有固定基期与移动基期之别。固定基期，即采用历史上某一特定年份的数据为对比基期，固定不变；移动基期，即采用上期作为对比标准的时期，它随时间变动。定基动态比率＝分析期数值/固定基期数值，环比动态比率＝分析期数值÷前期数值。

【例 8-4】 净利润增长率趋势分析

以 2016 年为固定基期，分析 2017 年、2018 年、2019 年、2020 年净利润增长比率，假设某微型金融机构 2016 年的净利润为 100 万元，2017 年的净利润为 120 万元，2018 年的净利润为 150 万元，2019 年的净利润为 195 万，2020 年的净利润为 273 万。

2017 年的环比动态净利润增长率＝120÷100＝120%

2018 年的环比动态净利润增长率＝150÷120＝125%

2019 年的环比动态净利润增长率＝195÷150＝130%

2020 年的环比动态净利润增长率=273÷195=140%

该微型金融机构的环比动态净利润增长率从 2017 年到 2020 年分别为 120%、125%、130%、140%，如图 8-3 所示，有明显的上涨趋势。

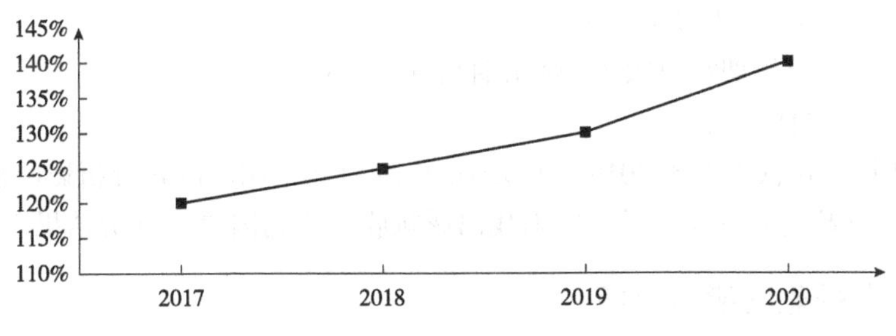

图 8-3 环比动态净利润增长率

8.2.1.5 因素分析法

因素分析法是依据分析指标与其影响因素的关系与影响因素带给指标的影响程度的分析方法。因素分析法既可以全面分析各因素对某一经济指标的影响，又可以单独分析某个因素对经济指标的影响。微型金融机构常用的因素分析法来分析财务收入与支出指标变动的影响因素，常用分析方法是差额法，即利用各个因素的比较值与基准值之间的差额，来计算各因素对分析指标的影响。

【例 8-5】 贷款利息收入变动因素分析

某微型金融机构 2020 年度贷款利息收入为 13 464 万元，比 2019 年度增加 2515 万元，该行 2020 年度贷款平均余额为 240 729 万元，比 2019 年度增加 31 046 万元，2020 年度贷款平均收息率 5. 67%，比 2019 年度增加 0. 36 个百分点。用“两因素-差额法”分析影响贷款利息收入变动因素。

影响利息收支的有“资金量”“时间”“利率”3 项因素，在单位时间内(年)将“资金量”与“时间”合二为一，化为“平均余额”，进而本题分析“贷款平均余额”与“利率”因素对贷款利息收入变动的影响。

贷款平均余额变动影响利息收入金额

=(分析期贷款平均余额-对比期贷款平均余额)×对比期利率(%)

= (240 729-209 683)×(5. 67%-0. 36%)

= 31 046×5. 31%

=1648. 5 万元

利率变动影响利息收入金额

=(分析期利率-对比期利率)×分析期贷款平均余额(%)

= (5. 676%-5. 31%)×240 729

=0. 36%×240 729

=866. 6 万元

两因素变动影响收入金额

=贷款平均余额变动影响利息收入金额+利率变动影响利息收入金额

=1648.5+866.6

=2515 万元

验证分析结果：

两因素变动影响利息收入金额

=(分析期利息收入-对比期利息收入)

= 2515 万元

2020 年度贷款利息收入比 2019 年度增加 2515 万元，用两因素分析影响收入金额合计为 2515 万元，两者完全一致，说明准确找出影响收入变动因素，分析结果正确。

8.2.2 微型金融盈利能力分析

微型金融机构要实现自身可持续发展，必须要显示出持续的盈利能力。要实现企业盈利必须要满足收入大于支出的条件，微型金融机构经营的产品是货币，主要的收入来源是提供信贷服务的利息收入与保险服务收入，部分来源于其他服务收入和投资收入。当微型金融机构从其提供的金融服务和各项投资活动中获取的收益能够覆盖企业日常经营活动的费用，并且能保证净资产的价值时，该企业显示出持续盈利的能力，能够不依靠外部各项补助，凭借自身能力为客户继续提供金融服务。对于微型金融盈利能力的分析可以从一些财务指标出发，通过指标能够将微型金融机构当期业绩与历史业绩进行比较，分析不同时期的发展趋势。表 8-5 为微型金融机构盈利能力评价指标。

表 8-5 微型金融企业盈利能力评价指标

评价内容	指 标
盈利能力状况	资本利润率
	资产利润率
	贷款收益率
	经营自负盈亏率
	成本收入比

8.2.2.1 资本利润率

资本利润率(ROE)，又称净资产收益率，是衡量微型金融自有资本获取盈利的能力，是利润额与平均净资产总额的比值。公式如下：

$$净资产收益率=\frac{净利润}{加权平均净资产总额}\times 100\% \tag{8-1}$$

净资产收益率会随着负债率的上升而上升。微型金融机构的资本来源可以分为负债和所有者权益两部分，所有者权益是股东投入股本、企业留存收益与资本公积的加总。微型金融机构通过财务杠杆可增加资本总额，一般而言可以提高盈利水平。净资产收益率是剔除负债后微型金融机构，提高该指标越高，说明投资带来的收益越高；净资产收益率越低，说明企业所有者权益的获利能力越弱。无论是银行还是非银行类微型金融机构，净资产收益率都是判断企业商业可持续性的一个指标，能够用于判断微型金融机构是否达到吸引潜在投资者的净资产收益率水平，即是否具有公开募集资金的能力。

【例 8-6】 某微型金融企业资本利润率计算过程

以表 8-1、表 8-2、表 8-3 所列某小贷公司财务报表为例，该公司资本利润率依据归属于母公司股东是净利润进行核算，得到资本利润率为 12. 64%，计算过程见表 8-6 所列。

表 8-6 资本利润率计算过程 元

项目		序号	本期数
归属于公司普通股股东的净利润		A	86 268 397. 97
非经常性损益		B	4 431 629. 15
扣除非经常性损益后的归属于公司普通股股东的净利润		C=A-B	81 836 768. 82
归属于公司普通股股东的期初净资产		D	639 107 175. 14
发行新股或债转股等新增的、归属于公司普通股股东的净资产		E	
新增净资产次月起至报告期期末的累计月数		F	
回购或现金分红等减少的、归属于公司普通股股东的净资产		G	80 000 000. 00
减少净资产次月起至报告期期末的累计月数		H	0
其他	其他事项	I	
	增减净资产次月起至报告期期末的累计月数	J	
报告期月份数		K	12
加权平均净资产		L=D+A/2+E×F/K-G×H/K±I×J/K	682 241 374. 13
加权平均净资产收益率		M=A/L	12. 64%

8. 2. 2. 2 资产利润率

资产利润率(ROA)又称资产收益率、总资产报酬率，是用来衡量微型金融机构运用资产获取收入的能力，是微型金融机构利润与总资产的比值，它反映企业全部经济资源的净盈利能力，也反映企业将资产转化为净利润的管理能力。公式如下：

$$资产收益率=\frac{净利润}{平均资产总额}\times 100\% \tag{8-2}$$

资产收益率是应用最为广泛的衡量盈利能力的指标之一，该指标越高，表明微型金融机构资产利用效果越好，说明微型金融机构在增加收入和节省支出等方面效果较好，否则相反。在做盈利性分析时，这一指标需要微型金融机构监管人员重点关注。主要是将该指标与同组的银行进行横向比较，或者与该银行的历史状况进行纵向比较。若某一微型金融机构的资产收益率突然出现异常变动，则需特别关注它的盈利性，可能是企业对报表进行调整。例如，某年的异常收入或异常支出会对微型金融机构营业净利润产生显著影响，从而导致该年资产收益率较之前出现异常上升或下降。资产的出售、建筑物的购买、办公地的租赁、投资新的管理信息系统或收回已注销的贷款本金等金额较大的交易都会导致资产收益率发生异常波动。

【例 8-7】 某微型金融企业资产利润率计算过程

由表 8-1、表 8-2、表 8-3 所列某小贷公司财务报表为例，同样该公司资产利润率依据归属于母公司股东是净利润进行核算，得到资产利润率为 7.57%，计算过程见表 8-7 所列。

表 8-7 资产利润率计算过程

项目	序号	本期数
归属于公司普通股股东的净利润	A	86 268 397.97
期初总资产	B	1 113 221 802.08
期末总资产	C	1 167 262 524.82
平均资产总额	D=(B+C)/2	1 140 242 163.45
资产利润率	M=A/D	7.57%

8.2.2.3 贷款收益率

贷款收益率(Loan Yield)，衡量的是微型金融机构通过发放贷款而带来的收益，是贷款收入与平均贷款余额之间的比值，小额借贷一般为微型金融机构的主营业务。公式如下：

$$贷款收益率=\frac{贷款收入}{平均贷款余额}\times 100\% \qquad (8\text{-}3)$$

贷款收益率显示的是作为微型金融机构最重要的资产能够为该企业带来多大的营收，衡量的是微型金融机构获得必要收入的能力，是企业财务可持续的重要指标，其在区分贷款的不同利息和费用结构的实际现金流方面尤为有用。

【例 8-8】 某微型金融企业资产利润率计算过程

由表 8-1、表 8-2、表 8-3 所列某小贷公司财务报表为例，该公司的贷款收益率为 14.4%，计算过程见表 8-8 所列。

表 8-8 贷款收益率计算过程

项目	序号	本期数
贷款收益(利息收入)	A	162 961 102.29
期初贷款余额	B	1 157 850 405.71
期末贷款余额	C	1 099 790 038.46
平均贷款余额	D=(B+C)/2	1 128 820 222.09
贷款收益率	M=A/D	14.44%

8.2.2.4 经营自负盈亏率

经营自负盈亏率(OSS)是指营业收入与财务费用、营业费用、贷款损失准备之和的比值，衡量微型金融机构自己负责盈利和亏损的程度。企业或经济组织实行独立经营、独立核算，对自己的经营成果好坏及盈亏承担全部或相应的经济责任的一种经营原则。公式如下：

$$\text{经营自负盈亏}=\frac{\text{营业收入}}{\text{财务费用支出}+\text{营业费用支出}+\text{贷款损失准备}}\times 100\% \qquad (8\text{-}4)$$

该指标表示机构在财务上实现可持续，小于 1 则说明其未实现财务可持续，数值越大表明财务可持续性越好。

【例 8-9】 某微型金融企业经营自负盈亏率计算过程

由表 8-1、表 8-2、表 8-3 所列某小贷公司财务报表为例，下表计算上述小贷公司的经营自负盈亏率，结果为 5. 04，计算过程见表 8-9 所列。

表 8-9 经营自负盈亏率计算过程

项目	序号	本期数
营业收入	A	148 871 493. 00
业务及管理费用	B	17 262 938. 57
贷款损失准备	C	12 272 071. 62
经营自负盈亏率	D=A/(B+C)	5. 04%

8. 2. 2. 5 成本收入比

成本收入比(CIR)是微型金融机构营业费用与营业收入的比率，反映出企业每一单位的收入需要支出多少成本。该比率越低，说明企业收入的成本支出越低，企业获取收入的能力越强。公式如下：

$$\text{成本收入比}=\frac{\text{业务及管理费}}{\text{营业收入}}\times 100\% \qquad (8\text{-}5)$$

对企业长期稳健经营的角度来看，成本收入比并非越低越好，较高的成本也可能是银行提升风险管理水平的必要投入，对于基础设施、科技系统和人力资本的较高投入也是银行类微型金融机构做好经营所的必需。

【例 8-10】 某微型金融企业成本收入比计算过程

由表 8-1、表 8-2、表 8-3 所列某小贷公司财务报表为例，下表计算上述小贷公司的成本收入比，得到结果为 11. 60%，计算过程见表 8-10 所列。

表 8-10 成本收入比计算过程

项目	序号	本期数
营业收入	A	148 871 493. 00
业务及管理费用	B	17 262 938. 57
成本收入比	C=B/A	11. 60%

案例

××贷盈利能力分析

销售利润率，资产收益率是反映××贷公司盈利性指标。××贷销售利润率逐年递减，2019 年仅为 0.003 元，即 1 元销售额带来 0.003 元利润，利润率 0.3%。××贷资产收益率波动幅度较大，但总体呈现下降趋势，2019 年跌到 0.002 元，即 1 元资产带来的利润为 0.002 元，利润率为 0.2%。××贷销售利润率与资产收益率逐年下降，标志着××贷公司的盈利能力方面存在局限性。总之，××贷资金高流转速度，高利用率，与之相匹配低销售收益率和资产收益率，是非常不合理，即××贷销售收益率与资产收益率有待提高(表 1)。

表 1　××贷盈利能力分析

时间 / 指标	2015. 12. 31	2016. 12. 31	2017. 12. 31	2018. 12. 31	2019. 12. 31
销售利润(%)	0. 065	0. 064	0. 05	0. 032	0. 003
资产收益(%)	0. 084	0. 101	0. 08	0. 095	0. 002

资料来源：李刚伟．基于 Z-Score 模型对宜人贷财务风险进行评定[J]．价值工程，2020，39(21)：76-78.

8. 2. 3　微型金融机构成长能力分析

微型金融机构成长能力是指企业未来发展趋势与发展速度，主要包括企业规模的扩大、利润的增长、所有者权益的增加。微型金融机构成长能力是随着变化的市场环境，使企业资产规模、盈利能力、市场占有率持续增长的能力，反映的是企业的发展前景。微型金融机构为实现自身的持续经营，必须要注重成长能力的加强，在保持盈利的基础上，发展是第一目标。微型金融机构通过分析发展能力，能够很好的认识到自身的优势与劣势，对企业进行经营管理，达成所期望的目标，实现稳健的发展。正确分析评价企业的发展能力，对于企业上至管理层的领导，下至每个普通员工，都有着十分重要的意义。表 8-11 为微型金融机构成长能力评价指标。

表 8-11　微型金融机构成长能力评价指标

评价内容	指　标
经营增长状况	总资产增长率
	净利润增长率
	固定资产比重
	利润保留率

8. 2. 3. 1　总资产增长率

总资产增长率(Total Assets Growth Rate)又称总资产扩张率，是微型金融机构年末总资产的增长额同年初资产总额之比。本年总资产增长额为本年总资产的年末数减去本年初数的差额，它是分析企业当年资本积累能力和发展能力的主要指标。其公式如下：

$$总资产增长率=\frac{年末资产总额}{年初资产总额}\times 100\% \tag{8-6}$$

总资产增长率越高则表明微型金融企业在一定时期内资产经营规模扩张的速度越快。但在分析时，需要关注资产规模扩张的质和量的关系，以及企业的后续发展能力，避免盲目扩张。

【例 8-11】 某微型金融企业总资产增长率计算过程

由表 8-1、表 8-2、表 8-3 所列某小贷公司财务报表为例，下表计算上述小贷公司的总资产增长率，该公司 2020 年总资产增长率计算为 4. 85%，计算过程见表 8-12 所列。

表 8-12 总资产增长率计算

项目	序号	本期数
期初总资产	A	1 113 221 802. 08
期末总资产	B	1 167 262 524. 82
总资产增长率	C=(B-A)/A	4. 85%

8. 2. 3. 2 营业收入增长率

营业收入增长率(Increase Rate of Main Business Revenue)是指微型金融机构本年营业收入增加额与上年营业收入总额的比率，是评价企业成长状况和发展能力的重要指标。公式如下：

$$净利润增长率=\frac{本年营业收入总额-上年营业收入总额}{上年营业收入总额}\times 100\% \tag{8-7}$$

该指标若大于 0，表示微型金融机构的营业收入有所增长，指标值越高，增长速度越快，企业市场前景越好；若该指标小于 0，则说明微型金融机构的业务还有待改善，市场份额萎缩。但实际操作时，应结合微型金融机构历年的营业收入水平、产品或服务市场占有情况、行业未来发展及其他影响企业发展的潜在因素进行前瞻性预测，或者结合企业前三年的营业收入增长率作出趋势性分析判断。

【例 8-12】 某微型金融企业营业收入增长率计算过程

由表 8-1、表 8-2、表 8-3 所列某小贷公司财务报表为例，计算该微型金融机构的营业收入增长率为-3. 38%，计算过程见表 8-13 所列。

表 8-13 营业收入增长率计算

项目	序号	本期数
上年净利润总额	A	154 082 816. 97
本年净利润总额	B	148 871 493. 00
净利润增长率	C=(B-A)/A	-3. 38%

8. 2. 3. 3 净利润增长率

净利润增长率是指微型金融机构当期净利润比上期净利润的增长幅度，反映的是微型金融机构净利润增长总额的趋势和速度，是一个相对动态指标。公式如下：

$$净利润增长率=\frac{本年净利润总额-上年净利润总额}{上年净利润总额}\times 100\% \tag{8-8}$$

净利润增长率越高，说明微型金融机构通过业务经营所获得的收益越高，企业发展状况越好，反映的是企业利润方面的成长性。在微型金融机构本年或上年净利润总额存在负数时，该计算公式可能不能正确反映变动趋势。现实中，净利润为负值时存在着 4 种情况：上年亏损到本年转为盈利、上年盈利到本年转为亏损、上年亏损到今年亏损减少、上年亏损到今年亏损增加。以上情况可分为两类进行处理，上年净利润总额为正，今年净利润总额不论正负都使用原公式，结果为正表明利润增长、结果为负表示利润下降；如果上年和今年净利润总额都为负，则使用公式如下，结果为正表明亏损降低、结果为负表明亏损增加。如此，利润增长率的正负都能够正确反映利润总额变动的趋势。利润增长率公式如下：

$$利润增长率=\frac{上年净利润总额-本年净利润总额}{上年净利润总额}\times 100\% \tag{8-9}$$

【例 8-13】 某微型金融企业净利润增长率计算过程

由表 8-1、表 8-2、表 8-3 所列某小贷公司财务报表为例，该微型金融机构的净利润增长率为-2. 77%，计算过程见表 8-14 所列。

表 8-14　净利润增长率计算

项目	序号	本期数
上年净利润总额	A	99 254 413. 44
本年净利润总额	B	96 500 944. 61
净利润增长率	C=(B-A)/A	-2. 77%

8. 2. 3. 4　固定资产比重

固定资产比重是衡量企业的生产能力，体现企业存在增产的潜能的指标，为固定资产总额与资产总额之比。该指标越大，则企业的生产能力越大，存在增产的潜能越大。公式如下：

$$固定资产比重=\frac{固定资产总额}{资产总额}\times 100\% \tag{8-10}$$

【例 8-14】 某微型金融企业固定资产计算过程

由表 8-1、表 8-2、表 8-3 所列某小贷公司财务报表为例，该公司 2020 年固定资产比重为 0. 05%，计算过程见表 8-15 所列。

表 8-15　固定资产比重计算

项目	序号	本期数
固定资产总额	A	589 120. 09
资产总额	B	1 167 262 524. 82
固定资产比重	C=A/B	0. 5%

8.2.3.5　利润保留率

利润保留率是说明企业税后利润的留存程度的指标，反映企业的扩展能力和补亏能力。该比率越大，企业扩展能力越大。公式如下：

$$利润保留率=\frac{(税后利润-应发股利)}{税后利润}\times100\% \tag{8-11}$$

【例 8-15】　某微型金融企业利润保留率计算过程

由表 8-1、表 8-2、表 8-3 所列某小贷公司财务报表为例，该公司 2020 年利润保留率为 89.40%，计算过程见表 8-16 所列。

表 8-16　利润保留率计算

项目	序号	本期数
税后利润	A	96 500 944.61
应发股利	B	10 232 546.64
利润保留率	C=(A-B)/A	89.40%

8.2.4　微型金融机构资产质量分析

资产质量是指特定资产在微型金融机构管理的过程中发生效用的资产，具体表现为变现的质量、被利用的质量、与其他资产组合后增值的质量以及为企业发展目标做出贡献的质量等方面。因此，资产质量管理过程中，管理者主要关注的不是特定资产的物理质量。相同物理质量的资产在不同企业之间、在同一企业的不同时期之间或者在同一企业的不同用途之间会表现出不同的贡献能力。资产对不同的微型金融机构而言，具有相对有用性。一项资产，即使是物理质量再好，如果在特定微型金融机构中不能发挥作用，也不能算作该企业的优质资产，而只能算作不良资产。但是，如果该资产在另外的微型金融机构中能够得到较好利用，发挥较好作用，则应作为该企业的优质资产。表 8-17 为微型金融机构资产质量评价指标：

表 8-17　微型金融机构资产质量评价指标

评价内容	指标
资产质量状况	不良贷款率
	资产损失准备充足率

8.3　微型金融财务预测分析

财务预测是根据历史资料和市场调查情况，利用一定的方法，对微型金融机构各项财务指标的发展变化趋势所作科学的测算和估计。财务预测是进行财务决策和编制财务预算的科学依据。现代财务管理要求，要从过去的事后反映和监督为中心转为转向事前预测和决策为中心，只有保证财务预测和决策的正确性，才能事前估计各种有利的和不利的因素，克服财务工作的盲目性，增强预见性，提高企业的经济效益。微型金融企业要达到财务自负盈亏及可持续发展，就必须具有可持续的盈利能力，准确的财务预测在机构发展规划中发挥关键作用。任何具有营利性质的企业都需要对未来进行预测，因此准确、可操作的财务预测是衡量微型金融机构可持续发展能力的有效工具之一。

财务预测的一般步骤是：①确定预测目标。②收集整理信息。③选取财务测算方法。④对不同方案进行比较，优选最佳方案。财务预测的内容主要有：筹资和投资收益、成本与收入以及利润等方面的预测。预测的方法主要分为定性预测与定量预测 2 类。

8.3.1 定性预测

2005 年以前，小微信贷实行的主要是交易型贷款，采取的主要为线下零售模式。定性分析是通过以往的情况和一些历史资料，来判断微型金融机构财务未来的发展的趋势，从而得出一种估算的方法。这类预测主要是凭借预测者的主观经验和逻辑推理能力，对事物未来表现的性质进行推测和判断。常用的方法有个人判断、集合意见、市场调查等方法。

8.3.1.1 德尔菲法

德尔菲法也称专家调查法，1946 年由美国兰德公司创始实行，其本质上是一种反馈匿名函询法，根据专业人员的直接经验，对研究的问题进行判断、预测的一种方法。该方法是由企业组成一个专门的预测机构，其中包括若干专家和企业预测组织者，按照规定的程序，背靠背地征询专家对未来市场的意见或者判断，然后进行预测。德尔菲法的特点有：反馈性、匿名性和统计性，选择相适合的专家是该预测的关键。德尔菲预测的优点在于：①可以加快预测速度、节约预测费用。②可以获得各种不同但有价值的观点和意见。③适用于不可控因素过多、历史资料不足时的长期预测或对新产品的预测。其缺点在于：对于分地区的顾客群或产品的预测则可能不可靠、专家的意见有时可能不完整或不切实际。

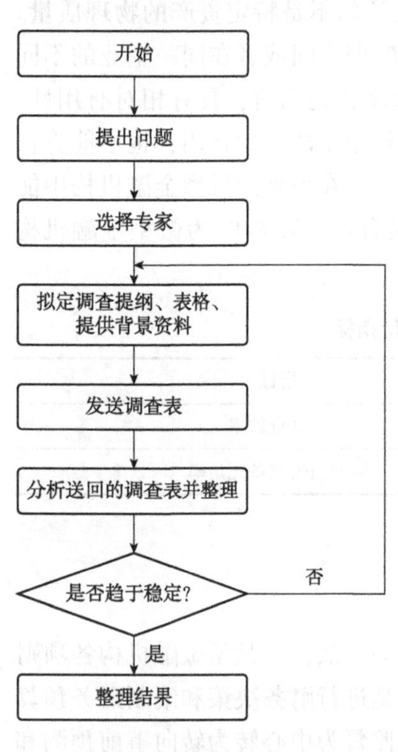

图 8-4 德尔菲法工作流程

德尔菲法的工作流程要点：①根据问题要求，组织专门调查小组；②拟定调查提纲，提供背景材料；③物色和选聘专家；④征询意见，一般需经多轮反馈征询，每次都应提供前一轮的调查结果和新信息，专家反复修改意见，逐步得出趋向稳定的看法；⑤以每位专家的最后一次意见为凭，整理结果提出调查报告(图 8-4)。

8.3.1.2 主观概率

不同于客观概率，主观概率是人们主观的凭借经验或预感而估算出来的概率。在很多情况下，由于无法计算事情发生的客观概率，只能用主观概率来描述事件案例发生的概率。主观概率法是一种适用性很强的统计预测方法，可以用于人类活动的各个领域。

8.3.1.3 领先指标

领先指标法就是通过将经济指标分为领先指标，同步指标和滞后指标，并根据这3类指标之间的关系进行分析预测。领先指标法不但可以预测经济的发展趋势，还可以预测其转折点。

8.3.1.4 情景预测

情景预测是假定某种现象或某种趋势将持续到未来的前提下，对预测对象可能出现的情况或引起的后果做预测的方法。通常用来对预测对象的未来发展进行设想或预计，是一种直观的定性预测方法。该方法把研究对象分为主题和环境，通过对环境的研究，识别影响主题发展的外部因素，模拟外部因素可能发生的多种交叉情景，以预测主题发展的各种可能前景。情景预测不受任何条件限制，应用起来较为灵活，能够很好实现预测人员的想法，有利于决策者较为客观地进行决策，在制定经济政策、公司战略等方面有很好的应用。但在应用过程中要注意具体问题具体分析，相同预测指标所处环境不同，最终的情景可能会有很大的差异。

8.3.2 定量预测

定量分析预测法也称为数量分析法，主要是运用数学方法建立数学模型进行预测分析，得到预测结果。常用的预测方法大致可以分为平均法、时间序列法。主要是通过概率学和微积分及运筹学等数学方法与计算机技术相结合，对目标的数据通过建立好的数学模型进行统计、分析。定量分析法一方面能够反映目标间的内在变化；另一方面也可以根据数学模型的求解得出预测的结构。

8.3.2.1 平均法

平均法是定量分析中最简单的一种方法，主要运用于数据较为平稳，以及波动或是趋势不太明显的情况之下，通过计算数值的平均值，得到要的预计数值。常用的平均法主要有简单平均法和加权移动平均法、指数平滑法和移动平均法。

8.3.2.2 时间序列法

时间序列是应用数学中的一种分析方法，对于规律的预测有着重要的作用。时间序列又称为动态数列，主要是指将同一个指标的数值按照时间顺序进行排列。应用数学主要利用时间序列法进行预测，即通过对各类数据进行收集整理，通过现有的数据进行分析对未来的发展趋势做一些预测。时间序列法在财务预测中的应用主要是根据时间及预测的对象随时间的变化，找出其中的规律，从而建立数学模型，通过数学模型来反映财务活动的趋势。

××银行小微贷未来盈利水平预测

××银行的小微信贷占比较高。由于信贷产品种类较多，小微定义本身也标准众多(小银行自己的“对公”有些符合国家、行业标准的“小微”)，因此横向比较有些不便，采用简单的统计口径。截止2019年6月末，××银行并表口径贷款总额1035亿元，其中单户1000

万元以下的信贷（剔除个人消费类贷款）约475亿元，占比接近50%；小微金融总部贷款总额282亿元，占比27%，主要增长期开始于2014年，也就是其现有模式慢慢成熟后的几年。

目前××银行ROE与行业整体水平接近，ROA略高于行业，说明权益乘数低于行业。从ROA分解来看，是靠资产收益率取胜。低杠杆是农商行的普遍现象，此其未来也难以通过加杠杆的方式提高ROE，更多的还是要依靠加大高收益小微业务投入，通过提高ROA来提升ROE。

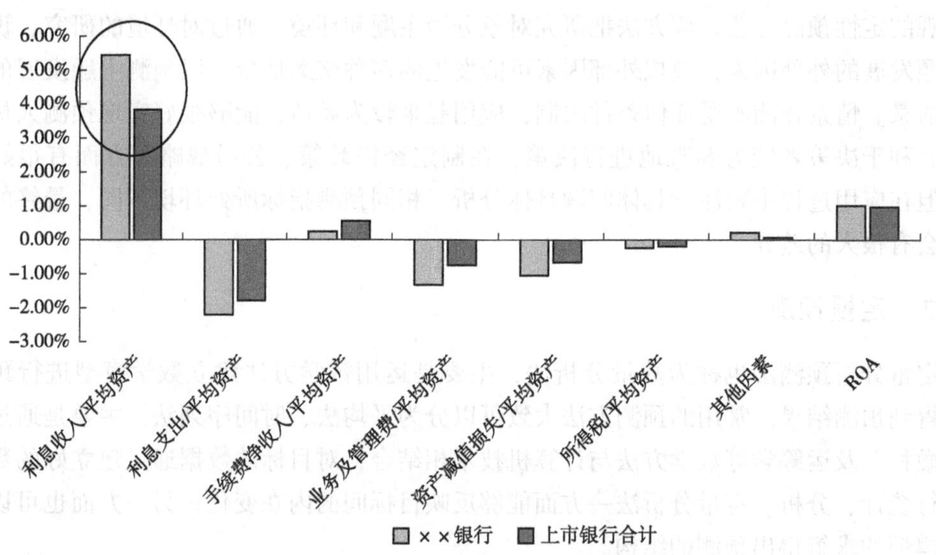

图1 ××银行主要依靠高收益小微贷款提高盈利能力

可见认为随着小微贷款占比提升，××银行盈利能力仍将继续提升并超过行业整体水平。测算过程如下：

1. 收益率

考虑到数据披露口径问题，假设所有的个人经营性贷款是××银行竞争力最强的产品，其收益率按经验能达到9%左右，这样2019年上半年其他贷款的收益率大约在5.8%左右，说明这个假设还是比较合理的。受竞争加剧影响，小微贷款收益率可能会下行。

2. 业务成本

发放小微贷款的业务成本应该比其他业务高一些，但这样不方便测算。观察到××银行近几年加大小微业务投入，但成本收入比并没有明显上升，说明小微业务条线的成本收入比与其他业务条线基本一致，假设其成本收入比为全行整体水平，即37%左右，这样小微贷款的业务成本就是9%×37%＝3.3%，而其他贷款的业务成本仅有2.1%。

3. 资金成本

假设小微贷款跟其他贷款业务资金成本一样，并进一步假设其为整体融资成本，即2.4%。

4. 风险成本

目前全行不良贷款率大约1%左右，假设小微贷款的不良贷款率也是1%。观察其他类似小微贷款做得比较多的银行，如台州银行、泰隆银行等，其资产减值损失/贷款大致不到1%，说明这个假设是比较谨慎的。也就是说，通过加大人力和技术投入、以业务成本置换风险成本，至少可以将小微贷款的风险控制到跟其他贷款一样好(优异者甚至更好)。

前述匡算下来，个人经营性贷款净收益率比其他贷款高出约200bps(Basic Points)。

近几年××银行个人经营性贷款(包括小微金融总部和各村镇银行发放的)占比不断提升，目前占比已经达到33%，测算个人经营性贷款提升到不同比例情况下，对ROE的影响，测算思路如下：

前面提到个人经营性贷款净收益率比其他贷款高出约200bps，因此每1%的贷款从其他贷款置换为个人经营性贷款，贷款净收益率就提升2bps，合税后1.5bps；××银行的贷款大概占到总资产的50%左右，因此会提高ROA约0.75bps；进一步假设××银行权益乘数不变(上半年数据受可转债转股影响而下降较多，使用2018年平均权益乘数，约12.8x)，则ROE会提升10bps，即大约0.1个百分点。

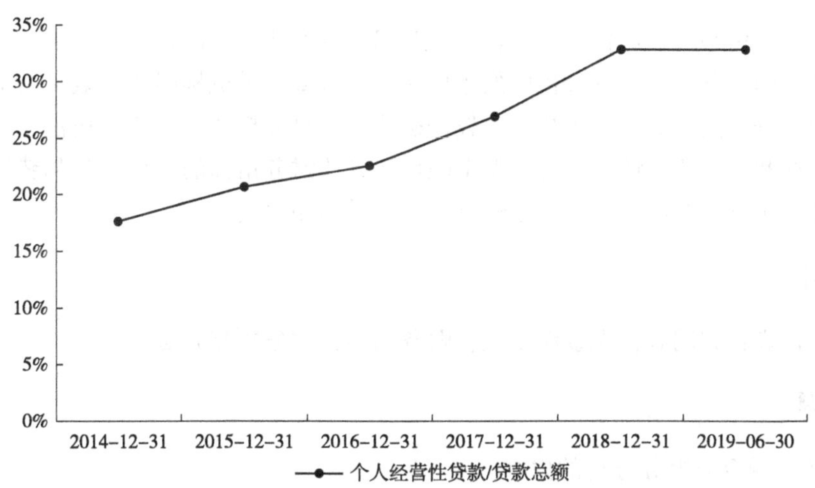

图2　××银行个人经营性贷款占比不断提升

如果假设××银行未来个人经营性贷款占比提高到60%(以此作为中性情形)，则其ROE将较当前高出2.6个百分点。由于××银行2018年ROE跟行业接近，这意味着××银行的超额ROE将达到2.6%，还是比较可观的(表2)。

表2　贷款结构改变对资产端收益率的影响测算

个人经营性贷款比其他贷款净收益率高出	2%				
目前个人经营性贷款占比	33%				
假设个人经营性贷款占比提升到	40%	50%	60%	70%	80%
贷款收益率较当前水平提升	0.14%	0.34%	0.54%	0.74%	0.94%
贷款占总资产一半，ROA可提升	0.05%	0.13%	0.20%	0.28%	0.35%
假设权益乘数不变，ROE可提升	0.7%	1.6%	2.6%	3.6%	4.5%

上述测算未考虑竞争加剧可能导致小微业务收益率下降的可能。由于大中型银行以及新兴民营银行加入竞争，可能会导致小微业务的收益率比其他类型贷款的收益率下降更快。假设竞争加剧导致小微业务收益率比当前下降50/100bps 2种情形(表3)。

表3　考虑竞争加剧导致小微贷款收益率超预期下降后的贷款结构改变对资产端收益率的影响测算

	个人经营性贷款占比				
	40%	50%	60%	70%	80%
原始情形	0.7%	1.6%	2.6%	3.6%	4.5%
小微贷款收益率超预期下降50bps	0.5%	1.2%	1.9%	2.7%	3.4%
小微贷款收益率超预期下降100bps	0.3%	0.8%	1.3%	1.8%	2.3%

本章小节

微型金融机构必须在承担社会责任的同时保障其商业运营的持续性。财务绩效分析是对微型金融机构运营的可持续分析中的重要一环。微型金融机构财务绩效分析的基础方法主要有：结构分析法、比率分析法、比较分析法、趋势分析法、因素分析法。财务预测是根据历史资料和市场调查情况，对微型金融机构各项财务指标的发展变化趋势所作科学的测算和估计，预测的方法主要分为定性预测与定量预测2类。

关键术语

资产负债表；利润表；现金流量表；财务指标；财务预测方法。

思考题

1. 简述金融企业财务分析的内容。
2. 简述金融机构资产分析的意义。
3. 简述微型金融机构财务分析的目的。
4. 简述微型金融机构财务分析的主体。

9 微型金融的风险管理

学习目的

- 了解微型金融机构的风险及全面风险管理体系的建立。
- 熟悉小微贷款业务贷前、贷中、贷后全流程。
- 学会从行业及产品角度进行风险评估。
- 明晰小微贷款不同风控模式的类型、特点和发展演变。

近年来，国际微型金融业发展迅速，中国吸引大量商业资本的进入，微型金融商业化渐成趋势，与此同时，微型金融机构面临的风险也日益严峻，成为其可持续发展的重要制约因素。2010 年爆发的印度安得拉邦小额信贷危机足以证明微型金融机构在危机爆发时的危害性。微型金融机构的管理者要有足够的风险管理能力去应对这些隐藏风险，包括厘清微型金融机构风险的特点、种类以及生成机理；掌握微型金融机构的小微信贷风控策略和风控模式等。

9.1 微型金融机构的风险

9.1.1 微型金融机构面临风险的种类及特点

关于微型金融机构的风险状况研究，国内外相关研究成果集中在农村微型金融机构，目前普遍认同的风险主要包含流动性风险、操作风险和管理风险。此外，英国伦敦经济学院金融创新研究中心（CSFI）对国际微型金融机构风险的变化进行跟踪研究，其出版的《微型金融香蕉皮报告》中指出，除信用风险、操作风险、流动性风险等常见风险之外，微型金融机构还存在过度负债风险、公司治理风险、发展战略风险、风险管理能力、政府过度干预等特有风险，根据该报告，2008—2014 年全球微型金融面临的十大风险（表 9-1）。

表 9-1 2008—2014 年全球微型金融面临的十大风险

	2008 年	2009 年	2011 年	2012 年	2014 年
1	管理能力 Management quality	信用风险 Credit risk	信用风险 Credit risk	过度负债 Over-indebtedness	过度负债 Over-indebtedness
2	公司治理 Corporate governance	流动性 Liquidity	声誉 Reputation	公司治理 Corporate governance	信用风险 Credit risk

（续）

	2008 年	2009 年	2011 年	2012 年	2014 年
3	不适当的调度 Inappropriate regulation	宏观经济趋势 Macro-economic trends	竞争 Competition	管理能力 Management quality	竞争 Competition
4	成本控制 Cost control	管理能力 Management quality	公司治理 Corporate governance	信用风险 Credit risk	风险管理 Risk management
5	员工 Staffing	再融资 Refinancing	政治干预 Political interference	政治干预 Political interference	公司治理 Corporate governance
6	利率 Interest rate	资金过少 Too little funding	不适当的调控 Inappropriate regulation	风险管理水平 Quality of risk mgt	发展战略 Strategy
7	竞争 Competition	公司治理 Corporate governance	管理能力 Management quality	客户管理 Client management	政治干预 Political interference
8	管理技术 Managing technology	汇率风险 Foreign currency	员工 Staffing	竞争 Competition	管理能力 Management quality
9	政治干预 Political interference	竞争 Competition	目标偏移 Mission drift	法律法规 Regulation	法律法规 Regulation
10	信用风险 Credit risk	政治干预 Political interference	不能实现的期望 Unreasonable expectation	流动性 Liquidity	员工 Staffing

资料来源：Lascelles D，Mendelson S. Microfinance Banana Skins 2014：Facing reality[R]. New-York，Centre of the Study of Financial Innovation，2014：22-29.

9.1.1.1 微型金融机构面临风险的种类

结合中国经济发展特点和微型金融发展现状，归纳整合学者研究成果，将主要风险分为经济风险、市场风险、信用风险、监管风险、操作风险、流动性风险。

(1)经济风险

主要是由宏观经济政策变动和外部金融冲击所带来的不确定性，这种不确定性可能让微型金融机构在从事信贷业务时蒙受经济损失。在经济全球化和市场经济日益发达的背景下，任何一个国家或者经济体都不能独善其身，一个国家或一个地区的微型金融机构也毫不例外受到国内外经济环境和政策导向方面的影响。中国微型金融面临的经济风险主要来自于中央对于“三农”的政策变动，目前乡村振兴战略资金需求旺盛，2019 年农业农村部副部长余欣荣表示，中国乡村振兴投资规模至少在 7 万亿元以上，然而当前国家财政支农的资金总额有限，统计数据显示：财政用于农业支出的比例从 1978 年的 13.43%下降到 2021 年的 9.75%①。支农资金的增长将难以满足农业现代化、产业化的普及和发展。

(2)市场风险

市场风险是指由于利率、汇率、通货膨胀、收益等市场因素对企业造成的直接或间接

①数据来源于《中国统计年鉴》。

的影响。如利率变化会让微型金融机构的实际收益与预期收益或实际成本与预期成本不匹配，使实际收益低于预期收益，或是实际成本高于预期成本，从而让微型金融机构遭受损失；汇率变动带来的影响主要是因为微型金融领域对国外资金是比较开放的，吸引众多外资，所以汇率变动也就直接影响到这部分金融机构；通货膨胀最主要影响的是资产的真实价值，因为微型金融经营的是货币，贷款利息必须要高于通货膨胀造成的货币贬值才会有正收益。另外，同种类微型金融机构的市场风险来源也不尽相同，对于获得外源的融资机构来说，市场风险可能是来自汇率上升和货币贬值；对于农村微型金融机构来说，市场风险更多地来自于气候、农业收成、城乡非均衡发展等客观因素而造成的商品供需、价格方面的变化。

(3)信用风险

信用风险又称违约风险，指借贷双方不能及时按照协议中的约定履行相应责任和义务，致使实际收益和预期收益产生偏差。从微型金融的自身特点和运营状况来看，信用风险仍然是金融市场中微型金融机构面临的最普遍风险，这是因为多数微型金融资产业务主要靠的还是贷款业务，所以还款率稍微降低都会大大削弱机构的收益，并且微型金融机构提供的多数是不需要担保的小额贷款，出现不良贷款时回收成本变得高昂，损失全部由机构独自承担。信用风险的来源为贷款对象的信用水平，而对于客户的信用评级一般是由信贷员来完成的，也就是说信贷员的职业素养和业务能力成为关键因素。对于农村微型金融机构，工作人员能力有限，贷后风险管理不足，加之农户和农村中小微企业对自然环境具有较强的依赖性，一旦遇到自然灾害等突发情况，还款能力大大降低，这些都给微型金融机构带来较大的信用风险。中国目前的信用体系建设并不完善，微型金融机构对于情况复杂的小额贷款用户信用评估困难重重，最终导致违约概率整体偏高。

(4)监管风险

监管风险是指由于法律或监管规定的变化，影响金融机构正常运营，或削弱其竞争能力、生存能力的风险。造成的原因可能是监管人员判断失误，对监管的评价和结论脱离实际，也有可能是由于金融监管水平落后、缺乏系统全面的评价体系等无效性监管。监管风险在实际的市场运作中不可避免，但是可以采取积极的措施预防和控制，具体来说包括以下几点：树立监管人的风险意识、提高监管人员素质、严格执行现场稽核检查规程、加强对监管质量的监督检查工作、建立完备的监管体系。

(5)操作风险

巴塞尔银行监管委员会对操作风险的正式定义为：由于内部程序、人员和系统的不完备或失效，或由于外部事件造成损失的风险。按照发生的频率和损失大小，巴塞尔委员会将操作风险分为不同种类，具体包括外部欺诈、内部欺诈、雇用合同以及工作状况带来的风险、顾客以及产品引起的风险事件、有形资产的损失、经营中断和系统错误、涉及执行以及交易过程管理的风险事件 7 个类型。微型金融机构的员工业务能力、文化素质、纪律性组织性所存在的差异，以及各个企业和机构的治理体系、发展战略和金融产品的不同都会在一定程度上影响这一风险的大小，所以对于微型金融机构来说，操作风险也是一个需要重点防控的风险。

(6)流动性风险

流动性风险指微型金融机构虽然有清偿能力，但无法及时获得充足资金或无法以合理成本及时获得充足资金以应对资产增长或支付到期债务的风险。流动性风险作为银行机构重要风险之一，其成因也极为复杂，通常被视为一种综合性风险。经济环境的变化、市场的变化、企业操作不合理、债务过度等都可能形成流动性风险，流动性风险发生时微型金融机构只能被迫调整资产结构，不能依靠负债增长或以合理的成本迅速变现资产来获得充裕的资金，因此流动性风险的发生会极大影响机构的盈利能力，极端情况下流动性风险可能会转化为偿付风险，致使银行破产，甚至引起“连锁反应”，形成大规模的系统性金融风险。微型金融机构相较于商业银行规模小，而且不像商业银行可以实现同台拆借，所以在流动性风险发生的时候微型金融机构只能依靠自身实力防范危机，否则只能通过借外债或者退出市场的措施来化解流动性风险。

9.1.1.2 微型金融机构面临风险的特点

微型金融机构的本质还是金融企业，仍然是金融中介机构，同样具有一般金融机构的资金融通、支付结算和调节经济活动等职能，这也就意味着所有金融企业具备的风险特征微型金融机构也都具备，这包括复杂性、传导性等。除此之外，微型金融机构的风险还具有一些个性化的特点，如地域性、隐秘性和不确定性，具体如下：

(1)复杂性

微型金融机构的风险包括经济风险、社会风险、信用风险、监管风险、企业管理与战略风险、操作风险和流动性风险，每种风险都有各自的成因和特点，具有特殊的复杂性。微型金融机构的金融产品针对不同需求的客户时，其运行时间、运行过程都不尽相同，这会让微型金融机构在清偿和弥补风险带来的损失时面对不同程度的困难，最终带来多重风险叠加。

(2)传导性

微型金融机构的各类风险并不是相互独立的，他们互相作用互相影响，具有很强的传导性，这种传导性从前文的论述中就可以体现：如经济风险中农村地区经济水平低就会制约农户增收机制的完善，让农户的收益稳定性受到影响，如果农户经营的这笔成本是从微型金融机构获得，而且最终没有达到预期收益，就会在增加不按时还款的信用风险。同样，市场风险中的微型基础设施薄弱也会提高金融企业收集用户信息的门槛，也增加信用风险。所以微型金融机构在实际运营中，各种错综复杂的利益主体交互融合，任何一个环节出现问题，都有可能产生“多米诺骨牌效应”，从而引发一系列风险的出现。

(3)地域性

微型金融机构服务于特殊领域或者特殊群体，所以本身的设立就具有一定的地域性，往往集中于微型金融需求量大的地区，并且没有跨区域分支机构和业务，因此微型金融机构的运营与当地经济社会发展情况密切相关，所在地的经济、社会、文化水平直接决定微型金融机构的业务水平和风险大小，从这个角度来分析，微型金融机构风险特征被赋予地域性，地区经济发展水平的不同造成地方微型金融机构风险程度的差异。

(4)隐秘性

微型金融机构的很多风险在发生时一般并不会引起系统性的金融风险，所以这种风险存在一定的隐秘性，不易被发现，一方面是因为单笔风险绝对金额相对较小，损失可能被忽视；另一方面是因为微型金融机构的基础设施、监管制度等硬件和软件设施不如传统的商业银行，对损失的出现和应对缺乏基本的知识，往往无法及时解决问题。

(5)不确定性

相对于商业金融机构和其他大中型金融企业，微型金融机构的风险不确定性更加突出。主要的原因是微型金融机构的业务本身具有分布广、额度低的特点，使得风险也呈现出分散、可预见性低的特征，再加上微型金融需求者运用资金过程中普遍存在收益不稳定、突发情况多等不确定因素。如农户种养业受到自然天气影响，小微企业因缺乏风控管理技术无法应对突发状况等原因，都在一定程度上增加微型金融机构风险的不确定性。

9.1.2 微型金融机构的风险生成机理

9.1.2.1 微型金融机构风险的外部生成机理

从外部生成机理的角度来看，微型金融机构面临的外部风险主要有宏观经济环境不稳定、财政支农资金不足、农村地区经济发展水平低、城乡金融市场的分割、农民收入具有较强的不确定性、农村居民文化水平普遍不高等方面，可以总结为以下几点内容。

(1)宏观经济环境不稳定

从全球范围内来看，目前微型金融机构在宏观经济环境不稳定方面的风险主要有两个：一是经济全球化带来的冲击，二是全球性突发事件的影响。首先，近年来经济全球化虽然受到一定阻碍，但是其发展长期向好的事态是不可改变的，每一个国家的金融市场交往越来越密切，全球性危机的产生的影响也会更加复杂、深远和难以预测。这种全球化带来的全球性金融危机会影响微型金融机构的再融资，如 2008 年金融危机导致全球银行同业拆借市场的收缩，最高信贷额度被削减或延期，全球的微型金融机构都受到流动性紧缩和借贷成本上升的威胁。另外，2019 年年底出现的新型冠状病毒以极快的速度肆虐全球，给每个国家的经济、社会、文化、政治带来极大考验，国家为保持社会经济的稳定、减缓小微企业承受的损失，主动引导银行业金融机构对受疫情影响比较大的小微企业降低贷款利率，可以说此次微型金融机构对于中小微企业的金融支持是出于大局，打破常规的特殊金融援助，换句话说，微型金融机构是用加大自身风险的方式来救助中小微企业，而这些风险和成本也是可以预见的。

(2)农村地区经济发展水平低

经济水平的高低是决定金融发展质量的关键，没有好的经济水平作为依托，金融就失去发展的基础和动力。中国农村地区的经济实力不强，农村经济基础、农村经济产业结构、农村经济市场化程度均远低于城市，农民生产效率低、资本利润率低、收入增长乏力的现象长期存在。以居民可支配收入为量化指标，对比中国农村地区与城镇地区近五年人均可支配收入(图 9-1)可以发现，近年来中国虽然不断加大农村地区的政策支持力度，让农村地区人均可支配收入有质的飞跃，但是中国城乡二元结构矛盾仍然突出，农村地区人均可支配收入远不及城镇地区且存在差距逐渐放大的趋势。人均可支配收入是地方金融机构资金的重要来源，这就说明对农业提供贷款的微型金融机构保障程度要明显低于城市商业银行，农村地区经济条件落后成为中国微型金融风险产生的原因之一。

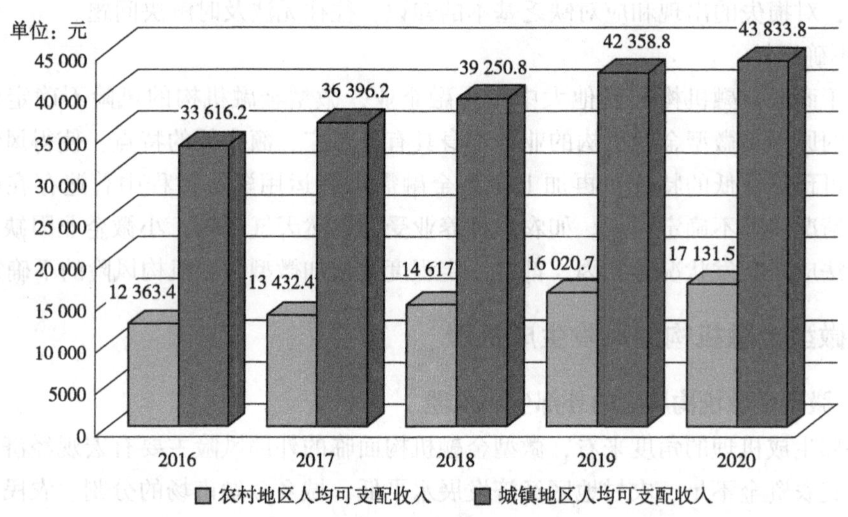

图 9-1　2016—2020 年中国农村地区与城镇地区人均可支配收入

资料来源：《中国统计年鉴》。

(3)客户特征风险

微型金融机构要求为传统金融服务所排斥的弱势群体提供更多的金融服务，所以主要客户人群为中低收入者、贫困人群、小微企业等，结合这一类客户的特征，可以总结出两个方面的潜在风险：金融机构与客户的信息不对称和客户自身金融知识普及率低。

(4)农业本身具有弱质性

对于农户来说，其从事的农业活动具有高风险、低收益、周期长的特征，不同于制造业、服务业等行业可以迅速做出调整措施。此外，农业生产也面临着很严重的自然制约，如遇到发生自然灾害等紧急情况时，农户收益受损，农户的还款能力和意愿会大大减小最后将风险传递给金融机构，对农户的贷款就很难收回。

9.1.2.2　微型金融机构风险的内部生成机理

从微型金融机构的内部来看，风险主要有金融机构治理框架不完善、获利能力不强、不良贷款比例偏高、拨备覆盖率偏低、贷款过于集中、商业性和政策性的不平衡、工作人员能力有限和贷款定价机制存在缺陷等方面，主要可以概括为以下几个方面。

(1)公司治理框架不完善

金融创新研究中心(CSFI)2008 年发布的报告指出公司治理是微型金融行业在深入发展过程中必须面临的一个挑战，投资者、捐赠者和政府需要寻找有效的公司治理机制来保证微型金融机构充分利用稀缺的金融资源以提高绩效水平，同时实现双重目标，即为贫困人群提供金融服务的社会目标和实现自身可持续发展的财务目标。目前中国的新型农村金融机构，如村镇银行，其发起人或最大股东有商业银行、政策性银行、农村信用合作社、外资银行，这种模式很有可能延续原有扭曲的治理结构缺陷，诱发代理人道德风险，或者使资金从农村倒流向城市，造成风险隐患。

(2)企业过度负债

过度负债是微型金融机构普遍存在并且后果极为严重的风险。在中国，政府鼓励受到监管的金融机构更加广泛地提供农村信贷，受到政治动机的驱使，地方微型金融发展过热，村镇银行和小额贷款公司的数量在 2015 年以前突飞猛进。尽管近年来数量有所下降，但是截至 2021 年年末，中国仍有小额贷款公司 6453 家，贷款余额 9415 亿元，未偿贷款余额供给达到 8650 亿元人民币①。这一数据足以说明中国微型金融机构负债的体量庞大，过大的负债体量就会增加不良贷款率，而相对比于城市商业银行，农村微型金融机构的拨备覆盖率又相对不足，进一步放大坏账的风险。

(3)商业性和政策性不平衡

从政府出发，微型金融机构的功能是帮助更多低收入人群和其他无抵押物的小额贷款需求人群提供金融服务，保障人人都能够参与到金融市场，以实现提高社会生活水平的社会目标。但从微型金融机构的管理层和股东的角度出发，微型金融机构的首要目的一定是实现盈利性和商业的可持续性，因为微型金融机构虽然被赋予政府出台的一系列“支农支小”政策的福利性，但其本质仍然是一个具有独立法人的中介机构，逐利的目标是不可改变的。

(4)工作人员能力有限

微型金融机构相对于大型金融企业，通常具有规模小、待遇不高、工作地点偏僻、工作环境一般等特征，这样对于高素质人才没有吸引力，导致招聘的员工无论在职业素养还是工作积极性方面，都低于大型金融机构，在日常业务处理中，容易在合规操作意识和风险控制意识上出现问题，甚至出现以情感、关系代替规范操作的情况，从而增加微型金融机构的操作风险和信用风险。

(5)贷款定价机制存在缺陷

中国当前的微型金融发展实践中，多采用传统的定价方法，导致定价不够科学。同时金融监管当局对微型金融的监管较为严格，利率管制普遍存在，导致微型金融机构在利率定价上自由化程度不够，利率不能做到完全的市场化，从而使得利率不能反映真实的资金供求状况，影响微型金融机构的可持续发展。

9.1.3　微型金融机构全面风险管理的思考

9.1.3.1　微型金融机构实行全面风险管理的必要性和意义

(1)微型金融机构实行全面风险管理的必要性

为进一步提高微型金融机构全面风险监管的水平。2009 年年底，中国银行业监督管理委员会出台《农村中小金融机构风险管理机制建设指引》(以下简称指引)。该指引要求农村中小金融机构用 3~5 年的时间来对全面风险监管进行规划，建立和完善风险管理体制，

①资料来源于中国人民银行 2022 年 1 月披露数据。

这样就能提高农村中小金融机构的核心竞争优势。

中国微型金融机构现行的风险管理模式存在着很多的问题。微型金融机构是中国十分特殊的一种金融产物，在发展过程中也在不断借鉴国内外先进商业银行的经验，很多的金融机构斥巨资引进先进的风险管理系统软件，对内部流程进行优化，建立和完善风险管理体系，如审贷分离、不相容岗位制约、内部审计等，这使得自身的风险管理和控制水平不断的提高，获得良好的效果。但是，这远远达不到全面风险管理的要求，全面风险管理意识不强，相关的体制机制还存在着问题。

(2)微型金融机构实施全面风险管理的意义

建立和完善风险管理体制，实施风险管理体制改革是维护企业股东利益的内在要求。金融机构建立和完善有效的风险管控体制可以确保资产的保值和增值。全面风险管理是落实企业发展战略的重要步骤。目的是建立一个既全面又专业，既融入业务活动全过程又相对独立的风险管理体系。风险管理体制的完善，内控能力的提升，将有力地保障和促进各项业务的健康发展。商业银行应该加强平行作业和垂直作业管理来全面进行风险管理和控制，平行作业的实质就是保持各个环节的联系，加强各个环节和部门之间的相互促进和相互制约，提高内部控制和监控水平，更好的进行内部风险管理和控制。通过平行作业管理，各个环节之间的联系增多，这样就可以减少内部资源的消耗，提高运行的效率，确保整体经营管理体系的整体性和协调性。垂直管理的主要目的就是要成立独立的风险管控机构和部门，确保全面风险管理的高效。全面风险管理加强针对金融衍生品的风控。不断拓展银行新业务，金融衍生品也不断推陈出新，全面风险管理对其可以综合考量。

9.1.3.2　微型金融机构实施全面风险管理体系的具体做法

巴塞尔协议对金融机构的全面风险管理提出具体的要求。所以，中国微型金融机构应该严格按照相关的要求，不断加大创新力度，主动适应金融市场的变化，对各种市场风险进行统一综合管理，这样就能提高全面风险管理的能力。随着中国金融体制改革的不断深入推进，中国微型金融机构所面临的经营环境也变得日益复杂。所以，微型金融机构应该从思想上充分认识到全面风险管理的重要性，切实加强动作力度来提高全面风险管理水平。

(1)建立完善的组织架构

微型金融机构实现风险管理组织架构由“层级管理”向“垂直、平行作业”管理转变，为增强对未来其自身全面风险管理能力，建立现代企业制度，充分发挥董事会在风险管理过程中的重要作用。选派专业的人才来承担全面风险的管控工作。

此外，微型金融机构受到不允许跨县开展业务的监管限制，加之其市场地位、客户群体较为单一，促使其应该强化其营销和服务能力，将分支机构运作好，提高市场份额，确保各分支机构都能够根据市场的变化和客户的需求来开展工作，建立和完善专业的营销服务体系，提升整体的风险监管水平。通过在分支机构实施独立风险管制，是健全风险管理的垂直管理机制的重要举措。这样能确保风险管理的协调一致，使风险管理的关口不断的向前移动，使商业银行的风险管理工作有强大的制度保证，使风险管理的半径得到延伸，有效平衡风险与回报，促进业务安全、健康发展。风险官从事风险识别、计量、监测、预警、控制和处理，其将全面风险管理手段延伸到基层一线，从根本上发现并及时处理，避免风险的扩大，有助于提高风险管理的专业化水平。

(2)实施步骤

微型金融机构应确立“以风险为导向、先易后难”的原则，确定4个阶段内容：

①梳理与规划期　在该时期，微型金融机构应该重新审视原有的风险管理体系，了解现有的风险管理状况，在此基础上制定科学合理的风险管理规划。同时还要加强宣传，让每一个员工都参与到风险管理过程中来。这个时期风险管理工作主要包含以下几个方面：对全系统的风险管理状况进行摸底和排查。按照银保监会的相关的要求来建立完善的风险管理组织架构，制定科学合理的风险管理程序，建立考核问责机制，加强对风险管理的监督和评价，认真梳理现状，摸清自身情况，找差距，发现问题，制定出详细的清单。清单必须明确，哪些方面已经达到《指引》的要求；哪些方面存在不足，需要改进和提高的；哪些方面存在空白，必须补充；在明确风险管理目标的基础上进行科学详细的风险管理规划。制定三年到五年的风险规划书，对风险管理的具体的路径和工作分工进行具体规划。

②基础建设期　在这一时期，微型金融机构的主要的工作就是制定具体的风险管理政策和措施，全面开展风险管理，建立科学的风险管理流程和体制机制，建立完善的风险绩效考核体系，不断提升风险识别、评估和计量水平。同时，还要积极探索和建立有效的薪酬激励机制，把员工防范风险的最大积极性给激发出来。从战略高度和长远角度来努力构建全面风险管理战略，把风险管理纳入到自身整体发展战略体系当中。根据整体的风险管理战略来进行风险定位，明确自身风险管理的长期和短期的方向和范围。农村中小银行不仅要加强前台监管，同时还要加强后台和中间环节的监管，筑牢三道风险管控防线。业务条线、营运条线以及综合条线是第一道防线。要充分发挥第一道防线的重要的作用。同时，还要充分发挥第二道防线和第三道防线的辅助监督的作用，实现对各个业务流程和环节的全面风险监管。微型金融机构风险监管包括很多的程序，不仅包括风险识别和计量，同时还包括风险监测和控制。这些金融机构应该广泛的收集和整理各种信息和资料，这样才能为风险管控提供有力的依据，在此基础上构建风险预警系统。

③提高期　这个时期风险管理的主要目标是：在前期风险管控的基础上，建立和完善符合微型金融机构实际发展情况的风险管理体系，引入科学的风险管理模型和工具，并且还要使用内部评级初级法来对金融机构的风险管控结果进行评价。微型金融机构应该严格按照银监会的要求来对影响自身风险管理的各种因素和环境进行分析，利用内部评级初级法对金融机构自身的信息收集、模型研发、管理流程优化以及资产质量管理和金融产品组合管理的效果进行研究，确保金融机构全面风险管理取得预期的效果。微型金融机构需要参照中国商业银行的风险管理和控制标准，根据自身的实际状况来选择合适的风险资本计量模型。

④全面风险管理体系运行的改进和完善期　这个时期的主要的任务就是要实时监测中国微型金融机构全面风险管理和控制的情况，发现其运行过程中出现的问题，并采取进一步的改进措施。

9.2 小微信贷风控策略

9.2.1 基于小微信贷全生命周期的风控策略

基于小微信贷全生命周期是风控中台架构的关键一步，按照不同的管理时序，可以将风控策略分为贷前市场开拓、贷前审批授信、贷后风险监控、贷后风险预警、贷后风险应对5个阶段。贷后阶段与贷前阶段的风控策略前后呼应，是控制风险、防止不良贷款发生的重要一环，对于确保银行贷款安全和案件防控具有至关重要的作用。微型金融机构的贷款客户，从开始申请贷款的那一刻，就进入信贷生命周期即贷前生命周期和贷后生命周期。贷前生命周期是借款人从申请那一刻开始，放款后终止；贷后生命周期是从放款后开始，贷款余额全部结清后终止。

9.2.1.1 贷前阶段

贷前阶段，可细化为贷前市场开拓阶段和贷前审批授信阶段。贷前市场开拓阶段实际上又包含两块即预审批和预授信。在这个阶段，微型金融机构可以利用自建的黑名单系统进行首轮信用审核，通过的部分名单才进入正式审核系统，这样提前把差的渠道里差的客户排除在外，有利于降低机构的风险控制成本。

在贷前审批授信阶段，又可以细分为涉及申请环节准入、额度及风险定价策略，贷中客户使用循环额度进行提现操作的审批策略。为平衡业务获客诉求并有效提升获客转化效率，贷前审批授信阶段主要依托第三方风险数据维度及人行征信报告信贷历史等信息，精准定位准入策略风险梯度，配合差异化的额度及风险定价策略，合理调节客群结构，并在贷中使用循环额度提现的环节中增加必要的审核放款措施，限制已表现出不良资质的客户扩大风险敞口，在有效防范风险的同时尽量提高申请流量的转化率。制定风控策略时最重要的是要关注审批流程，合理的审批流程对提高风险控制能力有着至关重要的作用。另外，确定授信额度策略中，可以是先拟定初始额度，再根据最终审批结果确定最终额度。

9.2.1.2 贷后阶段

贷后阶段是指从贷款发放直到本息收回全过程的信贷管理行为的总和，包括账户监管、贷后检查、风险预警、贷款风险分类、档案管理、有问题贷款处理、贷款收回和总结等。贷款项目的安全性和效益性要靠贷后管理来实现，可见贷后管理的责任极为重大。一旦发现企业经营状况恶化，必须及时书面报告，采取果断措施控制信贷风险。贷后阶段的风控策略分为3个步骤：风险监控—风险预警—风险应对。

制定风险监控策略时，关注点应该是：客户能否按时还款；客户的资产或负债品质的变化；监控是否出现异常。在贷后管理策略中，为进一步优化客群结构、巩固风险防范战线，将综合贷中还款表现情况、行内及第三方高风险名单、第三方风险数据产品及人行征信报告等优质信息维度，依据生命周期特征进行分客群的贷后运营及额度管理，并对高风险属性的客户进行贷中预警，保障资产安全平稳增长。同时，通过持续、全面的贷后风险指标监控，分析客户各阶段风险表现，及时优化并迭代全流程风险策略。

风险预警的策略中应注重风险点的设计以及风险等级的划分。首先，定期开展客户评价。对新准入客户，在贷款申报前由信贷管理部门根据经营状况和财务状况，评定信用等级，确定授信额度，做出客户评价报告。其次，根据中小微企业的特点，重点对企业法人代表及股东品行、贷款与企业自有资金比例、企业货款归还率、企业日均存款余额、企业销售与纳税额“五要素”进行调查、监控，以此加强风险预警与控制。

在风险应对策略中，首先是必须决定风险出现时缩或放的手段，及时化解风险。对出现风险预警信号的贷款，要果断采取调整贷款条件、贷款方案、还款方案以及重新落实担保等重组措施，对贷款损失不可避免的，要尽早采取资产保全措施。最后就是催收策略的设计，结合贷后还款历史、欠款金额、预警等级等维度划分风险等级，结合逾期深度，分配不同的催收资源，以达到成本可控的最佳资产回收效果。

9.2.2 小微信贷常用策略组合

通过有效的策略组合，微型金融机构能够准确定位目标客户赢得一批稳定的客户群体，有利地推动客户群体的建设，又可以相对覆盖授信风险，达成一种健康持续的发展状态。在现实的信贷业务运作中，常见的小微信贷常用策略组合有以下 2 种。

9.2.2.1 单项规则有效性诊断

单项规则有效性诊断一般来说是对基本准入规则的合理性和有效性的检验，让准入规则能够最大程度适配不同微型金融机构。对于个人贷款的准入条件，主要是从个人信用、收入水平、职业以及婚姻状况等标准来评估还贷能力。对其日常支出情况进行分析，对高风险交易行为进行甄别，特别需要关注个人是否存在套现、炫耀性消费、高频夜间消费等高危指标，将这些指标纳入准入规则，出现不符合条件的申请者应予以拒绝。对于企业贷款，微型金融机构应设置初步筛选规则，对于不符合准入的企业直接拒绝或进行风险提示进行人工核实及确认，并将通过此规则作为决策引擎启用风险评分的前置条件。企业层面的准入规则主要从以下几个方面出发进行专家经验设计：经营时间、经营情况、实际控制人工作经历、负债情况、实际控制人征信情况、担保人资质情况、POS 交易情况等。

在制定准入规则指标后，如何确认规则的有效性和调整？比较常规的做法就是使用单项规则有效性诊断：对准入规则中拒绝的客户进行打分，其中评分卡的设定也应符合微型金融机构的发展情况，然后对比“通过客户评分分布”和“拒绝客户评分分布”，找出异常规则，再把各规则进行分组评分分布对比进行规则调整。具体流程如图 9-2 所示。

图 9-2 单项规则有效性诊断流程

9.2.2.2 交叉矩阵分析

交叉矩阵是一个不同信用评级和年龄分布对应不同违约率的矩阵表格，微型金融机构需要将历史数据计算、整合，制作出交叉矩阵并绘制曲线图(图 9-3)，以此作为得出需要重点关注的组合，即“拒绝线”。如假设某一微型金融机构根据过往数据显示，不同信用评级和年龄对应的违约率分布见表 9-2 所列。

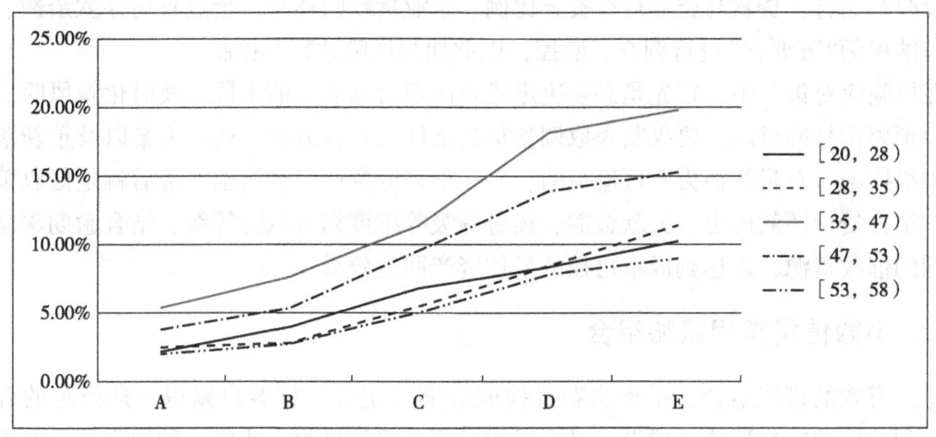

图 9-3 交叉矩阵绘制的曲线图

表 9-2 交叉矩阵

年龄分布/信用评级	[20，28)	[28，35)	[35，47)	[47，53)	[53，58)
A	2.15%	2.46%	5.41%	3.78%	1.98%
B	3.92%	2.80%	7.61%	5.34%	2.70%
C	6.79%	5.43%	11.37%	9.57%	4.99%
D	8.27%	8.43%	18.14%	13.89%	7.76%
E	10.22%	11.34%	19.82%	15.31%	8.93%

资料来源：FAL 金科应用研究院。

接下来，将信用评级作为横坐标，将违约率作为纵坐标，绘制出不同年龄段的交叉矩阵曲线图，曲线图可以直观地看出每个年龄段里信用评级对违约率的影响程度。

对于交叉矩阵的分析可以分为以下两个步骤：

第一步，通过评分找到风险被低估的区间。首先将年龄与评分卡进行交叉矩阵分析，观测不同交叉区间里的用户违约概率。一般策略规则多数组之间的趋势线是紧密相近的。从图示数据走线可以发现，年龄组[35，47)和[47，53)这两个年龄组的违约概率走线脱离其他分组，尤其是年龄组[35，47)，其走线脱离其他“群体”过多。通过分析初步定位年龄组[35，47)和[47，53)可以是待确定的规则拒绝线。

第二步，评估拟拒绝人群的收益/风险比。虽然经过评分与年龄的交叉对比，发现年龄规则的两个待确定高风险拒绝区间。但是实际拒绝线的划分要结合年龄分组区间人群的实际收益与风险进一步考虑。如果高风险的人群可以带来高收益，对于策略来讲也是可以接受的。将年龄分组区间作为纵坐标，将违约率、申请人数、年化利率、资产收益率、年化违约率、收益/风险作为横坐标，绘制图表进行对比，假设年龄分组[35，47)的收益/风险大于[47，53)且为正，即表明虽然[35，47)年龄分组的人群违约率最高，且给机构带来负收益。那么本着收益覆盖风险的商业理念，此时对于年龄这一维度的策略最佳拒绝线，应该划分在[47，53)这一分组区间。

9.2.3　贷前审批策略设计以及流程

从整个微型金融机构的信贷业务生命周期看，对其进行风险管控的首个环节就是贷前审批，即对申请客户进行基础性的调查分析及审核。贷前审批策略的目标是低审批成本和低逾期率，因此需要满足以下步骤：熟悉产品类型，了解业务流程；根据业务确定的审批对象，制定风控流程和策略架构；对应不同的模块设计风险控制手段；根据确认的策略模块，设计审批流程；确认审批流程的实施落地方案。

9.2.3.1　熟悉产品类型，了解业务流程

(1)熟悉产品类型

需要相关工作人员明确核查审批的客群、了解业务流程和监管要求，在此基础上从客群画像设计需要控制的风险点。包括市场上同类竞品的相关信息(额度、利率定价水平、还款方式等)；发放个人经营性贷款产品的性质、监管要求和主流的审批流程；企业主个人维度、企业维度贷款产品需要考虑的风险内容。

(2)设计业务风控流程

首先要梳理整合业务流程中可使用的进件要素①，其中个人进件要素包括姓名、身份证号、手机号、身份、联系地址、联系方式；企业进件要素包括公司名称、公司地址、统一社会信用代码、公司联系方式、公司类型。其次需要寻找流程中的风险点，相应设计对应的风控措施。需要控制的风险点包括：校验申请人是否为借款人、个人身份校验、人脸识别技术的引用、授权第三方数据源的使用。

9.2.3.2　根据业务确定的审批对象，制定风控流程和策略架构

策略模块要根据产品流程来制定，每一个模块对应解决一个或多个风险点，找不到解决方案的(或暂时用不上的)风险点需要做预留处理。常见的小微信贷审批策略模块包括：个人身份证验证、企业身份验证、准入策略、反欺诈策略、黑名单策略、信用风险评估、人工审批、授信、支用。

9.2.3.3　对应不同的模块来设计风险控制手段

不同的策略模块需要配置不同的风控手段，包括设备识别、活体校验、CA或账户密码验证、第三方数据源、白名单策略等。其中，第三方数据一般是指外部第三平台依靠长期业务积累后形成的具有自己特色的进行加工处理过后的数据，常见的有多头借贷的数据，支付数据，信用评分类数据。在获取第三方数据后，需要从指标、价格和可变性3个

①进件要素：客户主动填写的信息。客户授权后可获取的外部数据源信息。挑选决定风险审批可以使用的信息和方式。

方面来进行评估。指标方面，主要的评价指标有检测三方数据的覆盖范围大小的覆盖率；检测三方数据的准确性问题的准确率；检测三方数据的稳定性和连续性。价格方面，主要关注第三方数据的收费标准，是按条收费、阶梯型收费、独立收费还是和系统相关收费。对于机构来讲，收费越低越好。可变性方面，需要关注第三方数据是固定的还是可以进行一定程度的变化。

9.2.3.4 根据确认的策略模块，设计审批流程

确定策略模块和对应的风控手段的下一步，就需要设计审批流程。审批流程需要综合考虑成本和风险程度，具体来讲遵循以下 3 个原则：第一，无费用在前，有费用在后①；第二，强高风险在前，弱风险在后；第三，尽可能存留信息。另外，还需要将客户的体验放在首要位置，具体的做法为：实际顺序可以灵活调整、审批流程覆盖所有策略模块、每个模块建立标签、可并行或串行。

下面示例一种贷前审批策略(图 9-4)，该策略采用规则+评级的审批决策机制以降低企业违约风险，提升审批通过率。并采用数据驱动，全线上自动化的审批机制。

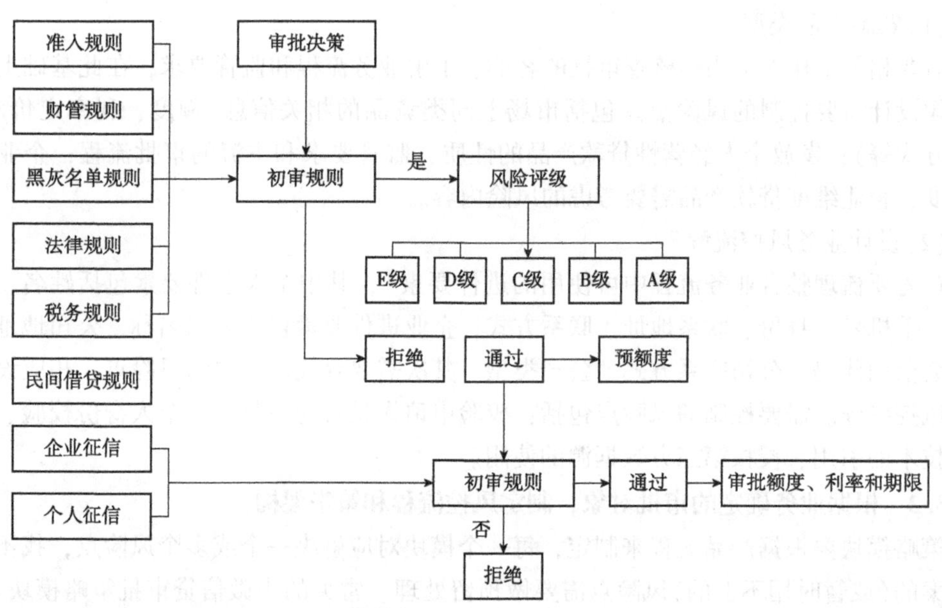

图 9-4 贷前审批策略

9.2.3.5 确认审批流程的实施落地方案

确认审批流程的实施落地方案可以分为以下环节：进件渠道、决策引擎、审批系统、大数据平台、征信平台。但在不同的审批策略中又有不同的组合和侧重点，如在做线上自动化时，决策引擎和审批系统是必备的环节，而其他的如反欺诈、人工审核系统，可以排在靠后位置；在使用外部数据环节时，征信平台则是必备环节。其中，征信平台所起到的作用有以下 3 点：第一，作为第三方数据源回传数据统一存储平台，记录

①考虑真实费用，而不是账面费用。

每次查询的结果；第二，将原始数据处理为决策引擎可使用的字段；第三，可管理多个同质数据源。

9.3　小微贷款的风控模式

国内外小微信贷业务的风控模式分为 3 种：全手动模式、半自动模式和全自动模式。

9.3.1　全手动模式、优缺点和改进建议

9.3.1.1　全手动模式及其代表

全手动模式的原理是贷前、贷后全依赖人工。由信贷员采集客户信息，包含硬信息和软信息，之后基于人工经验判断进行审批。在"全手动"模式下，为解决信息不对称问题，就需要由信贷员深入解借款人情况。这些信息中包括一部分的硬信息，即小微企业的营业副本、企业章程及变更决议、企业验资报告、三表(资产负债表、利润表和现金流量表)、人行征信等，也包括一部分软信息，如借款人的人品、性格、兴趣爱好、口碑、从业经验等。信息采集完成后，会交给审贷会，主要是基于人为经验做出授信决策和额度、利率定价。由于这种模式主要建立在信贷员的业务经验和职业操守之上，因此金融机构对员工的管理也需要非常精细化，既注重结果，也注重过程。

该模式下具有代表性的是德国 IPC(International Project Consult)技术。IPC 是德国一家专门为小微企业贷款业务为主的银行提供一体化咨询服务的公司，它在十多个国家运作的小微贷款项目平均不良率低于 3%，其本质是尽可能把全手动的上述过程流程化，初步实现标准化。2005 年，由国开行支持，中国在包商和台州银行试点 IPC。IPC 信贷技术重视实地调查和信息验证，主要通过客户经理调查走访、信息交叉验证等方面进行培训提升客户经理辨别虚假信息能力和编制财务报表的技能，从而防范信用风险。传统的 IPC，会从以下 3 个方面考察风险情况：第一，偿债能力。其流程主要是信贷员通过实地调查，了解客户生产、营销、资金运转等状况，自行编制财务报表，分析客户的还款能力，为发放贷款的整体决策提供信息。小微企业的财务数据不作为评估业主偿还能力的重要指标。第二，还款意愿。衡量包括个人声誉、信用历史、贷款申请的整体情况和所处的社会环境。然后，要求提供严格的抵押品，以降低客户的道德风险。对还款积极的客户给予奖励，包括可能得到更大金额和更优惠条件的贷款以及获得长久性的融资途径等。第三，操作风险。强调内部制度建设，重视建立小微企业和银行间的关系，努力实现小微贷款的商业化，并成为银行整体战略的部分。同时，看重建立和实施简洁有效的小微贷款处理程序，降低交易成本。引入有效的激励机制，引入良好的公司治理。

9.3.1.2　全手动模式的优缺点

实践表明，全手动模式的效果还不错，主要的优点体现在以下几点：第一，风险可控性高。人工审核更加灵活，可以根据具体情况进行裁量判断，减少不必要的风险。第二，精准度高。人工审核具有更高的精准性，可以确保贷款的真实性和有效性，减少因自动审核出现的误判和漏洞。第三，可靠性高。人工审核可以避免技术故障或系统崩溃等问题造成的风险。

但是，这种模式的缺点也很明显，在实践中可能会出现以下情况：第一，审核效率低。由于人工审核需要耗费大量时间和人力资源，审核效率较低。第二，成本较高。人工审核需要投入较多的人力、物力、财力，对贷款机构的运营成本造成一定压力。第三，审核结果可能受到个人主观因素的影响。人工审核可能因为个人主观因素(如对借款人的个人情况、社会背景、行业背景等认知差异)导致审核结果存在偏差。

总的来说，全手动模式在风控中具有精准、可靠、风险可控性高等优点，但审核效率低、成本较高、审核结果可能受到个人主观因素的影响等缺点。所以，在实际应用中需要根据具体情况和需求选择最适合的风控模式。

9.3.1.3 全手动模式的改进建议

对于小微贷款的风控模式中的全手动模式，可以在IPC技术的实际运用中进行总结和归纳，从以下几个方面进行改进：

(1)应用人工智能技术

在人工审核的过程中，应用人工智能相关技术，如自然语言处理、图像识别等，提高审核效率和准确率。同时，可以通过数据挖掘和分析，快速获取借款人历史数据和信用状况，为审核决策提供更科学依据。

(2)建立标准化的审核流程和规范

建立相应的审核指南和规范，确保审核流程和标准一致性，避免因为个人主观因素导致审核结果存在偏差。同时，可以通过经验总结和不断更新，完善审核规范和标准。

(3)引入第三方风险评估机构

可以引入第三方风险评估机构，通过多方面角度、多维度的方式对借款人的资信状况进行评估，减低人工审核的工作量，同时提高审核准确性。

(4)加强内部培训和教育

加强内部培训和教育，提高审核人员的业务知识和技能水平，确保审核人员能够熟悉审核流程和规范，理解相关法律法规，并能够独立运用所学知识和技能对借款人的资质进行准确评估。

(5)优化平台技术和功能

优化平台技术和功能，提高平台的自动化水平和用户体验，使得用户申请和审核的过程更加便捷和高效，同时减少审核出现漏洞的可能性。

通过以上改进，可以提高小微贷款的风控模式中的全手动模式的审核效率、准确性和可靠性，避免成本过高和个人主观因素影响的缺点，从而更好的满足市场需求和客户需求。

9.3.2 半自动模式、优缺点和改进建议

9.3.2.1 半自动模式及其代表

小微贷款的风控模式中，半自动模式是指在数据处理和分析环节上使用部分人工干预的方式。在半自动模式下，系统会自动收集借款人的各种信息、资料和信用评分等数据，并通过算法进行分析和计算，生成初步的风险评估结果。然后这些初步的结果会交给人工

审核员进行人工审核，通过审核员的专业判断和决策，最终确定该借款申请是否被批准或拒绝，其原理是对客户信息的采集仍然主要依赖人工，但处理为标准化数据后，会输入模型，形成授信决策。与全自动模式相比，半自动模式更加灵活和可靠，能够更好地平衡风险控制和客户体验需求。

该模式下具有代表性的是信贷工厂(Credit Factory)，信贷工厂又称淡马锡模式，是指一种金融机构的业务模式和组织架构，通过利用数据和技术来实现贷款申请、风险评估、贷款批准、放款和后续的贷后管理等一系列信贷流程的自动化和标准化，从而提高效率，降低成本，增强风险管理能力，实现规模化快速发展。信贷工厂具有"五化"特点：产品标准化、作业流程化、生产批量化、队伍专业化、管理集约化。其经营模式与传统的金融机构存在很大差异，传统金融机构的信贷业务往往需要依靠手工和人工审核，在效率上存在瓶颈和人为误判的风险。而信贷工厂则将信贷业务看作是一个工厂化的生产流程，通过引入大量的数据、自动化的算法模型及流程标准化，将信贷处理过程更加透明化、标准化和高效化。通过信贷工厂的建设，金融机构可以有效提升贷款的发放效率与准确度，降低不良贷款风险，同时也满足客户个性化需求的快速响应。

9.3.2.2 半自动模式的优缺点

半自动模式结合人工和基于大数据的决策模型，由此有明确分工，职责清晰，在全手动模式的基础上有所改进，具体优点有：第一，提高风控效率。相对于纯手动模式，半自动模式可以在人工审核的基础上，引入计算机辅助审核，大幅提升审核效率。与全自动模式相比，半自动模式可以通过人工审核进一步提高审核准确度。第二，保证人工干预的必要性。半自动模式下，计算机只辅助审核，最后的决策仍需人工参与。这样既可以保证审核准确度，又可以保证审核结果的公正性和可信度。第三，节约审核成本。相比于全手工审核模式，半自动模式下，计算机可以完成一部分的审核任务，减轻人力资源的压力。

该模式的信息采集仍然依赖人工，因此也有以下缺点：第一，依然需要一定的人力支持。半自动模式虽然引入计算机审核，但仍需要一定程度的人力参与，因此在人力成本方面没有全自动模式优势。第二，审核结果不如全自动模式稳定。半自动模式由于仍需人工参与，因此审核结果可能存在主观因素的影响，相对于全自动模式而言审核结果不稳定。

总的来说，半自动模式是一种综合考虑效率和审核准确度的方式。在适量引入计算机辅助审核的基础上，发挥人工审核的优势，既提高审核效率，又保证审核结果的可靠性和公正性。

9.3.2.3 半自动模式的改进建议

基于半自动模式的缺点和信贷工厂的实际运行情况，可以提出以下改进建议：

(1)数据采集优化

在半自动化风控模式下，数据的质量对于风控结果具有重要影响。建议在数据采集方面加大投入，尽可能使用多种数据源获取数据，并对数据的准确性进行验证和筛选，以提高数据质量。

(2)模型优化

半自动化风控模式需要依托机器学习或者其他算法进行预测和决策。建议针对历史数据进行分析挖掘，优化模型参数，提高模型准确性。同时，可以考虑引入新的特征工程手段来提高模型对风险的识别能力。

(3)人工审核环节优化

半自动化风控模式需要进行人工审核，审核过程中容易出现主观误判等问题。为提高审核质量，可以优化审核流程，明确审核标准，建立严格的审核制度，同时通过培训和技术手段提高审核人员的专业素养和风险意识。

(4)客户反馈机制建立

客户是风控模式的评判标准之一，建议建立客户反馈机制，吸收客户的反馈意见，并根据反馈信息对模型、流程和人员进行改进，以进一步提高风控质量。

9.3.3　全自动模式、优缺点和改进建议

9.3.3.1　全自动模式及其代表

小微贷款的风控模式中，全自动模式是指所有风控审核流程都由机器自动完成。在实际操作中，当客户提交贷款申请后，系统会根据客户提供的资料，结合自身的信用评估模型进行自动化审核和决策。具体来说，全自动模式通常会涉及以下几个环节：

(1)客户资料收集

机器会自动从客户提交的申请表中获取客户的基本信息，包括姓名、电话、身份证号码等。此外，还会获取一些与信用评估相关的信息，如客户的工作单位、收入状况等，以便进行后续的信用评估。

(2)信用评估

机器会根据客户提供的资料和信用评估模型进行信用评估。在这个过程中，机器会综合考虑客户的个人情况，包括但不限于个人征信记录、工作稳定性、收入水平、还款能力等因素，综合评估客户的信用能力。

(3)自动化决策

在完成信用评估之后，机器会根据事先设定的审核标准，在不需要人工干预的情况下给出审核结果。如果客户的信用评估符合要求，那么机器会自动批准该客户的贷款申请，并生成相应的放款计划。总之，全自动模式可以快速高效地完成大量的贷款审核工作，提高风控审核的效率和准确性。但需要注意的是，全自动模式下的信用评估模型需要进行不断优化和改进，以提高自动化决策的准确性和稳定性。

全自动化风控模式的代表案例是蚂蚁金服的“芝麻信用”系统。该系统利用大数据、人工智能等技术手段，对借款人进行多维度、全方位的信用评估，通过分析申请人的行为轨迹、支付行为等数据，判断其还款意愿和还款能力，并对其进行信用评分。芝麻信用系统借助于全球领先的风控技术和算法模型，使得小额贷款的风控流程实现高度自动化。通过该系统的应用，蚂蚁金服在小微贷款领域颇有建树，成为国内小微贷款市场的一张王牌，同时也为其他金融机构的自动化风控模式提供有益的借鉴。

9.3.3.2　全自动模式的优缺点

全自动模式基于大数据、人工智能等先进技术，实现获客、数据采集、审批、放款回

款全流程的自动化，具体来看有以下几个优点：

(1)高效性

全自动模式可以快速地完成贷款审核和决策，在大量贷款申请时可以大大提高效率。

(2)低成本

相比于传统的手工审核方式，全自动模式需要的人力资源成本较低，节省人力、时间和资金等资源。

(3)客观公正

基于机器学习算法的全自动模式可以消除人为因素带来的偏见和错误，更具客观性和公正性。

(4)风险控制

通过数据挖掘和机器学习模型，全自动模式可以自动识别欺诈行为、风险事件等，从而有效控制风险。

因其高度依赖数据要素，所以也存在以下缺点：

(1)精确度不高

尽管机器学习模型可以大幅提高审核效率，但其准确度仍然有限，也容易受到数据偏差和算法缺陷的影响，导致决策出现误判。

(2)对数据的处理要求高

全自动模式需要大量的数据高质量的数据支持，而且还需要对数据进行清洗、加工和整合等操作，以便让机器学习算法更好地学习和应用。

(3)处理复杂场景的能力有限

全自动模式难以应对信息不完整、复杂度高、风险较大等情况。

因此在实际操作中，全自动模式可以带来高效、低成本、客观公正等优点，但也存在一定的局限性，还需要结合人工审核等手段一起使用，以提高审核的准确性和全面性。

9.3.3.3　全自动模式的改进建议

全自动模式虽然具有很多优点，但其准确度、应对复杂情况的能力仍然有待提高。针对上述的优缺点，可以提出以下改进建议：

(1)数据源的质量要求

全自动模式的实施需要大量数据支持，而数据的质量会直接影响审核结果的准确性。因此，对于贷款申请人提交的资料，应该逐一进行严格筛查，确保信息的准确性和完整性。

(2)建立更加精准的信用评估模型

全自动审核主要依赖于机器学习算法进行信用评估。因此，在建立机器学习模型时，需要综合考虑多方面指标，更好地体现客户的个性化特征，提高模型预测的准确度。

(3)结合人工审核的优势

虽然全自动审核可以提高效率，但在应对信息不完整或复杂情况时，还是需要结合人工审核。人工审核可以补充机器审核无法处理的复杂情况，提高审核的准确性和全面性。

(4)提高模型应对异常情况的能力

尽管机器学习算法可以快速处理大量数据，但对于异常情况，如欺诈行为等，机器学习模型的识别能力仍有待提高。因此，可以结合大量实际案例进行数据训练，增强模型对异常情况的处理能力。

(5)不断优化算法模型

随着技术的不断发展、数据量的持续积累，算法模型也应该不断地进行优化和升级，以适应市场的需求和变化，提高审核的准确性和全面性。

总而言之，小微贷款风控模式中的全自动模式是一种高效、低成本、客观公正的审核方式，但其准确度、复杂情况处理能力仍有改进空间。通过加强数据质量要求、建立精准的信用评估模型、结合人工审核优势、提高模型应对异常情况的能力、不断优化算法模型等方式，可以更好地发挥全自动审核的优势，提高审核效率和准确性。

案例

Zest Finance 基于大数据开发机器学习模型对信用风险进行评价

在机器学习模型这方面 Zest Finance 是最有代表性的公司。Zest Finance 坚信一切数据都是信用数据，基于大数据，该公司开发 10 个机器学习模型，其信用风险评价效果非常好。一是由该模型筛选的客户，还款率比传统方法提高 90%。二是该模型处理客户数据效率非常高，处理一个客户的风险评价，仅需要 5s。Zest Finance 机器学习模型的工作过程大致如下：第一步，收集客户的大量原始数据，仅变量就涉及 7000 多个。第二步，通过对数以千计的变量及其关联性进行整理，形成一定数量的转换数据。第三步，将转换数据的信息合并到元变量之中。第四步，将元变量的信息合并到模块之中，每一个模块代表客户某一维度或者技能。第五步，利用一定的算法形成打分卡，确定每一个模块在打分卡之中的权重，最终形成关于客户的信用分数。

资料来源：杨海平．大数据与商业银行小微金融数字化管理[J]．清华金融评论，2015(1)：69-74.

9.4 案例分析：阿里小贷的核心贷款技术

阿里小贷依靠阿里巴巴集团在互联网技术、资源以及客户优势，针对国内小微企业数量众多、融资需求频率高、需求额度小的实际特点，投入大量资源开创、完善以“网络、数据”为核心的新型微贷技术，采用大数定律理念，通过对信贷技术持续不断地创新，进一步完善信贷流水线，建立起真正的信贷工厂，为小微企业大批量服务成为可能。它以数据和网络为核心基础，充分利用其天然优势，即阿里巴巴 B2B、淘宝、支付宝等电子商务平台上客户积累的信用数据及行为数据，引入网络数据模型和在线视频资信调查模式，通过交叉检验技术辅以第三方验证确认客户信息的真实性，将客户在电子商务网络平台上的行为数据映射为企业和个人的信用评价，向这些通常无法在传统金融渠道获得贷款的弱势群体批量发放"金额小、期限短、随借随还"的小额贷款。利用数据化的运作模式解决小微企业融资需求将成为趋势，这不仅具备执行的基础，也能将众多小微企业在网络平台上积累的信用发挥社会价值，引导小微企业重视经营信用，促进企业合法守信经营。具体来讲，阿里小贷的核心贷款技术有金融信用评估技术、无人审核技术和区块链技术，借助这些核心贷款技术的优势，阿里小贷在整个阿里生态体系里可以完美的运作。

9.4.1 金融信用评估技术

阿里小贷通过多维度的数据统计和分析，建立一个基于机器学习的信用评估模型。该模型可以实现自动化风险控制，实现精准定价，并在实践中得到广泛应用。具体来说，阿里小贷的信用评估模型不仅考虑传统的信用评估指标，如借款人的征信记录、收入状况、工作稳定性等，还结合用户的在线行为、社交网络等非传统数据指标，从而提高模型的准确性和可靠性。同时，阿里小贷还采用强化学习和深度学习等更先进的技术，对信用评估模型进行优化，提高贷款的审批效率和客户体验。具体来说，阿里小贷的信用评估模型主要包括以下步骤：

(1)数据采集

阿里小贷从多个数据来源，如公共数据、企业数据和社交数据等，收集大量的数据，形成借款人的数据档案。

(2)数据清洗和处理

阿里小贷对采集到的数据进行去重、筛选和清洗，排除掉不合规或不可靠的数据，并进行归一化和标准化处理，以便于后续的数据分析和建模。

(3)数据分析和建模

阿里小贷通过数据挖掘和机器学习等技术，对提取得到的数据进行分析，抽取出与信用评估相关的特征。然后将这些特征输入到机器学习模型中，训练出一个精准的信用评估模型。

(4)信用评估

通过模型对借款人进行信用评估，预测其还款能力，并给予相应的信用评级。阿里小贷根据不同的信用评级，制定不同的风险控制策略和贷款利率，确保借款人和公司在交易中的风险可控。

因此，阿里小贷的金融信用评估技术是其核心竞争力之一，能够帮助阿里小贷实现精准风控和快速审批，为借款人和公司提供更加便捷和可靠的借贷服务。

9.4.2 无人审核技术

阿里小贷利用 OCR、NLP 等技术实现对借贷资料的自动审核，提高借贷资料的审核效率和准确性。具体来说，该技术可以自动识别和提取借款人的身份证信息、工作信息、银行流水等信息，从而实现无人工干预的快速审核。具体来说，阿里小贷的无人审核技术主要包括以下几个步骤：

(1)数据收集

阿里小贷从多个数据源获取借款人的相关资料，包括身份证、工作证明、银行流水等。

(2)数据识别和提取

阿里小贷利用 OCR 技术实现对身份证、工作证明等证件的自动识别和提取；利用 NLP 技术自动提取银行流水信息中的关键信息，如收入情况、支出情况等。

(3)自动审核

阿里小贷利用机器学习和规则引擎等技术，自动审核借贷资料，确认其真实性和准确性。此外，阿里小贷还采用反欺诈技术，对申请人提交的信息进行多维度地比对和验证，确保申请人信息的真实性和准确性。

(4)人工复核

尽管自动审核的效率很高，但仍有一些较为复杂或异常的情况需要人工复核。阿里小贷为此配备有专业的审核团队，对复杂情况进行二次审核，确保审核结果的准确性。

该技术不仅提高贷款审核的效率和准确性，同时也避免人为因素带来的风险，从而增强交易的安全性和可信度。

9.4.3 区块链技术

阿里小贷利用区块链技术构建一个去中心化的借贷平台，实现交易的透明化、可追溯化和不可篡改性。具体来说，该技术可以确保借款申请、审核、放款等环节的数据记录和交易记录均被记录在区块链上，并实时共享给所有参与方，从而实现交易的安全性和可信度。具体来说，阿里小贷的区块链技术主要包括以下几个步骤：

(1)存证

借款人通过阿里小贷的平台提交借款申请资料，这些资料将会通过区块链技术进行存证，确保数据的真实性和完整性。存证过程中，所有交易信息将被加密，并记录在分布式账本上；同时系统会生成一个唯一的哈希值，作为该笔借贷数据的唯一标识符，确保相关数据无法篡改。

(2)验证

一旦存证完成，阿里小贷将会利用区块链技术自动对借款申请资料进行验证。基于区块链技术的独特性(如去中心化、不可篡改等)，阿里小贷可以高效地核实资料的真实性和完整性，避免任何人为篡改数据的风险。

(3)风控

阿里小贷利用区块链技术支持对借款人的风险评估和信用评级。通过对上链数据的挖掘和分析，阿里小贷可以更加准确地评估借款人的还款能力和风险等级，从而给出相应的贷款额度、利率、期限等信息，并实现对借款人的有效风控。

(4)交易记录

借贷交易记录将会在分布式账本上成为可查询的数据，供双方核对和查证。阿里小贷也利用区块链技术实现知识产权保护，保护客户的隐私和数据安全。

阿里小贷的区块链技术确保借贷交易数据的完整性、真实性、不可抵赖性以及安全性。采用区块链技术存储和验证数据，不但能够极大地提高数据处理效率，同时也能够提高数据和交易的安全性和可信度。

本章小节

微型金融机构面临的外部风险主要有宏观经济环境不稳定、财政支农资金不足、农村地区经济发展水平低、城乡金融市场的分割、农民收入具有较强的不确定性、农村居民文化水平普遍不高等方面。从微型金融机构的内部来看，风险主要有金融机构治理框架不完善、获利能力不强、不良贷款比例偏高、拨备覆盖率偏低、贷款过于集中、商业性和政策性的不平衡、工作人员能力有限和贷款定价机制存在缺陷等方面。国内外银行在小微信贷业务的风控模式分为 3 种：全手动、半自动和全自动式，3 种模式各有运作特点以及优缺点。阿里小贷的核心贷款技术有金融信用评估技术、无人审核技术和区块链技术。

关键术语

经济风险；市场风险；信用风险；监管风险；操作风险；流动性风险；农业弱质性；征信系统；商业性和政策性不平衡；交叉矩阵；风险监控预警；全手动模式；半自动模式；全自动模式；金融信用评估技术；无人审核技术；区块链技术。

思考题

1. 简述中国微型金融机构市场风险生成的大环境。
2. 简述中国微型金融机构存在的政策风险。
3. 简述在小微贷款中如何做好软信息调查。
4. 简述如何对经营类小额贷款的财务信息进行交叉检验。
5. 简述在小微贷款各风控模式对传统信贷、IPC 信贷、“信贷工厂”和大数据风控相融合的看法。
6. 简述如何把小微贷款的不良率降下来、通过率提上去。

10 微型金融机构的绩效管理

学习目的

- 理解微型金融机构的双重目标。
- 掌握社会绩效与财务绩效之间的冲突与兼容。
- 掌握社会绩效与财务绩效管理与评估原则和方法。
- 掌握微型金融机构的社会责任和客户保护。

10.1 微型金融机构绩效概述

10.1.1 微型金融机构绩效的内涵与目标

10.1.1.1 微型金融机构绩效的内涵

绩效根据主体划分，主要包括个人绩效（personal performance）和组织绩效（organizational performance）这两个方面，本章主要讨论的微型金融机构绩效属于组织绩效。组织绩效管理是指企业及其所属单位、组织成员之间就绩效目标及如何实现绩效目标经过讨论达成共识，并通过物质激励、精神激励等方式帮助员工取得优异绩效，从而实现组织目标的管理过程。组织绩效评价是管理者运用专业的评价指标体系对组织整体运营效果进行评价。通过有效的评价可以明确组织的运营能力、盈利能力、偿债能力和对社会的贡献，为管理人员和组织相关者提供相关信息，为改善组织绩效提供正确的方向。绩效评价是企业实施激励管理的重要依据，激励管理是促进企业绩效提升的重要方式。

10.1.1.2 微型金融机构绩效的双重目标

微型金融机构具有双重目标，包括社会目标（social goals）和财务目标（financial goals）。这类机构在运营过程中需要同时兼顾这两个目标的实现。

（1）社会目标

社会目标立足于服务贫困人群及其他弱势群体，通过提供种类多样的金融服务来最大程度上满足其金融需求，提高其信贷资金的可得性，有效缓解农村地区的信贷约束和金融抑制，使面向"三农"的信贷服务能够最大限度满足农民增收、农业发展、农村繁荣的资金需求，最终通过有效配置资源来促进农村发展，增加农户收入水平对社会目标的强调成为微型金融机构不同于其他金融机构的鲜明特征。

（2）财务目标

财务目标是指微型金融机构实现自身的财务可持续性，实现健康长期稳定的发展。微型金融机构作为金融企业，在防范风险安全经营的前提下，追逐利润最大化或成本最小化，达到财务收支平衡和盈利，实现财务独立和自我发展，最终增强实力，实现机构的可持续性发展。

(3)社会目标与财务目标的关系

微型金融机构的社会目标与财务目标具有既对立又统一的辩证关系。

①统一性　即微型金融机构的社会目标与财务目标之间具有统一性。中国农村微型金融机构主要目标在潜力巨大的农村市场，针对贫困人群及其他弱势群体进行贷款业务创新，包括拓展贷款业务范围和业务类型，可在微型金融机构获利同时做到为“三农”服务。综上所述，微型金融机构通过立足农村地区来开展更有针对性地金融服务，一方面可从金融业务中获取利润；另一方面可从农村经济发展中获取利润。

②对立性　即微型金融机构的社会目标与财务目标之间具有对立性。农业为弱质性产业、农民多为分散个体、农村为欠发达地区，同时农村微型金融机构在农村发放的支农贷款有额度小和笔数多的特点，导致微型金融机构成本增加、风险变大，而且多数农户无法提供有效的抵押物和担保，使得农村金融机构为“三农”提供贷款的风险远远大于工商业贷款和城镇地区贷款的风险，这种风险的转移和固化逐步会表现为高利率。但是，一方面农户不愿意承受高利率；另一方面微型金融机构受限于政策只能收取极低的“三农”贷款利率。因此，在商业化经营利益的驱使下，微型金融机构逐渐偏离原本的社会目标，出现“使命漂移”现象，即农村金融机构的贷款服务对象发生偏离，向盈利性较高的城镇地区和大型工商业倾斜。

10.1.2　微型金融机构绩效的分类

微型金融作为一种特殊的金融产业，其具有的双重目标呈现出双重绩效。因此，微型金融机构绩效主要包括社会绩效和财务绩效两个方面。

10.1.2.1　社会绩效

对于微型金融机构的社会绩效，由于难以量化，尚未形成完整的评价指标体系。通常可以从社会使命、覆盖面、客户服务、信息透明与消费者保护、员工以及与周围社区的联系 6 个方面进行衡量。另外，也可以从借款者数量、农户贷款比例和平均贷款额度这 3 个维度进行考察。借款者数量反映社会绩效的广度，借款者数量越多，帮扶弱势群体的范围则越广；平均贷款额度指标反映社会绩效的深度，该指标越小，金融机构则越倾向于为弱势群体服务；农户贷款比例反映社会绩效的结构，农户贷款比例越高，微型金融机构则越倾向于为“三农”服务。

例如，微众银行 ESG 管理过程的社会绩效主要从 6 个指标进行衡量(表 10-1)。

表 10-1　微众银行 ESG 管理的社会绩效指标

社会领域主要指标	单位	2020 年	2021 年
员工培训总人次	人次	53 281	68 938
社会保险覆盖率	%	100	100
年度客户投诉工单办结率	%	100	100
获得授权专利数量	件	52	193
研发费用占营业收入比例	%	8.47	8.98
本行员工参与志愿服务总时长	h	960	1000

资料来源：微众银行 2021 年可持续发展报告——让金融普惠大众。

10.1.2.2 财务绩效

微型金融机构的财务绩效主要是指微型金融机构的收益可以覆盖经营成本和经营风险，而不依赖补贴或捐赠，独立、持续地开展业务活动。对于微型金融机构财务绩效的评价，通常与现有的研究中评价指标基本一致。世界银行扶贫协商小组（CGAP）、MIX 小企业教育促进会（SEEP）、安信永国际（ACCION International）分别组织构建的财务绩效指标体系是目前比较成熟完善的指标体系。世界银行扶贫协商小组构建的财务绩效指标体系主要涵盖盈利能力、运营效率和贷款质量 3 个方面。

10.1.3 微型金融机构社会绩效与财务绩效的关系

关于微型金融机构社会绩效与财务绩效的关系，对于微型金融机构是否存在目标偏移、是否可以兼顾社会绩效与财务绩效、二者是否存在冲突和权衡等一系列问题，学术界一直存在着激烈讨论。一部分学者提出微型金融机构的财务绩效与社会绩效是统一的，微型金融机构不存在目标偏移问题；而另外一部分学者则认为微型金融机构的财务绩效和社会绩效之间存在冲突，因为微型金融机构更加关注财务绩效而背离它们的社会目标，从而产生微型金融机构的目标偏离现象。

10.1.3.1 社会绩效与财务绩效相互促进

微型金融机构追求社会绩效时会承担相应的社会责任，在这一过程中会逐渐改善机构的财务绩效。反过来，良好的财务绩效能够帮助更好的实现社会绩效。这二者相互协调，产生良性循环。

（1）财务绩效是实现社会绩效目标的保障

微型金融生存和发展的条件有两个：第一，能提供为低收入者和弱势群体所需的金融产品和服务。第二，有业务发展所需的足够资金和收益。作为捐赠者的国际组织和其他投资者，很多时候不能有效地把资金投放到微型金融机构上，微型金融机构只能通过自己创造的收入来保证自身的持续发展。因此，微型金融机构在业务开展过程中必须注重效率和收益，依靠自己创造的良好财务绩效来保障社会绩效目标的实现。

（2）社会绩效是目的，财务绩效是手段

一些微型金融机构为实现财务目标而放弃社会目标，违背其发展的初衷和目标。微型金融机构的社会宗旨是为低收入者和弱势群体服务，而通过良好的财务绩效获得可持续发展仅是其中的手段。一方面，微型金融机构如果没有真正做到为低收入者和弱势群体服务，那么可持续发展就失去意义；另一方面，微型金融机构的目标是为低收入者和弱势群体提供金融服务，帮助其提高收入，获得发展机会。社会绩效目标和财务绩效目标，社会绩效目标是目的，财务绩效目标是手段，两者有所区别且不能等同，当两者发生矛盾需要取舍时，将社会绩效目标作为优先目标才更加符合微型金融的基本意义。

例如，微众银行在 ESG 管理过程中，不仅提升该行的社会绩效管理水平，而且也带动财务绩效的发展，具体如图 10-1 所示。

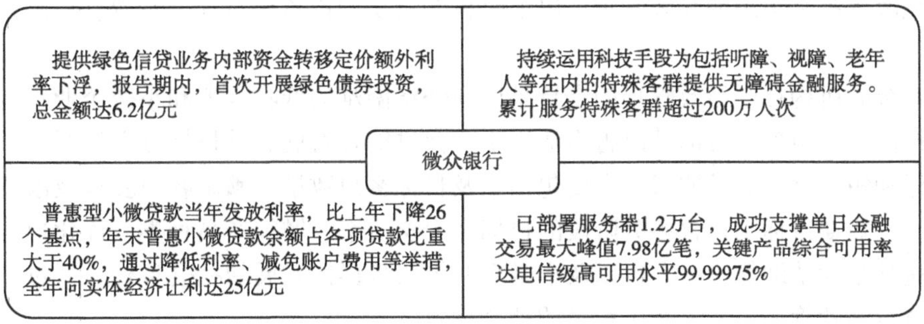

提供绿色信贷业务内部资金转移定价额外利率下浮，报告期内，首次开展绿色债券投资，总金额达6.2亿元

持续运用科技手段为包括听障、视障、老年人等在内的特殊客群提供无障碍金融服务。累计服务特殊客群超过200万人次

微众银行

普惠型小微贷款当年发放利率，比上年下降26个基点，年末普惠小微贷款余额占各项贷款比重大于40%，通过降低利率、减免账户费用等举措，全年向实体经济让利达25亿元

已部署服务器1.2万台，成功支撑单日金融交易最大峰值7.98亿笔，关键产品综合可用率达电信级高可用水平99.99975%

图 10-1 微众银行 ESG 管理成果

10.1.3.2 社会绩效与财务绩效相互制约

微型金融机构的社会绩效与财务绩效之间还可能相互制约，主要指服务于贫困人群的社会绩效目标和可持续发展的财务绩效目标之间产生矛盾。

(1)过度商业化导致社会绩效目标偏离

微型金融机构社会目标实现的前提是必须实现自身的可持续发展。近几年，一些微型金融机构为实现财务目标的可持续发展，开始引入商业资本、对股权进行改造等，许多发展中国家也开始放松监管、取消最高利率限制，当微型金融可以获得高利率时，成为一个高利润行业，商业性资金的趋利本性就会显现出来使得逐利资金的不断涌入，最终导致这些微型金融机构从服务人转向追逐商业利润。由于许多这类机构都收取过高的利率，微型金融产生和发展的初衷已被严重扭曲。过高的利率虽能给微型金融机构带来短期的盈利，但却忽视贫困人群的利益需求，与微型金融的社会目标严重偏离。

(2)社会绩效与财务绩效目标的矛盾协调

微型金融机构实现可持续发展是为能够长期稳定地为低收入者和弱势群体服务。所以，它是一个手段性的目标，为这类目标客户服务是微型金融机构产生和发展的动因，否则，可持续发展也就失去它原本的意义。微型金融机构在开展经营活动的过程中应遵循市场经济的原则、在不牺牲社会绩效目标的前提下更加注重本机构的财务绩效。在财务绩效评价指标体系健全但社会绩效评价指标十分缺乏的背景下，当二者发生矛盾时，更应该建立健全社会绩效考核指标体系，防止目标偏离。

10.2 微型金融机构的社会绩效管理与评估

10.2.1 微型金融机构的社会绩效管理

10.2.1.1 微型金融机构社会绩效管理的概念

社会绩效管理是通过分析微型金融机构的社会绩效信息，并通过这些信息帮助微型金融机构实现其社会目标的过程。其中，社会目标的一系列测评、分析、管理和组织的过程统称为社会绩效管理。同时，社会绩效管理由 3 个部分构成：一是设定清晰的组织目标并根据该组织目标制定详细的战略，二是对实现组织目标的过程进行监督和评估，三是运用评估信息改善整个组织的绩效管理。以上分析着重从理论角度对社会绩效管理的内涵进行分析。

微型金融机构社会绩效管理的宗旨是以向经济困难的低收入者和小微企业在内的弱势群体等提供金融服务，帮助其改善生活水平、促进综合发展。其目标可根据时间不同分为长期目标和短期目标。长期目标主要包括惠及目标客户数量、满足客户要求及改变客户生活等方面，短期目标则包含各分阶段的目标客户覆盖率、增加产品种类、优化成本结构等指标。这都是为帮助低收入人群以及小微企业等弱势群体发展的社会目标，通过设定测量指标、执行经营管理等方式产生积极的社会绩效。

10.2.1.2 微型金融机构社会绩效管理的具体内容

(1)微型金融机构社会绩效指标体系构建的原则

构建微型金融机构社会绩效指标体系，不仅要遵循企业评价指标体系的构建原则，而且要对其承担社会责任的绩效做出相应评价，设计评价指标体系应充分考虑各类因素，并遵守以下基本原则：

①全面性原则　要求建立的指标体系尽量充分考虑各类影响因素，要能够覆盖到影响微型金融机构社会绩效的各个方面。

②科学性原则　科学性能使体系保持各指标之间的独立性，并且选取的指标应当具有代表性和系统性，能够准确反映不同层次、不同类别和不同指标之间的结构关系，减少评判结果产生偏差的情况。

③可行性原则　建立微型金融机构社会绩效评价指标体系应具有可行性，同时相关数据也能够方便获取，计算过程也应相对科学、合理，实操性强，能够准确地反映微型金融机构可持续发展的内涵，符合显示相关要求。

(2)微型金融机构社会绩效管理的具体内容

微型金融机构社会绩效管理需要解决六大核心问题：一是社会绩效的含义，包括实现社会绩效的措施；二是目标客户，主要针对的目标群体；三是目标客户选择放弃被服务或者继续参与的原因；四是项目对目标客户产生的影响；五是通过社会绩效管理来提高服务质量的措施；六是提高服务质量的具体办法以回答上述关于社会绩效管理的问题。这些核心问题直接决定所有者权益和服务的改善，开始实施社会绩效管理的关键在于选定好目标客户和社会绩效目标。见表 10-2 所列。

表 10-2　微型金融机构社会绩效管理的六大核心问题

社会绩效管理六大核心问题		具体内容
1	社会绩效含义	主要指社会绩效的内涵以及实现社会绩效的措施
2	目标客户群体	主要指针对服务的目标群体
3	目标客户抉择理由	主要指目标客户选择放弃被服务或继续参与的原因
4	项目影响	主要指该项目对目标客户产生的影响
5	具体措施	主要指通过社会绩效管理提高服务质量的有效措施
6	具体办法	主要指通过社会绩效管理提高服务质量的具体办法

(3)微型金融机构社会绩效的维度

在对小额贷款机构进行社会效益评估时，安信永国际(ACCION International)的6个维度社会绩效更具有适用性。2005年，安信永国际构建评价微型金融机构瞄准贫困人群及其影响的社会绩效指标体系，其英文名为“SOCIAL”。这6个维度分别是社会使命、覆盖面、员工、客户服务、与周围社区的联系、信息透明和消费者保护，见表10-3所列。

表10-3 社会绩效的6个维度

6个维度	具体内容
社会使命	社会使命的清晰程度
	对员工的职责和理解程度
	衡量社会使命的完成程度
覆盖面	覆盖广度和覆盖深度
	目标客户的人口统计和贫困信息
	对没有达到金融服务覆盖的人群所尽的努力
员工	人力资源政策、员工发展、相关反馈机制
客户服务	提高客户满意度、产品和服务、反馈机制
与周围社区的联系	社区与非财务服务工程、社会责任和环境政策
信息透明与消费者保护	透明的价格、消费者保护政策

10.2.1.3 微型金融机构社会绩效管理的流程

社会绩效管理过程是一个开放循环的过程，这个过程主要包括以下几个阶段：一是意图和设计，即设定清晰的组织目标并通过制定周密的战略以实现目标，其中包括预期的结果、具体目标等。二是行动和管理，即监督并评估实现社会目标的过程，其中包括组织结构、组织设计等。三是产出，即利用社会业绩信息来改善微型金融机构的整体绩效，其中包括服务质量、服务深度、服务广度、可持续发展程度等。四是结果，即对改善微型金融机构整体绩效进行总结，其中包括结果改变的原因、产生的长远影响等(图10-2)。

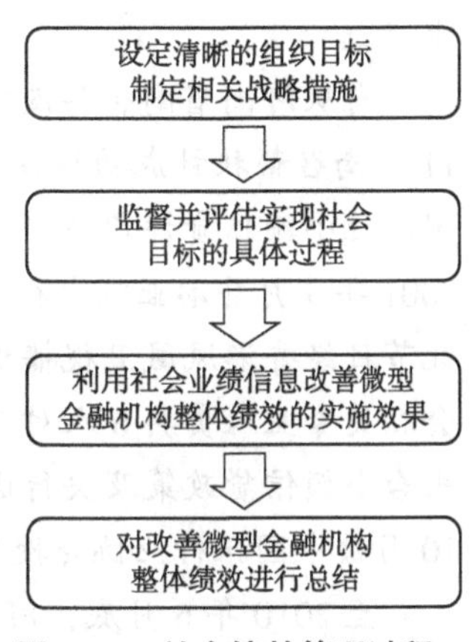

图10-2 社会绩效管理过程

河南省南召县帮扶社社会绩效管理

1995年10月，河南省南召县帮扶社成立，这是中国社会科学院农村发展研究所“微型金融课题组”在中国首创的微型金融帮扶试验基地之一。多年以来，该帮扶社承担着该研究所微型金融课题组制订的3个目标，主要包括：第一，探索解决弱势群体获贷难、还贷难以及运作帮扶贷款机构自身独立生存难的问题。第二，促进微型金融机构逐步达到金融收支平衡的状态。第三，通过各类研究为中国政府的政策制定提供相关依据。通过该帮扶社的不断努力，1998 年南召县帮扶社已基本实现这 3 个目标。通过 14 年的不断努力，该帮扶社已具备长期持续发展的基础，探索出一条具有中国特色的地方微型金融的发展之路。

新中国成立初期，中国作为一个人口大国，同时也是贫困人口密集的大国。河南省更是中国贫困人口密集地之一。改革开放初期的农村贫困人口为 2.5 亿，经过十几年的努力发展，贫困面积从改革开放初期的 30%下降到 1992 年的 8.8%，取得举世瞩目的成绩。但是中国的贫困人口基数大，到 1992 年年末未解决温饱的贫困人口仍有 8000 万。为此国家采取很多扶贫措施，其中包括对小额信贷金融政策的大力扶植。1995 年，中国社科院农村发展研究所的扶贫课题组，利用外资，借鉴孟加拉国乡村银行的方法，在国务院扶贫办的支持下，与当地政府合作，在中国建立 4 个试验点，其中在河南省南召县设的一个试验点，河南省南召县帮扶社由此开始发展。这样小额信贷这一金融理念在河南省南召县这片土地上就开始其全新的篇章。

南召县位于河南省西南部，伏牛山南麓，南阳盆地北缘，全县共 16 个乡镇，338 个行政村，61 万人，总面积 2946km^2，其中耕地面积 39 万亩。过去一段时间，虽然经过县委、政府和社会各界的共同努力，帮扶工作也取得前所未有的成效。但由于贫困人口多，贫困面大且居住分散，致使贫困问题仍比较突出，主要表现在：农民生产生活环境较差、人口居住分散、农户收入来源少、农户收入低、社区基础设施滞后、公共服务能力较低等，这些问题制约县域经济的发展，成为建设社会主义新农村的难点和重点。

自从河南省南召县设立试点开始，帮扶社不断发展并在当地发挥重要力量。1998 年 11 月南召帮扶社成功举办“小额信贷计划、监督、评估国际培训班”。2000 年 10 月举办的国际性小额信贷评比中，南召帮扶社获得美国乡村银行基金会颁发的“开拓奖”一等奖。2001 年 9 月香港亚洲电视台对南召帮扶社的小额信贷扶贫工作进行为期 13d 的实地拍摄，此节目经香港凤凰卫视播出后，极大提高南召县帮扶社的知名度。2005 年 6 月，中国银监会相关专业人员共 6 人对南召扶贫社进行全方位考察并给予极高的评价，此次考察对国家出台小额信贷政策及央行进行盈利性小额信贷投资公司试点工作提供扎实的依据。2006 年 10 月被中国银行业协会授予“中国优秀小额信贷机构”称号。

至 2010 年 6 月底，河南省南召县帮扶社已形成 1 个县社、4 个分支机构的规模，现有工作人员 30 人，贷款资本金 523.6 万元。资金来源主要有孟加拉国乡村银行、美国乡村银行基金会及澳大利亚开发署等。同时，该帮扶社已累计向贫困农户发放 1.3 亿小额贷款，资产总计 930 万元，贷款余额 587 万元。现有社员 5388 名，已扶持过的贫困农户 20 244 户，业务范围涉及全县 13 个乡镇 112 个行政村，资金回收率 99.1%以上，已连续 14 年实现机构金融自负盈亏和操作自负盈亏。

对河南省南召县农村小额信贷绩效管理分析可从社会绩效、金融机构绩效和农户绩效 3 个方面进行综合评判，从而得出整个河南省南召县农村小额信贷绩效水平。其中，需要明确到河南是一个农业大省，南召县的微型金融社会绩效管理体现出其对农业效益和农村效益的有利影响，而且微型金融在河南省南召县具备很大的发展潜能，更应将绩效落到实处不断完善的改进计划，如成立小额信贷改革工作组、建立完整的信息沟通体系、建立小额信贷机构绩效完善制度等。

资料来源：南召县扶贫经济合作社(南召县帮扶社)。

10.2.2 微型金融机构的社会绩效评估

10.2.2.1 微型金融机构社会绩效评估的概念

社会绩效评估也称社会绩效评价或社会绩效衡量，即微型金融机构按照预先确定的标准和评价程序，运用科学的方法，对评价对象的社会绩效指标和结果得出客观公正的综合评判。它主要是衡量和评估微型金融机构的社会绩效与宗旨、目标之间的关系、与利益相关者之间的关系。其中，需要评估微型金融机构的主观意愿、客观行为以及相应纠正措施，从而决定它是否具有可行的方式以实现其社会目标。同时，评估可以发现机构发展过程中存在的问题，使微型金融机构持续稳定发展，更好地履行社会责任。

微型金融机构在帮扶方面的社会绩效有两个衡量维度，即服务的覆盖广度和覆盖深度，主要目标群体是贫困人群、低收入人群或弱势群体，其关注的重点是帮扶过程及其效果。社会绩效评估要使用一系列被微型金融行业普遍接受的社会绩效指标来进行衡量。这些指标体现微型金融行业的社会目标，主要包括对贫困的衡量、对服务深度的衡量以及对服务质量的衡量等。

10.2.2.2 微型金融机构社会绩效评估体系流程的构建

微型金融机构的社会绩效评估体系的过程包括4个环节：信息整合、分析和评价、评估报告整理和总结反馈(图10-3)。

(1)信息整合

把收集来的信息进行整理并处理。信息必须真实、客观地反映实际情况。同时，信息的加工处理应有目的性和针对性，要有计划地收集和加工。另外，也应该在兼顾其财务可持续的基础上，符合服务“三农”的要求。这就要求考虑中国微型金融机构有明确、可衡量与其使命相结合的社会绩效目标。所以，应制定切实可行的工作目标，合理确定所要服务的地区以及需要面对的目标客户，也要对服务提供的方式进行选择，针对不同的服务项目来设定不同的贷款产品。

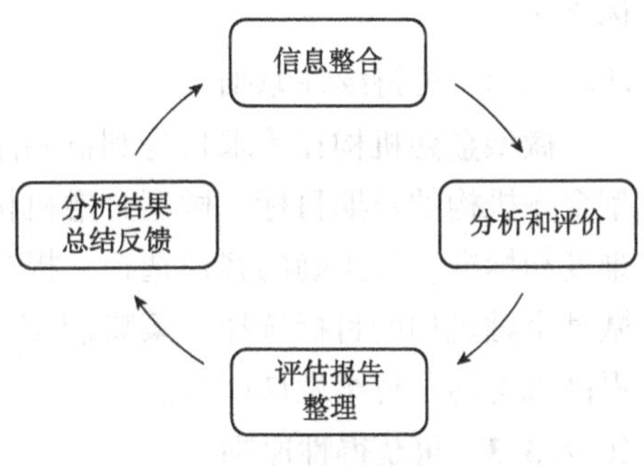

图10-3 微型金融社会绩效评估流程体系图

(2)分析和评价

按照指标体系确定的分值，计算出微型金融机构的社会绩效得分，依据历史数据、目标数据及同业数据进行纵向和横向比较，全面分析绩效结果产生的原因。从目标设定、策略与执行以及社会影响这3个维度来评估中国微型金融机构是否都在为实现社会目标而努力以及努力程度等。

(3)评估报告整理以得出调整策略

将评估的结果与原因分析呈报给微型金融结果的管理人员，在机构管理者签字后，将评估材料和报告整理保存。即通过社会绩效指标和脱贫进展指数所得出的结果，得出相关调整建议，一方面更好的改善经营状况，另一方面更有效的服务“三农”达到社会目标。在改善管理的过程中，要协调好机构内外，也要与相关的工作人员进行沟通，力图将建议转化为实际行动。

(4)分析结果和总结反馈

确定最终的评估报告后，微型金融机构应召开总结会议，让员工了解机构社会绩效管理的状况，管理者将社会绩效管理的期望传达给员工。通过分析结果，测评社会绩效目标的达成情况、目标群体是否已改善自己的社会和经济状况以及其改善成果中有多大程度能归功于该微型金融机构等。

社会绩效管理是一个循环往复的过程，在一个阶段的目标达成后，得到的信息反馈将进行另一阶段的目标制定和实施。

10.2.3 微型金融机构社会绩效评估指标体系选取的原则

10.2.3.1 一致性原则

微型金融机构社会绩效评估能够持续和发展的前提离不开自身目标的实现。而微型金融机构社会绩效评估指标是目标的具体化、行为化和操作化，必须充分反映目标要与管理目标一致。其社会绩效指标从另外一个视角来反映其自身目标实现的情况，使其能够树立正确的社会目标，社会目标和自身目标是互相促进，相辅相成的。指标与目标的一致性还蕴含着体系内各条具体指标的一致性，而不能把两条互相冲突的指标放在同一体系内。

10.2.3.2 可持续性原则

微型金融机构在追求自身利益和服务“三农”的过程中，需要实现可持续发展，这是微型金融机构的长期目标。微型金融机构社会绩效评估要将这一长期目标转化为可以评估的维度和标准，如正确的客户选择，提高客户满意度等。只有通过动态的、发展的眼光看待微型金融机构的目标选择、策略制定，才能使其在实际操作过程中注重机构的长期发展，提高机构的可持续发展能力。

10.2.3.3 可获得性原则

指标数据主要来源于两方面：中国监管部门所掌握的当地微型金融机构发展情况；机构内部的财务数据以及通过与管理人员、信贷员、客户进行调研而获取的资料。在明确对应指标时，要确保数据信息的方便获取，要有足够的信息量、切实可行的量化方法等。

10.2.3.4 互相独立性原则

评价指标体系是由一组互相紧密联系的指标结合而成。但体系内的各条指标体系又必须互相独立，在同一层的各条指标必须不存在任何包含与被包含关系，互相不重叠，不存在因果关系等。

10.2.3.5 整体完备性原则

指标的整体完备性主要是指标体系的全面性。指标体系不应遗漏任何重要的指标，更能够全面地再现和反映各个目标。由于微型金融机构发展模式对中国农村经济乃至社会有着多方面的影响，因而中国微型金融机构发展模式的效益评价模型应尽可能地覆盖能够影响到的方面。即全面性原则要求评价模型能全面地、系统地评价中国微型金融机构发展模式的效益。

10.2.4 微型金融机构社会绩效评估的方法

10.2.4.1 指标(工具)评估法

社会绩效指标(工具)评估法的基本思路是通过建立合适的评估指标(工具)来实现对微型金融机构的社会绩效评估。目前已经存在的微型金融社会绩效评估指标或工具大多都是根据早期对贫困情况的测量逐渐发展而出现的。常见的 3 种指标评估方法：美国格莱珉基金脱贫进展指数、CERISE 的社会绩效指标、小额信贷信息交流平台。

(1)美国格莱珉基金脱贫进展指数

脱贫进展指数 PPI(Progress Out of Poverty Index)是格莱珉基金开发的用来测量贫困水平的有效工具。由于微型金融机构的社会目标主要是扶贫，故其作为一个评估社会绩效的重要指标而存在。

PPI 是用来测量目标团体或者个人的贫困水平的有效工具，该工具简单而又准确，既可以测评出客户需要多久可以脱离贫困，又可以为他们如何脱离贫困提供合理建议。针对不同国家和不同地区，PPI 所设定的指标各不相同。PPI 打分指标是根据被调查机构所在国的家庭调查得出的超过 400 个指标筛选而来。首先把 400 个指标缩减成 100 个，再由数据分析人员和专家组成专家小组，从 100 个指标中抽出 10 个指标作为最后的打分问卷。PPI 指标的总分为 100 分，不同的分数段代表被调研家庭所处贫困线以下的不同可能性。在进行一个地区的调查评分时，调查员常常深入被调查地区，通过走访来获得基本直观的评分认识，定性指标清晰明确。

(2)CERISE 的社会绩效指标

CERISE 的 SPI(Social Performance Indicators)主要通过测评微型金融机构在经营过程中的目的和行动来评估其社会绩效。SPI 工具借助内部系统和管理程序来判断微型金融机构是否为达到其社会目标采取适合的方法。在应用 CERISE 的 SPI 工具时，存在一个假设，即完整的内部系统和管理程序是得到真实社会绩效结果的可靠手段。

SPI 工具监控微型金融机构实现社会绩效目标的整个过程，即从目标的制定到为实现目标的实践过程。这套 SPI 工具包含 4 个维度和 12 个标准指标，可以很好的覆盖微型金融机构从设定社会目标到实现社会目标的整个社会绩效管理过程。这套指标适用于所有的微型金融机构，不仅能够进行机构之间的社会绩效比较，还可以用来分析机构内部社会绩效和财务绩效之间的关系。

CERISE 的 SPI 选定 4 个维度(表 10-4)，分别是：覆盖面、产品与服务、客户利益、社会责任。其中，覆盖面维度，体现一家微型金融机构，在制定目标时，是如何覆盖贫困地区和贫困客户的；产品与服务维度，相当于在制定目标之后的政策策略，是选择什么样的产品、提供什么样的服务；客户利益维度，涉及服务的反馈以及对机构利益的分配；社会责任部分不仅包含对客户的责任，对与员工的责任也占较大的比重。

表 10-4 SPI 维度与标准分布表

维度		具体内容
维度一	覆盖面 (Targeting the poor and excluded)	地区目标(Geographic targeting)
		个人目标(Individual targeting)
		防贫措施(Pro-poor methodology)
维度二	产品与服务 (Products and services)	传统服务(Range of traditional services)
		服务质量(Quality of services)
		创新与非金融服务(Innovative and nonfinancial services)
维度三	客户利益 (Benefits for clients)	经济利益(Economic benefits)
		客户参与(Client participation)
		权力下放(Empowerment)
维度四	社会责任 (Social responsibility)	对员工的社会责任(SR towards staff)
		对客户的社会责任(SR towards clients)
		对社区与环境的社会责任(RS towards community and environment)

资料来源：CERISE(2008)。

(3)小额信贷信息交流平台

小额信贷信息交流平台(MIX)将社会绩效指标分为 4 个阶段，共设计 22 个核心指标(表 10-5)。由表 10-5 可知，MIX 的社会绩效评估指标的第一部分涵盖 3 个阶段，包括 13 个指标；第二部分为成果阶段，包括 9 个指标。

表 10-5 MIX 社会绩效的 22 个核心指标

阶段	具体内容
第一阶段： 机构目的	1. 机构宗旨、定位市场和社会目标
	2. 治理结构：历史会成员构成及其在社会绩效方面的知识和承诺
第二阶段： 战略与政策制度	3. 产品和服务的范围：金融和非金融的产品与服务
	4. 社会绩效培训：员工接受社会绩效管理培训的情况
	5. 工作人员考核和激励：与实现社会绩效目标相关的员工激励制度
	6. 针对客户的市场调查：对客户进行市场研究的方法和频率
	7. 评估客户流失情况：反映客户的满意度
	8. 贫困评估：跟踪客户脱贫的过程

（续）

阶段	具体内容
第三阶段：政策与执行	9. 对客户的社会责任
	10. 客户服务的支出：为客户服务成本的透明度
	11. 对员工的责任
	12. 对社会的责任
	13. 对环境的责任
第四阶段：社会目标的成果	14. 地理范围：在不同的地理位置提供金融服务可以为那些服务水平低下的城乡客户创造收入和就业机会
	15. 女性客户的拓展：妇女覆盖面，服务的女性客户数(存贷)
	16. 客户拓展：客户覆盖面，为目标市场提供服务的能力
	17. 非金融服务的覆盖面
	18. 就业机会
	19. 客户小孩教育情况：儿童上学率
	20. 评估贫困或特别贫困的客户：刚加入机构的贫困及非常贫困的客户数量
	21. 持续关注贫困人群：加入机构3或5年仍处于贫困状态的客户数量
	22. 脱离贫困的人群：加入机构3或5年后脱贫的客户数量

资料来源：MIX。

10.2.4.2 试验评估法

由于指标(工具)方法往往在指标选取和权重设定过程中容易产生主观意识上的偏差，为此出现评估微型金融社会绩效试验法。其出现的最初想法是利用分析微型金融对目标客户群的社会作用以测量社会绩效。其中，最早的社会绩效评估工具是在1995年由美国国际开发署USAID开发的。此后不同机构又研究出多种评估方法，包括绩效调查法、客户退出调查法、客户满意调查法和客户赋权调查法等。把这些方法归纳为准实验法，它们的操作方法是通过比较微型金融服务的现有客户与潜在客户之间的差异来揭示其影响。但因为这些方法可能在找寻参照组中出现部分偏差问题，进一步则会导致测量出现严重误差，即产生自选择偏差和非随机安排偏差。

10.2.4.3 综合性评分法

对多评估主体所做出的评估进行综合时多数采用综合评分法。该方法是将各评估主体所做评估结果进行选优和综合评价。其特点是用一个数值表示整体绩效的优劣水平，公式如下：

$$F = \sum_{i=1}^{n} X_i \cdot F_i \tag{10-1}$$

式中 F——各评估项的总体分数；

X_i——每一评估主体的权重；

F_i——每一评估主体给出的分值；

n——评估主体的数目。

10.3　微型金融机构的财务绩效管理与评估

10.3.1　微型金融机构的财务绩效管理与评估

10.3.1.1　微型金融机构财务绩效管理的内涵

微型金融机构财务绩效管理是对微型金融机构在组织架构、经营绩效、抗风险能力管理方面进行的，采用一系列指标、模型、过程和手段等支撑构成，对微型金融机构进行财务绩效的综合评价。同时，在财务绩效管理上，信贷运作的收入要能覆盖操作费、贷款损失、包括通货膨胀在内的资金成本和扩展所需的利润。所以，微型金融机构的财务绩效综合评价体系是微型金融机构实施业务运营、提升业绩的关键标准，为微型金融机构的管理层、监管部门提供有效的参考依据。

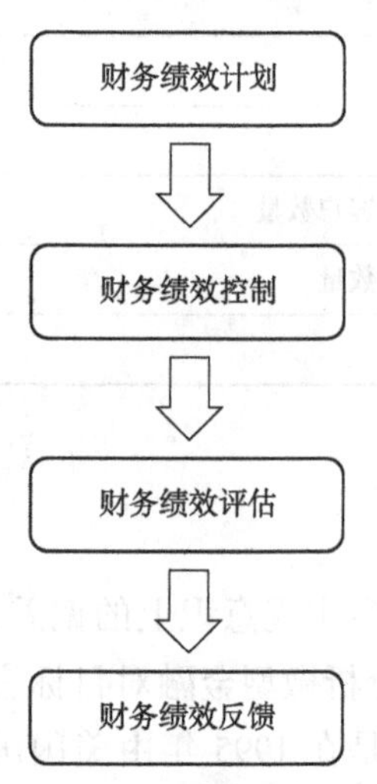

图 10-4　微型金融机构财务绩效管理流程图

10.3.1.2　微型金融机构财务绩效管理的主要内容

参考传统金融机构的财务绩效管理体系，微型金融机构财务绩效管理的流程主要包括 4 个方面的内容：第一，财务绩效计划，要进行有效的财务绩效管理，绩效计划是基础，绩效计划的关键是建立财务绩效目标。对于微型金融机构来说，资源最优配置应成为财务绩效管理的目标。第二，财务绩效控制，这是实现绩效计划的重要保证。财务绩效计划是在财务活动开展前制定的。由于影响财务活动的因素十分复杂又不断变化，因此要保证绩效计划的实现，必须要对绩效计划的执行过程进行财务控制。第三，财务绩效评估，这是微型金融机构绩效评估的重要组成部分，它主要用以评估组织目前财务状况、资金来源是否稳定、资金分配是否科学合理、预算成本情况和财务人员的考核等。第四，财务绩效反馈，这是绩效管理的最终环节，评估不是目的，只有通过评估分析结果，巩固优势弥补劣势，才能确保管理落实到位(图 10-4)。

10.3.2　微型金融机构的财务绩效评估

10.3.2.1　微型金融机构财务绩效评估的概念

财务绩效评估是指应用财务的指标体系对绩效进行科学合理的评价，是对微型金融机构在组织架构、经营绩效、抗风险能力等方面进行的，采用一系列指标、模型、过程、手段等支撑构成，对微型金融机构进行财务绩效的综合评估体系。这个综合评估体系是商业银行实施业务运营、提升业绩的关键标准，为银行的股东、管理层、监管部门提供有效的参考依据。其内涵涉及财务指标的选取与指标体系的建立以及运用的评价方法类型等。财务绩效评估将绩效评估限定在财务的范畴，具有一定的局限性，但同时又与非财务指标区别开来，有利于清晰绩效评估的层次。微型金融机构财务绩效评价体系主要包括 4 个层面：业务运营层面；风险防范能力层面；财务绩效考核层面；可持续发展效能层面。

10.3.2.2 微型金融机构财务绩效评估指标体系的构建

(1)微型金融机构财务绩效评估指标构建的原则

构建财务绩效评估指标体系需要坚持以下几方面的原则：

①实用性原则 即指标力求实用为主，是否能产生实质性效果，并且能够产生积极影响。

②控制性原则 即指标的设定和使用，要在人工、费用等成本方面具有可控性，要能够准确、有效的反映指标所代表的内容。

③系统性原则 微型金融机构可持续发展是一个整体系统，选择的指标应覆盖所有影响微型金融机构可持续发展的主要因素，包括资金来源独特的运行机制和组织目标，又能够体现出不同类型微型金融机构的主要差异，指标间具有关联性和层次性。

④动态性原则 微型金融机构可持续发展是一个动态的过程，指标体系的建立不仅能衡量目前微型金融机构拥有的资源禀赋和盈利水平，更应注重是否具有将无形的内在能力转变为未来的发展潜力。

⑤可操作性原则 该原则要求评价体系所包含的含义必须明确、数据必须规范，计算应当科学实用。既要充分满足研究的需要和目的，又要便于收集资料和数据，筛选和过滤出有效的信息。

(2)微型金融机构财务绩效评估指标体系的构建

微型金融机构财务指标体系的建立是传统考核和现代绩效管理的基础条件，要具有科学客观性，要涵盖微型金融机构的历史成本、现状，同时也要对未来预期收益做出显示。在国内和国外经验教训研究基础上，可参照第八章的相关财务指标，如资本利润率、资产利润率、成本收入比、净利润增长率等。

案例

重庆市小额贷款行业财务绩效和社会绩效管理

重庆市作为西部重要门户和直辖市，在民间小额贷款以及其他金融政策上是一个重要的试点地区和先行者，拥有中国最多的小额贷款公司，并且多年的小额信贷业务发展也积累初步的经验。在国家和地方政府的支持下，其超前的小额金融信贷政策以及相关配套政策吸引大批资本涌入小额信贷业务，形成各种类型的小额贷款公司，如以消费信贷为主的瀚华小额贷款，以中国网络著称的阿里小额贷款和苏宁小额贷款等。重庆市作为小额信贷的先行者，其发展经历具有一定的代表性，能够为中国小额贷款公司的发展提供参考价值。

截至2019年9月，重庆市已开业经营的小额贷款公司270家，注册资本金1029.38亿元，从业人员4862人，分居中国第11位、第1位、第3位，资产总额1750.46亿元，占重庆市金融业资产规模的2.4%，居第四位。

图1是截至2019年9月，重庆市批准筹建的小额贷款公司数量达到270家，同比负增长速度-1.45%，而2012—2014年的同比增速分别为42.73%、3185%、27.05%，机构数

量增速明显放缓。同时，重庆市小额贷款公司注册资本总额为 1029.38 亿元，较上年增长 3.50%，其中，注册资本为 5 亿元及以上的有 35 家，占比 12.18%；注册资本为 2 亿~5 亿元的有 128 家，占比 47.23%；注册资本为 1 亿~2 亿元的有 65 家，占比 23.99%；重庆市小额贷款公司的平均注册资本为 3.28 亿元，较上年增长 11.2%；注册资本增加的主要原因是国家降杠杆的宏观政策，大批互联网小额贷款增加注册资本，如阿里和苏宁小额贷款等。

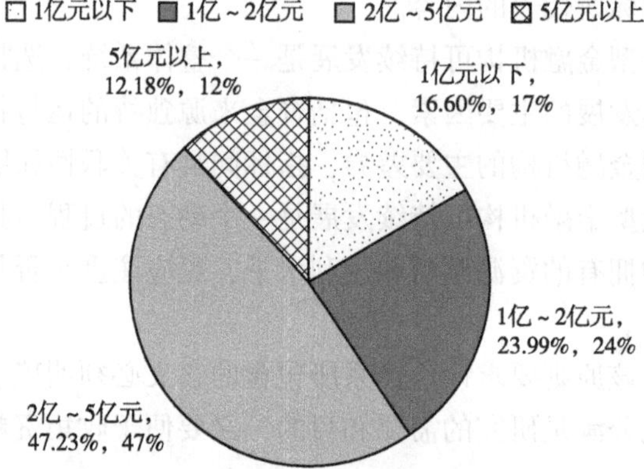

图 1　重庆市小额贷款公司注册资本结构

从融资现状来看，截至 2019 年，重庆市小额贷款公司由传统的单一融资渠道发展到现在的包括资产转让、股东定向借款、同业拆借等多元化融资渠道，瀚华小额贷款推出上交所首单小额贷款资产证券化产品、商汇小额贷款在新三板挂牌上市等事件。重庆市小额贷款公司融资渠道拓宽后，小额贷款公司资产总额持续增加，与注册资本的差距逐渐增大，达到注册资本 1.76 倍左右。

从贷款现状来看，截至 2019 年 9 月，重庆市小额贷款行业期末贷款余额 1673.07 亿元，中国排名第一，相比 2018 年末增长 3.61%，2011—2016 年同比增速分别为 129.92%、94.42%、124.11%、43.75%、20.06%，增速逐年放缓；期末自营贷款 157 176 亿元，占 97.34%。委托贷款余额 42.95 亿元，占 2.66%。截至 2019 年 9 月贷款户数 1072 万户，全年实现营业收入 104.89 亿元，缴纳各项税金 14.85 亿元，居重庆市金融业第四位。实现净利润 30.88 亿元，同比减少 585%。

从全国范围看，重庆市小额贷款行业从业人数和机构数量相对较少，但重庆市贷款余额却连续两年大幅领先排名第二的省份，反映出小额贷款业务在重庆市繁荣发展的同时，更应该注意业务合规、杠杆压降等监管缺位问题，牢牢守住不发生区域性风险、不引发系统性风险的底线。除此之外，在重庆市小额贷款公司的发展过程中还存在市场定位不明确、资金渠道不足、风险控制能力弱等问题。所以在未来时期，重庆市小额贷款公司为实现可持续发展，重点需要从完善外部环境、加强内部建设以及重视对外交流等方面进行提升。具体来说，要不断强化内部控制，提高竞争力，科学决策与运营，强化风险防控，以此促进重庆市小额贷款公司的健康和可持续发展，繁荣农村经济，解决中小企业融资难等问题。

资料来源：重庆市人民政府办公厅。

10.4 微型金融机构的社会责任与客户保护

10.4.1 微型金融机构的社会责任

微型金融机构的社会责任更聚焦于小微企业、个体工商户和“三农”等金融弱势群体，为其提供小额度的贷款、储蓄、保险及货币支付等一系列金融服务和产品，促进该群体的良好有序发展，保证社会经济的良性运转、不断调节经济健康发展。微型金融机构不能仅把自己看作是资金的提供者，也不能专从赢利的角度看待问题和开展营销、提供服务，而要站在服务客户、服务社会、服务国家的高度，怀有强烈的社会责任感，不断满足目标群体需求，在服务中主动担当社会责任。

另外，社会责任和社会绩效之间既有联系又有区别。企业社会责任在企业绩效中起着举足轻重的作用，而企业社会绩效反映企业社会责任准则和用于解决社会问题的政策之间的相互根本作用。其中，企业可以通过致力于社会责任增加其社会绩效，提升社会服务、保护利益相关者等来建立较好的公众形象，并增强顾客对企业的信赖。社会绩效则是企业的社会责任履行程度，是企业社会责任的延伸。企业在业务层面通过经营活动创造财务绩效，在经营活动中承担社会责任创造社会绩效，最终在资本市场上以企业价值的方式呈现，而分担社会责任可以实现社会绩效和经济绩效的双赢。

10.4.2 微型金融机构的客户保护

10.4.2.1 微型金融机构客户保护的原则

在传统金融中不存在客户保护(customer protection)的概念，但微型金融的服务对象是“中小微弱”客户，他们多数是低收入群体，甚至是贫困群体，金融知识相对匮乏，而且该群体不了解金融产品的各种要素以及在贷款过程当中所拥有的权利和利益，对自己权益进行保护的意识薄弱。同时，他们对债务负担的估计也不足，易形成过度负债。但目前，对微型金融客户的保护还没有引起足够的关注。针对微型金融需求者提供的金融产品，在营销过程中很多方面是不利于微型金融客户的保护。

在客户保护方面，国际微型金融客户保护原则主要包括以下内容：

(1)合适的产品设计和服务原则

主要指针对小微企业、个体工商户和“三农”等金融弱势群体，通过了解该群体的需求，进而设计合适的产品并提供相应的服务。

(2)避免过度负债原则

主要指避免所承担的债务超过收入的50%，造成资金缺乏流动性，导致债务过多，期限结构不合理，引发现金性财务风险等问题。

(3)透明度原则

主要指应当及时公开一切影响微型金融活动的政策、体制和规则等，防止因不公开而造成的信息不对称等问题，也便于了解相关政策措施和法律规定，提高市场的可预见性，促进微型金融的稳定发展。

(4)负责任的定价原则

主要指在定价方面应科学合理、公平公正、遵循市场原则等，以服务弱势群体为基本出发点，进行合理定价。

(5)客户隐私保护原则

主要指要对客户个人信息进行保护，避免客户的合法权益造成损害。其中包括要有合法的个人信息处理方式、要征求个人信息使用的授权同意等。

(6)有效投诉机制原则

主要指客户可以从相关渠道向机构进行意见反馈。通过意见反馈，制订相应的处理机制，便于加强对客户投诉处理的管理，提高服务水平。

10.4.2.2　微型金融机构客户保护的发展

20世纪以前，微型金融的客户保护主要集中在如何减轻自然灾害对微型金融客户的伤害。20世纪之后，随着微型金融的发展，微型金融的客户保护的现实需要日益增加，微型金融机构客户保护的重要地位和作用得到不断强化，成为各国在金融改革过程中的重要方面。随着客户保护原则的不断宣传推广，越来越多微型金融机构的客户保护意识逐渐增强，参与客户保护管理的微型金融机构也逐渐增加，这些机构的社会绩效管理也将取得卓有成效的成绩，进一步推动微型金融高质量发展。

中和农信客户保护

1996年中国扶贫基金会为帮扶农户成立小额信贷项目组，中和农信由此孵化而来。当其通过自身运营可以初步实现“自给自足”时，在2008年引入除中国扶贫基金会以外的新股东后，中和农信从非政府组织正式转为公司化运营。成立之后的中和农信一直致力于以商业化手段解决农村金融服务不足的问题，同时更是在客户保护方面展现出特色。

由于农村信用社、农业商业银行和邮政储蓄银行在中国农村信贷市场上占据着主要份额，它们面向农户提供信贷支持，但由于物理网点受限、信贷门槛高等原因，业务难以落实到位，信贷服务只能覆盖部分有抵押和征信记录的农民。而中和农信则关注到这些传统机构没有提供服务的市场，将核心客户群体定位于这些不能接受传统商业银行服务的农村相对贫困群体，为其提供相对应的小额信贷服务。同时，中和农信遵循孟加拉国乡村银行模式打造的扶贫观念，借鉴孟加拉国乡村银行的模式进行助农、助贫信贷。而中和农信经过多年摸索，对孟加拉国乡村银行模式进行适用于中国的本土化创新，打造小组模式和个人贷款的两种模式。另外，为降低不良贷款率，保证企业可持续发展，中和农信聚焦于贷前和贷后两个阶段进行风险控制。在贷款前，中和农信依靠其打造的本土信贷员团队收集客户还贷能力和还贷意愿等软信息，减少信息不对称。而贷后的风险控制则通过征信记录、小组贷款的声誉惩罚机制以及信贷员追踪与大数据的双层风控等方式来实现。

在客户保护这一方面，同行业金融机构忽略的方面，中和农信始终坚持打造国内信贷的最高标准，不仅在融资上为农户提供帮助，还通过金融教育等多种方式提高农户金融素养。从 2019 年开始，中和农信就开始进行安信永(ACCION)的 Smart 客户保护认证。目前，中和农信也是中国唯一一家积极进入 Smart 认证流程的公司。中和农信要求每个信贷员在办理贷款时必须评估客户还贷款能力与最大负债额度，并向客户充分解读贷款协议条款，以此充分保护客户的知情权。不允许信贷员只顾自己业绩，而使得客户的贷款额度超出最大负债额。2017 年 5 月以来，由中和农信赤城分公司组织的金融教育活动共举办 35 场，为当地百姓介绍金融知识及法律等服务。

2018 年，中和农信将 6 亿元融资完成，其股东包括：中国扶贫基金会、国际金融公司、蚂蚁金服、德泰 TPG 投资、红杉资本中国基金、仁达普惠以及香港天天向上基金。公司的愿景则是为打通农村金融的“最后一百米”，真正深入到乡村之中，成为“山水间的百姓银行”。

资料来源：《经济日报》。

本章小节

微型金融机构的社会宗旨是为低收入者和弱势群体服务，而通过良好的财务绩效获得可持续发展仅是其中的手段。微型金融机构的发展既要追求财务可持续，也要实现社会目标。实现社会绩效目标是小额信贷产生的动因和初衷，良好的财务绩效是实现社会绩效目标的保障，然而这两个目标间的冲突却长期困扰其发展。微型金融机构的发展要兼顾社会绩效和财务绩效，要不断兼顾公平与效率，实现微型金融机构社会绩效与财务绩效的协调发展，这也更加符合中国的国情。微型金融机构应该重视客户保护原则和客户教育，规范和引导机构和从业者遵循客户保护原则，将其融入产品设计和商业实践当中，发挥市场在资源配置中的主导作用，保证社会经济的良性运转、不断调节经济健康发展。

关键术语

财务绩效；社会绩效；双重目标；社会绩效管理的宗旨；社会绩效要素；目标选择；策略执行；社会影响；财务绩效计划；财务绩效控制；财务绩效评估；财务绩效反馈；社会责任；客户保护；客户隐私保护。

思考题

1. 简述微型金融机构社会绩效和财务绩效的关系。
2. 简述微型金融机构社会绩效管理的流程。
3. 简述微型金融机构社会绩效评估指标和评估方法。
4. 简述微型金融机构客户保护的意义。

11 微型金融的监管

学习目的

➤ 掌握常见的金融监管理论。

➤ 了解微型金融的监管现状，包括监管框架以及对不同微型金融机构主体的监管内容。

➤ 明晰微型金融监管的不同模式以及国内外差异。

➤ 了解理论传统金融监管体系与微型金融的匹配性。

11.1 金融监管理论

11.1.1 金融监管必要性理论

金融监管必要性理论包括以下核心观点：

(1)金融市场存在着无序、不稳定和不公平的现象

金融市场是一个高度复杂的系统，其中涉及众多的市场参与者和金融产品。这些参与者之间存在着信息不对称、道德风险、市场垄断等问题，容易导致市场的不公正和不稳定。

(2)缺乏有效的监管机制将导致金融市场的失控

如果没有有效的监管机制，金融市场中可能出现诈骗、欺诈、假冒伪劣等问题，引发信用危机、金融泡沫等问题，对金融经济产生严重影响。

(3)政府应该通过监管来保证金融市场的正常运行

政府作为监管者，在监管金融市场的过程中应该确保市场的公平、透明和稳定运行，保护市场参与者的利益，防范市场风险的发生。

(4)具体的监管措施

即对金融机构的许可、监管和处罚，对金融产品的监管和审批，以及对金融市场的监控和调节。通过严格的许可、监管和处罚制度，可以规范金融机构的行为，防止其从事违规操作；通过审批制度，可以确保金融产品的合法性和合规性；通过监控和调节手段，可以及时发现和应对市场风险。

11.1.2 金融监管有效性理论

金融监管有效性理论的核心观点是金融监管在一定程度上能够有效地促进金融市场的稳定和健康发展。具体而言包括以下几点：

(1)金融监管能够规范市场行为，遏制违法违规行为

政府通过监管制度来规范金融市场中各个参与者的行为，加强对违法违规行为的惩罚力度，形成压力，使市场参与者更加自律，避免不必要的风险和金融危机。

(2)金融监管能够增强市场透明度，提高市场信心

政府通过信息公示、透明度提高等手段，让市场参与者更加了解市场情况，减少信息不对称，提高市场信心，从而促进市场的稳定和健康发展。

(3)金融监管能够保障公众利益，防范金融风险

政府通过制定监管政策和标准来保障公众利益，避免出现重大金融风险，从而维护金融市场的健康和稳定。

(4)金融监管能够促进金融市场的发展，提高经济效益

良好的监管制度能够吸引更多的资本投入到金融市场中，为市场参与者提供更加安全、透明、有效的服务，推动金融市场的发展，从而提高经济效益。

总的来说，金融监管有效性理论认为，金融监管不仅能够规范市场行为，提高市场透明度和信心，还能够保障公众利益和防范金融风险，在促进金融市场发展和提高经济效益方面发挥着重要作用。而在实施的过程中，理论提出金融监管的有效性取决于监管机构的立法权威、监管机构的执行力、监管机构的独立性、监管机构的合作性。金融监管机构必须在4个方面取得平衡，才能够发挥其最大的监管效果。

11.1.3 其他金融监管理论

11.1.3.1 政府掠夺理论

该理论将政府假设为获得利益的阴谋者，政府策划监管政策通过管制和监管达到其目的。该理论认为，政府和政治家的自身利益驱使金融监管模式的变动。在西方政府通常被认为社会公众的服务性机构，政治家是由社会公众选出的代表其利益述求的人，但是，政府和政治家也是有自身利益需求的，在效用分析和平衡后最终与社会公众的述求差异较大。该理论认为，政府进行金融监管的真正目的是通过监管来实行其自身政治和经济的需求，利益的最大化。

11.1.3.2 功能观的监管理论

从20世纪70年代开始，随着经济自由化思潮的复苏，西方国家渐渐放松对金融业的管制，国际金融业出现新的变革和发展，其突出特点是金融产品不断创新，出现金融企业混业经营趋势，传统的分业监管模式已显现弊端，出现“监管真空”。在这种情况下，产生功能观监管理论。“功能观监管”概念主要是来自于有关金融体系的“功能观点”学说，指依据金融体系基本功能而设计的金融监管体制，即由同一个监管者对一个给定的金融活动进行监管。功能观金融监管的代表人物主要是Merton和Bodie等。该理论的主要观点是，以产品类型划定监管标准，同一类金融产品和服务，无论由哪家金融机构提供，应受到同质监管，金融监管的目标应是金融产品，而不再是金融机构个体或是某一行业。

11.1.3.3 监管激励理论

20世纪80年代之前，金融监管理论研究基本都是经验研究，尚未成为一个完成的理

论体系，直到两位法国经济学家 Laffont 和 Tirole 发表《政府采购与监管中的激励理论》，该理论使监管理论成为微观经济学范畴内一个独立系统。在传统监管理论研究中，监管制度都是外生的，未涉及与监管对象的互动问题，如在 Ramsey-Boiteux 模型中，就未涉及监管对象的激励问题。监管激励理论将激励问题引入到金融监管研究中，开辟新的研究视角，将监管问题研究归纳为最优机制设计问题研究，即在充分考虑监管者和监管对象的约束条件、信息结构、可行工具的情况下，运用完备合约方法，分析双方的行为和最优均衡状态，并从内生本源的角度研究分析监管中的诸多问题。

11.1.3.4 金融监管组织结构理论

金融监管组织结构理论将金融监管内部组织结构安排和运作方式作为研究对象，将传统监管理论所避讳的“黑箱”纳入研究，从 1980 年开辟全新的理论研究领域。金融监管组织结构理论可以看作是金融工程学的重要节点，它更像是一个建筑工程，研究金融监管体系的建构、监管组织之间的分工、监管目标定位和组织部门间协调运作等。监管效率和绩效受监管组织结构影响明显，选择不同的监管目标、不同的监管方法、不同的监管决策过程最终结果大不一样。

11.2 微型金融监管框架

金融监管框架的建立和完善，对于维护金融市场的稳定、消费者权益保护和金融机构的健康发展具有重要意义。而对微型金融机构的监管，必须考虑微型金融机构这一群体与现有监管机构之间的差异，建立一个为微型金融量身定做的监管框架。并且需要充分考虑法律法规、风险管理、监管机制、信息化建设、社会监督等方面，在不断实践总结中不断完善和优化。

11.2.1 监管的原则

微型金融机构有别于普通商业银行机构，其特殊性主要表现在其主要资产，即小额贷款，缺乏必要的抵押。因此，这些资产在商业银行看来都属于不良资产。此外，并不是所有的微型金融机构都可以吸收存款，对于只贷不存和既贷也存的两类机构，其监管方式也应该有所差异。因此，有必要讨论微型金融机构的监管原则。考虑中国实际情况，微型金融监管框架的设计应当考虑以下几个原则：

11.2.1.1 适应性原则

在制定监管政策时，必须充分考虑微型金融机构的特殊性和市场需求，确保监管框架与各类微型金融机构的实际性质和类别相匹配。当前存在多种机构类型，包括小额贷款公司、村镇银行、农村资金互助社和农村信用合作社等，它们的运营方式各有差异，因此需要采取不同的监管措施。例如，关于设立门槛，农村信用合作社的注册资本金要求不少于 100 万元人民币，而市县级的村镇银行则要求注册资本金不低于 300 万元人民币。

11.2.1.2 灵活性原则

监管框架的设计应该考虑到微型金融机构的运作机制特点，并采取更加灵活和具有弹性的措施，而不是将微型金融机构过度僵化地纳入与传统金融机构相同的监管标准。例如，对于贷款损失准备金的计提，如果按照商业银行的五级分类标准执行，很多小额贷款公司的资产都会被视为不良资产，导致需计提的贷款损失准备金数量巨大。这将对公司的长期发展和整个微型金融行业的发展产生不利影响。因此，应该制定更加灵活的标准来评估微型金融机构的贷款质量。

11.2.1.3 激励性原则

监管框架的设计应当能够激发机构、投资者、捐赠人和其他贷款者的积极性，鼓励他们更主动地为贫困人群提供金融服务，而不是通过法律框架遏制这种参与的积极性。例如，国务院第 23 号文件指出，“小额贷款公司依法合规经营，没有不良信用记录的，可在股东自愿的基础上，按照《村镇银行组建审批指引》和《村镇银行管理暂行规定》规范改造为村镇银行”。这为小额贷款公司的民营资本提供积极的激励机制。但银监会为此制定六类 13 项严格要求，这可能对民间资本的进入不利。因此，在监管微型金融机构时，应该提供适当的正向激励机制，以支持该行业的发展。

11.2.1.4 成本收益原则

监管框架的设计必须综合考虑监管行为和被监管行为对监管者和被监管者可能产生的成本和收益。这意味着监管框架首先要考虑微型金融机构自身的成本，如信息披露文件的整理和报送成本；其次，还需要考虑到监管者的成本，包括大量微型金融机构监管所需的人力、物力和财力。就中国实际情况而言，应该仔细考虑是在中央设立专门的监管机构，还是将微型金融机构的监管权限下放到地方政府。从当前情况来看，中央设立特别机构来监管不仅对监管者和被监管者都具有高昂的成本。因此，对于微型金融机构，政府应该放开手脚，避免不必要的干预。

11.2.1.5 监管主体原则

监管框架的设计中应明确各类微型金融机构的监管主体，并明确各主体的职能划分，确保职权清晰。例如，在涉及审慎监管和非审慎监管时，可以由不同的监管主体负责。可以成立行业性的自律组织，负责对微型金融机构进行微观层面的非审慎监管，而中央银行可以负责实施审慎监管，并制定宏观审慎监管的规定，如资本充足率、股权集中程度和贷款集中程度等方面的规定。

综上所述，微型金融机构的监管涉及多个方面，包括准入机制和资本充足程度等。因此，监管框架的设计必须体现灵活性、激励性、成本收益原则、适应性原则以及监管主体原则。

11.2.2 监管的目标

微型金融有其自身特点，设立微型金融监管框架时需将这些特点考虑在内：为那些少有其他金融服务选择的客户提供银行服务；微型金融机构的投资组合较为单一，而且有时不稳定；微型金融机构的储蓄和信贷交易价格相对较低，因此不容易引起广泛的系统性不稳定问题；当微型金融机构(特别是规模较大的机构)没有恰当管理和监控时，微型金融行业内部会形成市场风险。因此，微型金融监管的目标主要有以下几个方面：

(1)保护消费者权益

监管机构希望通过对微型金融机构的监管，保障消费者的合法权益，防止微型金融机构非法集资、欺诈等违法行为，保护广大民众不受损失。

(2)维护金融市场稳定

微型金融机构作为金融市场的一部分，如果出现经营风险，有可能会引起连锁反应，对整个金融市场造成影响，因此监管机构需要加强监管，维护金融市场稳定。

(3)支持小微企业发展

微型金融机构是小微企业的主要融资渠道之一，监管机构需要通过规范微型金融机构的经营行为，促进小微企业的融资和发展。

(4)推动金融创新

监管机构需要在保护消费者权益和维护金融市场稳定的前提下，鼓励微型金融机构进行金融产品创新和业务模式创新，满足社会多样化的金融服务需求。

11.2.3 稳妥性要求

微型金融机构的服务对象主要是中小微企业和普通大众，这些人群往往没有较高的金融知识和风险意识，因此更容易成为金融风险的受害者。微型金融监管的稳妥性要求可以有效防范金融风险，保护小微金融服务对象的权益。另外，微型金融机构虽然规模较小，但是也会对金融市场和金融安全产生影响。如果没有稳妥性要求的监管，将会增加金融市场的风险和不确定性，进而影响整个金融行业的安全稳定。而且，微型金融机构作为金融行业中的重要组成部分，其稳健、可持续的经营是必要的。微型金融监管的稳妥性要求可以促进微型金融机构健康发展，提升其信誉度和品牌价值，进一步推动金融服务的普惠性和可持续性。具体而言，稳妥性要求包含以下几点：

(1)资本充足率

众多国家都对微型金融机构提出专门的最低资本充足率要求。其中一个重要的特征是多数国家对微型金融机构的资本充足率要求都高于普通商业银行。如秘鲁是9.1%，阿尔巴尼亚是10%，乌干达对于微型金融机构设置的最低资本充足率甚至高达15%。

(2)最低资本要求

考虑到一些微型金融机构不具备吸收存款的权利，因此就需要对其设置一个最低资本要求。一是确保实现微型金融的功能，二是达到监管者的审慎监管要求。如阿尔巴尼亚对开展微型金融服务的非政府组织的最低资本要求是120万美元，坦桑尼亚根据金融企业是否设立全国性的分支机构，分别设置8亿和2亿的坦桑尼亚元的核心资本要求。

(3)贷款准备金要求

审慎监管的另一个方面是通过报告制度和贷款准备金制度来控制微型金融机构的资产质量。如埃塞俄比亚，对总存款大于或等于100万比尔的微型金融机构的要求是，分别提取25%的标准贷款准备金、50%的可疑贷款准备金和100%的损失准备金；对总存款在100万以下的微型金融机构的要求是提取50%的可疑贷款准备金和100%的损失准备金。

(4)流动性比例要求

流动性要求的目的是保证微型金融机构保持一个充足的流动性水平，以满足所有能预测和不能预测的债务。有的国家要求较松，而有的国家的较严。如阿尔巴尼亚，对信用联盟的流动资产比率要求是10%，低于世界信用社理事会的建议值是15%；而埃塞俄比亚对流动储蓄超过100万比尔的微型金融机构的流动性比率要求是20%，比商业银行15%的标准要高。

11.2.4 报告和非现场监管制度

在微型金融监管方面，报告和非现场监管制度更为重要。报告制度是指微型金融机构需要定期向相关部门提交各类报告，以便监管部门及时掌握该机构的经营状况和风险状况。这些报告包括但不限于：年度报告、季度报告、月报、日报等。其中，年度报告主要用于反映该机构的财务状况和经营情况；季度报告则可用于开展业务评估、风险评估及内部管理工作；月报和日报则更加注重运营数据和业务变动情况等。考虑到微型金融贷款组合的单一性和容易迅速恶化的潜在风险，一个相对严格的报告制度有利于监管者获得有用、及时的信息。例如，秘鲁要求微型金融机构每天、每周以及每月都要提交财务报告和其他事项；在埃塞俄比亚，微型金融机构则只需上报季度报告。

非现场监管制度是指监管部门不需要到现场实地检查，而是通过收集机构的报告、调阅机构信息系统数据、对比监测等方式来进行监管。相较于传统的现场监管，微型金融监管中的非现场监管制度具有监管效率高、监管成本低、实现异地监管、实现前瞻性监管、促进信息化发展等优势，并且可实现对异地机构的监管，缓解监管人员不足的问题。非现场监管制度的核心是数据监测，这需要机构的信息化系统达到一定水平。监管部门可以通过信息化手段采集机构的经营、财务、风险等数据，对其进行监测和分析。

11.2.5 对准入、运营、退出的监管

11.2.5.1 准入监管

微型金融监管中的准入监管是指对新设立的微型金融机构进行准入前的评估和审批。准入监管是微型金融监管的重要环节，它可以从源头上控制市场准入，保障市场的健康有序发展，有效防范市场风险。在准入监管中，监管部门主要需要考核申请机构的资质条件、经营计划、风险状况等方面。具体包括以下几个方面。

(1)资质审查

对机构的合法性、资质条件、股东背景等进行审查，确保机构符合相关法律法规和监管标准。主要包括注册资本、经营范围、公司章程、股东结构、法定代表人等方面。

(2)经营计划

审查机构的经营计划，包括管理架构、组织结构、风险控制等方面，确保其经营合理、可行。具体包括市场定位、产品设计、运营模式、风险控制等方面。

(3)风险评估

对机构所涉及的业务进行风险评估，确定其是否会产生重大风险，主要包括市场风

险、信用风险、操作风险等方面。

(4)监管要求

监管部门会对机构提出各种监管要求，包括内部控制、风险防范、业务管理等方面的要求，确保机构在运营过程中能够有效预防和化解风险。

在完成准入监管评估之后，监管部门会根据评估结果决定是否批准机构的准入，并给予相应的许可或者注册。准入监管是微型金融市场发展的前提，只有在准入监管得到有效实施的情况下，微型金融市场才能健康稳定发展。

11.2.5.2 运营监管

微型金融监管中的运营监管是指对已经注册的微型金融机构在日常经营过程中的各种行为进行监管。运营监管是微型金融监管的重要环节之一，它可以确保微型金融机构在业务过程中合法合规、风险可控，有效防范市场风险。在运营监管中，监管部门主要需要考核机构的内部控制、风险防范、业务管理等方面。具体包括以下几个方面：

(1)日常报告

要求机构根据规定提供各种有效信息，以便监管部门及时掌握机构的经营状况、风险状况等。主要包括财务报告、风险报告、运营报告等方面。

(2)内部控制

审查机构的内部管理制度、风险防范机制和合规制度是否健全，确保机构在运营过程中能够有效预防和化解风险。主要包括政策制定、流程管理、风险预警等方面。

(3)风险防范

要求机构建立健全的风险控制体系，设计科学合理的产品和服务，确保机构本身和客户在业务过程中不会产生重大风险。主要包括风险管理、风险评估、风险防范等方面。

(4)业务管理

对机构的业务开展进行监管，确保机构的业务合法合规。主要包括业务审批、客户管理、资金管理等方面。

监管部门会通过现场检查、调查取证等方式对机构进行监管，并对违规行为进行处罚。运营监管是微型金融市场发展的重要环节，只有在运营监管得到有效实施的情况下，市场才能实现持续健康发展。

11.2.5.3 退出监管

微型金融监管中的退出监管是指对已经注册的微型金融机构在业务运营过程中，由于种种原因，不得不进行退出或注销，监管部门要对其进行整体退出的监管工作。退出监管是微型金融监管工作的重要组成部分，通过规范和引导微型金融机构的退出流程，有效防范市场风险，保障市场的健康稳定发展。在退出监管中，监管部门主要需要考核机构的资产清算、债权债务处置、业务转移、风险防范等方面。具体包括以下几个方面：

(1)清算债务

对机构的各项债务进行清算，包括应付账款、税款、职工工资、社保、供应商货款等方面。确保机构在退出时没有未偿还的债务。

(2)处理债权

对机构的贷款、债券、股权等方面进行处理，以确保债权人能够得到合理补偿。同时要对机构进行资产转让和资产处置，以尽快清算资产。

(3)业务转移

对机构的存款、贷款、投资等业务进行转移，确保客户权益得到保障。同时要对客户进行充分告知和引导，以避免损失。

(4)风险防范

在退出监管中，要加强对机构的风险防范工作。主要包括风险管理、风险评估、风险控制等方面。

11.2.6 鼓励措施

金融机构要遵守一系列的监管要求，不仅是资本充足率、合理的管理等核心审慎要求。同时，政策制定者要设计适应微型贷款现实情况的非审慎标准，以促进市场的稳定和发展。微型金融监管中的鼓励措施是指为促进微型金融机构的健康发展和市场繁荣，监管部门采取一系列鼓励措施来支持微型金融机构的创新，提高市场竞争力，并加强对市场的引导和规范。这些鼓励措施通常包括财政、税收、金融、市场、监管等多方面的扶持政策。

全球各国家和地区的微型金融监管中出现过很多效果不错的鼓励措施实施方案。如财政支持方面，中国政府于2014年启动“贫困县综合金融服务项目”，为微型金融机构提供资金支持，帮助其进入贫困地区，并向贫困户提供金融服务；税收优惠方面，阿尔巴尼亚针对不同类型微型金融机构采用不同的税收政策。储蓄和信用协会及其联盟由于他们的非盈利的本质而免税，但商业银行涉及微型金融的部分要对其盈利收取10%的税；金融创新方面，巴基斯坦的Easypaisa、肯尼亚的M-PESA等微型金融机构通过使用移动支付技术来发展他们的业务，将金融服务带给更多没有银行账户的人；市场导向方面，印度政府通过让农民借助微型金融机构获得低成本的燃料和种子，以及高科技灌溉设备的战略引导，以帮助农村经济实现增长；监管协调方面，中国政府建立市场监管部门和监管机构之间的协调机制，以确保微型金融机构能够在具有市场竞争力的同时，也保持良好的监管和合规标准。

11.3 微型金融监管主体

11.3.1 对存款类微型金融机构的监管

并不是所有的微型金融机构都可以吸收存款，对于只贷不存和既贷也存的两类机构，其监管方式也应该有所差异。在实践中，监管部门要分清审慎性监管与非审慎性监管的对象。

对于吸储类微型金融应进行审慎性监管。当微型金融逐步发展，业务不再局限于小额贷款时，就需要考虑对存款型微型企业的审慎性监管问题。审慎性监管又称“金融风险监管”，目的在于确保被授权机构保持偿付能力，或是微型金融机构发生资不抵债和流动性风险的时候终止其储存业务。审慎监管主要关注监管机构的财务健康，确保不发生金融性风险。对存款类微型金融机构的监管包括以下几个方面：

11.3.1.1 采用审慎监管的原因

(1)为防止金融危机出现

在金融机构之间的联系日趋紧密的背景下，守住不发生系统性金融风险是一项重大任务，审慎监管可以尽可能防止因一个机构倒闭而造成其他机构的受损，如果这时一个规模很大的机构，就可能破坏公众的信心，从而导致银行挤兑，甚至对整个金融体系造成威胁。所以采用这一监管方法是为维系国家金融体系的稳定性。

(2)保护小储户的利益

存款类微型金融机构面向的多是贫困人群和低收入客户，因为信息不对称的存在小储户没有能力对储存在金融机构的资金加以监督，审慎监管的存在能尽可能保护到这类风险承受能力不强的客户。

11.3.1.2 主要的监管内容

(1)最低资本金

原则上，最低资本金的设置要足以确保微型金融机构能负担必要的基础设施开支、管理信息系统(MIS)支出以及日常的资本流动需求，一般是通过行政规章设定最低资本金要求。最低资本金不能过高，过高会使得市场准入门槛超过投资者的负担能力，同时会大大降低微型金融机构的商业盈利性；最低资本金也不能过低，过低会让营业牌照的发放数量激增，加大监管机构的监管压力，造成监管效果不佳。因此最低资本金需要和微型金融机构的规模挂钩，需要具有一定的灵活性以适应市场的变化。

(2)业务许可

某些机构只能从事贷款和存款业务，但是有的机构可以允许它们提供汇款、外汇服务和微型保险等其他业务。监管机构应当根据机构规模、风险承担能力、企业发展前景等因素来判断微型金融机构是否有能力进行更复杂的业务，如提供活期存款或者从事对外贸易融资可能超过微型金融机构的管理能力和专业能力，会造成企业潜在风险过高而不利于长期发展。同时，可开展的业务类型限制也会影响审慎监管要求，特别是资本金要求和流动性规则。

(3)资本充足率

资本充足率(CAR)是衡量一个银行的资本对其加权风险比例的百分比表示量。资本充足率高代表存款人和金融系统面临的风险小，但另一方面，这也意味着存款准备金少，从而对盈利能力造成负面影响。监管者在设定微型金融机构的资本充足率时，需要对安全性和服务获取这两方面予以衡量考虑。一般来说，与商业银行相比，刚成立的微型金融机构对股东权益进行杠杆化、建立起贷款业务体系所花时间更长，不会受到高资本充足率的影响。但从长期来看，高资本充足率可能阻碍贫困人群对金融服务的获取途径。

(4)存款准备金

法定存款准备金率是指一国中央银行规定的商业银行和存款金融机构必须缴存中央银行的法定准备金占其存款总额的比率。国家调节法定存款准备金率也是货币政策的一种有效方法。为增加对小微企业以及“农业、农村地区”的支持，2022 年 4 月中国人民银行决定降低金融机构存款准备金率 0.25 个百分点，以可以激发市场活力，为经济的发展创造适当的货币金融环境。

(5)无担保限制

一般情况下，法规会规定金融机构的无抵押贷款不得高于其股权资本的一定比例。但在针对微型金融机构时，这项规定会限制微型金融机构的小额贷款规模，进而降低对小额信贷需求者的吸引力。为解决这一问题，有些监管部门在实际应用过程中对符合条件的小额贷款组合不设置股权资本比例，也不要求过高的贷款损失拨备。

(6)内部治理

巴塞尔核心原则提及：“良好的公司治理是有效的风险管理和公众对单个银行以及整个银行体系信心的基础。”良好的公司治理环境是开展一切金融活动的前提保障，在审慎监管过程中则更加强调内部治理的重要性。一般来说，存款型微型金融机构的董事会应当独立于管理层，并且其中具备金融和银行工作素养的人士应当占据一定的数量。

(7)贷款合同和相关文件

鉴于微型金融机构规模和借款人的特征，微型金融机构的信贷文件相较于传统银行应尽量精简，省去抵押物相关文件和借款人正规的财务报表，但一般需要包括以下文件：贷款合同、贷款申请、客户身份证复印件、贷款评估、客户此前贷还款情况，信用报告、还款时间表等。

11.3.1.3 监管处置办法

微型金融机构的特征多样化，传统的监管处置办法也不一定完全适用于微型金融机构。如资本追缴和强制资产销售及兼并的办法，对于微型金融机构的使用效果不如传统银行，另外停止放贷令的实施可能会起到反作用。所以在监管过程中实施纠正手段时应灵活调整。

(1)停止放贷的命令

如果微型金融机构陷入困境，监管部门有时会发出放贷停止令以阻止银行进一步承担信贷风险。但与传统商业银行不同的是，商业银行有抵押物作为担保，银行在停止放贷时也不会影响其客户继续还款的意愿，这样就不会对银行造成威胁。但是微型金融机构停止放贷，没有抵押约束许多借款人就会停止还贷。也就是说，对于一般的微型金融机构，停止放贷的命令不能解决问题，反而可能让问题更加严重，提高微型金融机构的坏账率。

(2)资本追缴

当微型金融机构陷入困境时，监管部门发出追缴通知，强制让投资者和捐助者补充资金。这一办法仍然存在缺点：批准和拨付可能需要冗长的内部程序，而且投资者可能不愿在危机形势下冒险。

(3)资产组合监督

监管者可以根据微型金融机构的制度构成和历史表现制定资产组合监督手段，如贷款文件备案。所以监管者必须要有一定的金融运营方面的知识。

(4)资产出售或合并

当商业银行倒闭时，通常可以把它的抵押贷款资产卖给一个经验良好的银行，或由交于其他银行并购。但是这一办法对微型金融机构也很有局限，因为微型金融机构和客户往往保持密切的关系，这就意味着其资产在其他机构并没有太大的价值，这样做只会带来价值损失。

11.3.2　对非存款类微型金融机构的监管

对非吸储类微型金融组织只需非审慎性监管，也称为"业务行为"监管。非审慎性监管针对的是那些不需要政府采取措施保护金融财务健康的机构，涉及的范围很广，而且一般来说即关系到存款类机构，也关系到非存款类机构。与审慎监管相比，非审慎监管的成本也更低。对非存款类微型金融机构的监管包括以下几个方面：

11.3.2.1　采用非审慎监管的原因

这是因为对于非存款类微型金融机构而言，没有需要保护的小额存款人。这也就意味着监管当局没有保障被监管机构稳定发展的认可和责任，只需确保微型金融机构作为一种商业活动以合法、互惠的原则运行。所以在监管过程中，只用将其放在一般商业法规下进行，并由相关政府来管理即可。

11.3.2.2　主要的监管内容

(1)业务准入许可

想要扩大微型金融的服务范围，就需要颁布法规授权非存款性微型金融机构从事贷款业务，因为这些机构不存在存款风险，不需要进行审慎监管。微型金融机构的业务准入许可有3种：特许牌照、许可证和备案制。注册登记和颁发许可的过程应该公开透明而且简单直接，而且监管者要求申请人提供的信息应该与具体的管理目标相关，不同的业务类型的一般性法规也不尽相同。

(2)保护借款人利益

金融服务本身对于贫困人群就存在排斥效应，这与微型金融机构的初衷相悖，因此监管机构因明确政策保护客户群体，主要从以下3个方面进行：

①要有充分和透明的公开信息，要准确而且易于理解地将放贷的真实信息(包括利息、还款日期、违约处罚和其他条例)向借款人及时披露。

②要保护借款人免受因机构自身的原因造成的损失，因为有些机构在业务过程中可能会出于降低自身风险的目的采取不正当手段，如不经审核评估的过度放贷和回收操作。监管机构需要动态监督微型金融机构的业务受理过程，及时发现不合规的方式并予以制止。

③机构间公平竞争，小微贷款客户存在严重的信息不对称，微型金融机构和监管机构都不能利用这一特征降低对消费者保护的标准而从中获利，如向消费者提供误导性信息、保护法规区别执行而产生套利风险等。

(3)利率上限

理论上讲，将利率上限设定在一个既可以使小额信贷持续经营同时又消除暴利的水平上，但实际上能找到这样的利率水平难度很大，所以目前普遍采用的替代办法是让微型金融机构进行有效的信息披露，帮助消费者真正明白各种贷款产品的定价信息，通过比对其他机构的相关产品，可以通过市场调节降低小额贷款利率，促进各类微型金融机构的良性竞争。

(4)有保障的信息服务

有保障的信息服务是微型金融机构能够健康稳定发展的必要前提，而这一目标同样极具挑战，需要监管机构制定合理的方案，让金融企业做到必要信息公开透明的情况下还能保证客户的数据隐私和安全。在微型金融机构竞争日趋激励的地方可以建立公共信息服务平台，而不具备条件的地区，可以通过对客户财务信息做出法规规定的保护手段，并且强化借款人的隐私保护意识来保证信息服务的安全性。

(5)防止金融犯罪

对于微型金融机构的监管包括 3 个方面：反洗钱、恐怖主义融资、欺诈及相关金融犯罪。大部分国家对于微型金融机构的金融犯罪法规与传统银行机构处在同一法律体系下，足以处理微型金融机构中的不当行为，监管机构只需要在现有的法律法规基础上进行修订以强化现有法律对微型金融机构的普适性。

(6)税收问题

微型金融机构需要制定一套标准的会计制度和相应的审计规则，而各个国家的税制差别大，在执行的时候需要视具体情况而定，但一般来说可以围绕对金融交易征税和金融交易净利润两个方面来研究。

(7)信用报告体系

微型金融机构想要实现可持续发展，就要建立广泛和深刻的信用信息数据库，这种数据库中记录客户的基本资料，包括当前的财物状况和信用记录，使贷款方可以以更少的成本更准确地评估贷款风险。所以信用报告在一定程度上增加贷款机构在不需要实物抵押情况下的贷款数量，也增强借款人的还款激励。

(8)国外资金和技术的投入

国外资金和技术的投入会带来一些潜在的风险：国际资金流动可能导致非存款类微型金融机构面临来自外部环境的不利影响，如经济危机和汇率波动等。此外，国外技术引进也可能存在安全和合规问题，如果不加以规范和管控，可能会带来一些不良的影响。因此，对非存款类微型金融机构的监管需要关注国外资金和技术的投入，并通过制定相关政策和措施，规范和管理其在非存款类微型金融机构中的使用和流动，从而保障消费者利益，维护行业稳定和健康发展。

(9)机构转型

很多发展中国家的微型金融机构目前仍然是以本土 NGO 或国际 NGO 的模式运作，它们为获得商业资金往往选择向商业化的盈利公司转型，这一过程存在大量的法规问题以及资产流失风险等问题，需要监管部门制定清晰的法律支撑。

11.4 微型金融监管模式

11.4.1 微型金融监管的主要模式

微型金融的监管模式可以大致分为：统一银行立法监管下的“豁免导向”模式，专门的微型金融立法监管模式，微型金融自律规则监管模式3种。下面将对这3种模式逐一进行介绍。

11.4.1.1 统一银行立法监管下的“豁免导向”模式

这种监管模式建立在微型金融机构也从事银行类型业务的假设上，认为微型金融机构应当像其他金融机构一样受到现有的银行立法规制和政府监管，进而在立法上通过“豁免途径”或“例外规则”，打破传统银行立法中微型金融机构只能选择作为“只贷不存”的机构存在的瓶颈，认定在与监督部门进行总体性或个体化地协商之后，微型金融机构的业务活动可以从众多的规范当中豁免。另外，监督往往由政府监管当局实施或者由独立的监管机构进行，并设置一定的监管责任和赔偿机制，遏制监管投机行为。该模式优势在于政府可以通过“少数例外”来最大限度地实现规管的公信力，从法律上禁止某些微型金融机构从事业务；缺陷就在于它过多地将微型金融机构囿于银行服务的范畴，限制微型金融业务的创新发展。

11.4.1.2 专门的微型金融立法监管模式

这是根据微型金融机构的特征而设立的，它预先假定立法机关有足够的兴趣将微型金融机构提交法定规管，将微型金融进行专门的立法规制，建立专门化的规制体系。然而，鉴于立法和监管经验的不足，往往需要一定的时间成本，也需要对立法的修正预留空间，在监管方面只能暂时进行委托监管，否则需要赋予监督机构新的监管职能，设置独立的主管监督部门或者选择权力的下放。显而易见，该模式的优点在于能够根据微型金融机构的特点进行专门化地监管，缺陷在于无论从立法还是监管的成本考虑，都过于高昂。

11.4.1.3 微型金融自律规则监管模式

这是在政府管理部门缺乏对微型金融机构规管足够的兴趣、能力或认识的前提下，将规管的主动权落在微型金融机构自身手中，整个过程没有政府因素的参与，且政府不以不当的法规来强行施压。该模式在减少再融资成本，为减少微型金融行业之间的恶性竞争制定统一的行为准则来约束行业的发展的动机驱动下，通过微型金融机构之间的合作和共识来完成，其最大优势在于实现微型金融机构的自治化管理，从而最大程度上追求创新。然而，这需要很强势的“惩罚机制”作为对消费者权益的保障，故在现实操作和实施效果上存在障碍。

11.4.2 国际微型金融监管模式

在国际领域，世界银行扶贫协商小组(CGAP)率先为微型金融的监管确立相关指引。

2003年6月，CGAP发布《微型金融的共同指引：规管微型金融的原则指引》，区分微型金融监管的审慎监管和非审慎监管要素，并提出规管微型金融所面临的挑战和建议。随后，该组织又在2007年发布《微型金融评价指南》，对为什么以及如何对微型金融进行评估做出解答。而在发达国家领域，由于银行化程度较高、金融服务覆盖较广、城乡差异较小，可以直接通过已有的银行体系、其他正规金融机构向社会各阶层提供信贷服务，因此基本不设立专门的微型金融机构，也无须对其进行特别的立法监管。相对而言，微型金融机构主要活跃于亚洲、非洲、拉丁美洲和中东欧一些地区，作为一种有效的扶贫手段满足所在国低收入人群的金融需求。因此，这里仅选择相关的发展中国家为代表，对微型金融的监管架构加以考察和分析。

11.4.2.1 统一银行立法规管的代表——玻利维亚

尽管统一银行法的监管模式为微型金融的发展设置诸多障碍，但是仍然有许多微型金融机构转为正规金融部门的成功案例，如玻利维亚阳光银行(BancoSol)、肯尼亚的K-Rep银行、哥伦比亚的Finansol's银行，这3所银行所涉及的微型金融机构都是在银行法的规管下，由非政府组织(NGO)向所属国最大的微型金融机构转型的实例。尽管这类国家银行法内容不一，但都是在现有银行法框架下设置关于微型金融的例外规则，在此只选择玻利维亚阳光银行(BancoSol)为代表进行分析。

玻利维亚阳光银行(BancoSol)由原来的非政府组织PRODEM转型而来，成立于1992年2月，是世界上最早独立从事微型金融业务的私有商业银行。由于PRODEM仅仅通过捐赠方式来融资，无法吸储，不能满足信贷业务的资金需求，同时玻利维亚又不存在专门针对微型金融机构的规管框架，阳光银行选择以商业银行的形式成立。起初的玻利维亚《银行法》为玻利维亚阳光银行开展微型金融服务设置的规则使其陷入规管上的误区：

(1)银行法第45条规定，银行仅能授予相当于股本资金两倍的个人担保作为保证的贷款，这对于大部分贷款处于无保证状态的玻利维亚阳光银行来说不能达标。这项规定因未考虑到微型金融机构的特殊性而显失公正，因为“风险评估时担保物的比例要求将限制微型金融机构的发展，这可能诱使一些机构调整过于强调他们的担保要求而拒绝微型企业的贷款要求”。

(2)报告和信息披露要求对于开展微型金融的玻利维亚阳光银行也错误适用，因为微型金融机构对每一个客户的条件进行分级的要求针对短期微型信贷而言无疑增加不合理的放贷成本。

(3)通过法定程序强制吸收不良贷款的要求对于玻利维亚阳光银行成本过高，因为微型金融的运转需要更为自由的法律执行，给与适当的贷款延期使客户尽可能地还款。

(4)在开设分支机构的规定上只能根据玻利维亚的法律开设，并遵循国家习惯性开放时间开展金融服务也使得许多从事微型金融业务银行无利可图。这些监管误区随后在1998年玻利维亚《新银行法》的实施中得到根本性改变，该法汲取先前教训，许多层面的微型信贷规制更为弹性化：①使用特殊的还贷约束，认为只要消费贷款未超过24个月，客户按月分期付款的数额不超过月收入的25%，就不被视为无担保贷款。②尽管仍要求微型金融机构进行客户贷款分析和记录，但在该具体规定更为灵活。③追债程序上，债务可以借款人群体中的任何一个主张连带责任，节省大量成本。④从事微型金融业务的金融机构开设分支机构允许一周一天的服务形式，并允许移动式的服务。

11.4.2.2 专门微型金融立法规管的代表——巴基斯坦

巴基斯坦《条例》5个方面的立法架构较为系统地规范微型金融机构的建立、业务范围和经营等问题，具体框架如下：

(1)微型金融机构的法律适用

《条例》第3条规定："《条例》的颁布作为补充，而不是意在减损于任何时间生效的其他法律。但是，银行业公司法案或其他与银行业公司或金融机构相关的现行法都不应该适用于本条例下的微型金融机构，如《1956巴基斯坦中央银行法》就不能适用于微型金融机构。"从中可知，微型金融机构是被作为非银行金融机构来立法的，能够根据该条例获得专门的机构许可。

(2)微型金融机构的开设和关闭

吸储许可上，《条例》第4条规定："公司之外的个人不能设立微型金融机构，且除非微型金融机构依据本法的规定获得许可才能从事吸储服务。"经营范围上，《条例》第6条第2款专门规定关于微型金融机构的25项职权范围，允许一系列范围的金融服务，如贷款、储蓄和定期存款、租赁和保理业务，将微型金融所能进行的业务进行应有的列举。然而，包括"吸储"在内的诸多服务是建立在第7条规定的禁止和约束条件基础之上。关于资本充足率，《条例》规定的微型金融机构所采用的最低资本充足率标准与正规银行来说是不同的，其第10条第1款规定：微型金融银行应当遵守像国家银行那样的最低资本充足率标准，但是可以根据微型金融银行所经营的区域范围而设置不同的最低资本充足率标准，对此，《肯尼亚微型金融法案》也有类似规定。

(3)微型金融机构的许可

《条例》区分已存在的微型金融机构和新建立的微型金融银行两种类型进行许可的设置。其中第12条规定："任何进行非吸收存款业务的微型金融机构可以向国家银行提出申请，由国家银行在条件满足的情况下授予设立微型金融银行的许可并允许其接受存款。"第13条规定："任何人在满足由国家银行规定的条件下，可以申请设立本条例下任何形式的微型金融银行，国家银行应当对申请的条件依据一定的标准进行综合评估，作出授予许可或拒绝的说明。"这意味着微型金融机构的形式在本条例的安排下可以实现合法化和多样化。

(4)对微型金融的规范监督，包括内部治理和外部监督两方面

《条例》第14~20条从内部治理层面规范微型金融机构的内部治理结构，账户和审计，资产报表，流动性储备，存款保障基金，信息披露，第21、22条则规范巴基斯坦国家银行对微型金融机构的检查、监督和指引的权力。

11.4.2.3 自律规则监管的代表——菲律宾

这一模式的经验大部分来自储蓄和信用合作社，从自律监管的形式来看，采取的是与专门立法相类似的专门化实践准则模式。故而，对于微型金融自律性组织与政府部门有着很强联系的国家来说，目前为止还不能划清自律性准则与专门的微型金融法之间的明确界

限。通观全球，这种模式已经在菲律宾和南非得到采用，以下就以菲律宾为例，简要分析此模式的实践。

菲律宾的非银行金融机构一直以来都得不到监管，而往往采取在证券交易委员会进行形式化登记的方式。合作社在合作发展管理局的主管下虽有自身的监管体系，但是因为缺乏足够的人员和技术设备而力不从心。自 1953 年以来除商业银行之外只有农村银行被允许从事存款业务，其他大多数非政府组织则被视为是非法组织并且成为政府打击的对象。直到 1991 年，菲律宾《小型企业法》要求所有贷款机构对小型企业配发 5%～10%的贷款组合，这从客观上改善非政府组织的资本进入。对此，一个最必不可少的先决条件就是提高微型金融的资本标准，否则贷款将适得其反。基于此，一个代表非政府组织的菲律宾联盟(Philippine Coalition)设立起来，旨在重新审视菲律宾的非政府组织部门，为微型金融业务设置一定的准则。通过设置相关微型金融发展的相关准则，菲律宾联盟提高金融非政府组织的效率、范围和可持续性，金融非政府组织从事储蓄业务的合法性开始得以承认。但是，如何实现对其内部管理和存款的安全保障问题却仍然未得到落实，以外用以保障自律监管体系的实施机制也因为菲律宾联盟的利益冲突出现问题。一方面菲律宾联盟作为一个咨询建议者没有“克责”的权利，另一方面它又行使监管的职能对未遵循最低标准的机构予以惩罚，这就产生利益冲突。故而，这种监管模式的良性发展应考虑准则制定组织和监管机构的职能分离，但即使在自律监管盛行的南非，这一监管模式从很大程度上也不能独立地满足消费者保护和金融体系安全的需要。

综上，通过比较微型金融监管的模式以及各国实践可见，统一银行法的监管模式是一种次优选择，而对于自律监管的模式而言，其是否有政府因素的介入本身就模糊不清，并且在很大程度上而言也是一种“准专门化”的微型金融立法模式，也不能成为一种主导性的监管模式。专门的微型金融立法尽管需要长期立法经验的积累和较高的立法成本，但是从微型金融的正规化发展趋势来看，无疑是一种最佳的路径选择。

11.4.3 中国微型金融监管模式

与其他发展中国家相比，中国在规范微型金融为贫困人口与微型企业提供金融服务的制度建设方面还存在一定差距。突出表现为：

(1)中国对于微型金融活动进行规范的法律位阶较低，严格来说还未上升到法律的层面，实践当中的决定、通知、意见等政策性文件实际上是对微型金融的临时性、非制度化的规管，缺乏稳定的法律体系保障，不足以承担有效规范快速发展中的微型金融业内部相关利益主体权利业务关系的重任。

(2)中国现行法律没有赋予金融非政府组织合法身份，《中华人民共和国商业银行法》的规定使得这些机构的性质在法律上无法定位，只能游离在正规金融体系的边缘作为普通的社会团体法人或公司法人存在。

(3)对微型金融机构缺乏专门监管，特别是对金融非政府组织缺乏科学地监管，未形成一整套科学监管标准。

(4)中国现行调整金融领域的一些法律条文制约小额信贷的发展，如中国商业银行法中关于微型金融不能吸收储蓄的规定，担保法对合格担保品的范围以及对担保方式创新的限制性规定等。

中国微型金融监管的现有模式主要包括规范监管和协同监管两种。在规范监管模式下，由中国央行、银监会等监管机构对微型金融机构实施行业标准化管理。这种模式下，监管者会在整个金融流程中加强风险管理，规范微型金融机构的经营行为。该模式下，监管机构出台一系列相关政策和制度，如《网络借贷信息中介机构业务活动管理暂行办法》《支付机构网络支付业务管理办法》等文件，为微型金融机构提供明确的规范；在协同监管下，由多个不同层级的监管机构共同协作，形成监管合力，通过跨部门、跨领域的监管实现微型金融机构的透明监管。这种模式下，各监管部门围绕微型金融机构的重点领域，如资本金、准入门槛、风险评估等建立协作机制，并开展联合督查、联合处罚等方式实施监管。具体来看，可以再细分为以下 5 种模式：

(1)跨部门、跨领域的监管合作模式

在微型金融监管工作中，中国人民银行、银监会、证监会等多个监管机构形成跨部门、跨领域的监管合作模式，通过协同监管的方式，共同维护金融市场的稳定和保护消费者权益。

(2)"一头零、多头有"的微型金融监管模式

中国微型金融机构的监管主体是其所属的监管机构，如网贷平台的监管主体是银监会、支付机构的监管主体是中国人民银行等。同时，微型金融机构还需接受地方金融监管部门的监管和协调以及其他相关部门的监管。

(3)逐级分类监管模式

在逐级分类监管模式下，监管机构将各类小额信贷、融资租赁、租购并举等模式的微型金融服务分为 3 类：①非接触式便利性金融服务；②纯线上线下交叉型金融服务；③小额现金贷款。针对不同类别的微型金融机构，监管机构采取不同的监管手段，提高监管效率和针对性。

(4)风险导向的微型金融监管模式

在风险导向的微型金融监管模式下，监管机构将风险防控放在首位，强化微型金融机构的风险管理和内控体系建设，推动微型金融机构从单纯追求规模扩张转向注重风险管理和合规经营。

(5)信息公开、市场化评价的微型金融监管模式

在信息公开、市场化评价的微型金融监管模式下，监管机构通过加强信息披露和市场化评价等方式，引导微型金融机构的经营行为符合市场规律，同时也促进市场的竞争和发展。

此外，除上述模式，中国监管机构还正在积极探索适合中国微型金融发展的创新监管模式，加强对新技术和新业态的监管。例如，中国人民银行启动金融科技创新监管沙盒试点工作，鼓励金融科技企业提出创新性监管解决方案和金融产品，并进行实际运营，以便积累相关经验和数据，为制定相关监管政策提供科学依据。

本章小节

对存款类微型金融结构的主要监管内容包括：最低资本金、业务许可、资本充足率、存款准备金、无担保限制、内部治理、贷款合同等；非存款类微型金融结构的主要监管内容包括：业务准入许可、保护借款人利益、利率上限、有保障的信息服务、防止金融犯罪、税收问题、信用报告体系、国外资金和技术的投入、机构转型。微型金融的监管模式可以大致分为：统一银行立法监管下的“豁免导向”模式；专门的微型金融立法监管模式、微型金融自律规则监管模式 3 种。

关键术语

金融监管必要性；金融监管有效性；适度性原则；规范性原则；创新性原则；统筹性原则；公正性原则；风险导向原则；稳妥性要求；行业准入和退出要求；监管主体；行业自律监管；统一银行立法监管下的“豁免导向”模式；专门的微型金融立法监管模式；微型金融自律规则监管模式。

思考题

1. 简述各监管理论依据各自的侧重点和交叉之处。
2. 简述微型金融监管如何在监管收益和监管成本之间进行权衡。
3. 谈谈你对“中国应加强对微型金融的宏观审慎管理和微观审慎监管”这一观点的看法。
4. 简述中国小额贷款的非金融属性与监管主体。
5. 简述中国传统金融的监管模式为何不适用于互联网金融的监管。

12　农村微型金融的发展

学习目的

> 了解国内外农村微型金融发展的生态环境，掌握中国农村微型金融服务体系、经营模式、风险管理模式的特点，明晰乡村振兴战略给农村微型金融带来的机遇与挑战。

> 了解农村微型金融发展现状的同时，也认识到农村微型金融发展的困境与乱象，增强辩证思维能力。

12.1　国内外农村微型金融发展的生态环境

金融体系需要像生产力的生态系统一样运转。其特征应该是多样性的并且有可以抵御外部冲击的能力。本章所提及的生态环境是从农村微型金融发展的政策环境、经济环境、地理环境以及人文环境几个方面入手，比较中外农村微型金融发展的生态环境有助于从根本上了解农村微型金融发展的有利及不利因素，对于有的放矢地探讨和解决农村微型金融的可持续发展问题尤为必要。

12.1.1　中国农村微型金融发展的生态环境

12.1.1.1　中国农村微型金融发展的自然环境

中国是一个农业大国，农村人口占总人口的比重较高。随着社会经济的发展，农村人口不断涌入城镇，在总人口中所占的比重逐渐降低。2021年，中国第七次全国人口普查主要数据公布，居住在城镇的人口为90 199万人，占63.89%；居住在乡村的人口为50 979万人，占36.11%。由于中国各省份、地区之间的发展不平衡，中国农村发展仍面临诸如农村人口流失严重，老龄化问题日渐突出，农村的基础设施建设不足，农业专业化人才缺失，农村的基层管理组织能力不足等问题。

(1)中国农村人口老龄化严峻

根据中国社会科学院农村发展研究所与中国社会科学出版社联合发布的《中国乡村振兴综合调查研究报告2021》(简称"报告")，报告显示，中国农村60岁及以上人口占比超20%。报告指出，农村人口老龄化是关系到农村地区和整个国家发展的重要问题，从调查样本情况来看，全体人口中60岁及以上人口的比重达到20.04%，65岁及以上人口的比重达到13.82%，完全达到"老龄化社会"的标准，并非常接近"老龄社会"标准。常住人口中60岁及以上的比重达到23.99%，65岁及以上人口的比重达到16.57%，超过"老龄社会"标准，距离"超老龄社会"的标准只差3.43个百分比。和中国老龄化数据相比(2019年中国60周岁及以上人口占总人口的18.1%，其中65周岁及以上人口占总人口的 12.6%)，农村地区的老龄化程度远超全国情况。

(2)目前中国乡村家庭的人力资本水平仍然不高

表现在年龄整体偏大，教育水平整体偏低，尤其是务农劳动力队伍素质不高、结构不优，地区差异明显。受教育程度是一个重要的人力资本特征，从《中国乡村振兴综合调查研究报告 2021》调查数据来看，乡村家庭的人力资本水平仍然不高。15~64 岁的劳动年龄人口中初中教育程度的占主体；15 岁及以上人口中文盲率高于全国水平近 2 个百分比；18~22 岁高等教育适龄人口的高等教育毛入学率低于全国水平近 9 个百分比。全部劳动年龄人口中近 1/3 的全职务农，他们当中高中及以上受教育水平的仅占 10%左右(其中大专及以上占 1.21%)，平均年龄超过 50 岁。农业劳动力的素质和结构对农业农村现代化和乡村振兴提出挑战。

(3)中国农村人居环境有待进一步改善

农业农村部发布《中国农村人居环境发展报告(2021)》最新数据显示，中国农村生活污水治理率达到 25.5%。这意味着，当前中国大部分行政村还未建设污水处理设备设施。在农村人居环境整治的推进中，农村缺乏专业技术力量和技术支持，农民整体上对新技术新工艺的吸收能力不强，影响环境整治的政策宣传和项目实施。同时，目前中国一些偏远、干旱等特殊条件地区缺乏有针对性的农村人居环境整治相关技术产品，整体上看也缺乏支持农村粪污肥料化利用的末端检测手段和产品，部分适用性科技研发总体滞后。

基于这样的农村微型金融发展的先天的自然环境，农村微型金融只有有针对性地克服农村的先天障碍，找好突破点才能更好地农民提供金融服务。

12.1.1.2　中国农村微型金融发展的政策环境

近十几年来，农村金融的发展一直是中央关注的焦点，主要表现为从 2004 年开始的中央一号文件中，每一次对于农村金融的发展和体制改革问题上都有明确说明，通过各种方式鼓励农村微型金融的发展，在资金和政策上给予支持。具体界定现有农村金融机构的支农定位和义务，支持中国农业发展银行对农村中长期贷款的分配作用，鼓励中国邮政储蓄银行的普惠金融道路，推进中国农业银行的金融服务部的试点运行。表 12-1 就是从 2004 年起历年来的中央一号文件关于农村金融改革的部分内容。

表 12-1　中央一号文件中关于农村微型金融的政策支持部分摘要

年份	政策指导
2004	……鼓励有条件的地方，在严格监管、有效防范金融风险的前提下，通过吸引社会资本和外资，积极兴办直接为“三农”服务的多种所有制的金融组织。有关部门要针对农户和农村中小企业的实际情况，研究提出多种担保办法……
2006	……在保证资本金充足、严格金融监管和建立合理有效的退出机制的前提下，鼓励在县域内设立多种所有制的社区金融机构，允许私有资本、外资等参股。大力培育由自然人、企业法人或社团法人发起的小额贷款组织……
2008	……推进农村担保方式创新，扩大有效抵押品范围，探索建立政府支持、企和银行多方参与的农村信贷担保机制……

（续）

年份	政策指导
2010	……积极推广农村小额信用贷款。加快培育村镇银行、贷款公司、农村资金互助社，有序发展小额贷款组织，引导社会资金投资设立适应"三农"需要的各类新型金融组织。抓紧制定对偏远地区新设农村金融机构费用补贴等办法，确保3年内消除基础金融服务空白乡镇……
2012	……完善符合农村银行业金融机构和业务特点的差别化监管政策，适当提高涉农贷款风险容忍度，实行适度宽松的市场准入、弹性存贷比政策。继续发展农户小额信贷业务，加大对种养大户、农民专业合作社、县域小型微型企业的信贷投放力度……
2014	……在管理民主、运行规范、带动力强的农民合作社和供销合作社基础上，培育发展农村合作金融，不断丰富农村地区金融机构类型……
2016	……推动金融资源更多向农村倾斜，对农村金融服务体系、金融机构信贷资源及产品模式创新、农村金融监管与风险防控进行部署……
2018	抓紧出台金融服务乡村振兴的指导意见。加大中国农业银行、中国邮政储蓄银行"三农"金融事业部对乡村振兴支持力度。明确国家开发银行、中国农业发展银行在乡村振兴中的职责定位，强化金融服务方式创新，加大对乡村振兴中长期信贷支持。推动农村信用社省联社改革，保持农村信用社县域法人地位和数量总体稳定，完善村镇银行准入条件，地方法人金融机构要服务好乡村振兴。普惠金融重点要放在乡村。推动出台非存款类放贷组织条例。制定金融机构服务乡村振兴考核评估办法。支持符合条件的涉农企业发行上市、新三板挂牌和融资、并购重组，深入推进农产品期货期权市场建设，稳步扩大"保险+期货"试点，探索"订单农业+保险+期货(权)"试点。改进农村金融差异化监管体系，强化地方政府金融风险防范处置责任
2020	……推动金融资源更多向农村倾斜。加快构建多层次、广覆盖、可持续的农村金融服务体系，发展农村普惠金融，降低融资成本，全面激活农村金融服务链条。……开展农村信用社省联社改革试点，逐步淡出行政管理，强化服务职能。鼓励国有和股份制金融机构拓展"三农"业务。支持中国邮政储蓄银行建立三农金融事业部，打造专业化为农服务体系。创新村镇银行设立模式，扩大覆盖面…… ……发展农村数字普惠金融。大力开展农户小额信用贷款、保单质押贷款、农机具和大棚设施抵押贷款业务。鼓励开发专属金融产品支持新型农业经营主体和农村新产业新业态，增加首贷、信用贷。加大对农业农村基础设施投融资的中长期信贷支持。加强对农业信贷担保放大倍数的量化考核，提高农业信贷担保规模。将地方优势特色农产品保险以奖代补做法逐步扩大到全国。健全农业再保险制度。发挥"保险+期货"在服务乡村产业发展中的作用……

以上表明，中国政府大力支持发展农村微型金融，农村微型金融发展的政策环境尤为宽松。

12.1.1.3 中国农村微型金融发展的经济环境

中国当前的经济发展正处于市场经济转型的关键时期，国有股份制商业银行和其他金融机构的发展也进入重要的转型时期，其自身的逐利性和农村金融的高风险和低回报的特性，使得国有股份制商业银行的分支机构在农村吸收的存款通过上级银行贷放，也就是农村资本外溢于农村经济循环外，资本的逐利性和农村经济的弱质性导致农村资金的外溢，加之农村个人征信系统尚未建立，央行缺乏信用评级信息数据库，不能对债务人进行有效的监督和约束，不能对其债务违约构成制约。此外，中国目前农村经济发展的空间也很狭窄，市场类型单一，这可能与农民手里的闲置资金少密切相关。总体来说，农村微型金融发展的经济环境不容乐观，严重失衡的供求矛盾和金融供给主体的不健全，以及涉农贷款的低比例和农户自身的低信用性，都是摆在中国农村微型金融发展面前的亟待解决的难题。

12.1.2 国外农村微型金融发展的生态环境

农村微型金融在世界范围内的发展成功的模式很多，从亚洲的孟加拉国乡村银行到南美洲的玻利维亚阳光银行，再到北美洲的美国社区银行，直至非洲尼日利亚的农村微型金融模式，各个国家的生态环境不尽相同。

宗教信仰是人的意识上的某种形态、支撑着人的某种精神面貌，有宗教信仰的人在特定的教义范围内，行为具有类似的一致性。研究发现，人类由于某种情感的需要如需要感觉到被爱，需要找到同质群体，需要正义的保障等，特别需要宗教观念。大部分国外的国家都有一定的本国的宗教信仰，比如孟加拉国和印度尼西亚的大部分人都信奉伊斯兰教，伊斯兰教是一个严谨的宗教，伊斯兰教的教徒穆斯林大多崇尚和平，这与其宗教文化息息相关。在这样的宗教文化影响下，伊斯兰经济学中，为缩小贫富差距，伊斯兰教鼓励贸易，禁止高利贷，禁止任何形式的囤积炒作，伊斯兰统治时期建立福利国家，无条件的帮助贫困人群、老人、孤儿、寡妇和残疾人，穆斯林的信贷市场也是如此，资金有着明显的援助性，这种人文关怀在市场经济条件下是难能可贵的。穆斯林地区的地方政府为激活人们的创业热情还会提供一系列的服务和平台，并在政策上给予积极的扶持和鼓励，通过人们的自主创业改善自身的经济处境。

总体来说，在农村微型金融发展的问题上，每个国家有着自己独特的人文和地理环境，不同的人口密度，地域环境政策约束的大小也不同，而不同的宗教信仰、社会环境，人们对于贷款违约的认识也不尽相同。

12.2 国内外农村微型金融发展的模式

12.2.1 农村微型金融机构模式的比较分析

农村金融体系的完善对农村经济的发展起着至关重要的作用，而农村金融机构作为农村金融服务体系最有力的载体，在发展过程中的结构变化和所产生的效果是不容小觑的。印度和中国都是农业大国，作为与中国经济、发展极为类似的国家，印度与中国的农村金融机构模式有一定的可比性和借鉴意义。而墨西哥作为世界上农村金融发展进步空间很大的国家，其在农业发展领域及农村金融服务这一方面的运行模式是值得借鉴的，所以对比两个国家的农村金融机构模式对于中国农村金融服务的长足发展是必不可少的。

12.2.1.1 印度农村金融服务体系

印度同中国一样是个人口大国，且农村人口庞大，农村经济的发展也是关乎全国经济发展的头等大事。印度的农村金融系统中，商业银行担负着主要重任，农村网点占据印度商业银行机构总数的不小份额。而在印度，政府也是强制实行农村的金融供给的。一旦某一地区的城区要增加网点时，只有在同一地区的农村成立该行分支机构才能对城区再实施增设计划。

与中国不同，印度的农村合作金融除农村合作银行外还有土地开发合作银行。其实，印度农村合作银行与中国农村合作金融组织、农村信用合作社业务较为相似，为农户提供中短期贷款服务。而土地开发银行主要是以农户的土地为抵押，为农户提供长期贷款服务。

印度农业政策性金融机构是国家农业农村发展银行，也即是相当于中国的农业发展银行，但两者的职责却有很大的不同，印度国家农业农村银行负担着农村地区的大量信贷资金，是农村信贷的主要供给机构，也肩负着类似中国人民银行的再贷款业务和农村地区金融机构的监管职责，而中国农发行一直以来则负责的是农村流转资金，对于农村地区信贷供给的作用发挥很小，农村的资金供给作用主要由农村信用社和中国农业银行等农村金融机构负担。在印度的政策性金融体系中，还有一个中国缺失的重要的金融服务部门即农业保险公司，印度设立这一政策性保险机构，主要是专门服务于全国一半以上的农业人口，为防范农业风险给予保障。其推出的特色保险业务还有农业收入保险，可以为客户提供50%~75%的额外补贴。在整个政策性金融体系上，无论是国家农业农村银行的资金直接供给还是农业保险公司的农业保险都是中国在农村微型金融可持续发展问题上值得借鉴的。

除3类农村金融机构外，印度的农村金融体系中还有专门为农户服务的存款保险机构和贷款担保公司。从成立之日起，印度的存款保险制度就对保障印度农村金融体系的平稳运行发挥不可替代的作用，随着从国内到外资的加入机构的不断扩大和保险额度的不断增大直至业务的逐渐完善，印度存款保险制度维系农村金融体系的平稳长足发展。除存款保险制度外，印度的贷款担保公司在农村金融市场中的作用也不容小觑，其发展和运作方式与中国的小额贷款担保公司有异曲同工之妙。

12.2.1.2 墨西哥农村金融服务体系

20世纪90年代末，墨西哥农村金融部分基本达到一个支离破碎的金融市场的状态，农村基本没有金融机构在从事或者提供信贷服务，那些过去常常依赖国家农业银行的生产者不得不去尝试新的政府项目或机构以获得从事农业活动的支持资金，虽然农村微型金融一直存在但是它的重要性直到20世纪90年代大型商业银行和发展银行撤出农村地区才突显出来，微型金融一般服务于低收入者。

墨西哥农村地区的微型金融机构中，大多数成员都在政府机构，除农业发展银行，而主要的储蓄和贷款业务则是由非政府部门的储蓄和贷款协会提供的，总占比高达70%，可见，从构成上看，墨西哥是以政府为主导的农村金融服务体系。墨西哥的农村金融体系主要包括以国家农业银行为主的政策性金融机构，以商业银行为代表的金融机构和以农业保险机构和金融公司为代表的非银行金融机构。在体系的运转上主要的特点是：

(1)因人而异的实施微型金融服务

这种金融服务的特点是将目标客户分成几类，并对各类型的客户按需求制定相应的金融部门为其服务。针对有大额信贷需求的大农场，服务机构主要是商业银行(提供基本的信贷支持和基本金融往来业务)；国家外贸银行(提供可能的进出口资金调配和其他相关服务)以及保险公司(负责为现代化的大农场提供相应的农业保险，防范农业风险损失)。针对有一定潜力和能力且有欲望创业的中等农场，主要是国家农业银行为其服务，解决其在扩建过程中的资金问题，提供优惠贷款。而针对贫困人群则主要是为其提供无息或低息贷款，保障生活，这主要依赖政府部门的调配。

(2)特定自然条件下的农业保险基金

墨西哥农业生产提供该国大部分的食品消费。然而，该区域的气候往往限制农业的发展。事实上，无论是北部的飓风和热带风暴的影响还是地处太平洋沿岸和墨西哥湾沿岸以及热带辐射带都会导致墨西哥的低降雨率和干旱。墨西哥的农业和畜牧业远远超过人口的21%，但是却仅占 GDP 的 4%。另外，50%的农民都拥有不到两公顷的土地，因此，农民是最易受气候风险影响的区域。气候因素也是抑制墨西哥农村经济创收的重要因素，所以农业保险的发展在墨西哥至关重要。

12. 2. 2 农村微型金融经营模式的比较分析

12. 2. 2. 1 农村微型金融经营模式

由于银行业独特的行业性质，各银行所经营的业务范围也大同小异。根据实现价值所采取的方式方法，有以下几种模式：

(1)成本领先模式

从成本控制角度出发，利用自身所具有的和能够挖掘的所有优势去降低经营成本，可以通过规模化或标准化生产等方式对成本进行控制，在价格上取得竞争优势，该种模式适合政府支持享受优惠政策的企业或享有丰厚资源优势的国有企业等。

(2)差异化模式

是就产品和服务的特色方面来讲的，具体来说就是企业所提供的产品或者服务在行业领域是独树一帜、具有竞争优势的，这种优越性可以给企业的产品和服务带来额外的附加值。且这种额外的边际价值如果超过产品和服务的新增边际成本，则该企业就可以通过差异化模式经营占领市场。

(3)目标聚集模式

“聚集”体现范围的一定性，这里主要指服务对象或者地理范围，主要是指企业经营过程中有独特的客户群体或定位，或者在有限的地理范围内建立独特的经营方式，综合说来就是经营过程中对特定群体或特定范围的特色性，能够更有效地进行服务。该模式有两种类型：成本集中和差异化集中。

纵观全球农村微型金融的发展，在竞争过程中各金融服务主体的经营模式都一定程度的差异性和目标聚集性，但由于各主体的不同，经营模式的具体特点又有所不同，下面介绍各国的典型模式。

12.2.2.2 孟加拉国乡村银行：目标聚集模式+成本优先模式

在运作方式上，孟加拉国乡村银行信贷市场运作的成功主要取决于其克服借贷的信息不对称性以及不能够完全执行这两个导致其他金融机构不能有效服务农村获得“双赢”的必要因素。

孟加拉国乡村银行采取小组贷款的方式，每5个人自愿组成一组，实行联保贷款，成员之间承担连带责任，孟加拉国乡村银行的工作人员会组织每个小组的成员进行培训，以了解孟加拉国乡村银行运行形式和规章制度，这种培训方式有助于银行选出真正需要资金且对借贷行为严肃认真的人们。另外，群组相互监督的信贷有效地约束借款人的还款行为。

从资金来源上看，孟加拉国乡村银行鼓励小组成员的小额存款和参与入股。具体来说，就是孟加拉国乡村银行的借款人在办理贷款的同时也会建立一个存款账户，账户的资金有一部分是借款人贷款金额的5%存入的，作为义务每个都成员都会履行。这样银行就获得一笔类似准备金的资金，可以用来在成员需要的时候进行适当的放贷，这也降低银行的再次融资成本。

12.2.2.3 玻利维亚阳光银行：目标聚集模式

1992年成立的阳光银行，是非政府组织转型为营利性机构最成功的案例。在成立之前主要其是以捐款为主要资金来源的非营利性组织——PRODEM。之所以说其发展属于是目标聚集模式，是因为1992年PRODEM在获得银行经营许可之后，把它的城市客户转让给玻利维亚阳光银行(BancoSol)，而PRODEM则重点在农村发展。

其实，玻利维亚阳光银行的服务对象和之前所说的孟加拉国乡村银行不同，不仅仅是贫困人群，还有城市的小企业者，这里所说的小企业者是主动参与经济活动但又缺乏资金的贫困人口。该银行的运作方式和孟加拉国乡村银行类似但又不同，贷款人也结成小组的形式进行相互担保，但是小组内的成员不只有监督作用还负有连带责任。另外，阳光银行还通过初期提供的小额贷款方式试探借款人的真实信用水平，以规避道德风险所带来的违约风险。

12.2.2.4 美国社区银行：成本优先模式

以上所说的两种微型金融经营模式是发展中国家实行的，也是现今世界上的主流方式。因为微型金融是以扶贫为初衷建立起来的，所以在发展中国家最为普遍，但是在发达国家也存在微型金融，典型就是美国的社区银行模式。20世纪70年代开始美国社区银行就存在，发展之初受到政府的大力扶持，政府通过立法形式对辖内社区银行给予支持，使得社区银行能够免受区域竞争、产品竞争、价格竞争。在成本方面有着得天独厚的优势，基本属于成本优先发展模式。

不同于发展中国家，发达国家的农村微型金融发展起来相对困难，但是由于其服务的对象比较具体，总体业务和交易要比其他金融或非金融机构低很多，不容易受到经济变化的影响，发展比较稳定。随着经济的不断发展，美国社区银行也在自身发展的过程中不断改革，寻求可持续发展路径。为此，美国的社区银行在运作方面推出多样化的产品和服务，也包含开展各类金融项目和进行技术培训等，在此过程中，银行很注重项目成本的控制。

12.2.2.5　中国：差异化经营模式

在农村微型金融的发展问题上，中国的经营模式则主要偏向差异化的经营模式，这主要和中国金融业的发展情况有关。中国农村金融供给主体虽然不健全，但是在中央的大力号召下，新型农村金融机构如雨后春笋般涌现，主要有大型股份制商业银行、村镇银行、农村合作银行、农村信用合作社等，各种类型的金融机构和非金融机构在农村市场的实现，使得农村金融市场呈现少数金融服务机构占据农村市场的寡头垄断市场的特征，各机构为从众多金融供给机构中脱颖而出，纷纷开发特色的业务和产品，如中国邮政储蓄银行的“好借好还”小额贷款、“佳信家美”个人消费贷款，各银行都在差异化的产品和服务中寻求自己的竞争优势。

12.2.3　农村微型金融风险管理模式的比较分析

12.2.3.1　日本农村微型金融的风险管理

日本在发展农村微型金融的过程中，意识到农业经营中可能遭受损失的风险，适时地制定农业金融信用保证制度，这个制度的实行有效地发挥保证作用，其对日本农村金融体系的重要性不容小觑。

此外，从事农村信用业务的日本农业协同组织还建立一种相互援助制度的合作信用保障制度，对农业协作组织自身经营过程中所涵盖的信贷业务进行保障。这种制度的资金来源主要是农业协作组织内部的类似存款准备金的风险准备金和特别基金。任何企业和组织的运转都不可能是毫无差错和风险的，农业协作组织也不例外，该制度的实施使得农业协作组织中的金融业务得到一定程度的保障，一旦组织经营业务时显露资金紧张的情况，就可以从相互援助制度里的准备金和基金中得到一定份额的低息贷款。这一风险管理方法充分体现日本管理模式中的集体主义特点。

12.2.3.2　法国农村微型金融的风险管理

法国在农村微型金融的发展上有自己的独到之处，资金来源不止拘泥于金融机构的储蓄，还会以债券等形式筹集农业发展基金和长期稳定的信贷资金，如法国央行和政府支持农业互助信贷银行发行债券。债券发行的主负责方是法国农业互助信贷银行的总部，而下级各组织则是代理发行，总部除债券外还持有其他有价证券如股票等，利用有价证券筹资的形式不仅可以顺利融资，也可以获得资本利得，所有的这些收益都会被再次投入到生产之中，产生更多的利润，这无形之中就刺激农业互助信贷银行的积极性。

法国农业互助信贷银行在贷款业务发展上的主导思想是为农业发展提供支持，在长期的摸索和发展中，农业互助信贷银行形成其稳定和完备的贷款制度，并在贷款审批过程中相当严格以防范信贷风险。其贷款制度特点主要有：审批机构专业化，每个机构都有自己的职责，各司其职，不得越权；贷款审批的责任明晰，不同部门有不同部门需要承担的责任；贷款期限的审批明确，大额短期和中长期贷款(即超过 130 万法郎的短期贷款和超过 250 万法郎额度的中长期贷款)，均需要上报风险委员会和总部贷款委员会审批通过。另外，法国在风险管理过程中还有一个鲜明的本质特征：管理民主且不以盈利为目的，为防止道德风险的发生，基层合作社的董事会成员都没有工资。

12. 2. 3. 3 中国农村微型金融的风险管理

从监管角度来看，中国的风险管理对于农村微型金融机构的规定显得过于僵化，完善空间还很大，主要体现在没有恰当的与农村经济有机结合。如主要的农村微型金融机构的监管是建立在内部联系人的控制基础上的，严格的监管会使农村微型金融市场黯淡萧条，而在遇到经营风险时，刚性的退出机制也不是金融系统自我消化的结果，容易造成负面影响。

12. 3 乡村振兴战略给农村金融带来的机遇与挑战

党的二十大报告指出，要“健全农村金融服务体系”，同时提出要全面推进乡村振兴、加快建设农业强国。在此契机下，微型金融迎来历史机遇——以金融手段支持农村发展，将金融资源下沉到农业生产经营的每个阶段，促使每个需要的农户和农民得到金融支持。微型金融将极大提升我国农产品供给质量、促进农民增收并持续发展、推进我国农业真正实现高质量发展。

12. 3. 1 金融机构支持农业农村发展面临新机遇

为农业发展匹配适应的金融资源是历年中央文件部署的发展方向之一。2016 年，中央一号文件强调加快构建多层次、广覆盖、可持续的农村金融服务体系，发展农村普惠金融，降低融资成本，全面激活农村金融服务链条。2017 年，中央一号文件强调要加快农村金融创新，鼓励金融机构发行“三农”专项金融债、扩大银行与保险公司合作，发展保证保险贷款产品、深入推进农产品期货、期权市场建设。2018—2019 年，中央一号文件延续前期的意见方向与思路，主要对金融机构如何更好地对“三农”领域加大信贷及综合金融服务进行指引。2020 年，中央一号文件强调深化农村信用社改革，鼓励商业银行发行“三农”、小微企业等专项金融债券，发挥全国农业信贷担保体系作用，做大面向新型农业经营主体的担保业务，推动温室大棚、养殖圈舍、大型农机、土地经营权依法合规抵押融资。2021 年，中央一号文件强调支持地方政府发行一般债券和专项债券用于现代农业设施建设和乡村建设行动，鼓励银行业金融机构建立服务乡村振兴的内设机构，发展农村数字普惠金融。2022 年，中央一号文件首次单列“强化乡村振兴金融服务”，提出对机构法人在县域、业务在县域、资金主要用于乡村振兴的地方法人金融机构，加大支农支小再贷款、再贴现支持力度，实施更加优惠的存款准备金政策。支持各类金融机构探索农业农村基础设施中长期信贷模式；加快农村信用社改革，完善省(自治区)农村信用社联合社治理机制，稳妥化解风险；完善乡村振兴金融服务统计制度，开展金融机构服务乡村振兴考核评估；深入开展农村信用体系建设，发展农户信用贷款；加强农村金融知识普及教育和金融消费权益保护；积极发展农业保险和再保险；优化完善“保险+期货”模式。

12. 3. 2 乡村振兴战略下新时代农村金融发展的新特点

农村金融创新在科技结算方式、普及程度、融资服务模式等方面都呈现出全新的特点：

(1)科技性

通过广泛应用已有金融业领域的先进技术，完善农村金融市场的制度、产品和金融模式，提升金融支持乡村振兴的便捷性和有效性。

(2)普惠性

乡村振兴战略下农村金融创新的主要目的，是促进适当有效的农村金融产品和金融服务的推广应用，使其普及到整个农村地区，以可负担的成本满足农村经济主体的金融需求。

(3)融合性

乡村振兴的基础是产业振兴，随着新的金融科技的广泛应用，新时期的农村金融创新更多体现在促进金融服务与农村产业的深度结合上，着重于实现金融与农村生产要素融合、产业融合，进一步改善农村金融生态，为乡村振兴提供有效金融支持。

(4)市场导向

金融创新的方向是有效引入社会资本，扩大农业投资，发挥市场导向，通过金融市场的价格机制有效调节农村金融机构与农村主体的市场行为。

12.3.3 农村金融服务体系助力乡村振兴的建设方向

(1)改革完善相关的金融制度，助推乡村全面振兴

金融制度主要包括金融组织体系、金融基础设施和金融政策扶持 3 个方面的内容。完善农村金融制度体系：

①创新完善农村金融组织体系　应在已较好满足脱贫群体基本金融需求的基础上，继续创新和完善包括政策性金融组织、商业性金融组织和其他金融组织等在内的多元化、多层次的农村金融供给体系，实现优势互补，保证金融服务在农村的全覆盖。

②完善金融基础设施　目前，中国农业信贷担保体系已初步形成，今后需要在土地承包经营权抵押、农民住房财产权抵押、水域和林权抵押、厂房和大型农机具抵押等方面结合农村实际加以改进。

③继续用好金融扶持政策　鉴于农业自身的弱质性，需综合运用适当的财政政策与货币政策措施，引导各类金融组织服务于贫困群体及其所在区域的行业企业。

(2)在金融制度创新的基础上，坚持市场化运作为主和政策扶持为辅，因地制宜鼓励和支持金融产品和服务方式的创新，并将各类产业扶贫型金融产品和服务适时调整为产业带动型的产品和服务。

①积极运用金融科技手段创新开发低成本、广覆盖、便捷可得的普惠型农村金融产品，在巩固脱贫攻坚成果的同时，继续为乡村振兴提供金融科技的强效助力。

②继续探索新型农村金融服务方式，推进农村金融服务方式创新，重点是推动农村一、二、三产业融合发展与农业产业化发展，进一步培育农业产业化联合体，支持农业产业化示范基地、农村产业融合发展示范园、田园综合体等的建设，做强农业产业化龙头企业，形成围绕产业链的金融生态圈，吸引更多金融机构为产业链上的龙头企业及上下游新型农业经营主体提供金融服务。

③推进农村金融工具创新即推广移动金融等金融科技，加强乡村绿色信贷服务水平。

(3)在鼓励金融机构通过服务创新持续提升农村金融服务质量，助力巩固拓展脱贫攻坚成果同乡村振兴有效衔接的同时，务必坚守不发生系统性金融风险的底线，加强农村金融的风险预警与监控，推进农村金融服务的规范发展。要注重持续推进农村信用体系建设，完善农村金融信用大数据的维护与使用，营造农村良好的信用环境，从源头上防范金融信贷风险；注重将金融科技作为控制金融风险的重要手段，通过金融科技创新为应对农业供应链金融信用风险进行差异化的科学评价与有效控制，鼓励因地制宜创新农村的保险与期货业务。

(4)普及农村基层金融知识教育培训

重视农村地区金融机构乡镇营业网点金融人才队伍的建设，培养和引进一批扎根乡村的金融人才队伍。同时，加强金融知识宣传和金融知识培训，提高农民金融知识和诚信意识。在数字经济时代，金融意识的提高能激励农民灵活配置资金，优化金融投资行为和重视金融安全问题。推广农村普惠金融和金融技术教育，让更多农民更好更快地适应新型农业和现代化农业发展的要求，提高获得稳定收入的能力，加快乡村振兴的进程。

本章小节

2022年，中央一号文件首次将“强化乡村振兴金融服务”单列成项，为推动金融资源更好地为乡村服务提供行动指南。推动乡村振兴，农村经济结构在调整优化的过程中必然会出现新的金融需求，为满足这些新需求，农村金融创新在科技结算方式、普及程度、融资服务模式等方面都呈现出科技性、普惠性、融合性、市场导向等特点。以创新驱动农村金融发展，不断健全农村金融服务体系，需要大力推进金融制度创新、金融产品和服务方式创新，大力推进普惠金融、绿色金融与科技金融，构建可持续助力乡村全面振兴的普惠金融服务体系和绿色金融服务体系，最终形成长效服务机制，推进乡村全面振兴。

关键术语

目标聚集模式；成本优先模式；差异化模式；农村微型金融；乡村振兴。

思考题

1. 简述在农村微型金融经营模式中，目标聚集模式、成本优先模式、差异化模式及组合的优缺点。
2. 简述请运用所学知识分析“金融不下乡，农民很难奔小康”这句话的合理性。
3. 简述发展中国家的农村微型金融发展对于中国农村微型金融有何启示。
4. 简述乡村振兴背景下如何提升农村微型金融服务的质量与效率。
5. 简述小微贷款如何赋能乡村振兴。

13　微型金融的数字化转型

学习目的

- 了解微型金融数字化转型的现状、监管与趋势展望。
- 掌握数字化微型金融的创新产品与模式。
- 了解农村微型金融数字化发展的现状与挑战。

13.1　微型金融的数字化发展

13.1.1　小微企业经营的数字化

13.1.1.1　小微企业客户管理的数字化

第一，就小微企业客户成像而言，借助大数据的挖掘，商业银行可以更加清晰、完整地刻画小微企业的特点。第二，就小微企业客户分析方面而言，借助大数据挖掘技术，商业银行对于小微企业客户的分析将更加精准。通过运用近邻算法、各种聚类分析、关联分析方法，商业银行可以对小微企业的潜在价值、风险程度及小微企业主的个人偏好等多个维度进行解剖，并将小微企业客户的细分情况、需求分析情况与价值情况结合起来分析，制定更加差异化的客户管理策略。第三，就小微企业客户行为、综合价值预测而言，借助大数据的挖掘，商业银行可以实现对小微企业主情绪的精准分析，从而实现对小微企业客户行为的精准预测，在此基础上，及早采取有针对性的客户管理策略。

13.1.1.2　小微企业营销管理的数字化

第一，根据客户细分与需求挖掘情况，制定分类营销的总体政策及策略，为每一类小微企业客户提供整体的营销方案。第二，利用大数据可以从众多小微企业客户中精准地定位目标客户，实现精准营销。利用大数据的挖掘，通过聚类分析、建立响应模型，实现精准营销。第三，利用大数据分析可以实现对营销渠道的精准选择，从而有助于商业银行精准投放其营销策划。第四，基于广泛的关联分析，特别是针对存量客户，运用不同的算法，精准地安排交叉营销。第五，将小微企业客户分类和客户情绪分析、行为预测结合起来，进行适时营销和事件式营销。基于大数据的知识发现，开展适时营销。第六，对营销策略进行适时的评价，对交叉营销情况、对事件营销、适时营销等情况进行分类分析，评价营销的效果，适时安排后续营销策略。第七，利用大数据处理技术，进行营销过程的反欺诈分析，降低小微企业各类业务营销过程中的风险。

13.1.1.3　小微企业授信管理的数字化

大数据处理技术与小微企业授信业务的结合将重塑小微企业授信业务。实际上，小微企业授信管理的各个方面包括制度流程、技术、IT 架构均是围绕风险甄别和过滤进行的。由于大数据对风险评价与过滤的核心问题给出新的解决方案，因而相应的制度、流程、信贷技术、信贷管理政策等均会得到重塑。从大数据的观点看来，任何信息都可成为信用信息，而处理数据的方法主要就是机器学习。机器学习是研究计算机怎样模拟或实现人类的学习行为，以获取新的知识或技能，重新组织已有的知识结构使之不断改善自身的性能。在风险预测这一特定领域，应用机器学习来进行风险预测的方法主要是基于案例的推理(Case Based Reasoning，CBR)、支持向量机(Support Vector Machine，SVM)以及人工神经网络(Artificial Neural Network，ANN)。

13.1.1.4 小微金融产品与商业模式管理的数字化

在商业模式管理方面，大数据及云计算的引入能够使商业银行成为资源聚合的主导者，因而也成为商业模式创新的主导力量。目前商业银行在产品经理、风险经理、客户经理之外配备模式经理，充分说明商业银行对于模式的重视。一方面，银行可以作为资源聚合与分享的参与者，与金融同业和第三方紧密协作，创新金融服务模式，并分享价值。特别是，由于数据的重要性得到空前的提升，如果在小微企业客户信息来源方面得到拓展，服务于小微企业的利益相关者就会重新构建，新的商业模式就会产生。另一方面，商业银行能够利用数据挖掘技术，计算并优化不同商业模式下商业银行与小微企业各自的交易成本与费用，并不断寻找优化商业模式的路径，持续改善小微企业客户体验。

13.1.2 数字化背景下微型金融需求的特点

13.1.2.1 微型金融需求呈现个性化、多样化

与大中型企业相比，小微企业具有“数量大、分布广、规模小、轻资产，企业治理机制不健全，经营波动大，生命周期短，抗风险和议价能力弱”等特点，这与传统金融机构“健全的财务制度、稳定的现金流预期、足值的抵押物”等基本风险管理要求存在着明显冲突，导致小微企业融资难融资贵。因此，小微企业最基本、最迫切的金融需求就是融资需求，且其融资需求呈现“短、小、频、急”的个性化特征，即希望能够频繁、快速地获得短期的小额资金以解燃眉之急。

小微金融开放银行包括由上至下 3 类参与方：数据及场景方，主要是政府和企业经营场景方，以及为其提供数据服务的公司；创新型服务商，模式上既包括同盾科技、天创信用等提供反欺诈、模型服务等的风控服务商，也包括飞贷、大数金融等提供信贷全流程能力的服务商；资金方，核心是银行，也包括 P2P 等。未来小微金融解决将进一步走向垂直化，其中，细分行业的金融生态构建显得尤为关键。小微金融的模式很难再出现统一的一个解决方案或者单一的规则，而是更加依赖具体的行业、产业甚至区域，小微金融将在行业内部打通产业链上下游关系，建立基于特定产业链，适应具体场景的小微金融生态。

13.1.2.2 微型金融服务渠道呈现多元化

小微企业的传统融资渠道主要包括内部积累、银行贷款、商业信用融资。其中内部积累是最主要的融资方式，所获资金主要来自于企业主及亲戚朋友的资金投入、利润留存以及通过向内部员工发行股权的方式获取的融资。银行贷款是另一主要融资渠道，但受限

多、难度大、利率高。商业信用融资是小微企业在商品交易中，运用结构性短期融资工具，基于商品交易中的存货、预付款、应收账款等资产进行融资。小微企业还会从小额贷款公司、典当行、非银行金融机构等获得贷款，甚至会从民间高息融资等非法融资渠道获得急需资金，但所得资金有限且成本较高。随着数字金融的快速发展，小微企业融资的可得性大幅提高，线上融资和供应链式融资明显增多。

知识链接

“农银小微 e 贷”线上信贷产品体系，致力服务实体经济支持小微企业

近年来，中国农业银行认真贯彻落实党中央、国务院的决策部署，始终把服务实体经济和支持小微企业责任扛在肩上、落实在行动上。2018 年以来，农行加速推进普惠金融供给侧结构性改革，打造小微企业信贷拳头产品“农银小微 e 贷”。“农银小微 e 贷”改变“零散作业”模式，按照小微企业所处产业链位置与风险特征，创新研发推出“微捷贷”“快捷贷”“链捷贷”三大线上化产品体系，以适应不同集群的信贷需求，为小微企业客户提供“线上化、定制化、集约化、批量化”信贷服务。

在疫情防控的特殊时期，“农银小微 e 贷”发挥便捷、集成、线上优势，在金融支持疫情防控、稳企业保就业方面贡献突出。2021 年是“十四五”开局之年，中国进入新发展阶段，农行以服务构建新发展格局为重点，持续加强对小微企业信贷支持，不断拓宽信贷服务小微企业覆盖面。年初以来，创新推出服务首贷户小微企业的专项信贷产品“首户 e 贷”和注重小微企业经营结算流水的“账户 e 贷”，进一步丰富“农银小微 e 贷”产品体系，提升信贷服务小微企业效能，为更多小微企业提供普惠金融服务。

“微捷贷”，注重经营纯信用。“微捷贷”系列产品为纯信用贷款，无需抵押担保，小微企业可通过线上渠道申办，最高授信额度 300 万元，随借随还，执行普惠型小微企业贷款利率。包括“纳税 e 贷”“资产 e 贷”“首户 e 贷”“账户 e 贷”等特色产品，为小微企业法人客户提供纯信用贷款支持。在服务实体经济同时，农行不断通过优化迭代审批授信模型，有效提升风险防控与客户识别能力，在拓宽普惠金融服务覆盖面的同时牢牢把控各类风险，保证信贷资产质量稳定。农行通过信贷中台，优化提升贷前、贷中、贷后关键环节风控效能，构建“线上批量作业、线下精准介入”小微企业线上贷款风控体系，有力支撑“微捷贷”产品不断提升风控能力、适应市场变化。

“快捷贷”，办理便捷额度高。“快捷贷”主打产品为“抵押 e 贷”，以居住用房、办公用房、商业用房、工业用房等优质房产抵押作为主要担保方式，为符合条件的小微企业办理线上抵押贷款业务，满足小微企业生产经营过程中的短期及中期流动资金需求。“抵押 e 贷”最高授信金额 1000 万元，可通过线上完成申贷流程，贷款利率优惠，并可根据生产经营需求随借随还，切实满足小微企业客户生产经营中流动资金贷款需求。

“链捷贷”，服务上下游小微。农行通过总对总供应链融资模式，打破传统信贷支持实体经济受地域、行业、技术等因素制约，高效服务国内产业链整合提升。农行供应链融资

业务跨省市客户众多，业务发起行延伸至县域支行网点，可按照行业维度对客户进行整体分类管理，有效解决产业链上多地区、跨行业客户远程评级、授信、用信、贷后管理等传统难题，从信贷关系方面推动国内产业链加快整合融合。新发展格局下，农业银行以“智能化”发展作为创新供应链金融的有效路径，推动“农银智链”供应链融资服务平台逐步成熟，不断优化“票据 e 融”“保理 e 融”“应收 e 贷”“订单 e 贷”等产品，全面提升服务中小微企业效能。

资料来源：https：//baijiahao. baidu. com/s？ id=1709038308682109489&wfr=spider&for=pc

13.2 小微金融智能风控

小微金融智能风控，主要是基于获得的小微企业及企业主数据，包括工商司法、征信、经营、财务、流水、行为特征等维度，利用大数据、人工智能、区块链、自然语言处理（Natural Language Processing，NLP）等技术，对小微企业的欺诈风险、经营风险、财务风险、信用风险、合规风险等进行量化评价，设定可接受的风控目标，制定并持续监测迭代优化风控策略，对风险的评价以数据驱动的定量平价代替过去依靠人工经验的定性判断，从而提升客户体验，降低银行运营和风险成本。智能风控体系的构建需要包括 5 个基本要素：客户基础数据库、特征指标库、模型开发平台、智能决策引擎、策略监控平台。

13.2.1 构建客户基础数据库

智能风控相较于传统风控模式，最基本的差别是获取客户结构化数据的广度和深度。传统风控模式，获取客户数据的主要方式是现场收集，获取数据的形式以非结构化数据为主；智能风控模式，获取客户数据的方式实现与政府机构、核心企业、征信机构等线上对接。数据维度涵盖内部交易信息，包括结算、代发、理财等，外部数据扩展至工商、司法、征信、税务、社保等政府部门掌握的数据，以及经营、财务、借贷、通信、消费等第三方征信公司掌握的数据，这是智能风控的基础。

13.2.2 搭建客户特征指标库

智能风控需要对海量的客户基础数据进行特征指标挖掘，建立起可以量化企业各类风险特征的指标库。建立客户特征指标库，主要实现 3 个方面应用：一是实现客户 360 度视图，为客户特征打标签，便于对客户进行分层分群精细化管理。二是可以有效识别客户异常指标，提示客户风险点，辅助开展尽调和审批。三是为模型建设和决策提供指标支持，监测指标表现情况。

13.2.3 搭建模型开发平台

基于各类算法的模型是智能风控的核心内容之一，科学的风控模型可以有效评价客户风险情况模型体系的构建包括基本方法论、样本构建、开发、智能算法、模型监控和模型迭代优化。为快速开发迭代风控模型，目前大型商业银行普遍搭建企业级的模型开发平台。模型开发人员可在开发平台完成数据接入、数据分析、特征工程、模型训练、模型质量评估等一系列工作，生成有效的模型及策略，并持续监测模型表现。

13.2.4　建立智能决策引擎

智能决策引擎可实现信贷业务全流程风控策略的管理与部署，对业务系统提供风控决策结果，包括贷前调查、客户准入、辅助审批、额度策略、贷后预警、催收策略等的部署应用：决策结果根据应用场景不同进行差异化设置，审批策略一般包括建议准入、审慎准入等，预警策略一般包括高风险、低风险等。决策引擎包括数据配置、因子配置、策略配置、规则配置、规则集配置、决策流配置和上线审批管理等模块，通过统一的操作方式和管理，可以极大地方便模型和规则策略的部署和上线。

13.2.5　建立全面监控体系

智能风控体系的效果监测极其重要，要建立对模型和算法的全面监测机制，对模型数据的准确性和有效性进行持续监测和定期评估：一般来说，监控体系应包含业务监控和模型规则监控，业务监控主要包括准入客群与拒绝客群比例变化、模型结果推翻情况等，模型规则监控主要包括区分能力、稳定目标的持续监测，当模型本身已达不到应用标准时，应立即展开优化。

客户识别——以中信银行 SX 分行为例

客户识别是银行客户关系管理的首要环节，银行通过识别出这些顾客的特点需求并进行细分，从而识别出哪些顾客对银行未来的发展有重要价值作用，然后针对这些顾客进行管理，避免盲目的管理造成管理成本的浪费，甚至出现更大的损失。客户识别是客户关系管理的基础，对银行未来的发展有着重要的意义。

目前中信银行 SX 分行对客户分类比较简单，主要是按照服务对象和资产情况进行分类：按照服务对象，分为单位客户和个人客户；按照资产情况可分为 VIP 客户、重点客户、普通客户。银行针对不同的客户提供差异化服务，但是这种细分方法是从银行本身如何获取最大利润的角度去考虑的，并没有考虑顾客的需求，无法培养顾客的忠诚度，可能造成一部分的顾客流失。根据马斯洛需求理论，只有较低层次的需要得到满足后，较高层次需要才会显露出来。目前由于中国经济的快速发展，人们最低层次需要已经得到满足，需要已经转向为资金安全，尊重和自我实现需要。因此银行在识别顾客过程中，针对客户这方面需要采取相应的措施。目前银行维系老顾客的忠诚度所需要的成本是远远小于去识别新顾客的成本的，因为银行对新顾客信息不太了解，存在信息不对称的问题，银行需要花费一定的费用和时间成本去了解新顾客的信息。但是随着大数据和人工智能的发展，这些问题可以迎刃而解。普惠金融业务所面对的群体是以前很少涉及的，银行应该抓住机遇，实施蓝海战略，开拓新的市场。

另外，信用评级是客户识别的一种方法，而中信银行 SX 分行在普惠金融业务中对于客户信用评级还需要进一步的优化。首先小微企业的信用评级比较低，而且客户群体比较庞大，但是中信银行 SX 分行对于小微企业这部分群体制定的信用评级还存在一些模糊的地方，这就需要银行在这方面加强管理。因此在当前"严监管、重处罚"的监管形势下，小微企业为政策敏感性客群，依法合规、稳健经营是普惠金融业务保持良性发展的基础与前提，应坚守"合规底线、主动合规"的行为规范。

资料来源：陆俊宇．普惠金融业务的客户关系管理优化策略研究——以中信银行 SX 分行为例[D]. 湖北：湖北工业大学，2021.

13.3 农村微型金融数字化转型的发展与挑战

13.3.1 农村微型金融数字化转型的现状

作为互联网与普惠金融深度融合的产物，数字普惠金融以"低门槛、低成本"的优势，克服地域可达性障碍，提高农村群体金融服务的可获得性，进一步缓解农村金融排斥，帮助农村经济发展，提高农民的准入意识。农村数字普惠金融是在农村和"三农"领域实施普惠数字金融的一种形式，涵盖所有线上和线下金融服务。

13.3.1.1 国家政策大力支持

在纵深推进乡村振兴战略的背景下，各部门在都会根据农村具体发展需要制定有关文件来实施定向政策方针。在全面推进乡村振兴战略的背景下，政府各部门在根据农业农村发展的需要制定和实施相关政策。2019 年，中国人民银行发布《金融科技发展规划(2019—2021 年)》，为过去 3 年运用金融科技发展农村数字普惠金融工作做出指导。该规划提出，要把金融科技应用于小微企业及农户的精准扶持上，加大金融支农力度，结束融资困境，发展农村数字普惠金融来巩固脱贫攻坚战。2023 年 6 月，中国人民银行、国家金融监管总局、中国证监会等五部门联合发布《关于金融支持全面推进乡村振兴 加快建设农业强国的指导意见》，对做好粮食和重要农产品稳产保供金融服务、强化巩固拓展脱贫攻坚成果金融支持、加强农业强国金融供给等 9 个方面提出具体要求。其中，论及金融科技手段的运用。

13.3.1.2 网络基础设施建设持续推进

中国政府持续推进脱贫攻坚与乡村振兴有效衔接，开展网络扶贫行动，带动边远贫困地区非网民加速转化，以金融科技赋能普惠金融，有序推进中国农村数字普惠金融服务体系基础设施建设。大大提高农村地区的网络覆盖范围，带动农村地区数字普惠金融服务基础设施建设，为农村数字普惠金融发展持续蓄能，包括鼓励银行和非银行支付机构向农村地区提供安全可靠的在线支付、移动支付等服务；鼓励地方政府通过财政拨款和降低电信成本支持偏远地区，在贫困地区建设支付服务网络。政治支持和技术的不断成熟，促进农村金融发展的逐步完善。

13.3.2 农村微型金融数字化转型的挑战

13.3.2.1 农村数字普惠金融安全存在风险

科技的进步在加快经济发展的同时也伴随着风险的产生。目前中国缺少相关的法律法规约束数字普惠金融安全，小额信贷机构开展小额信贷活动的客户大多是贫困地区的农民。然而，中国农村地区的现状和小额信贷活动的发展方式，导致小额信贷机构在业务发展过程中面临诸多风险，具体体现在：第一，小额信贷机构和借款人之间存在严重的信息不对称。第二，农村小额信贷机构必须承受经济再生产和自然再生产过程中的双重风险压力。第三，农村金融安全事件的频繁发生源于落后的金融环境、农民受教育程度低、防范金融诈骗意识淡薄。

13.3.2.2 农村数字普惠金融服务发展不均衡

受制于各地的电商水平及金融基础，中国农村地区数字普惠金融的发展出现明显的两级分化趋势。数字普惠金融的发展需要信息基础设施、金融市场等基础条件的支撑。如青海、西藏等偏远农村地区的电商企业及整体经济发展情况较为滞后，但江浙及上海等东部省份的经济状况则十分迅速，从而导致两地的数字普惠金融的发展情况存在较大的差异。

13.3.2.3 受众群体的金融素养偏低

数字普惠金融的发展及推广，对消费者的金融知识和素养提出较高的要求，服务程度越深的金融服务，对金融知识的要求更高。农村居民金融素养偏低，抑制数字普惠金融的发展。

13.3.2.4 农村数字生态金融环境恶劣

具体体现在：第一，农村地区金融基础设施薄弱，支付结算体系不健全，农村征信平台、信息网络系统、反洗钱系统等金融基础设施非常不完善。第二，农村信用体系建设还有待完善。由于农村普遍存在数据碎片化、数据不统一、数据共享难等问题，导致征信记录不完善的问题依然严重，大量征信空白户难以享受到线上金融服务。第三，农村居民缺乏法律知识，风险防范意识低，信用观念差，更难获得金融服务。

13.3.2.5 农村数字普惠金融监管制度滞后

中国已经出台《个人信息保护法》，加大数字经济发展中个人信息保护力度。但是，受制于认知水平及个人素质，农民对个人信息及隐私保护问题尚未重视。现有的农村数字普惠金融对农户个人信息保护力度不够，从长远看，这对于农村数字普惠金融的可持续发展会带来挑战。另外，中国金融科技监管体系及相关措施多针对城市地区，对农村地区关注度不够，有针对性的监管机制更少，也会加大农村数字普惠金融发展的风险。

13.3.2.6 农村数字普惠金融资源供给和创新不足

金融机构本应是数字普惠金融服务的主力军，但是一些涉农金融机构仍然存在离农脱农趋势，未发挥应有的作用。在监管引导和市场竞争背景下，农村普惠金融供给逐步多元，既有大型商业银行参与，也有地方中小商业银行发挥作用。然而最需要贷款的农村客户仍然无法有效获得贷款支持，说明有效供给不足。尽管金融机构涉农贷款逐年增长，但是涉农贷款口径宽泛，实际投放给农村弱势群体的贷款仍然不足，存在供给侧结构性问题。

13.3.3　农村数字微型金融发展措施

13.3.3.1　农村微型金融机构的数字化转型

一是利用图像识别和流程整合技术推动网点数字化转型。通过线上和线下系统整合，不断普及电子印章、电子签名、电子回单、生物识别、OCR 等技术，嵌入理财系统、电子验印系统、影像存储、联网核查、黑名单校验、防诈骗校验、支付密码等 10 余个配套系统，开发智能厅堂、智能柜台、智能柜员机等自助服务产品，实施集约化、标准化、专业化的业务处理，并研发“单位结算卡”，实现企业客户办理小额存取款、转账业务免填单、免印鉴，有效提升柜员操作效率，提升客户体验。二是利用移动互联网技术拓展农村金融服务范围。开发新一代智能手机银行、网银、微信银行、远程银行、开放平台、小程序、公众号等电子渠道，覆盖存款、贷款、投资、支付结算、信息管理等绝大多数场景，实现银行与个人、企业和第三方机构之间的数据资源共享，为银行创造新的价值。推动金融服务向经营全域、全行业推广，推行“场景+客户+金融服务”的合作模式，推动金融服务向乡村下沉，推动新型金融基础服务向乡村普及，打通“最后一公里”。三是利用大数据、人工智能技术增强农村金融服务能力。利用新技术搭建一套由前台渠道、中台业务、后台数据及安全组成的智能移动生态平台，建设核心风控、运营操作风险预警、大数据风险预警，覆盖贷前、贷中、贷后全业务流程，从传统的现场授权、事后监督模式已经转向现场授权、集中授权、准实时监督相结合的模式，推动传统经营模式转变为数据资产化经营模式。利用知识图谱和深度学习建设智能对话机器人，保持 24h 在线提供专业回答，给在用户心中勾勒出“持续在线，有问必应”的正面形象。四是利用云技术打造生产云、双活云、测试云、异地容灾云。保证金融服务连续性和安全性。同时，将信息安全意识落实至每一位员工，积极处置网络安全事件，防范化解网络安全风险。

13.3.3.2　均衡农村数字普惠金融资源配置

尽管中国的数字普惠金融发展有改善的迹象，但地区间普惠金融发展仍存在异质性。要打破资源配置的限制，首先要实现资源、信息等要素的跨区域流动。从普惠金融发展水平的分布模型可以看出，落后地区普惠金融发展水平低是中国普惠金融总体发展水平低的重要原因，而普惠金融发展中存在的区域差异是中国数字普惠金融发展不平衡的主要原因。因此，在发展数字普惠金融的过程中，应该加强区域间的协调和政治互补，通过资本外流、信息共享、人才互助，实现数字普惠金融均衡发展。

13.3.3.3　加强数字金融知识的宣传

第一，宣传数字金融的产品与服务方面内容和知识，构建好农户和金融机构之间的沟通桥梁，指导农户了解数字金融产品业务基本特征与主要风险，帮助农户正确做出消费选择，切实保证消费者基本权益。第二，定期举办数字金融知识讲座，针对数字金融频发的非法金融行为向公众宣讲，提升农户金融安全防范意识，避免打着金融创新的旗号从事违法金融行为。同时要不断向农户宣讲农村数字金融特征、基本功能以及作用，消除农户对数字金融的迷惑，营造利好于农村金融改革氛围。

13.3.3.4 优化数字普惠金融的生态环境

借力“互联网+”发展战略，抓住平台经济发展红利，全面加强农村与互联网金融机构合作，强化移动银行、移动支付和移动理财等业务服务能力，加强培育农村电子商务产业，打破农村金融服务的时间与空间约束，不断优化农村数字金融生态环境，提升农村金融的可获得性与智能性。对此建议抓住大型互联网平台在农村地区开展业务下沉机遇，通过与互联网平台合作推动农村金融转型升级，实现线上和线下金融资源融合，为农户提供高质量金融服务，激活农村金融市场潜在活力。同时，建立信用共享机制，提升农村征信信息的可获得性与准确性，为金融机构提供客观准确的征信数据，减少农村数字金融违约概率。

13.3.3.5 健全金融监管体系

完善农村数字普惠金融的监管机制，第一，要各地金融监管机构与央行、银保监会、证监会的分支机构加强协同，构建农村数字普惠金融的监管指标及监测体系，从而提升数字监管的效能。第二，针对农村数字普惠金融的实际状况，加大监管科技的创新水平，积极引进区块链和大数据技术，构建数字化的风险预警及防控体系。在数字经济发展水平较高的农村地区，可以引进沙盒监管机制。第三，加大对以数字普惠金融发展之名实施网络诈骗、金融诈骗、非法集资等行为的打击力度，制定操作性强的出发措施，同时要求各金融机构加大信息保护和风险防范机制建设，防止数据泄露的发生。

13.3.3.6 推进数字金融产品服务创新

推进传统涉农金融机构加大数字金融服务及产品体系创新，提升其数字金融服务能力和水平。第一，鼓励涉农金融机构加大云计算、人工智能、大数据等技术的嵌入力度，针对农村居民数量多、单笔金融服务需求小、轻资产等特征，创新授信、担保及反担保机制，提升金融服务的普惠性。加快推进线上线下渠道融合，利用地缘人缘优势做好“线上+线下”业务。同时，要下沉服务重心，聚焦当地资源禀赋、产业特色，通过数字化技术提升金融资源在农村的利用效率。金融机构要不断优化线上非金融场景，开发适应农村需求的特色金融产品和服务。互联网公司通过自建或者合建等方式加快补齐线下渠道短板。第二，鼓励各地的农业银行、农商行等涉农金融机构建立服务标准统一、功能齐全的助农数字金融服务平台，加大与电商平台、保险机构、第三方信贷平台的合作，完善信息采集及共享机制。第三，进一步支持涉农私募基金进入农村数字普惠金融领域，引导 PE 投资、创投基金进入县域及乡镇，支持各地的涉农小微企业发展。第四，通过数字技术改善农业保险体系，提高数字保险服务的精准性，加大保险产品体系及信息采集体系的创新，不断扩大数字保险的覆盖面。深化合作对接，将保险、信贷等金融服务嵌入农业产业链场景。第五，针对农业产业链数字化发展，要加快推动金融机构之间的合作对接，打造新的服务场景，满足农业生产经营中的融资、保险和支付结算需求。一方面，围绕农业产业链开展联动营销，做好批量获客。如以产业链、客户集群中的核心企业为切入点，满足全产业链上下游金融服务需求，特别是在农产品收购等上下游个人客户较为集中的领域为农户提供综合金融服务。另一方面，围绕农村特色优势农业，加强与地方政府相关部门合作，大力推广互联网融资产品，积极支持“互联网+”特色产业。

本章小节

微型金融数字化的创新实践包括小微企业客户管理的数字化、小微企业营销管理的数字化、小微企业授信管理的数字化、小微金融产品与商业模式管理的数字化。农村微型金融数字化转型发展如下挑战：农村微型金融安全存在风险，农村数字微型金融服务发展不均衡，受众群体的金融素养偏低，农村数字微型金融生态金融环境恶劣，农村数字微型金融监管制度滞后，农村数字微型金融资源供给和创新不足等。

关键术语

数字微型金融生态体系；数字化升级风控模式；数字化经营能力；数字化基础设施建设；信贷智能化；小微征信；智能风控；农村信用体系。

思考题

1. 简述微型金融供给主体应如何应对数字化转型带来的影响。
2. 简述当前的数字化微型金融创新产品的风险。
3. 简述微型金融数字化转型助力乡村振兴的内在逻辑。
4. 简述数字化微型金融行业的监管经验。
5. 简述如何搭建共享式供应链金融科技平台。

参考文献

贝琪兹·阿芒达利兹，默多克，2013. 微型金融经济学[M]. 沈阳：万卷出版公司.

曹协和，2008. 农村金融理论发展主要阶段评述[J]. 财经科学(11)：27-35.

陈燕，2016. 中国民间利率及其市场化的经济学分析[M]. 长春：长春出版社.

陈银娥，何雅菲，2016. 中国微型金融发展与反贫困问题研究[M]. 北京：中国人民大学出版社.

戴维·鲁德曼，2015. 微型金融[M]. 北京：中国金融出版社.

董晓林，张晓艳，杨小丽，2014. 金融机构规模、贷款技术与农村小微企业信贷可得性[J]. 农业技术经济(8)：100-107.

杜晓山，张保民，刘文璞，等，2005. 中国小额信贷十年[M]. 北京：社会科学文献出版社.

耿黎，2022. 小微金融智能风控体系建设的理论与实践[J]. 中国金融家(11)：102-104.

焦瑾璞，2013. 微型金融学[M]. 北京：中国金融出版社.

焦瑾璞，杨骏，2006. 小额信贷和农村金融[M]. 北京：中国金融出版社.

李刚伟，2020. 基于Z-Score模型对宜人贷财务风险进行评定[J]. 价值工程，39(21)：76-78.

李雅宁，张峰，罗欣，等，2018. 微型金融机构类型特征会影响其财务绩效和社会绩效吗——基于“一带一路”国家微型金融机构的数据[J]. 经济问题，472(12)：124-129.

梁峰，2019. 微型金融[M]. 北京：经济科学出版社.

刘西川，2012. 村级发展互助资金的目标瞄准、还款机制及供给成本——以四川省小金县四个样本村为例[J]. 农业经济问题，33(8)：65-72.

刘艳，范静，许彩丽，2014. 农村信贷配给程度与贷款定价变动的关系分析——以吉林省为例[J]. 农村经济(10)：72-76.

罗煜，李焰，2016. 微型金融的边界——以中和农信小额信贷为例[J]. 中央财经大学学报(5)：25-34.

瑞士再保险股份有限公司经济研究及咨询部，2010. 小额保险——40亿人口的风险保障[J]. Sigma(6).

孙久文，李方方，张静，2021. 巩固拓展脱贫攻坚成果加快落后地区乡村振兴[J]. 西北师范大学学报(社会科学版)，58(3)：5-15.

王剑，贺晨，陈俊良，2020. 金融科技创新，助力小微信贷业务破题[J]. 人工智能(6)：106-118.

王曙光，2019. 农村金融学[M]. 北京：北京大学出版社.

翁舟杰，2018. 关系型贷款、市场结构与小额贷款公司使命漂移[J]. 管理科学学报，21(4)：102-113.

吴剑，孙蓉，俞希，2020. 普惠保险发展的路径选择及其优化——基于小额保险的国际经验[J]. 西南金融(1)：78-87.

郑美华，2019. 农村数字普惠金融：发展模式与典型案例[J]. 农村经济(3)：96-104.

朱乾宇，2010. 中国农户小额信贷影响研究[M]. 北京：人民出版社.

庄家慧，2018. 市场竞争与微型金融机构风险：研究评述与启示[J]. 西部金融(2)：43-47.

ADAMS D W，GRAHAM D H，PISCHKE J V，1984. Undermining Rural Development with Cheap Credit[M]. Boulder and London：Westview Press.

ADDISON T，MAVROTAS G，MCGILLIVRAY M，2010. Development Assistance and Development Finance：Evidence and Global Policy Agendas [J]. Journal of International Development，17(6)：819-836.

GULLI H A，1998. Microfinance and Poverty：Questioning the Conventional Wisdom[M]. International American Development Bank.

LAFFONT J J，GUESSAN N T，2000. Group Lending with Adverse Selection[J]. European Economic Review，44(4)：773-784.

STIGLITZ J E，1990. Peer Monitoring and Credit Markets[J]. The World Bank Economic Review，4(3)：351-366.